Парамаханса Йогананда
(5 января 1893 года — 7 марта 1952 года)

ПУТЬ К САМОРЕАЛИЗАЦИИ

Избранные
лекции и эссе
об осознании Бога
в повседневной
жизни

Парамаханса Йогананда

Том III

«Путь к Самореализации» — третий том избранных лекций, эссе, неформальных бесед и вдохновенных сочинений Парамахансы Йогананды. Большую часть лекций Шри Йогананда читал в основанных им храмах Self-Realization Fellowship и Главном международном центре SRF в Лос-Анджелесе. Многие из них были застенографированы и сохранены для будущих поколений Шри Дайя Матой — одной из его первых и ближайших учениц, которая, помимо прочего, служила на посту президента Self-Realization Fellowship вплоть до своей кончины в 2010 году. Первоначально эти лекции публиковались в журнале *Self-Realization*, а позже были скомпилированы для трехтомной антологии, состоящей из книг «Вечный поиск», «Божественный роман» и «Путь к Самореализации».

Название англоязычного оригинала, издаваемого обществом Self-Realization Fellowship, Лос-Анджелес, Калифорния:
Journey to Self-realization

ISBN: 978-0-87612-256-3

Перевод на русский язык: Self-Realization Fellowship

Copyright © 2024 Self-Realization Fellowship

Все права защищены. Без предварительного разрешения Self-Realization Fellowship перепечатка (за исключением кратких цитат для рецензий) и распространение книги «Путь к Самореализации» (*Journey to Self-realization*) в любой форме — электронной, механической или любой другой, существующей сегодня или в будущем, включая фотокопирование, звуковую запись или хранение ее в информационных и принимающих системах — является нарушением авторских прав и преследуется по закону. За справками обращайтесь по адресу: Self-Realization Fellowship, 3880 San Rafael Avenue, Los Angeles, California 90065-3219, USA.

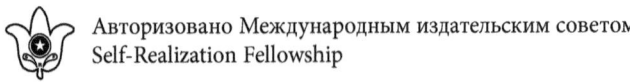

Авторизовано Международным издательским советом Self-Realization Fellowship

Название общества Self-Realization Fellowship и его эмблема, помещенная выше, присутствуют на всех книгах, аудио- и видеозаписях, а также других публикациях SRF, удостоверяя, что читатель имеет дело с материалами организации, которая основана Парамахансой Йоганандой и передает его учения точно и достоверно.

Первое издание на русском языке, 2024
First edition in Russian, 2024
Издание 2024 года
This printing 2024

ISBN: 978-1-68568-196-8

1296-J8043

От имени Self-Realization Fellowship
посвящается
нашему возлюбленному президенту,
ШРИ ДАЙЯ МАТЕ,
чье вдохновенное стремление передать слова своего гуру потомкам сохранило для нас и всех грядущих поколений освобождающую мудрость и божественную любовь
Парамахансы Йогананды

Духовное наследие Парамахансы Йогананды

Полное собрание его сочинений, лекций и неформальных бесед

Парамаханса Йогананда основал общество Self-Realization Fellowship[1] в 1920 году с целью распространения своих учений по всему миру и сохранения этих учений в чистоте и целостности для будущих поколений. Плодовитый автор и неутомимый лектор, он создал за время своего пребывания в Америке замечательное и огромное по своему объему собрание работ, в которых освещаются многочисленные темы на предмет научной йогической медитации, искусства сбалансированной жизни и основополагающего единства всех мировых религий. Сегодня это уникальное и прогрессивное духовное наследие живет и вдохновляет миллионы искателей истины во всех уголках планеты.

Согласно пожеланиям великого Мастера, в Self-Realization Fellowship идет непрерывная работа по опубликованию полного собрания сочинений Парамахансы Йогананды. В него входят не только последние издания всех книг, выпущенных еще при его жизни, но и новые материалы. Среди них — письменные труды Мастера, которые либо не печатались со времени его ухода в 1952 году, либо на протяжении многих лет публиковались отрывочными сериями в журнале *Self-Realization*. Под рубрикой «Полное собрание сочинений Парамахансы Йогананды» будут также представлены сотни его глубоко вдохновляющих лекций

---

[1] Букв. «Содружество Самореализации»; произносится как [сэлф риализэйшн феллоушип]; сокр. SRF [эс-эр-эф]. Парамаханса Йогананда объяснил, что название общества означает «союз с Богом через Самореализацию (осознание своего истинного „Я") и братскую дружбу со всеми искателями Истины».

и неформальных бесед, записанных, но не опубликованных при его жизни.

Парамаханса Йогананда лично отобрал и обучил близких ему учеников, которые возглавляют Издательский совет Self-Realization Fellowship, и дал им особые указания относительно подготовки и публикации его лекций, сочинений и Уроков Self-Realization Fellowship. Члены Издательского совета SRF свято чтут заветы любимого Учителя и придерживаются его инструкций, чтобы универсальное учение продолжало жить, сохраняя свою изначальную силу и подлинность.

Название Self-Realization Fellowship и эмблема SRF, помещенная выше, были придуманы Шри Йоганандой как отличительный символ организации, основанной им для распространения его духовного и гуманитарного наследия во всем мире. Они присутствуют на всех книгах, аудио- и видеозаписях, фильмах, а также других публикациях Self-Realization Fellowship, удостоверяя, что читатель имеет дело с материалами организации, которая основана Парамахансой Йоганандой и передает его учение достоверно — так, как он сам хотел бы его представлять.

Self-Realization Fellowship

Содержание

Предисловие xx
Вступление xxiv

Как проявить в себе вечную молодость 1
Познайте смысл своей жизни на земле 2
Молодость — это состояние ума и души, а не только тела 3
Пять психологических состояний сознания 4
Учитесь искренне улыбаться в любой ситуации 8
Важность энтузиазма и ухода от эгоцентризма 10
Может ли тело оставаться вечно молодым 11
Чем сильнее воля, тем интенсивнее поток энергии 12
Следуйте Божьим законам, проявленным в космической природе ... 13
«Эликсир молодости» находится в душе 15

Как перестроить свою жизнь 18
Жизнь — матрица сознания 20
Цепкость привычек 20
«Старость» — это состояние ума 22
Сила воли — инструмент самоусовершенствования 23
*Быть свободным — значит выбирать действия,
    несущие вам наивысшее благо* 24
Духовное распознание и сила воли одинаково важны 25
Отбрасывайте нежелательные мысли 26
Мы есть то, что мы о себе думаем 26
Пусть ничто не ослабит волю, питающую ваши позитивные мысли ... 28
Измените свое сознание от смертного к божественному 29

Мир космических развлечений 32
Мир — Божья лила 33
Смотрите на эту жизнь как на кино 35
Пробудитесь от космического сна 36

  Эмоциональная чувствительность — причина всех страданий............39
  Уподобьтесь Богу — деятельному и созерцательному.................40
  Внутреннее единство разнообразия мира................................42

Почему Бог сотворил этот мир? **45**
  Человеческая власть — ничто по сравнению с Божьей..............46
  Этот мир — Божье хобби..47
  Смотрите на мир с открытыми глазами мудрости и спокойствия........49
  Свобода выбора — самый прекрасный из Божьих даров..............51
  Посмотрите на себя с высоты интроспекции 52
  Отделите реальное от нереального 53

Каким образом Бог притягивает нас к Себе обратно **55**
  Религиозные предрассудки заставляют людей бояться Бога........56
  Присущий мирозданию закон тяготения 58
  Божьи силы притяжения и отталкивания в мироздании..............59
  Каким образом мысли Бога становятся материей 62
  Эволюция и инволюция..62
  Проявление божественных качеств, свойственных пяти
   стадиям возвращения души к Богу 64
  Пути знания, преданности и действия...................................67
  Работайте для Бога, любите Бога, набирайтесь у Него
   мудрости и познавайте Его через Крийя-йогу 69

Как сонастроиться с источником успеха **71**
  Быть успешным — значит создавать желаемые
   обстоятельства усилием воли..72
  Стремитесь к процветанию, чтобы помочь другим..................74
  Имейте веру в Божью силу 75
  Имея Бога, мы имеем все 77
  Стремитесь обрести контакт с Богом, и Он будет вести вас........79
  «Пусть вы почувствуете Его, как чувствую Его я» 80

Деловая жизнь, сбалансированность и внутренний покой:
  как сохранять равновесие в течение рабочей недели **81**
  Преступление и насилие — горькие плоды неуравновешенной жизни........82
  Как одухотворить амбиции идеалом служения........................83
  Необходимо найти баланс между восточными и западными качествами..84
  Учитесь искусству правильной жизни 86

Сбалансированная жизнь 87

Причины нервозности 90
Здоровые нервы — здоровое тело 90
Проанализируйте себя и выявите, что делает вас нервным 91
Учитесь контролировать свои эмоции 92
Поддаться эмоции — значит позабыть Бога 94
Желания и привязанности подпитывают нервозность 94
Правильное отношение к богатству 95
Нервная система соединяет вас с миром и Богом 97
Духовная физиология, отличающая человека от животного 98
Духовное око: миниатюрная модель мироздания 99
Как Дух формирует сложное человеческое тело 101
Роль цвета в нашей жизни 102
Лучшее питание для нервов 102
Сонастроенность с Богом — лучшее лекарство от нервозности ... 103
Уподобьтесь Богу, и вы притянете к себе богоподобных друзей ... 104
Крийя-йога дарует истинный религиозный опыт 105

Что есть Истина? 107
Истина — это то, что приносит нескончаемое счастье 107
Три пути к истине 108
Интуиция: всеведение души 109
Используйте интуицию, чтобы познать смысл своей жизни 111
Интуиция развивается в медитации 112
Обретите Силу, которая никогда вас не подведет 113

Вездесущее Сознание Христа и Кришны 115
Вселенная состоит из материализованных мыслей 118
Сходство Троиц в индуистских и христианском писаниях 120
Расширяйте свое сознание и познайте истинного Христа 120

Духовное себялюбие и порочное себялюбие 124
Ложное представление о собственности 125
Всемирная семья человечества — это ваше высшее «Я» 126
Без порочного себялюбия мир был бы раем 127
Радость бескорыстия 129
Бескорыстие расширяет сознание 130
Служите другим в истине 131

Виделись ли мы прежде? ... 134
Обитель дружбы возводится на протяжении многих жизней ... 136
Как распознать тех, кого вы знали раньше ... 136
Искренность плюс внимательность ... 137
Дружбу с Богом необходимо заслужить ... 139
Развив божественную дружбу, вы полюбите всех ... 140

Искусство ладить с окружающими ... 142
Почему так важно быть в мире и согласии с самим собой ... 143
Ваша совесть поможет вам жить в ладу с самим собой ... 145
Равновесие ума: прочный фундамент человеческого существования ... 145
Глубокомыслие: коридор, ведущий к Богу и интуитивному восприятию ... 146
Глубокомыслие активизируется здравым смыслом ... 147
Возьмите под контроль свои желания и привычку растрачивать время ... 148
Поладив со своей семьей, вы поладите и с окружающими ... 148
Не жертвуйте своими идеалами, чтобы кому-то угодить ... 149
Улыбка, исходящая из души ... 150
Иногда нужно быть не только спокойным, но и твердым ... 151
Будьте тактичны: люди ведь не камни ... 152
Будьте искренни, никогда не льстите ... 155
Приходите за истиной, что изливается из моей души ... 157
Наладили ли вы отношения с Богом? ... 158

Психология ранимости ... 160

Почему любовь побеждает там, где ревность терпит поражение ... 164
Все взаимоотношения должны быть основаны на дружбе ... 165
Ревность знаменует конец счастья ... 166
Ревность исходит от комплекса неполноценности ... 166
«Пусть остальное уйдет!» ... 167
Мысли могут быть более действенными, чем слова ... 168
Решение всех проблем — в Боге ... 169
«Алмазные» умы отражают Свет Бога ... 170
Эффективность исключительной преданности ... 171

Откройтесь навстречу Христову Сознанию ... 174
Как отметить Рождество надлежащим образом ... 175
Божья справедливость ... 176

Универсальность Христова Сознания 177
Любите все страны и расы 180
Второе пришествие Христа внутри вас 181

В чем заключается истинное равноправие? 183

Потребность в универсальных духовных принципах 185

Махатма Ганди: посланник мира 199
Использование энергии атома 200
Сокровище Ганди 201
Перед лицом смерти 202
Что ждет нас в будущем? 203

Страны мира, будьте бдительны! 205
Правильный вид патриотизма 206

Объединенный мир, ведомый Богом 209
Пусть ваша любовь охватывает все страны 210
Станьте миллионером улыбок 211
Обретение Бога приносит великое утешение и счастье 212

Можно ли назвать Бога диктатором? 215
История лидерства 216
В каком-то смысле Бог — диктатор 219
Порядок развития мироздания определен Богом 219
Духовная диктатура 220
Бог не диктует Свою волю Своим детям 221
Человека нужно учить универсальному патриотизму 222
Несколько стоящих идей Фрэнсиса Бэкона 223
Мы должны с чего-то начинать 225
Это Бог одушевляет все живое 226
Диктатор не дал бы нам права отвернуться от него 226
В потенциале вы равны Богу 228

Как получить ответ на свою молитву 229
Как спящее чадо Божие может стать пробужденным чадом Божиим 230
Быть чадом Божиим: от веры к осознанию 230
Разница между воззванием и молитвой 231
Необходимы глубокая сосредоточенность и преданная любовь 233

Взывайте неустанно, и дано вам будет...234
Некоторые практические советы...235
Неустанное цветение вечнозеленого древа молитвенных воззваний 237

Преодоление кармы мудростью **238**
Факторы, оказывающие влияние на свободу действия...............239
Обретение данной Богом свободы...241
*Вызвольте свою свободу из плена с помощью мудрости
и проницательности*..243
Чтобы поступать мудро, будьте настроены на истинного гуру........244
*Как дисциплина гуру вызволяет ученика из тюрьмы прихотей
и привычек*...246
Мудрость искореняет все страдания 247
Истинное предназначение религии..249

Откройте в себе бессмертие Христа **252**

Как развить свой магнетизм **259**
Начните с доброты..260
Ваша внутренняя сущность также нуждается в развитии 261
Из всех трудных ситуаций выходите триумфатором 263
Значимость хорошего окружения и сосредоточенного внимания....264
Бог — величайшая магнетическая сила....................................265

Подготовка к следующей инкарнации **267**
Важно понять, почему мы здесь...268
Удерживайте свой ум на Боге, и вы обретете свободу................270
Выполнение обязанностей перед Богом и человеком..................271
Правильное отношение к страданиям.......................................272
За человеческой любовью зрите Божественную любовь 273
Дружба — самая чистая форма любви 274
Духовные идеалы для успешного брака 275
Равновесие между женскими и мужскими качествами 276
Покончите с этой школой проблем 278

Истинные признаки прогресса в медитации **280**

Как направить силу своего внимания на достижение успеха ...**283**
Восток и Запад: критерии успеха 284

Не влачите поверхностное существование	286
Упростите свою жизнь	287
Рай внутри нас, а не в вещах	287
Успех измеряется вашими внутренними достижениями	289
Правильно расставляйте приоритеты при выполнении своих обязанностей	290
Непревзойдённая божественная любовь	292
Сила, стоящая за всеми силами	294
Практический аспект поисков Бога	294
Медитация сносит внутренние барьеры	296
Не переставайте сосредотачиваться	298
Сосредоточенность на Божьей силе гарантирует успех во всех начинаниях	299

Как ускорить эволюцию человека 300

Цель жизни — обрести понимание и мудрость	301
Эволюцию можно ускорить	303
Как повысить восприимчивость мозга	305
Концентрация обостряет вашу восприимчивость к мудрости	305
Как невежественный верующий обнаружил, что Бога нужно искать внутри себя	307
Крийя-йога: научный метод ускорения человеческой эволюции	310
Вы способны объять все знания и достичь любого успеха уже в этой жизни	313

Доказательство Божьего присутствия 315

Доказательство существования Бога может быть получено в медитации	317

Сомнение, убеждение и вера 318

Если человек не сомневается, он не прогрессирует	319
Конструктивное сомнение приближает нас к истине	320
Вера начинается с конструктивного убеждения	321
Основы убеждения	322
Неблагоразумное убеждение — пустая трата ценной энергии	323
Зарождение веры	325
Имейте бесстрашную веру, несмотря на непредсказуемость жизни	325
Вера ведет к прямому и точному восприятию истины	327
Когда ум спокоен, интуиция порождает веру	328

Ви́дение Индии: раскрытие своего высшего «Я» 330
   Земля великих контрастов 332
   Ви́дение живительной индийской философии 332
   Идеал служения глазами индийских мудрецов 333
   Три вида себялюбия: порочное, благое и духовное 335
   Духовное себялюбие 336

Чудеса Раджа-йоги 338
   Настоящий духовный провидец — не уличный кудесник и не предсказатель судьбы 339
   Физические и умственные чудеса 341
   Чудеса, вошедшие в историю 344
   Мой Гуру продемонстрировал мне непобедимую силу Бога 345
   Прямое познание законов Истины 348
   Внутренняя дверь к Божественной силе и блаженству 349

Возрождение: обновление и преображение тела, ума и души ...351
   Теория и практика 352
   Свобода тела не есть настоящая свобода 354
   Важность правильного питания 355
   Польза голодания 357
   Пробудитесь от осознания болезни 359
   «Предоставь мертвым погребать своих мертвецов» 361
   Отдавайте и забывайте 362
   На лоне бессмертия 364
   Духовное возрождение 365
   Распятие самонадеянности 367
   Никогда не признавайте поражения 368

Единство в Бесконечном Христе 370
   Осознайте, что все сущее пронизывает Единая Жизнь 372
   Старайтесь жить, как Христос 373
   Учитесь направлять свои действия внутренней волей совести ...373
   Пока еще есть время, медитируйте! 375

«Боже, какая радость!» 376

Будьте едины с Христовым Сознанием 379

Примите новые решения: станьте таким, каким вы хотите быть	**390**
Сила мысли	*391*
Плохие привычки — ваши злейшие враги	*392*
Жизнь смеётся над самонавязанными обязанностями	*393*
В Божественном спектакле важны все роли	*397*
Радость медитации — ваш лучший благоприятель	*397*
Жизнь наполнена незримым Божьим присутствием	*398*
«Мне потребна лишь любовь Твоя»	**400**
Быть завоевателем сердец	**406**
Любите людей — но не их недостатки	*407*
Вы такой, каким предстаёте перед Богом и своей совестью	*409*
Прочны лишь духовные узы	*411*
Отличие истинной любви от любви эгоистической	*413*
Привязанность не формирует духовные узы — на это способна лишь любовь	*414*
Работайте сообща на благо всех людей	*416*
«Всё, что я говорю, идёт из глубин моего сердца»	*417*
Как ускорить своё духовное продвижение	**419**
Слепой не может вести слепого	*420*
Бога не нужно обретать — Он уже ваш	*421*
Возродите свою божественность	*422*
Не признавайте никаких ограничений	*423*
Не желайте ничего, кроме Бога	*425*
И почему Бог должен развлекать нас чудесами и сверхъестественными способностями?	*427*
Живите в Неизменной Реальности	*429*
Для общения с Богом требуется безмолвие	*430*
Мы души, а не плоть	*430*
Осознание Бога в повседневной жизни	**433**
«Выбирайся из этого океана страданий»	*435*
Бог — величайшая ваша потребность	*436*
Исполняйте свои обязанности с мыслью о Боге	*437*
Бог отзывается, когда мы прилагаем усилия	*438*
«Мысленный шёпот» и его динамическая сила	*439*
Не признавайте плохую карму	*440*

Ценна каждая минута...441
Поймайте Бога в сети безусловной любви..442
Ни одно переживание не сравнится с восприятием Бога.................443

Парамаханса Йогананда: йог в жизни и смерти **447**

Крийя-йога: дополнительные ресурсы **449**

Уроки Self-Realization Fellowship **450**

Цели и идеалы Self-Realization Fellowship **451**

Публикации Self-Realization Fellowship **453**

Глоссарий **462**

Фотографии

Обложка: Парамаханса Йогананда, Нью-Йорк, 1926 год

Фронтиспис: Парамаханса Йогананда ii
Шри Йогананду встречают в Лос-Анджелесе, 1926 год 7
Лекция о йоге в Детройте, 1926 год 7
Банкет в честь Парамахансы Йогананды, Цинциннати, 1926 год 7
Свами Шри Юктешвар и Парамаханса Йогананда, 1935 год 9
Шри Йогананда у храма SRF в Сан-Диего, 1949 год 9
Пасхальная служба в Главном международном центре
   Self-Realization Fellowship, 1925 год 9
Административное здание Главного международного центра SRF 356
Ашрам Self-Realization Fellowship в Энсинитасе, Калифорния 356
Парамаханса Йогананда с президентом Мексики, 1929 год 358
Парамаханса Йогананда приветствует посла Индии в США, 1952 год ... 358
Парамаханса Йогананда, Нью-Йорк, 1926 год 394
Йогода-Мат, центральный офис общества
   Yogoda Satsanga Society of India 396
Озёрная святыня SRF (*Self-Realization Fellowship Lake Shrine*) 396

Предисловие

Эти слова были написаны третьим президентом и духовной главой общества Self-Realization Fellowship/Yogoda Satsanga Society of India, Шри Дайя Матой (1914–2010), в качестве предисловия к книге «Вечный поиск» — первому тому собрания лекций, эссе и неформальных бесед Парамахансы Йогананды.

Впервые я увидела Парамахансу Йогананду в 1931 году. Он выступал перед огромной восхищенной аудиторией в Солт-Лейк-Сити. Я стояла в конце переполненного зала, не замечая вокруг себя ничего: все мое внимание было приковано к оратору и его словам. Его мудрость и божественная любовь затопили все мое существо, проникая в душу, сердце и разум. Я могла думать лишь об одном: «Этот человек любит Бога так, как я всегда хотела Его любить. Он познал Бога. Я последую за ним». Так я и сделала.

Уже в самые первые дни, проведенные в окружении Парамахансаджи, я начала ощущать на себе преобразующее воздействие его слов, и у меня появилось чувство, что эти слова необходимо сохранить для всего человечества на все времена. На протяжении долгих лет, проведенных рядом с Парамахансой Йоганандой, я имела честь выполнять священную и радостную обязанность: стенографировать его лекции, занятия, неформальные беседы, личные наставления — всю эту необозримую сокровищницу чудесной мудрости и божественной любви. Когда Гурудэва говорил, прилив вдохновения зачастую выражался в динамике его речи: он мог говорить, не делая пауз, целый час. Слушатели сидели зачарованные, а мое перо летало по бумаге! На меня как будто снисходила особая благодать, мгновенно превращающая голос Гуру в стенографические знаки. Их расшифровка стала для меня благословенной работой, которой я занимаюсь до сих пор. Моим записям уже много лет, некоторым из них — более сорока, и тем не менее всякий раз, когда я приступаю к их расшифровке, они чудесным образом оживают в моей памяти, словно были записаны вчера. Я буквально слышу внутри себя интонацию голоса

Гурудэвы в каждой конкретной его фразе.

Мастер практически не готовился к своим лекциям — разве что мог бегло набросать одну-две памятки с фактами. Очень часто бывало так, что по дороге в храм он спрашивал кого-нибудь из нас: «А какая у нас тема сегодня?» Он полностью сосредотачивался на ней, и позже эта тема свободно лилась из внутреннего резервуара божественного вдохновения. Темы проповедей Гурудэвы в храмах планировались и объявлялись заранее. Но иногда по ходу проповеди его ум отклонялся от темы: Мастер произносил те истины, которые занимали его сознание на данный момент, и бесценная мудрость, источником которой были его личный духовный опыт и интуиция, лилась из его уст обильным потоком. И почти всегда по окончании богослужения люди подходили к нему и благодарили за то, что он пролил свет на давно мучавшую их конкретную проблему или разъяснил то или иное философское понятие, которое их особо интересовало.

Бывало, что во время лекции сознание Гуру внезапно уносилось на возвышенный план, и, совершенно позабыв о своей аудитории, он начинал вести непосредственный диалог с Богом — и тогда все его существо излучало божественную радость и упоительную любовь. В этих высших состояниях, когда его разум сливался с Божественным Сознанием, он внутренне воспринимал Истину и описывал все, что видел. Бог являлся ему в облике Божественной Матери или в какой-либо иной форме; бывало, что в видении перед ним представал кто-то из святых или один из наших великих гуру. В такие моменты слушатели глубоко ощущали особое благословение, дарованное всем присутствовавшим. Во время одного из таких возвышенных состояний видение Франциска Ассизского, к которому Гурудэва испытывал глубокую любовь, вдохновило Мастера на создание прекрасного стихотворения «Боже! Боже! Боже!».

В Бхагавад-Гите (V:16) дается описание просветленного учителя: «В тех, кто изгнал неведение мудростью, истинное „Я" сияет как солнце». Духовное сияние, исходившее от Парамахансы Йогананды, внушало бы благоговейный страх, если бы не его теплота, естественность и тихая кротость, благодаря которым каждый в его присутствии чувствовал себя непринужденно и раскованно. Каждый, кто его слушал, ощущал, что слова Гурудэвы обращены к нему лично. Не меньшую любовь внушало людям еще одно замечательное качество Мастера — его чувство юмора. В нужный момент, посредством фразы, жеста или выражения лица, он мог вызвать у слушателей веселый смех, чтобы донести до их сознания некую истину или снять напряжение, вызванное продолжительным сосредоточением на особо глубоком вопросе.

Одна книга не может полностью передать неповторимость и многогранность яркой и любящей личности Парамахансы Йогананды. Но я смиренно верю, что эта короткая заметка позволит читателю почувствовать личность автора и этим обогатит его радость, которую он будет испытывать при чтении материалов, представленных в этой книге.

Моя радость безмерна: я видела моего Гурудэву во время его общения с Богом; я слышала глубокие истины и пламенные излияния его души; я записывала их из года в год — и вот теперь делюсь ими со всеми людьми. Пусть возвышенные слова Мастера широко распахнут для вас двери, ведущие к непоколебимой вере в Бога и глубокой любви к Тому, Кто есть наш Возлюбленный Отец, Мать и Вечный Друг.

Дайя Мата

Лос-Анджелес, Калифорния,
май 1975 года

Книга «Путь к Самореализации» — третий том избранных лекций Парамахансы Йогананды, которые он прочитал несколько десятилетий назад. С годами стала очевидна масштабность и дальновидность его неувядающей практической мудрости. Она проникает в глубочайшие сферы духовности, стирая границы между странами и религиозными верованиями и откликаясь на духовный зов человеческой цивилизации, которая вступает в новую фазу развития.

В одной из лекций, вошедших в первый том этой серии, «Вечный поиск», Парамахансаджи говорит: «Общество Self-Realization Fellowship преследует лишь одну цель: обучить человека методу обретения личного контакта с Богом». Личное общение с Богом, «сердцевина» духовного наследия Парамахансы Йогананды, выступает лейтмотивом и этого, третьего тома его избранных лекций. Нынешнее тысячелетие подходит к концу, и совершенно очевидно, что единственной надеждой человечества являются те, кто отводит какое-то время своей жизни на поиск внутри себя великой Божьей любви и понимания и направляет их целительный поток в сердца всех членов нашей мировой семьи.

Благодатная сила, исходившая от моего почтенного Гуру, была ощутимой. Даже незнакомцы на улице останавливались и спрашивали: «Кто это? Кто этот человек?» Мы имели возможность наблюдать, с каким упоением он наслаждался Божьей любовью в глубокой медитации. Вся комната наполнялась светом Божественной любви. Парамахансаджи достиг наивысшей цели своей жизни, и теперь его слова и личный пример освещают путь миллионам.

Все мы находимся на священном пути к цели, которую, возможно, нам доводилось зреть пока только мельком. Это путь открытий, которые мы будем совершать по мере нашего продвижения к новым духовным благам. Со временем этот путь приведет нас к полному осознанию того, кто мы есть на самом деле, — негасимая искра Бесконечного Духа, а не внешняя форма, служащая нам одеянием. Я молюсь о том, чтобы каждый читатель нашел на этих страницах глубокое, ободряющее ви́дение своей божественной судьбы и чувство новой радости, без которой такое путешествие не обходится.

Дайя Мата

Лос-Анджелес, Калифорния,
июль 1997 года

Вступление

В книге «Путь к Самореализации» Парамаханса Йогананда дает поучительные советы всем тем, кто хочет лучше понять себя и свое предназначение в жизни. Его сострадательная мудрость проливает свет на природу жизненных перипетий, открывая перед нами более глубокое видение того, кто мы есть и куда мы идем.

«Самореализация, — говорит нам Парамаханса Йогананда, — это знание телом, умом и душой, что мы едины с вездесущностью Бога и нам не нужно молиться о ней; что она не просто рядом с нами в каждый миг нашей жизни, но что вездесущность Бога — это наша собственная вездесущность и мы сейчас — такая же частица Бога, какой будем всегда. Нам нужно лишь усовершенствовать это знание».

Сия книга рассказывает, как именно усовершенствовать это знание, как научиться ощущать Божественное присутствие внутри себя и во всей жизни. И речь здесь не о временном вдохновении, которое приходит и уходит, а о постоянном внутреннем осознании. В этом обширном осознании мы обретаем духовные дары покоя, любви, внутреннего руководства и всегда новой радости; нам открывается понимание того, что мы воистину сотворены по образу и подобию Бога.

«Путь к Самореализации» является третьим томом избранных лекций и эссе Парамахансы Йогананды, вышедшим вслед за «Вечным поиском» (1975 год) и «Божественным романом» (1986 год). Мудрость, заключенная в данной книге, не есть книжное знание: это эмпирическое свидетельство динамичной духовной личности, жизнь которой была преисполнена духовного ликования и внешних свершений; это свидетельство мирового учителя, который следовал в своей жизни тому, чему учил; это свидетельство *Премаватара*, единственным желанием которого было делиться со всеми людьми Божьей мудростью и любовью.

Будучи Божьим человеком и авторитетной фигурой в области

древней духовной науки йоги, Парамаханса Йогананда получил самое высокое признание среди своих духовных современников, своих последователей и читателей со всего мира — не только интеллектуалов, но и широкой общественности. То, что он снискал наивысшую похвалу Небес, наглядно подтверждает как его собственная безупречная, достойная всяческого подражания жизнь, столь очевидным образом благословенная Господом, так и безмерно прекрасный, уникальный духовный опыт, полученный им от Бога в видениях и в непосредственном общении с Ним.

«Ни на английском, ни на каком-либо другом европейском языке йога еще не была представлена подобным образом», — этот комментарий «Религиозного обозрения» издательства Колумбийского университета типичен для восторженных откликов на публикацию книги Парамахансы Йогананды «Автобиография йога». Газета *San Francisco Chronicle* писала: «Йогананда представляет столь убедительные доводы в защиту йоги, что те, кто приходит ради насмешки, остаются ради молитвы». Выдержка из немецкой газеты *Schleswig-Holsteinische Tagespost*: «Стоит признать, что эта биография способна совершить духовную революцию».

Вот что сказал о самом Парамахансе Йогананде основатель Общества божественной жизни в индийском городе Ришикеш, Свами Шивананда: «Парамаханса Йогананда — редчайшая и бесценная жемчужина, подобную которой мир увидит еще не скоро. Он идеальный представитель целой плеяды мудрецов и провидцев, прославивших Индию». Его Святейшество Шанкарачарья из Канчипурама, духовный наставник, почитаемый миллионами людей в Южной Индии, писал о Парамахансаджи: «Присутствие Йогананды в этом мире было подобно яркому светочу, воссиявшему в кромешной тьме. Такие великие души приходят на землю очень редко и лишь тогда, когда люди в них особо нуждаются. Мы благодарны Йогананде за то, что он таким чудесным образом распространил индийскую философию в Америке и на Западе».

Парамаханса Йогананда родился в Индии 5 января 1893 года. Его детство было отмечено событиями, которые ясно указывали на то, что его судьба будет тесно связана с Богом. Его мать прекрасно это понимала и всячески поощряла его благородные идеалы и духовные устремления. Ему было всего лишь одиннадцать лет, когда потеря матери, которую он любил больше всего на свете, сделала непоколебимой его врожденную решимость найти Бога и получить от Самого Творца ответы, которых жаждет услышать каждое человеческое сердце.

Он стал учеником великого *Джнянаватара* («Воплощение Мудрости») Свами Шри Юктешвара Гири. Шри Юктешвар принадлежал к линии духовной преемственности великих гуру, с которыми Йоганандаджи был связан с рождения: родители Шри Йогананды были учениками Лахири Махасайи, гуру Шри Юктешвара. Когда Йогананда был еще младенцем, Лахири Махасайя благословил его и предсказал: «Маленькая мать, твой сын станет йогом. Подобно духовному паровозу, он перевезет множество душ в Царство Божие». Лахири Махасайя был учеником Махаватара Бабаджи, бессмертного мастера, возродившего в наши времена древнее учение о *Крийя-йоге*. *Крийя-йога*, которую восхваляют Кришна в Бхагавад-Гите и Патанджали в «Йога-сутрах», представляет собой одновременно трансцендентную технику медитации и искусство жизни, ведущие к единению человеческой души с Богом. Махаватар Бабаджи передал священную науку *Крийя-йоги* Лахири Махасайе, который передал ее Шри Юктешвару, а Шри Юктешвар, в свою очередь, передал ее Парамахансе Йогананде.

По окончании Калькуттского университета в 1915 году Парамаханса Йогананда принял обет монаха древнего индийского монашеского ордена, Ордена Свами. Двумя годами позже он приступил к главному труду своей жизни — духовному наставничеству, основав йогическую школу («*how-to-live*» school). Сегодня во всей Индии насчитывается семнадцать учебных заведений такого рода, где традиционные школьные предметы сочетаются с практикой йоги и воспитанием духовных идеалов.

К 1920 году Парамаханса Йогананда духовно созрел для своей всемирной миссии — распространения освобождающего знания йоги. И тогда Махаватар Бабаджи поведал ему о его божественной ответственности: «Ты тот, кого я избрал для распространения учений о *Крийя-йоге* на Западе. Много лет назад я встретил на *Кумбха-меле* твоего гуру, Шри Юктешвара, и сказал, что пришлю тебя к нему в ученики. *Крийя-йога* [научная техника постижения Бога] в конце концов распространится по всем землям. Она позволит каждому из людей обрести личное, трансцендентное восприятие единого Бесконечного Отца и тем самым поспособствует установлению гармонии между народами Земли».

Парамаханса Йогананда приступил к своей миссии в Америке как делегат Международного конгресса религиозных либералов в Бостоне. В течение более чем десяти лет он ездил по Америке, выступая почти каждый день перед восприимчивой аудиторией во всех крупных городах. 28 января 1925 года газета *Los Angeles Times* написала: «Зал филармонии являет собой исключительное зрелище… Тысячи людей вынуждены уйти ни с чем… За час до объявленного начала лекции зал, рассчитанный на три тысячи мест, заполнен до отказа. Все эти люди пришли послушать Свами Йогананду, индуса, который приехал в Соединенные Штаты, чтобы говорить о Боге… и проповедовать суть христианского учения». Удивительным открытием для Запада стал тот факт, что йога, которую так красноречиво и доступно разъяснял Шри Йогананда, представляет собой универсальную науку, и что, будучи таковой, она действительно является сутью всех истинных религиозных учений.

В 1925 году Парамаханса Йогананда учредил на холме Маунт-Вашингтон в Лос-Анджелесе Главный международный центр Self-Realization Fellowship — общества, которое он основал еще в 1917 году в Индии под названием Yogoda Satsanga Society of India. Организация Шри Йогананды и по сей день управляется из этого Центра (см. фотографию на стр. 356). Всей работой заведуют монахи и монахини ордена Self-Realization Fellowship, которым Парамахансаджи доверил распространение своего учения по всему миру и сохранение его в чистоте для будущих поколений.

В конце 1930-х годов Парамахансаджи постепенно снижает число своих выступлений по стране. «Меня интересуют не толпы, — говорил он, — а души, искренне стремящиеся познать Бога». Он сосредоточился на занятиях с серьезно настроенными учениками, и его публичные выступления ограничились в основном лекциями в храмах Self-Realization Fellowship, а также в Главном международном центре SRF.

Парамаханса Йогананда не раз предсказывал: «Я умру не в постели, а стоя на ногах, говоря о Боге и Индии». 7 марта 1952 года это пророчество сбылось. На банкете, организованном в честь индийского посла Биная Р. Сена, куда Парамахансаджи был приглашен в качестве одного из ораторов, он произнес вдохновенную речь, заключив ее цитатой из своего стихотворения «Моя Индия»:

«Там, где Ганг, леса, пещеры Гималаев и люди думают о Боге, я был благословлен: нога моя ступала на ту землю». Затем он возвел свои глаза и вошел в *махасамадхи* (сознательный выход из тела, совершаемый продвинутым йогом). Он умер так же, как и жил: призывая человека к познанию Бога[2].

Лекции Гуру в ранние годы его духовной деятельности записывались нерегулярно. Но когда Шри Дайя Мата стала ученицей Парамахансы Йогананды в 1931 году, она взяла на себя священную обязанность стенографировать все лекции и занятия Гуру ради будущих поколений. В эту книгу вошла лишь небольшая часть ее записей. Под руководством Парамахансаджи многие записи, содержавшие инструкции частного характера, техники и принципы медитации, которым он обучал на своих занятиях по Самореализации, а также некоторые его письменные работы были собраны в серию уроков SRF для домашнего изучения (*Self-Realization Fellowship Lessons*). Остальные лекции регулярно публикуются в журнале *Self-Realization*.

Этот том по большей части состоит из лекций, прочитанных в храмах Self-Realization Fellowship и в Главном международном центре SRF в Лос-Анджелесе. Некоторые из представленных здесь лекций были прочитаны либо на неформальных встречах с учениками, либо на *сатсангах*, либо на проведенных Гуру медитациях, во время которых он пребывал в состоянии экстатического общения с Богом, что позволяло всем присутствовавшим получать некое представление о блаженном сознании Мастера. В эту книгу также вошли вдохновенные письменные работы Парамахансаджи. Он был плодовитым автором. Зачастую, когда у него выдавалась свободная минутка, он слагал очередную песнь любви, обращенную к Богу, или писал короткое эссе, которое помогало другим людям лучше понять определенный аспект истины.

Лекции, собранные в этом томе, читались главным образом перед аудиторией, знакомой с учениями Self-Realization Fellowship. Широкая читательская аудитория найдет полезными разъяснения некоторых терминов и философских понятий. С этой целью мы включили в книгу глоссарий и большое количество примечаний,

---

[2] В октябре 2014 года на экраны вышел отмеченный наградами документальный фильм о жизни и работе Парамахансы Йогананды, *Awake: The Life of Yogananda*.

разъясняющих значение некоторых философских терминов и слов на санскрите; в них также содержатся сведения о событиях, людях и местах, связанных с жизнью и деятельностью Парамахансы Йогананды. Следует отметить, что цитаты из Бхагавад-Гиты, приведенные в этой книге, переводились с санскрита на английский язык самим Парамахансой Йоганандой. Порой они переводились буквально — если того требовал контекст. Для большинства цитат из Бхагавад-Гиты в настоящем издании мы использовали конкретную версию ее перевода с комментариями Парамахансы Йогананды под названием «Бхагавад-Гита: Беседы Бога с Арджуной».

Парамахансаджи почитал все религии и их основателей и с уважением относился ко всем искренним духовным искателям. Частью его миссии было «раскрытие полной сочетаемости и сущностного единства изначального христианского учения, каким его принес в мир Иисус Христос, и изначального учения йоги, каким его принес в мир Бхагаван Кришна» (см. «Цели и идеалы» на стр. 451). Парамахансаджи показал, что практика йоги приводит к внутренней сонастроенности с Богом, являющейся универсальной основой всех религий. Абстрактные теоретические построения религии бледнеют по сравнению с непосредственным личным восприятием Бога. Никто не может доказать истину тому, кто ее ищет: духовный искатель может постичь ее лишь на своем собственном опыте, и он в состоянии это сделать с помощью практики йоги. «Все мы часть Единого Духа, — говорил Парамахансаджи. — Когда вы постигнете истинное значение религии — а оно заключается в познании Бога, — вы осознаете, что Он есть ваше истинное „Я" и что Он, будучи беспристрастным, присутствует в каждом человеке... Не удовлетворяйтесь пониманием истины. Превратите истину в свой личный опыт, и через познание своего истинного „Я" вы познаете Бога».

Self-Realization Fellowship

Лос-Анджелес, Калифорния

ПУТЬ К САМОРЕАЛИЗАЦИИ

Как проявить в себе вечную молодость

*Первый храм Self-Realization Fellowship
в Энсинитасе[1], Калифорния, 20 марта 1938 года*

Божье Царство находится не в какой-то определенной точке пространства где-то на небесах — оно скрывается за темнотой закрытых глаз. Бог есть Сознание, Бог есть Абсолютное Бытие, Бог есть всегда новая Радость. Эта Радость вездесуща. Почувствуйте свое единство с этой Радостью. Она живет внутри вас, и она не имеет границ. За пределами низших вибраций материи властвует бескрайняя неизменная Бесконечность. То, что не имеет ни конца ни края, есть Божье Царство — сознательное Блаженство, вечное и безграничное. Когда ваша душа расширится и почувствует Его присутствие везде и всюду, это ознаменует, что вы соединились с Духом.

Мы преклоняемся перед Бесконечностью у алтаря горизонта, где встречаются небо и океан, мы кланяемся трансцендентной Бесконечности на алтаре покоя, живущего в нашей душе.

Несмотря на наше духовное невежество, Бог продолжает дарить нам жизнь Своим присутствием внутри нас. В почве Он спит, в цветах Он дремлет, в птицах и зверях Он пробуждается, а в человеке Он знает, что пробужден. В сверхчеловеке Он находит Самого Себя.

На протяжении тысячелетий *риши* и мастера Индии, скрывавшиеся в уединенных обителях, разгадывали тайны Вездесущего Духа. Их исследования даровали миру ценнейшие техники и методы, настраивающие тело и ум на живущий в каждом человеке Неиссякаемый Источник жизни и разума. Внутренне концентрируясь на Бесконечности, вы можете обрести безграничную силу.

---

[1] Храм Золотого Лотоса. См. примечание на стр. 272.

Знание, почерпнутое из книг и от образованных людей, — ограниченное знание, а вот Бесконечность может одарить нас всесильной мудростью. Как этого добиться? Мы обучаем этому в уроках, которые еженедельно высылаются из Главного международного центра SRF, расположенного на вершине холма Маунт-Вашингтон. Истины, изложенные в этих уроках, низошли от Бога, они являют собой результат исследований мастеров Индии.

Познайте смысл своей жизни на земле

Родиться, пожить какое-то время, а затем умереть, так и не узнав, почему мы были посланы на эту землю в человеческом обличье, — значит оскорбить свое высшее «Я». Позабыть Бога — значит так и не узнать, в чем смысл жизни. Учитесь чувствовать Бога и наслаждаться Им. Сделайте это своей привычкой, и вы увидите, как многое вы обретете. Материальные обретения и материальное процветание не уберегут вас от печали. Придет день, когда вы почувствуете себя совершенно беспомощным, простой пешкой в руках судьбы, и тогда вы начнете осознавать, что единственное безопасное прибежище — в Боге. Однако Он никому не хочет Себя навязывать. Это вы должны страстно желать найти Его, ставя Его выше всех других желаний. В этом мире вы должны уподобиться лебедю, который может плавать в грязной воде и при этом оставаться чистым. Если вы пропитаете свой ум маслом непривязанности, к вам не будут «прилипать» материальные желания.

Капля воды, отделившаяся от озера и дрейфующая на листе лотоса, высохнет, если не возвратится в озеро. Поэтому, прежде чем ваша жизнь испарится в материальных желаниях, окунитесь в осознание Бога. Тогда капля жизни не познает смерти, ибо станет вечной. Рождение есть отделение от Бесконечности; смерть не конец жизни, а лишь переход к более высокому состоянию. Вырваться из циклов рождений и смертей — значит вернуться к Богу. Капля морской воды принадлежит океану. Отделяясь от него, она становится уязвимой и подвергается воздействию солнца, ветра и других природных стихий. Когда же капля возвращается в свой источник, она расширяется до состояния единства с океаном. И так же с жизнью. Став единым с Богом, вы обретете бессмертие.

Пока мы все еще отделены от Моря Вечной Жизни, нашей

целью должно стать проявление нашего сущностного божественного бессмертия. На лотосовом листе материального счастья росинка жизни должна оставаться неприкосновенной и незагрязненной до тех пор, пока она не скатится в безбрежность Божьего присутствия. Рассматривая тему продления молодости, мы поговорим о том, как выразить нашу внутреннюю бессмертность, несмотря на стоящие перед нами ограничения.

Молодость — это состояние ума и души, а не только тела

Все хотят оставаться молодыми. Каждый так или иначе ищет «эликсир молодости». Но что есть молодость? Не все молодые люди в действительности молоды. Некоторые из них уже стары и потрепаны не по годам. И наоборот: некоторые люди и в преклонном возрасте остаются молодыми. Их умы молоды. Их улыбка исходит от души и наполняет их тела и лица; радость бытия наполняет их кровь. А бывают люди вялые и безжизненные: еще не умерли, а уже похожи на мертвецов, сами того не ведая. Это — «ходячие мертвецы». Таких много: негативных, критикующих всех и вся, недовольных, павших духом. Негативное состояние ума не имеет оправданий. Вы всегда должны быть позитивным, бодрым и улыбчивым, вы должны лучиться радостью и энергичностью. Изо всех сил старайтесь проявлять эту умственную молодость, исходящую из глубин вашего существа.

Посему возраст тела на самом деле не связан с молодостью как таковой. Человека делает молодым состояние ума и выражение души. Молодость — это такое состояние тела, ума и души, в котором человек испытывает чувство радости и силы в их наивысшем выражении. Если вы захотите, вы сможете удерживать это состояние непрестанно. С другой стороны, вы запросто можете его потерять, если будете беспечны.

Для начала давайте рассмотрим эту тему с психологической точки зрения. Ум есть оператор, управляющий вашим телом. Тело, по сути своей, смоделировано умом. Мы являемся итоговым продуктом сознания, которое сформировывалось на протяжении многих инкарнаций[2]. Этот ум, это сознание, является высшей силой, управляющей произвольными и непроизвольными действиями этой телесной фабрики со всей ее разнообразной продукцией.

Пять психологических состояний сознания

Мы расцениваем свое внутреннее состояние как желательное или нежелательное в зависимости от степени нашего счастья, которое и вовсе может отсутствовать. Существует пять психологических состояний: счастье, печаль, равнодушие, покой и истинная радость.

Бушующие в океане волны вздымаются и опускаются, а затем вздымаются вновь, одна за другой, — и так до тех пор, пока шторм не утихнет и волны не растворятся в пучине. И так же с умом. Чередование радости и печали — это психологические гребни, а равнодушие и скука — погружение в глубины. Таковы первые три состояния ума.

Как правило, психологическое состояние человека можно определить по его лицу. Если вы спросите человека с сияющим лицом, что сделало его таким счастливым, вы обнаружите, что у него исполнилось какое-то желание, например, ему повысили зарплату или он с успехом осуществил задуманное — словом, что-то принесло ему удовлетворение. Исполненное желание приносит радость.

Когда же вы видите человека с мрачным или кислым лицом, это говорит вам о том, что он столкнулся с неким разочарованием. Неосуществленное желание приносит чувство недовольства. Боль противостоит желанию быть здоровым, бедность противостоит желанию иметь деньги и так далее.

Но есть и люди, находящиеся как бы посередине. Спросите их, счастливы ли они, и они ответят: «Нет». — «Тебе грустно?» — «Нет». Они находятся посередине — ни на гребне волны счастья, ни в разбивающейся волне печали. Они ни там ни здесь. Таково нейтральное состояние равнодушия.

Человек не может постоянно находиться на гребне животрепещущего счастья или бурной печали, равно как и в пучине скуки. В мире тягающихся между собой противоположностей обычного человека то и дело бросает вверх и вниз: он поднимается вверх

---

[2] См. *карма* и *реинкарнация* в глоссарии.

на волне радости, проваливается в яму равнодушия, а затем его сбивает с ног волной печали. Другие состояния сознания ему неведомы. Находиться в этом водовороте — значит подчинить свою свободную волю капризной судьбе.

Равновесие ума — вот что необходимо человеку[3], для того чтобы жить успешной жизнью, несущей удовлетворение. Такого состояния можно достичь только с помощью концентрации, овладения своим умом. Время лечит даже самую глубокую печаль, а вот переживать ее снова и снова нет смысла. Печаль по ушедшим близким не поможет ни им, ни скорбящему, а также не изменит того, что уже произошло.

Подпитывать свой комплекс неполноценности или наказывать себя за прошлые ошибки и неудачи, тем самым делая себя несчастным, — значит парализовывать свой ум. Никогда не позволяйте себе впадать в колею негативности. И не утомляйтесь жизнью. Это очень неблагоприятное состояние. Оно будет медленно поедать вас. Не отдавайте себя и свой потенциал на съедение скуке.

За первыми тремя состояниями ума — счастьем, печалью и равнодушием — находится состояние покоя. Лишь немногие достигают этого умственного плана. Те, кто имеет деньги, здоровье и гармоничные отношения с окружающими — все, чего они когда-либо хотели, — могут сказать: «Я вовсе не несчастлив, и я не равнодушен. Я испытываю удовлетворение. На душе у меня покой». После бурного всплеска эмоций обычно хочется такого состояния. Но если человек долгое время испытывает такой «покой» в виде отсутствия радости и печали, приходит день, когда он говорит: «Да что же это за жизнь такая без приключений!» Этот покой, будучи отрицательным состоянием, в котором возбуждение нейтрализуется, не приносит долговечной удовлетворенности.

---

[3] Согласно традиции своего времени, о человеке Парамаханса Йогананда говорил в мужском роде (*в английском языке слово man может означать как «человек», так и «мужчина»*. — Прим. перев.). Стоит, однако, отметить, что слово *man* несет более глубокий смысл, так как происходит от санскритского *manas*, что означает «ум», присущую всем людям способность мыслить разумно. Наука йоги имеет дело с человеческим сознанием высшего «Я», бесполой души (санскр. *атман*). Ввиду того, что в английском языке не существует терминологии, способной передать эти психологические и духовные истины без сопутствующих замысловатых разъяснений, необходимость в таких примечаниях остается в силе.

А теперь мы подходим к положительному аспекту, к последнему, пятому состоянию сознания, и это — обретение всегда новой радости. Достичь такого состояния можно только путем установления контакта с Богом в глубокой медитации посредством практики методов, разработанных мастерами Индии. Эта всепоглощающая радость никогда не приедается. Как же мне ее описать? Допустим, на протяжении десяти дней вам не позволяли ложиться спать, а потом вдруг сказали: «Ну все, можешь идти спать». Представляете, какую радость вы бы почувствовали перед тем, как уснуть? Так вот, умножьте эту радость на миллион! И это все равно не сможет описать ту радость, о которой я вам говорю. Иисус и другие великие души говорили об этой радости. Святой Франциск и Шри Чайтанья[4] знали эту радость. Что еще могло подтолкнуть святых к отказу от материальных обретений, если бы они не знали, что их ждет нечто большее? Учение о Самореализации не призывает вас отрекаться от всего в этом мире, оно призывает вас пожертвовать малозначимым — тем, что препятствует достижению бесконечной истинной радости в жизни.

Вам необходимо узнать и понять истинную цель религии. Она состоит в установлении прямого контакта с этой неземной Радостью, Которая есть Бог — великий вечный Утешитель. Если вам удастся найти эту Радость и удерживать ее в любой жизненной ситуации, вы сможете стоять непоколебимо даже посреди крушения миров.

Таков первый закон сохранения молодости: вы должны удерживать позитивный настрой ума, не подверженный влиянию жизненных событий. Пребывая в этой радости, вы не дрогнете и перед лицом смерти. Разве Иисус смог бы сказать во время распятия: «Отче! прости им, ибо не знают, что делают»[5], если бы в нем не жила внутренняя радость, которой его не могли лишить даже телесные муки? Благодаря этому прочному психологическому стержню он был способен любить даже тех, кто распинал его тело. Вы должны взращивать в себе именно такое состояние неуязвимости.

---

[4] Обретя просветление в 1508 году, выдающийся индийский философ Шри Чайтанья исполнился пламенной любви к Богу, Которому он поклонялся как Господу Кришне (см. глоссарий). С тех пор слава о нем как о *бхакте* («тот, кто предан Богу») разошлась по всей Индии.

[5] Лк. 23:34.

В середине 1920-х годов Шри Йогананда отправился в лекционное турне по Америке. За десять лет он побывал во всех крупных городах Соединенных Штатов, где он читал лекции, обучал искусству сбалансированной жизни и проводил занятия по йоге в заполненных до отказа аудиториях. (*Наверху*) Парамахансу Йогананду встречают на вокзале в Лос-Анджелесе; (*в центре*) урок йоги в Детройте; (*внизу*) банкет в честь Парамахансаджи в Цинциннати.

Учитесь искренне улыбаться в любой ситуации

Поиск Бога в медитации — это прямой путь к обретению состояния умственной молодости и радости. В дополнение к этому существуют упражнения, которые помогут вам культивировать умственную молодость. Прежде всего, учитесь улыбаться искренне. Где бы вы ни были, какими бы тяжелыми ни представлялись обстоятельства, улыбайтесь от всего сердца. Не носите в себе злобу и гнев. Старайтесь дарить искреннюю улыбку всем: друзьям, семье, незнакомым людям. В этом кроется половина секрета достижения такой молодости. Пока у вас заразительная улыбка, которая рождается в глубинах вашего истинного существа, вы — молоды. Я часто говорю, что если вы не можете улыбаться, тогда вставайте перед зеркалом и растягивайте рот в улыбку руками!

Приняв твердое решение улыбаться, будьте готовы к тому, что все вокруг, словно сговорившись, будут пытаться заставить вас плакать! Такова жизнь. Стоит вам принять решение быть терпеливым и всепрощающим, как вам становится трудно ладить с окружающими. Такова жизнь. Люди часто причиняют нам боль, но их грубость не должна повлиять на наше решение быть добрым. Пусть другие делают, что им заблагорассудится, — вы же будьте выше этого и не сворачивайте со своего пути. Старайтесь радовать окружающих, насколько это возможно, и старайтесь никого не обижать. Но следите за тем, чтобы эти усилия не мешали вашей первостепенной обязанности — радовать Бога. В противном случае они того не стоят.

Постоянно практикуйте улыбку умственной молодости, наблюдайте за тем, сколько часов подряд вы удерживаете свое внутреннее равновесие посреди внешних испытаний. Когда вы будете в состоянии непрестанно сохранять бодрость духа и невозмутимость, вы обнаружите, что каждая клеточка вашего тела наполняется великой радостью.

Многие годы я ношу в себе это Божье благословение. Видна моя улыбка или нет, божественная радость всегда со мной. Могучая река Радости течет под песками моего сознания. Ни изменчивость жизни, ни фантом смерти не могут лишить меня ее. Укорениться в таком неизменном состоянии было трудно, но оно того стоило.

 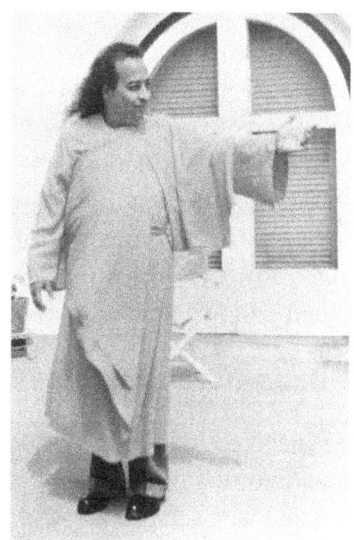

(*Слева*) Парамаханса Йогананда со своим гуру Свами Шри Юктешваром, 1935 год. (*Справа*) Парамахансаджи приветствует собравшихся у храма Self-Realization Fellowship в Сан-Диего, 1949 год.

1925 год. Парамахансаджи проводит Пасхальную службу у расположенного на холме Маунт-Вашингтон поместья, которое вскоре стало международной штаб-квартирой его организации Self-Realization Fellowship/Yogoda Satsanga Society of India.

Сколько людей транжирят свои годы, а радость так и не находят! Почему же вы тогда подражаете им и устремляетесь к тому, что сулит счастье, а приносит несчастье? Соприкоснитесь с Духом в медитации, и вы убедитесь: все, о чем я вам рассказываю, — истинная правда. Вы обретете радость, с которой не захотите расставаться, даже если в обмен вам предложат целый мир. Ни деньги, ни секс, ни вино — ничто не может сравниться с этой высшей радостью. Она есть вечное сияние души.

Важность энтузиазма и ухода от эгоцентризма

В деле сохранения молодости очень важен энтузиазм. Когда вам кто-то нравится, вы с радостью готовите еду и работаете для этого человека. Если же человек вам не нравится, отсутствие энтузиазма делает вас усталым и раздражительным. Этот принцип применим к любой сфере жизни. Когда у вас нет желания что-то делать, у вас нет ни энергии, ни интереса. Если же такое желание у вас есть, вы исполнены сил и энтузиазма молодости.

Вот еще один ключевой фактор в сохранении психологической молодости: вы должны стать менее эгоистичным, менее самовлюбленным, и больше заботиться о других. Для того чтобы удержать в себе радость, обретенную благодаря контакту с Богом в медитации, вы должны перенять Его способность любить всех, вы должны быть справедливы и добры ко всем. Прощайте своих врагов. Сбросив с себя груз злобы и зависти, вы почувствуете огромное облегчение. Это такое прекрасное чувство! Ежедневно помогайте людям любым возможным способом, и, если вы сможете привести души на духовный путь, чтобы они начали искать Бога, это будет особенно хорошо. Любите окружающих такой же любовью, какой любите своих родных и близких. Бог дает вам родных для того, чтобы вы научились расширять любовь своего маленького «я» и любить других. Именно с Его позволения смерть и другие обстоятельства забирают у вас близких, чтобы вы не ограничивались любовью лишь к некоторым людям, но научились дарить свою любовь всем. Чем шире ваша любовь, тем больше будет расширяться ваше сознание, наполняясь радостью вездесущего Господа. В Бхагавад-Гите говорится: «Когда человек видит, что все различные существа пребывают в Едином, проявившемся в множественности, тогда он погружается в Брахман [Дух]»[6].

Может ли тело оставаться вечно молодым?

Далее идет физический аспект молодости. Некоторые святые, предпочитающие скрываться от скептических взглядов непросветленного мира в уединении, отличаются удивительным долголетием. Они сохраняют молодость не только духа, но и тела. Махаватар Бабаджи[7] — один из них. Что касается Иисуса, то он продемонстрировал власть над сущностью своего тела. Это он сказал: «Разрушьте храм сей [телесный], и Я в три дня воздвигну его»[8]. И позже он подтвердил истинность своих слов. Такие способности были у великих мастеров Индии. На Западе нечасто демонстрируются высшие законы, поскольку местной культуре свойственно сосредотачиваться на внешнем, материальном развитии. Восток же посвятил себя внутреннему исследованию сфер Духа.

Что же удивительного в том, что некоторые мастера проживают необыкновенно долгую жизнь, с тем чтобы исполнить свое божественное предназначение? Мы знаем, что некоторые животные живут даже дольше людей. А ведь человеку полагается быть высшим существом. Почему же тогда он живет меньше? Потому что как человеческие существа мы наделены свободной волей и имеем возможность делать все, что нам заблагорассудится; злоупотребляя этим даром, человек делает то, что ему делать не следует. Его плохие привычки, его образ жизни и мышления, его хроническая отдаленность от Бога передавались из поколения в поколение в процессе эволюции, ограничив проявление в нем божественного потенциала — как физического и умственного, так и духовного.

Когда в материнской утробе начинает делиться первая клетка, образованная в результате слияния сперматозоида и яйцеклетки, и из нее начинает расти человеческое тело, эмбрион формируется в течение четырех дней. Весь потенциал тела — уже на четвертый

---

[6] XIII:30.

[7] Вечно молодой мастер, стоящий у истоков преемственной линии Гуру-наставников общества Self-Realization Fellowship. Именно он возродил в мире древнюю духовную науку *Крийя-йоги* в 1861 году. (См. глоссарий.)

[8] Ин. 2:19.

день! Группы эмбриональных клеток, именуемых зародышевыми листками, дают начало различным телесным тканям. Согласно особому замыслу, они каким-то непостижимым образом начинают формировать нервы, кости, кожу, кровь, органы — все телесные компоненты. Когда части тела формируются, специализированные эмбриональные клетки становятся соматическими клетками, которые замыкаются на своих специфических функциях и связанных с ними ограничениях. Это означает, что они не всегда подчиняются сознательному уму, потому что эволюционные и индивидуальные кармические привычки и мысли многих столетий глубоко запечатлены в их структуре.

Например, зубы у человека вырастают лишь дважды. Почему же они не могут вырасти в третий и в четвертый раз? Потому что клетки нашего тела «загипнотизированы» вековыми эволюционными моделями развития, «засевшими» в нашем мозге и в клеточной структуре. Чем дальше мы уходим от подсознательного гипноза эволюционных шаблонов, формировавшихся поколениями, тем больше у нас свободы. Как превратить соматическую клетку обратно в универсальную созидательную эмбриональную клетку, которая способна восстанавливать телесные органы? В будущем наука обязательно займется этим вопросом[9]. Наши тела должны быть способны меняться согласно нашим предпочтениям.

Чем сильнее воля, тем интенсивнее поток энергии

Следите за тем, чтобы ваша воля всегда была сильна; при этом оставайтесь спокойным и не нервничайте. Тогда ваше тело будет наполнено энергией. Именно сила воли поставляет энергию в ваше тело и использует ее. Чем сильнее воля, тем интенсивнее поток энергии. Учитесь извлекать энергию не только из пищи и кислорода, но и из Бесконечности, потому что придет день, когда ваше тело

---

[9] В последние годы ученые начали докладывать об успехах в этой области. Роберт Беккер, исследователь в области ортопедической хирургии, использовал электрическую стимуляцию для возврата соматических клеток в состояние эмбриональных клеток, в результате чего у лягушек и мышей выросли ампутированные конечности. (Как известно, эти животные не обладают способностью восстанавливать утраченные части тела естественным образом.) Беккер и другие исследователи также применяли эту методику для лечения переломов костной ткани человека, которые ранее считались неизлечимыми. В настоящее время эксперименты и исследования в этой области продолжаются.

станет слабым, и никакие предпринимаемые вами физические меры уже не помогут. Пища и кислород усваиваются телом только благодаря воздействию внутреннего жизненного тока. Если в результате физического или психологического надрыва этот ток ослабевает, внешние средства поддержания жизни становятся неэффективными. Методы, которым я обучаю, демонстрируют, как можно «перезаряжать» каждую часть своего тела жизненной энергией, которая исходит непосредственно из вездесущей вибрационной силы Бога, находящейся внутри и вокруг нас. Это та самая сила, которая создала ваше тело и поддерживает в нем жизнь. Практикуя Энергизирующие упражнения[10] и, что самое главное, *Крийя-йогу*, вы сможете наполнить всю свою сущность Божественной Жизнью.

Каждый грамм человеческой плоти содержит достаточно энергии, чтобы освещать город Чикаго в течение двух дней. Вы можете ощущать в своем теле жизненность и тепло, но не ту колоссальную энергию, которая заложена в атомах тела. Каждый атом является генератором электрического тока. Посредством медитативной техники *Крийя-йоги* вы сможете заряжать жизнью каждую клетку своего тела и, прилагая усилие воли, получать доступ к космическому источнику энергии. Если ваша воля будет оставаться неуязвимой, и вы будете с пламенным энтузиазмом применять эту волю во всех своих физических и умственных действиях, ваше тело и ум будут оставаться молодыми.

Следуйте Божьим законам, проявленным в космической природе

Природа, космическое мироздание, подчиняется действию Божьих законов. Поэтому вы должны научиться следовать этим законам. Болезни, умственная дисгармония и все виды несчастий есть не что иное, как последствия неподчинения этим законам. Из-за злоупотребления свободной волей люди ведут себя неправильно; их действия, противоречащие божественным законам, позже сказываются на нервной системе и на сознании, что вызывает дисгармонию тела и ума.

---

[10] Энергизирующие упражнения, разработанные Парамахансой Йоганандой, представлены в Уроках SRF (*Self-Realization Fellowship Lessons*). (См. глоссарий.)

Что касается питания, тут законы здоровья нарушаются постоянно. Большинство людей копают себе могилу ложками и вилками. Даже животные в зоопарке получают больше сбалансированного питания, чем средний человек. Вы должны есть не то, что вам по вкусу, а то, что вам следует есть. Ваше питание должно состоять в основном из фруктов, овощей, цельных круп и бобовых. Избегайте чрезмерного количества рафинированного крахмала и сладостей и сократите до минимума употребление жиров: они вредны для здоровья. Самые лучшие сладости — это высушенные на солнце фрукты, не обработанные диоксидом серы. Те, кто ест много мяса, должны сломить эту привычку и избегать говядину и свинину, лишь иногда употребляя рыбу, баранину и мясо домашней птицы. Каждая порция мяса должна подаваться с большой порцией листового салата. В идеале лучше полностью отказаться от мяса и вместо него включать в свою диету молочные продукты, яйца и растительный белок. Если вы размешаете в апельсиновом соке мелко перемолотый несоленый арахис, либо миндаль, либо сырой нут, вы получите отличный источник белка. Пейте молоко между приемами пищи — не во время еды.

Старайтесь не переедать. Употреблять больше, чем требует организм, вредно, это равнозначно неправильному питанию. Не думайте, что вы должны есть только потому, что прозвенел звонок на обед. И ешьте меньше. Также научитесь голодать на свежих фруктах и неподслащенных фруктовых соках один день в неделю и три дня подряд один раз в месяц.

Не менее важно очищение кишечника. Свежие фрукты и овощи помогают очистить организм. Прибегая к голоданию, принимайте мягкое слабительное, разбавленное в апельсиновом соке.

Для хорошего здоровья также важна хорошая осанка. Сутулость препятствует нормальному поступлению жизненной энергии во все части тела и жизненно важные органы. Лучшая осанка — грудь вперед, плечи назад, живот втянут, ягодицы поджаты. Когда вы стоите, не горбитесь, расправьте плечи. Когда вы сидите, держите спину прямо, иначе вы будете препятствовать правильному дыханию и свободному потоку жизненной энергии в позвоночнике. С точки зрения психологии, сгорбленная спина — признак пораженческого умонастроения. Всегда сидите и стойте прямо. Будьте хозяином самого себя, мысленно устремленным на безграничную силу внутри и вокруг себя.

Регулярно занимайтесь физическими упражнениями, например, ходьбой. Учитесь правильно дышать — размеренно и глубоко, полностью наполняя легкие воздухом. Если благодаря упражнениям и правильному дыханию организм обогащен кислородом, жизненная сила насыщает все тело, включая мозг.

И последнее замечание касательно физического аспекта молодости: очень важно не растрачивать свою сексуальную энергию. Увлечение сексом и неправильное использование созидательной силы Природы приводят к болезням и преждевременной старости быстрее, чем что-либо другое. Секс лишает тело сил и ослабляет иммунную систему. Супружеским парам следует практиковать умеренность, а одиноким людям — воздержание.

Если вы ведете здоровый образ жизни, питаетесь здоровой пищей и не растрачиваете свою внутреннюю жизненную энергию на ошибочные физические и умственные действия, вы повышаете свою способность оставаться здоровым и молодым. Даже карма плохого здоровья, принесенная из прошлых жизней, может быть «погашена» таким образом. Каким бы ни было ваше прошлое, никогда не поздно измениться к лучшему. Никогда не поздно исправить свои плохие привычки.

«Эликсир молодости» находится в душе

В конечном итоге «эликсир молодости» может быть найден только в душе. Ваше истинное «Я», сотворенное по образу и подобию Бога, бессмертно. Оно не подвергается изменениям, которые изнашивают тело. «Оружие не может рассечь душу, огонь не может ее сжечь, вода не может ее увлажнить, ветер не может ее иссушить… Душа неизменна, вездесуща, постоянна, недвижима — вечно та же»[11]. Эта бессмертность живет в вашем теле. Вам снятся сны о слабости и хрупкости, и поэтому вы не видите, что за вами и вашей душой стоит вечная сила Бога. Вы должны осознать это. Если вы придете к такому осознанию, вам даже смерть будет нипочем. Те, кто познал Бога, обладают этим осознанием. Они познали атомную структуру и сущность мироздания, порожденного

---

[11] Бхагавад-Гита II:23–24.

созидательной мыслью Господа. Познать Его — значит узреть свое тело частью Духа. Чудеса, которые несет это осознание, не предназначены для публичной демонстрации, но святые тем или иным путем негласно проявляют эту силу.

Во сне вы можете сделать себя таким, каким вы хотите быть, вы можете делать все, что пожелаете. Вы можете быть больным, богатым и так далее. Во сне ум может создавать все. Когда вы обретете власть над своим умом в состоянии бодрствования, осознав, что его сила — часть сознания Бога, вы обретете власть и над своим телом. Медитация на душу — это метод, благодаря которому ум может совершать чудеса под вашим руководством. Когда вы найдете свое истинное «Я», душу, вы увидите, что тело — не что иное, как эманация Бога.

Те, кто ищет Бога искренне и всей душой, непоколебимо следуя этому пути, познают тайну бессмертия души. Если вы способны оставаться жизнерадостным и уравновешенным в любых обстоятельствах, а также делать все с энтузиазмом, вы сможете сохранить молодость ума. Если вдобавок к этому вы следуете законам здоровья и прилагаете силу воли, чтобы вбирать в себя неиссякаемую космическую энергию, вы сможете наполнить молодостью и свое тело. И самое главное: если вы познаете, что, будучи сотворены по образу Божьему, вы бессмертны, все ваше существо будет светиться этой вечной молодостью и, если на то будет Божья воля, вы не испытаете того, что называют смертью, когда вы оставите свое бренное тело[12]. И даже если вам придется совершить естественный переход в иной мир, вы воспримете его как сладкий сон.

Примите твердое решение медитировать каждое утро и каждый вечер перед сном, сказав себе: «О Дух, я буду искать Тебя в медитации прежде всего. Это Ты даровал мне благословенную возможность соприкоснуться с великой истиной Самореализации и ее Мастерами, дабы, следуя этим путем, я мог найти Тебя».

Почувствуйте свое единство с Небесным Отцом. Молитесь и

---

[12] В своей «Автобиографии йога» Парамахансаджи пишет: «Известно, что многие йоги не переживают драматического перехода от „жизни" к „смерти" — они пребывают в полном сознании». Он и сам сознательно покинул свое тело в момент физической смерти в 1952 году.

говорите Ему, что вы усовершенствуете свои тело и ум таким образом, чтобы они стали инструментами, с помощью которых вы сможете почувствовать Его присутствие внутри себя. Да пребудет с вами слава Духа. Пусть Его энергия зарядит ваши тело и ум, и пусть Его Дух пробудится в вашей душе. Почувствуйте, как слава Его запечатлевает Его Безграничную Бессмертность в вашем теле, в вашем уме, в вашей душе.

Как перестроить свою жизнь

*Храм Self-Realization Fellowship,
Голливуд, Калифорния, 3 января 1943 года*

Сегодня мы рассмотрим очень важную тему. Постарайтесь запомнить и воплотить в жизнь все, что вы сейчас услышите. Бывает, человек чем-то вдохновляется, а потом забывает об услышанном. Поэтому я часто практикую повторение. Чтобы истина смогла проникнуть в глубины человеческого сознания, ее нужно повторять снова и снова. Так она постепенно становится частью привычного мышления.

Между выслушиванием лекции и воплощением в жизнь изложенных в ней истин есть большая разница. Я практикую все, чему меня учил мой гуру (*Свами Шри Юктешвар*[1]. — Прим. изд.). Благодаря его наставничеству я по сей день отдаю приоритет моей духовной практике. Вот три вещи, которые я никогда не пропускаю: утренние и вечерние медитации, упражнения[2] и служение людям. Все это я расцениваю как первостепенную обязанность, а то, что имеет меньшее значение, я делаю по мере своих возможностей.

Живя в сознании Бога, я обнаружил, что многие вещи, которые раньше казались необходимыми, стали ненужными. Вчера ночью я почувствовал, что вполне могу обойтись и без сна — настолько отчетливым было мое восприятие Бога. Время от времени я видел, как мое тело засыпает, но этот подсознательный экстатический сон (*нидра самадхи стхити*) быстро проходил, и

---

[1] См. глоссарий.
[2] Имеются в виду Энергизирующие упражнения.

мои тело и ум наполнялись сознанием Бога³.

Все, о чем я вам рассказываю, пережито мною лично. Однажды это станет частью и вашего опыта. Благодаря Тому, Кого я воспринимаю внутренне, я могу передавать всем сонастроенным со мной людям внутренний Божественный Свет. Я превозношу не себя, а Того, Кто во мне. Как обеспеченные люди могут передавать богатство своим достойным детям, так и духовно богатые люди способны передавать свои божественные богатства преданным ученикам. Это относится ко всем великим мастерам. В истории было много случаев передачи духовного сознания. Например, «милоть» пророка Илии пала на Елисея, а Христос послал своим одиннадцати преданным ученикам Святой Дух.

Многие становятся на духовный путь, но в Царство Божие войдут только те, кто будет непоколебимо следовать этому пути до самого конца. Истинные верующие — те, кто видит, что мрачные пути этого мира неизбежно ведут к разочарованию — решительно ищут Бога, никогда в Нем не сомневаясь. И неважно, отвечает Он или нет. Внутренне богоискатель всегда молится: «Господи, Ты знаешь, что я иду к Тебе. Вот почему для меня не столь важно, отвечаешь Ты мне или нет. Пусть я и недостоин Твоего ответа, в должное время Ты точно меня не отвергнешь».

Как только Бог убедится в том, что вы искренни и уже ничто не заставит вас отвернуться от Него, через посредничество гуру Он одарит вас просветлением: гуру передаст вам Божественный Свет, проходящий через него⁴. Возможно, вы думали, что никогда не познаете подобного благословения. Я получил это высшее переживание от своего Гуру. Одним своим прикосновением он дал мне то, чего я не мог получить, только лишь медитируя.

Начиная с этого Нового года принимайте твердые духовные решения. Я и сам так делаю, и при этом молюсь всем сердцем и душой, чтобы с благословения Небесного Отца и моего Гурудэвы

---

³ Бессознательный процесс, в котором ум отключается от телесного и чувственного восприятия во время сна, называется *нидра самадхи стхити*. Сознательное же *самадхи* достигается, когда медитирующий, процесс медитации (отключение ума от чувственного восприятия путем самоуглубления) и объект медитации (Бог) становятся Единым Целым. (См. *самадхи* в глоссарии.)

⁴ См. *гуру* в глоссарии.

я смог претворить эти решения в жизнь.

Жизнь — матрица сознания

Мы сотворены из матрицы сознания. Вся жизнь берет начало в едином Истоке реки сознания. Это означает, что ваше индивидуализированное сознание есть сама основа вашего бытия. Все ваши мысли и действия — не что иное, как пузырьки и капли реки сознания.

Тело, кажущееся таким цельным и плотным, в действительности представляет собой пучок электромагнитных токов. Его протоны и электроны сконденсированы соответственно из положительных и отрицательных созидательных мыслей, спроецированных Богом. Я называю их *мыслетронами*. Все в мироздании — производное этих мыслетронов, порожденных Божьим разумом.

В чем разница между белым и черным? Это две контрастирующие мысли, каждая из которых «заморожена» в определенную концепцию. Например, черные и белые кони, привидевшиеся в сновидении, есть не что иное, как кристаллизованные концепции единого потока мыслей сновидца.

В высшем смысле все на свете сотворено из чистого сознания. Поэтому если вы хотите в себе что-то изменить, вы сперва должны изменить свой образ мышления, которое и становится причиной материализации сознания в разных формах материи и действия. Это единственный путь. Только таким образом можно перестроить свою жизнь.

Цепкость привычек

Я могу дать своему уму любое указание, и он тотчас же подчинится. Многие люди, решившие бросить курить или не есть сладкое, все равно будут продолжать делать это против своей воли. Они не меняются потому, что их умы, словно промокательная бумага, впитали в себя определенные привычки мышления. Привычка — это когда ум твердо верит в то, что он не может избавиться от определенной мысли.

Привычка — вещь и в самом деле цепкая. Стоит вам произвести действие, и оно тут же оставляет свой след в сознании. После нескольких повторений потребность в определенном действии усиливается настолько, что оно становится привычкой. Некоторым людям для формирования привычки достаточно совершить действие лишь один раз, потому что у них уже есть скрытая склонность к тем или иным действиям, — склонность, которую они принесли из прошлых жизней. Ум будет говорить вам, что вы не можете избавиться от определенной привычки; но привычки есть не что иное, как повторение ваших собственных мыслей, — а свои мысли вы можете изменить.

Следующая аналогия поможет вам понять природу привычки. Из глины можно слепить вазу; и, пока глина мягкая, форму этой вазы можно менять снова и снова. Но после обжига ваза затвердевает. И так же с вашим сознанием. Ваши мысли формируют ваши действия, а ваши убеждения, порожденные повторением этих действий, и есть тот огонь, который «обжигает» ваши мысли, доводя их до состояния «твердых» привычек.

Почему ваши лица такие разные? Потому что у всех вас разное мышление. Привычные мысли сформировали не только ваши умы, но и ваши тела. Вы наверняка заметили, что некоторые худые люди могут есть хоть пять раз в день, но при этом они совсем не прибавляют в весе. А некоторые полные люди едят очень мало, но все равно продолжают полнеть. Почему? В первом случае человек укрепил в сознании мысль о своей худобе еще в прошлой жизни, и поэтому в текущей жизни он принес эту мысль и склонность к худобе с собой. Что бы он ни делал, он не толстеет. И так же с полными людьми. Свою прошлую жизнь они покинули с мыслью о том, что они тучные, поэтому они принесли семя этой мысли с собой.

Сама физиология тела отражает склонности, заложенные в семенах кармы. Если вы хотите изменить состояние своего тела, вам нужно сказать себе: «Своим мышлением я довел себя до состояния худобы (полноты, болезни и т. п.). Я повелеваю себе быть здоровым!» (Вы можете изъявить и любое другое желание.) Если вы избавитесь непосредственно от мысли, которая сделала вас таким, каким вам не хочется быть, вы увидите, что ваше тело начнет меняться. Я могу удерживать свой вес, а при желании могу и вовсе сделаться худым. В молодости, однако, я был невероятно тощим. Мастер (*Свами Шри Юктешвар. — Прим. изд.*) избавил меня от этой мысленной концепции, и с тех пор я предпочитаю быть более упитанным.

«Старость» — это состояние ума

Большинство людей представляют собой «психологический антиквариат»: они не меняются с годами. У каждого человека в голове есть мысли, которые его ограничивают. Это не Бог заложил их в вашей сущности — вы их создали сами. Вы должны изменить свое мышление, помня о том, что свойственные вам привычки есть не что иное, как материализация ваших собственных мыслей.

Если вас не устраивает ваш характер, помните, что формировали его именно вы. Конечно, окружающая среда также оказывает свое влияние, но внутреннее принятие или непринятие тех или иных вещей — это решающий фактор. Если все вокруг говорят Джонни, что он плохой мальчик, а Джонни это принимает, значит, он не прилагает усилий к тому, чтобы стать лучше, — он просто принимает негативную мысль. Но если бы он отказался ее принять, он бы смог себя преобразить.

Человек никогда не должен терять надежды стать лучше. Индивидуум стареет лишь тогда, когда отказывается прилагать усилия к самоусовершенствованию. Это и есть то состояние, которое я называю старостью. Если человек неустанно повторяет: «Я не могу измениться — такой уж я человек», мне ничего не остается, кроме как ответить: «Будь по-вашему. Оставайтесь таким, если уж вы сами так решили».

Старайтесь проявлять больше гибкости, как это делают дети. Правда, есть и преждевременно стареющие дети — те, кого в свое время недостаточно хорошо воспитали и не мотивировали на борьбу с негативными склонностями, принесенными из прошлых жизней. Глина их ума уже прошла процедуру обжига, так что во взрослой жизни они проявляют те же склонности, что проявляли в детстве. В противовес этому, я встречал людей преклонного возраста, с которыми я говорил лишь один раз, и этого было достаточно, чтобы они изменились к лучшему. Бог не смотрит на возраст людей — у души ведь нет возраста. Те, кто всегда готов улучшить себя и расширить свое сознание, подобны восприимчивым детям. Те, кто обретает все больше понимания, подобны малым детям. Все великие мастера проявляют эти качества.

Уподобиться ребенку — не значит быть слабосильным. Я ничего не боюсь в этом мире, и никто не может меня запугать. Я живу для Бога и во имя истины, и я люблю всех. Но даже если я не могу изменить какого-то человека, его плохое поведение меня не задевает. Если непонимающий человек настроен против вас, почему вы должны меняться, чтобы угодить ему? Твердо придерживайтесь своих принципов и будьте готовы в один момент измениться, когда вы неправы.

Сила воли — инструмент самоусовершенствования

Если, сотворив из глины вазу и выдержав ее в печи, вы захотите сделать из нее поднос, у вас ничего не получится. Но вы можете раскрошить вазу и подмешать получившийся порошок в свежую глину, а затем уже придать этому материалу форму глиняного подноса. Аналогично, если в вашем сознании живет плохая привычка и вы хотите ее изменить, вы должны использовать свою силу воли, чтобы «раскрошить» эту привычку и «подмешать» ее в новые благие действия, которые могут быть сформированы по вашему желанию. Под силой воли я подразумеваю убежденность. Стоит вам уверенно сказать себе: «Я больше не скован этой привычкой», и она тут же исчезнет.

Загляните внутрь себя и определите, какие черты в вас преобладают. Кто-то любит писать, кто-то — сочинять музыку или танцевать, другие интересуются экономикой и финансами и так далее. К сожалению, кому-то нравится сплетничать, а кому-то — драться. Не пытайтесь изменить в себе хорошие черты — избавьтесь от всего того, что вы делаете против своей воли, оставаясь в итоге несчастным. Перед тем как лечь спать, а также при пробуждении утром уверенно и с глубокой концентрацией произносите аффирмацию: «Я *могу* измениться. У меня есть неодолимое желание измениться. И я *изменюсь!*» Удерживайте в себе эту мысль на протяжении всего дня; ложась спать, уносите ее с собой в подсознание; медитируя, возносите ее в сферу сверхсознания.

Допустим, ваша проблема в том, что вы часто гневаетесь, а потом жалеете, что вышли из себя. В таком случае каждое утро и каждый вечер уверенно внушайте себе, что вы не будете гневаться, а затем внимательно наблюдайте за собой. В первый день вам, возможно, будет трудно, но на второй будет уже легче, а на третий — еще легче. Спустя несколько дней вы увидите, что победа возможна. А через год, если вы продолжите прилагать усилия, вы станете совершенно другим человеком. В детстве я имел обыкновение сердиться при виде несправедливости. И однажды я осознал, насколько это было глупо: от моего гнева мир не становился лучше. Я бросил эту привычку и поклялся себе, что больше никогда не буду гневаться. С тех пор я ни разу не испытал внутреннего гнева — хотя внешне я демонстрирую негодование, когда это необходимо.

Когда я приехал в Америку двадцать с лишним лет назад, я заметил, что здесь все пьют кофе. Именно в Америке я попробовал его впервые — и со временем даже полюбил. Тем не менее я взял за правило никогда не пить кофе в одиночку, чтобы это не превратилось в привычку. Но меня часто приглашали в гости, так что я все равно пил кофе постоянно. Однажды мне случилось обедать в ресторане одному, и я понял, что мне не хватает кофе. Тогда я подумал: «Вот так дела! Я на крючке. Ну все, прощай, привычка пить кофе!» С привычкой было покончено: за прошедшие с тех пор двадцать лет я ни разу не прикоснулся к чашке кофе. И вот только вчера друзья угостили меня этим напитком. Кофе был вкусным, но искушением для меня он не будет уже никогда.

Быть свободным — значит выбирать действия, несущие вам наивысшее благо

Вы должны быть свободны: не порабощайте себя привычками, желанием угодить обществу или чем-то еще. Быть свободным — значит делать не то, что вам хочется, а то, что вам следует делать ради своего же блага.

Например, темпераментные люди, свыкшиеся со своими эмоциями, любят запугивать собеседника, нагонять на него страх. Таким я говорю: «Что же, продолжай, если хочешь, но помни: это ты должен будешь заплатить за свое плохое поведение — не кто-то другой». Любое неправильное действие человека препятствует его собственному благополучию. Оно не приносит ожидаемого покоя и счастья. Может показаться, что быть хорошим трудно, а быть плохим — проще простого, и что перестать делать плохое — значит что-то потерять. Но я вас уверяю: вы ничего не потеряете, кроме печали.

Не будьте упрямым, как ребенок, который хочет делать именно то, что ему запретили. Все то, от чего вас предостерегают великие святые, подобно отравленному меду. И я вам говорю:

не пробуйте его. Вы можете возразить: «Но он же сладок!» Я же в ответ скажу: стоит вам его попробовать, и он вас уничтожит. Зло было сотворено сладким, чтобы ввести вас в заблуждение. Вы должны использовать духовное распознание, чтобы увидеть разницу между отравленным медом и тем, что служит вашим интересам. Избегайте всего, что в конечном счете навредит вам, и выбирайте то, что принесет вам свободу и счастье.

Преобразите свое сознание в новом году. Культивируйте правильное поведение и хорошие привычки, которые ведут к свободе. Если вы можете сказать: «Я не потворствую своим плохим привычкам, потому что они не отвечают моим интересам и не приносят блага. Я сознательно выбираю для себя только благо» — вот тогда это свобода. И это именно то, чего я вам желаю.

Духовное распознание и сила воли одинаково важны

Сознание можно перестроить, если свобода выбора ведома духовным распознанием и силой воли. Распознание — ваш зоркий глаз, а воля — движущая сила. Если у вас есть распознание, но нет силы воли, тогда вы можете понимать, что правильно, но при этом не делать этого. Вы придете к цели, если будете действовать согласно знанию. Вот почему духовное распознание и сила воли одинаково важны.

Силу воли легко развить. Начните с малых свершений, и со временем вы избавитесь от склонностей, которые казались вам неодолимыми. Наблюдайте за своим сознанием. Развивайте привычку к самоанализу, наблюдению за своими мыслями и поведением. Распознайте в себе признаки плохих привычек или склонностей, а затем проявите силу воли, чтобы подавить их.

Когда вы впервые поддались искушению, вы не ожидали, что будете вынуждены повторить то действие. Но, уступив искушению несколько раз, вы оказались во власти привычки. В конечном итоге вы почувствовали, что не можете избавиться от этой привычки. И все же вы сможете это сделать, если воспользуетесь духовным распознанием и силой воли, данными вам Господом. Привычки суть мысли, запечатленные в мозге. Игла человеческого ума проигрывает записи этих привычек снова и снова. Даже химический состав организма начинает меняться — как при наркотической зависимости. Эти шаблоны привычек можно изменить, если приложить силу воли и ума. Однако не ожидайте сиюминутных результатов. Экспериментируйте с чем-то незначительным, тренируйте свою врожденную способность повелевать. Я вижу, что многие из тех, кто сегодня здесь присутствует, избавятся от своих плохих привычек благодаря этим советам.

Отбрасывайте нежелательные мысли

Ознаменуйте начало нового года твердым решением встретиться лицом к лицу со своими плохими привычками и победить их. Возьмите быка за рога. Ваши плохие привычки — это сатаническое влияние, которое не дает Богу войти в вашу жизнь.

Хорошие привычки можно сравнить с хорошими людьми. Если они заглядывают в окно вашего разума и видят, что все стулья заняты плохими привычками, они не могут войти в вашу жизнь. Прогоните нежелательных гостей и впустите благородных. Вам не требуется чья-то помощь, чтобы изменить себя, — просто измените свое сознание. Сделать это очень просто: отбросьте мысли, от которых вы хотите избавиться, и замените их конструктивными мыслями. Это ключ к вратам рая, и он — в ваших руках.

Те, чье поведение не меняется день ото дня, просто отказываются изменить свои мысли. Вот и все. Неспроста говорят: «Тот, кого убедили против воли, остается при своем мнении». Это относится как к мужчинам, так и к женщинам. Все должны научиться рассекать ложные мысли острым скальпелем мудрости. Мысль — это проекция всесильного Божьего света и Божьей воли. Если вы примете решение измениться, вы сможете воспользоваться силой своей мысли, чтобы преобразить себя.

Мы есть то, что мы о себе думаем

Мы есть то, что мы о себе *думаем*. Наши таланты, способности и личностные черты определяются нашими мыслями, нашим привычным мышлением. Таким образом, кто-то *считает* себя писателем или художником, кто-то *считает* себя предприимчивым или, наоборот, ленивым и тому подобное. А что, если вы хотите быть другим — не таким, каким вы себя считаете? Вы можете возразить, что другие уже родились с талантом, который и вы хотели бы иметь.

Это правда. Но когда-то же они сформировали привычку к определенному занятию, то есть развили свою способность, — если не в этой жизни, так в предыдущей. Поэтому, кем бы вы ни хотели стать, начинайте развивать в себе способности, необходимые для достижения своего идеала, уже сегодня. Вы можете привить себе склонность к чему угодно прямо сейчас, если посеете в своем сознании соответствующую мысль, исполненную силы и решимости. И тогда все ваше существо и все ваши действия подчинятся этой мысли. Не ограничивайте свое мышление. Вы способны преуспеть в любой профессии и в любом начинании. Когда мне сказали, что я ни на что не способен, я принял решение, что добьюсь своего. И я добился!

Несколько демонстраций силы ума намного убедительнее, чем сила мысли, воздействующая на здоровье тела. Мой Гуру рассказал мне следующую историю. Как-то раз ему случилось перенести серьезную болезнь, в результате которой он сильно исхудал. Идя на поправку, он решил посетить своего гуру, Лахири Махасайю. Йогаватар[5] спросил его о самочувствии, и Шри Юктешвар объяснил причину своей худобы.

— Вижу, — сказал Лахири Махасайя, — ты вызвал в себе болезнь, а теперь думаешь, что похудел. Но я уверен, что завтра ты будешь чувствовать себя гораздо лучше.

На следующее утро Гурудэва пришел к Лахири Махасайе и с радостью сообщил:

— Сэр, с Вашего благословения сегодня мне гораздо лучше!

— Да, конечно, — ответил Лахири Махасайя, — но ты ведь только что был серьезно болен. И сейчас твое тело еще очень слабо. Кто знает, как ты себя почувствуешь завтра?

На следующий день Шри Юктешвар вновь был полностью истощен. Он пожаловался своему Гуру:

— Сэр, я снова болен. Я едва дотащился до вашего дома.

Гуру ответил:

— Смотри-ка! Опять себе навредил!

Несколько дней подряд здоровье и болезнь Шри Юктешвара сменяли друг друга под воздействием слов Лахири Махасайи,

---

[5] Титул, данный Лахири Махасайе, которого почитают как аватара («божественное воплощение»). Его жизнь в совершенстве отражала идеалы йоги, науки единения души с Богом. (См. *Лахири Махасайя* и *аватар* в глоссарии.)

после чего мой Гуру наконец понял, какой урок его духовный наставник пытался ему преподать.

Йогаватар сказал ему:

— Что все это значит? Сегодня ты мне говоришь, что здоров, а завтра — что болен. Исцелял тебя и вредил тебе не я. На самом деле набираться сил и ощущать слабость тебя заставляли только твои мысли.

Тогда мой Мастер спросил:

— Значит, если я стану думать, что я здоров и мой вес пришел в норму, это все сбудется?

— Это так и есть, — ответил Лахири Махасайя.

И мой Гуруджи рассказывал:

«Я тут же почувствовал, как ко мне возвращаются силы и вес. Когда я пришел домой, мать просто не поверила своим глазам, она подумала, что меня раздуло от водянки. Друзья и знакомые, видевшие перед этим мою тощую фигуру, были изумлены невероятно. Многие из них, узрев такое чудо, стали учениками Лахири Махасайи»[6].

Подобные феномены возможны в жизни тех, кто осознает, что все есть мысль. Если вы еще не достигли такого осознания, вы должны прилагать силу воли и использовать позитивные аффирмации до тех пор, пока мысль не станет работать на вас. *Мысль есть матрица мироздания; все сотворено силой мысли.* Если вы будете с несгибаемой волей держаться за эту истину, вы сможете материализовать любую мысль. Ничто не в состоянии помешать этому. Именно силой мысли Христос возродил свое распятое тело, и именно эту силу он имел в виду, когда возгласил: «Потому говорю вам: все, чего ни будете просить в молитве, верьте, что получите, — и будет вам»[7].

Пусть ничто не ослабит волю, питающую ваши позитивные мысли

Никогда не сдавайтесь, если вы уже сказали себе: «Я сделаю это». Если, сказав себе: «Я не простужусь», вы вдруг просыпаетесь

---

[6] Этот рассказ также приведен в 12-й главе «Автобиографии йога».

[7] Мк. 11:24.

на следующее утро простуженным и впадаете в отчаяние, вы позволяете своей воле оставаться слабой. Когда что-то получается не так, как вы задумали, не падайте духом! Продолжайте верить, внутренне зная, что все задуманное получится. Так все и будет. Если вслух вы говорите: «Я это сделаю», а про себя думаете: «Не могу», вы нейтрализуете силу своего ума и обезоруживаете свою волю. Если ваша воля ослабла, скажем, в результате борьбы с болезнью, вы должны принять помощь другого человека, чтобы он своей волей, молитвами и позитивными аффирмациями укрепил ваши силы. При этом вы должны делать все возможное, чтобы изменить свое сознание. Таков мой совет. Развивайте силу воли и позитивное мышление, и вы обнаружите, что ваши тело, ум и душа станут формировать вашу жизнь сообразно указаниям вашей воли.

Поскольку мысль являет собой наиболее действенную силу в вашей жизни — при условии, что вы знаете, как ее развивать и использовать, — следите за тем, чтобы она не ослабла в результате общения со слабовольными и пессимистичными людьми. С такими людьми вы можете общаться без ущерба для себя только в том случае, если вы уже развили в себе силу ума и способны придавать силы другим. Неудачники должны равняться на успешных людей. Слабовольные личности должны стремиться к общению с теми, кто сильнее их. Если человек не способен себя контролировать, ему будет полезно общаться с людьми, владеющими собой. К примеру, чревоугодник должен есть в компании тех, кто сдерживает свой аппетит: имея перед глазами пример, он начнет рассуждать: «А я ведь тоже могу взять свой аппетит под контроль».

Измените свое сознание от смертного к божественному

Благодаря силе мысли вы можете преобразить себя — стать таким, каким вы хотите быть — и, что еще более важно, преобразить свое сознание: сознание смертного существа вы можете превратить в сознание существа божественного. Смертный человек думает: «Каким живу, таким помру». Божественный человек говорит: «Мне лишь снилась моя смертность. Теперь я пробужден и знаю: я Божье дитя, сотворенное по Его образу и подобию». Требуется немало времени, чтобы осознать это, но тем не менее это возможно.

Если перед ночной медитацией вы склоняетесь к мысли: «Поздновато уже для медитации. Лучше я сейчас посплю, а завтра помедитирую», вы так и будете спать до конца своих дней. Пока мир одурманен наркотиком сна, вы — бодрствуйте в Боге. И днем, когда вы занимаетесь своими делами, думайте, что это Бог работает через вас. Переложите всю ответственность на Его плечи. Может ли тот, кто все время думает о Боге, сделать что-то неправильно? Даже если он допускает ошибку, Бог знает, что в душе он хотел сделать все правильно. Вручите все Богу, и вы изменитесь, потому что тогда человеческое эго уже не сможет диктовать вам свои указы.

Что бы ни случилось, просто говорите: «Что же, Богу виднее. Это Он посылает мне эти страдания, и Он же дарует мне радость». Если вы будете удерживать в себе такой настрой, все кошмары жизни превратятся в сладкий сон Бога.

Тьма — это отсутствие света. Заблуждение — это тьма, Реальность — свет. Глаза вашей мудрости закрыты, поэтому вы видите только тьму и страдаете от этого заблуждения. Измените свое сознание, откройте свои глаза, и в звездах вы узрите искры Божественного Света. В каждом атоме пространства вы увидите мерцающие искорки Его смеха. За каждой мыслью вы почувствуете океан Его мудрости.

Танец жизни, пляска смерти, процветание и неудача существуют лишь как сны Господни. Осознайте это, и вы увидите, что вокруг вас танцуют материализованные мысли и что вы сами — океан мыслей. Тогда ничто не сможет вас ранить.

А сейчас я попрошу всех вас закрыть глаза и подумать о какой-нибудь плохой привычке, от которой вы хотели бы избавиться. Если вы сосредоточитесь, пока я говорю слова, исходящие от Духа, и если вы имеете веру, вы освободитесь от своей привычки. Выбросьте из головы мысль о том, что вы не в состоянии избавиться от чего бы то ни было. Я посылаю в ваше сознание устойчивую мысль: прямо сейчас, в этот самый момент, вы уже избавились от этой привычки. Утверждайте вместе со мной: «Я *уже* свободен от этой привычки. Я свободен!» Удерживайте эту мысль о свободе, не думайте о привычке. Многие из вас обнаружат, что привычка, изгнанная вашей волей, уже никогда к вам не вернется.

Повторяйте вместе со мной:

«Я перестрою свое сознание. В наступившем году я буду совершенно другим человеком. Я буду преображать свое сознание снова и снова — до тех пор, пока не развею мрак неведения и не засияю лучезарным светом Духа, по образу Которого я сотворен».

Мир космических развлечений

*Храм Self-Realization Fellowship,
Голливуд, Калифорния, 9 декабря 1945 года*

В контексте нашей сегодняшней темы понятие «мир» включает в себя не только планету Земля, но и всю материальную Вселенную, все физическое мироздание, составные части которого гармонично взаимодействуют в пространстве благодаря чудесам действия Божественных законов. Не нужно задаваться, думая, что наша маленькая Земля — единственное место, населенное разумными существами. Во Вселенной множество миров, подобных нашему, — как высокоразвитых, так и тех, что проходят через начальные стадии развития. Сама по себе упорядоченная структура Вселенной уже говорит нам о том, что она управляется неким разумом, пронизывающим все сотворенное.

Когда мы смотрим на часовой механизм, мы понимаем, что только разумное существо могло сотворить подобный инструмент, который работает согласно точным расчетам. Часовой мастер скоординировал действия всех шестеренок и других составляющих таким образом, чтобы они производили движение, позволяющее измерять время. Учет времени является необходимостью в мире, само существование которого зиждется на относительности времени и пространства.

Весь космос представляет собой гигантские часы с мириадами «шестеренок»: галактик, звезд и планет, заполняющих пространство; «стрелки» этих часов отмеряют ход прошлого, настоящего и будущего. Как рукотворные часы являются продуктом человеческого разума, так и вселенские часы — изделие работы Высшего Разума. В этом не может быть сомнений. И хотя здесь, на земле, не все устроено так, как нам бы хотелось, мы все же не можем отрицать, что во Вселенной существует математический порядок и гармония.

Вопрос «Почему Бог сотворил эту землю?» всегда будоражил человеческие умы. Аналогично, мы можем спросить: «А почему человек носит часы?» В ответ мы услышим: «Чтобы следить за временем, за событиями, за нашими действиями в течение дня». Завтрак, работа, ужин, уход за телом, досуг, сон — все это состоит из отрезков времени. Поэтому мы можем сказать, что часы нам нужны, чтобы измерять ход нашей жизни. Такая мера измерения необходима, потому что мир, в котором мы живем, обусловлен временем. Наше существование и наши действия соотносятся с прошлым, настоящим и будущим. Будучи разумными существами, мы должны производить действия, иначе каждый из нас станет «ходячим овощем». Кроме того, наше поведение должно согласовываться со вселенским ходом времени и временными рамками, созданными человеком. И в этом нам помогают часы.

Но нужны ли Богу эти космические часы? Ограничен ли Он рамками прошлого, настоящего и будущего, подобно человеку? И да, и нет. Время, которое отбивают точные космические часы, является неотъемлемой частью *майи*, иллюзии, этого «Магического Измерителя», посредством которого Бог смог размножить Свое Единое Сознание, создав многообразие движущихся в пространстве форм и событий. Сделано это для нашего с вами участия и развлечения[1]. Однако Сам Бог не ограничен относительностью прошлого, настоящего и будущего, а также относительностью всех изменений, происходящих по ходу времени. Он неизменно пребывает в вечном Сейчас. И хотя иллюзия порождена Им, Сам Он ей неподвержен.

Мир — Божья *лила*

Все это кажется парадоксальным: если относительность этого мира воздействует на человека, но не на Бога, зачем же тогда Он сотворил мир? Если бы Бог нуждался в мироздании, это означало бы, что Он несовершенен, что Он внутренне неудовлетворен. С другой стороны, если Бог совершенен, тогда зачем Он создал несовершенный мир?

Проникнув в тайны бытия и познав его Первопричину, *риши* Древней Индии провозгласили, что Бог совершенен, что Он ни в

---

[1] См. *майя* в глоссарии.

чем не нуждается, ибо все содержится в Нем Самом, и что мир — это Божья *лила* — игра, Божественный спектакль. Господь, подобно малому дитя, любит играть, и Его *лила* — это бесконечное разнообразие форм и событий постоянно изменяющегося мира.

Я имел обыкновение размышлять так: Бог был бесконечным всеведущим Блаженством, но, поскольку Он был один, никто, кроме Него, не мог наслаждаться этим Блаженством. Поэтому Он сказал: «Сотворю-ка Я Вселенную и разделю Себя на множество душ, чтобы они могли играть со Мной в Моем многоактном спектакле». Сделавшись двойственным благодаря Своей магической силе *майи*, Он разделил Себя на Дух и материю, мужчину и женщину, положительное и отрицательное. Но, сотворив Вселенную из иллюзии, Сам Он остался этой иллюзии неподвластен. Он знает, что все сущее — не что иное, как многообразие форм Его единого Космического Сознания. Чувственно-эмоциональный опыт, драматические события военного и мирного времени, болезнь и здоровье, жизнь и смерть — все происходит в Боге как в Сновидце-Творце всего сущего, но Сам Он остается неподвластен влиянию мироздания. Одна часть Его Бесконечного Существа простирается за пределами вибрационной двойственности и всегда остается трансцендентной; в этой Своей ипостаси Бог неактивен. Когда Его Сознание вибрирует мыслями многообразия, Он становится имманентным и вездесущим Творцом в конечной вибрационной сфере бесконечности. В этом Своем проявлении Он активен, деятелен. Вибрация порождает предметы и существа, которые взаимодействуют в пространстве и времени — точно так же, как вибрации человеческой мысли порождают сновидения во время сна.

Бог сотворил эту воображаемую Вселенную для того, чтобы развлекать Себя и нас. Я высказывал лишь одно возражение против Его *лилы*: «Господи, почему Ты задумал страдания частью этой игры?» Боль так ужасна и мучительна. Из-за нее бытие становится не забавой, а трагедией. И вот тут к нам на помощь приходят посредники — святые. Они напоминают нам, что Бог всемогущ и что, если мы с Ним воссоединимся, нам уже ничто не причинит боли в этом Его театре. Мы сами причиняем себе боль, когда нарушаем божественные законы, на которых зиждется все мироздание. Наше спасение — в единении с Богом. Мы обречены страдать до тех пор, пока не сонастроимся с Ним и не поймем, что этот мир — всего лишь космическое развлечение. По всей видимости, лишь страдание способно напомнить нам о том, что мы должны стремиться к единению с Богом. Тогда, подобно Ему, мы будем получать удовольствие от этого фантастического спектакля.

Глубоко размышлять о таких вещах невероятно увлекательно. Я делаю это постоянно. Даже сейчас, когда я разговариваю с вами, я наблюдаю эти истины. Было бы действительно ужасно, если бы Всевышний загнал нас в это иллюзорное бытие без возможности выбраться из него, то есть осознать то, что осознает Он. Но выход есть. Каждую ночь в состоянии глубокого сна вы бессознательно забываете об этом мире, он исчезает. И всякий раз, когда вы погружаетесь в глубокую медитацию, вы сознательно выходите за пределы этого мира. И он так же перестает для вас существовать. Поэтому святые и говорят: единение с Богом — единственный способ познать, что этот мир не является тем, чему стоит придавать большое значение.

Смотрите на эту жизнь как на кино

История, со всеми ее войнами и проблемами, постоянно повторяет себя. Если мы по-настоящему бесстрастны, мы начинаем смотреть на все события как на многосерийный космический кинофильм, в котором разыгрывается один и тот же сюжет, — меняются лишь время, место и актерский состав. Вы не захотели бы смотреть один и тот же кинофильм много раз: вы бы быстро потеряли к нему интерес. Поэтому мы должны отдать должное Небесному Отцу, ведь Он вносит в космическую киноленту исторические изменения и приправляет ее контрастом добра и зла, чтобы сделать ее более увлекательной.

Конечно, можно сказать, что Богу не следовало бы создавать мир, в котором так много горя. С другой стороны, святые утверждают: если бы вы только знали, что вы боги[2], этот мир не причинял бы вам страданий. Когда вы посещаете кино, вы предпочитаете идти на динамичные фильмы, а не скучные, не так ли? Подобным же образом вы должны воспринимать и этот мир. Смотрите на земную жизнь как на кино, и тогда вы поймете,

---

[2] «Не написано ли в законе вашем: Я сказал: вы боги?» (Ин. 10:34).

почему Бог сотворил ее. Наша беда заключается в том, что мы забываем созерцать ее как Божественный спектакль.

В Священном Писании Господь говорит, что мы сотворены по Его образу и подобию. Познав это, мы, подобно Ему, сможем воспринимать драматические события мира как кинокартину. Для этого нам нужно лишь заглянуть в себя и, узрев совершенство души, осознать свое единство с Богом. Тогда этот космический кинофильм с его ужасами болезней, нищеты и атомных бомб станет для нас не более реальным, чем события, которые мы видим в кино. После просмотра кинофильма мы прекрасно понимаем, что на самом деле никого не убили и никто не пострадал. Эта истина видится мне единственной разгадкой всей драмы жизни, которая по сути своей не более чем игра света и тени, электрический театр теней. В реальности все есть вибрация Божьего сознания, сконденсированная в электромагнитные образы. Сущность этих образов нельзя ни разрубить мечом, ни сжечь, ни утопить, ни ввергнуть в страдания любого рода. Она не была рождена, и она не умрет. Она лишь проходит через незначительные внешние изменения. Когда мы сможем смотреть на этот мир так, как на него смотрят Бог и Его святые, мы освободимся от кажущейся реальности этого сна. В таком состоянии сознания я понимаю, что этот мир был сотворен лишь для развлечения — ни Бог, ни люди в нем не нуждаются.

Пробудитесь от космического сна

Вы поймете, что жизнь лишь привидевшийся космический кинофильм Бога, если проанализируете те киноленты, которые вы сами создаете каждую ночь во сне. Иногда вам снятся сладкие сны, а иногда кошмары. Они кажутся реальными не только вам, но и тем, кого вы видите во сне. Тем не менее по пробуждении вы понимаете, что они нереальны, и даже можете над этим посмеяться. Конечно, каждому бы хотелось видеть только хорошие сны. Я то и дело говорю Богу: «Господи, раз уж мы вынуждены участвовать в Твоих снах, было бы куда предпочтительнее, если бы это были сны о прекрасном здоровье и веселом смехе». Но проблема в том, что если вы будете любить только хорошие сны и страшиться кошмаров, думая, что все они реальны, тогда при наступлении кошмара вы будете страдать. Поэтому мастера говорят, что пробудиться нужно и от прекрасных снов, и от кошмаров.

Если вы привязаны к человеческому счастью, вас ожидают большие страдания, потому что сладкие сны неизбежно сменяются кошмарами. Но если вы будете зреть все как сон — и неважно, сладок он или ужасен, — тогда на душе у вас будет покой. Осознав, что жизнь есть сон, вы обретете свободу.

Именно этому учат мастера Индии: все мироздание, вся Вселенная, суть Божий сон. Когда вы грезите, пребывая в полусне, и при этом понимаете, что это лишь сон, вы все же пребываете вне его. Бог воспринимает этот мир точно так же. С одной стороны, Он пробужден и пребывает в вечно новом Блаженстве, с другой — видит во сне Вселенную. Вот так вы должны смотреть на этот мир. Тогда вы поймете, почему Бог сотворил его, и не будете отождествлять события этого сна со своей душой. И, проходя через кошмары, вы будете знать, что все это не более чем сон. Если вы сможете жить в миру с таким осознанием, вы не будете страдать. Это то, что даст вам *Крийя-йога*. Это то, что вы извлечете из *Уроков Self-Realization Fellowship*, если будете прилежно практиковать изложенные в них истины. Именно на этих учениях вы должны сосредоточить свое внимание, а не на мне или какой-либо другой личности. И еще: нужно не просто читать об этих истинах, а жить ими. Чтение не приносит мудрости — ее приносит *осознание*.

Вот почему я редко читаю. Мой ум постоянно сосредоточен на центре Христова Сознания, *Кутастхе*[3]. Во всепроникающем свете Космического Разума мир предстает совершенно иным. Иногда я вижу все сущее как электрические образы: тела не имеют плоти и веса. Читая о чудесах науки, вы не становитесь мудрецом, ибо познать вам предстоит еще очень многое. Читайте книгу жизни, сокрытую внутри, во всеведении души, — она всего лишь за темнотой закрытых глаз. Откройте для себя эту безбрежную сферу Реальности. Относитесь к этому миру как ко сну, и тогда вы поймете, что это не так уж и плохо — лежать в земной постели и видеть сон жизни. Тогда вы уже не будете тревожиться, ибо будете знать, что это всего лишь сон.

---

[3] Этот центр расположен в межбровье. (См. *Центр Христа* в глоссарии.)

Религиозные учителя Запада читают проповеди о благополучии, счастье и здоровье и обещают прекрасную жизнь после смерти. Но они не учат тому, как на собственном опыте познать Небесное Блаженство и стать неуязвимым для страданий здесь и сейчас. Вот тут-то учения великих индийских *риши* и демонстрируют свою глубину. Западные люди осуждают мастеров за проповедование, как им кажется, негативной жизненной философии; они думают, будто им говорят: «Неважно, счастливы вы или страдаете — отрекитесь от мира». Однако это вовсе не так. Мастера Индии спрашивают: «Что вы будете делать, когда придут муки и страдания? Будете ли вы беспомощно стенать или же прибегнете к методам, которые помогут вам возвыситься над недугом, а также оставаться невозмутимым, пока вы его лечите?» При лечении болезни они призывают следовать здравому смыслу, но при этом контролировать свои эмоции, чтобы никакие страдания не заставили вас отчаяться, если здоровье все же покинет вас. Иными словами, они подчеркивают, что очень важно укрепиться в незамутненном счастье души, которое не могут омрачить ни капризные ветры сладких снов жизни, ни разрушительные бури ее кошмаров. Те, кто по привычке цепляется за материалистическое сознание, не желают прилагать усилий для того, чтобы достичь такого состояния неуязвимости. Когда приходит несчастье, они не выносят из этого никаких уроков и потому повторяют одни и те же ошибки снова и снова.

Как-то раз меня посетил один господин, который похвастался, что у него много денег. Я его предупредил: «Не стоит рассказывать об этом всему свету, иначе кто-нибудь захочет использовать вас и присвоить ваши деньги». Вскоре после этого в его жизни появилась женщина, на которой он женился. Пожив какое-то время со своим супругом, она потребовала развода и половины его имущества. Божьей милостью я помог ему выбраться из того досадного положения. Когда он уже разводился, я написал ему письмо, в котором настойчиво рекомендовал избегать повторения ситуации, так как знал его нрав. Но он привел в дом новую жену. Я был поражен его безрассудством. Она была хорошим человеком, и у нее были свои деньги. Однако вскоре он уже сам захотел развода — правда, новая жена не хотела его отпускать. Будучи человеком неусидчивым, он решил, что ему больше не нужна супружеская жизнь, и захотел свободы. Я вынужден был сказать ему: «Вы потеряли свободу по своей же воле; теперь оберните ситуацию себе на пользу». Человеческая природа довольно странна, не правда ли?

Согласно индийской традиции, мужчина, потерявший супругу, больше не женится: обычно он живет воспоминаниями о покойной. Такие любовные отношения считаются в Индии идеальными. И все же время от времени встречаются исключения из правил. Ко мне приходил мужчина, слезы которого лились ручьем: у него умерла жена. Когда его чувство стало бесконтрольным, он заявил, что хочет покончить с собой. Я выразил ему свои соболезнования, но постарался немного охладить его пыл:

— Ваша скорбь ее не вернет.
— Я никогда больше не женюсь, — зарыдал он. Я же увидел обратное и сказал: — Через месяц вы вновь женитесь.
— Никогда! — воскликнул он.

Тем не менее через месяц он действительно женился. Ко мне он больше не приходил: ему было неловко вспоминать, с какой горячностью он отвергал мои слова.

Проезжая мимо жилых домов, я порой созерцаю, как много людей в них когда-то жило и как много людей там еще будет жить. Как-то Бог сказал мне: «Видишь эти человеческие курятники и то, как их обитатели приходят и уходят? Вот так же и с людьми».

Не уделяйте преходящим сценам жизни слишком много внимания. Вы бессмертное «Я», лишь временно обитающее во сне, который иногда оборачивается кошмаром. Такова высшая философия духовных мастеров Индии.

Эмоциональная чувствительность — причина всех страданий

Не будьте столь чувствительны. Эмоциональная чувствительность — это скрытая причина всех страданий. Эмоционально вовлекаться в перипетии этого мира — значит наделять его силой реальности, а это глупо. Ваше счастье постоянно подвергается угрозе, когда вы, вместо того чтобы сидеть в тишине, медитировать и постигать свое высшее «Я», бессознательно несетесь в нескончаемом потоке мироздания. Однажды ваше тело может тяжело заболеть, и вы обнаружите, что вы уже не в состоянии гулять или заниматься делами, которые вы привыкли делать, когда были моложе и здоровее. Для души это глубокое потрясение. Пока еще не пришел этот день, сделайте себя свободными настолько, чтобы вы могли присматривать за своим телом отстраненно, словно оно не ваше.

Одна из моих учениц страдала серьезным заболеванием колена, при котором разрушались костные ткани. Я не знаю, сколько операций она перенесла и сколько раз ей это колено восстанавливали. Но она относилась к этому как к чему-то незначительному. «Это пустяковая операция», — говорила она небрежно. Вот таким должно быть ваше отношение к жизни. Стремитесь обрести такой внутренний настрой, который укрепит силу вашего ума.

Даже если у вас нет частой возможности медитировать долго и глубоко, всегда думайте о том, что вы работаете для Бога. Если ваш ум сумеет пребывать с Ним неотлучно, вы никогда не будете страдать и никакие болезни не смогут вас ранить. Когда этому телу случается болеть, я обращаю взгляд вовнутрь, и все растворяется в лучезарном свете Бога. Подобно тому как вы наслаждаетесь сюжетными контрастами кинофильма — противоборством добра и зла, чередованием радости и горя, — так и этот мир должен стать для вас лишь развлечением. Всегда говорите: «Господи, что бы Ты ни делал — все это правильно». Но до тех пор, пока вы не осознаете, что все это — сон, вы не поймете, почему Бог сотворил мир.

Уподобьтесь Богу — деятельному и созерцательному

Я думаю, что Бог породил эту Вселенную, чтобы занять Себя делом. Пусть это послужит стимулом для духовных искателей. Многие думают, что они могут обрести Бога и вырваться из этого сна только в том случае, если отбросят все свои дела и обязанности и уединятся где-нибудь в Гималаях или в другом безлюдном месте. Но все не так просто. Ум по-прежнему будет поглощен беспокойством и эмоциями, а телу придется много работать, чтобы обеспечивать себя пищей и кровом. В гуще городской жизни Бога найти легче, но при условии, что вы сохраняете равновесие между медитацией и конструктивным, добросовестным трудом. Уподобьтесь Богу — деятельному и созерцательному. Пребывая в мире, Он радостно-деятелен; вне его Он недвижим и спокоен, благоденствуя в неземном блаженстве. Благодаря тем усилиям, что я прилагал в своих поисках Бога в медитации, я вкушаю Его блаженство, даже будучи поглощен делами. Именно поэтому деятельность не оказывает на меня отрицательного влияния. Я, конечно, могу сказать, что в окружающих меня проявлениях двойственности меня устраивает далеко не все, но внутренне я спокоен и подобен стали. «Спокойно активный и активно спокойный, принц покоя управляет царством активности, восседая на троне внутреннего равновесия».

Может показаться, что совершенный Бог сотворил несовершенных существ. Но в действительности несовершенные существа совершенны, ибо души сотворены по образу Божьему. Вам нужно лишь отделить свое иллюзорное несовершенство от своего совершенного «Я». Это все, чего от вас хочет Бог. Если вы отождествляете себя со своей бренной жизнью и всеми ее бедами, вы поступаете несправедливо по отношению к образу Бога внутри вас. Осознанно утверждайте: «Я не смертное существо, я есть Дух».

Бог беспрестанно пытается вернуть Своих детей к их изначальному совершенству. Даже злые люди на самом деле стремятся к Богу, пусть даже выглядит все иначе. Видели ли вы злодея, который своими поступками стремится сделать себя несчастным? Нет. Он думает, что его занятия принесут ему благо. Человек, который пьет или принимает наркотики, думает, что он получит от этого удовольствие. Повсюду мы видим людей, плохих и хороших, которые по-своему стремятся к счастью. Никто не хочет причинять себе боль сознательно. Тогда почему люди совершают зло, которое все же ведет к страданиям и горестям? Такое поведение исходит от величайшего из грехов — неведения. Вместо слова «грешник» лучше говорить «тот, кто поступает неправильно». Можно осуждать действие, но не следует осуждать того, кто его совершает. Грехи — это ошибки, совершенные под влиянием неведения, или заблуждения. Все люди находятся в одинаковом положении, отличаясь друг от друга разве что уровнем понимания. Иисус сказал: «Кто из вас без греха, первый брось на нее камень»[4].

Иными словами, во всех своих деяниях мы ищем счастья. Никто не может сказать, что он материалист, не погрешив при

---

[4] Ин. 8:7.

этом против истины, ибо каждый, кто ищет счастья, ищет Бога. Поэтому через добрые и злые поступки, которые мы совершаем в надежде найти счастье, Сам Бог призывает нас вернуться к Нему. Горе, причиняемое злом, в конечном счете направляет нас на путь радости, которую приносит добродетель. Поскольку жизнь по сути представляет собой причудливую мозаику добра и зла, сладких снов и ужасных кошмаров, мы должны изо всех сил стремиться творить сладкие сны и не отдавать себя в плен кошмарам.

Внутреннее единство разнообразия мира

Из Своего единого сознания Бог сотворил множество душ. И теперь Он пытается вернуть их обратно к состоянию единения с Ним. Когда в океане бушует шторм, он порождает бесчисленные волны. Когда шторм утихает, волны вновь растворяются в морской пучине. Подобно тому как в основе всех волн лежит единый океан, так и в основе разнообразия мира скрывается внутреннее единство. Сознание семьи собирает людей в группы. У каждой страны есть лидер, задача которого — сплотить народ и вести его. Социальные группы объединяют людей вокруг общей цели. Когда вы обретете Бога, вы увидите, что Он есть средоточие всех сил. «О, жизнь сладка, а смерть лишь сон; и здравье сласть, а боль лишь сон; хвала сладка, а брань лишь сон — ведь песнь Твоя звучит во мне»[5]. Перед вами откроется совершенно иная картина жизни.

В ответ на разные жизненные события большинство людей либо восхваляют Бога, либо призывают нас бояться Его, а некоторые и вовсе Его проклинают и обвиняют во всех своих бедах. Я думаю, что это очень глупо. Разве можно найти слова, которые были бы для Него похвалой? Бога не трогает ни похвала, ни лесть, ибо у Него есть все. В большинстве случаев люди возносят молитвы, когда у них случается беда. Некоторые восклицают: «Хвала Господу!», надеясь снискать тем самым Его благосклонность. Для Него нет разницы, проклинаете вы Его или же восхваляете, — а вот для вас разница есть. Восхваляйте Его, а еще лучше — *любите*,

---

[5] Из песнопения "When Thy Song Flows Through Me", вошедшего в сборник Парамахансы Йогананды *Cosmic Chants* (издание Self-Realization Fellowship).

и вы почувствуете себя намного лучше. Прокляните Его, и ваше проклятие больно ударит по вам самим. Восставая против Бога, вы восстаете против собственной сущности — того образа, по которому Он вас сотворил. Когда вы идете против своей истинной природы, вы автоматически себя наказываете.

С детских лет я внутренне восставал против жизни, ведь я видел в ней столько несправедливости. Но сейчас я не могу смириться только с тем, что люди не знают Бога. Неведение, то есть непонимание того, зачем нам дана жизнь, — это величайший грех. А величайшей добродетелью является мудрость — знание смысла и цели жизни, знание ее Творца. Мудр тот, кто познает, что мы не жалкие человеческие существа, но существа, единые с Богом.

Каждую ночь, когда вы спите, Бог забирает у вас ваши тревоги, стремясь показать, что вы не смертное существо, но что вы — Дух. Бог хочет, чтобы вы помнили об этой истине и в бодрствующем состоянии, дабы вас никогда не беспокоили неблагоприятные проявления жизни. Если мы способны существовать, не думая об этом мире и его печалях, — что и происходит во сне — мы вполне можем существовать и в Божьем мире активности, при этом не погружаясь в этот сон с головой. В сознании Бога проплывает множество призрачных миров, но Он всегда бодрствует и знает, что Ему все это лишь снится. Он говорит нам: «Не пугайтесь этого сна средь бела дня. Смотрите на Меня как на Реальность, скрывающуюся за этим сном». Если вы здоровы и счастливы, улыбайтесь в этом сне. Когда вам снятся кошмары болезней и горя, говорите: «Пробужденный в Боге, я просто смотрю спектакль о моей жизни». Тогда вы узнаете, что Бог произвел эту Вселенную как забаву для Себя. А так как вы сотворены по Его образу и подобию, вы имеете не только полное право, но и способность наслаждаться этими переменчивыми снами так же, как это делает Он.

Желания — вот что удерживает вас в смертном рабстве. Если вы хотите иметь большой дом с прекрасным видом на холмы, солидный доход, удачный брак и крепкую семью, то в стремлении обрести все эти вещи вы можете изнурить себя, и тогда, возможно, ваша жена уйдет к другому, или вы заболеете, или ваш бизнес развалится и так далее и тому подобное. Такова природа человеческого счастья. Поэтому я говорю Богу: «Господи, мне не нужна вся эта земная мишура. Я хочу лишь одного: быть проводником Твоей воли. Я готов следовать Твоей воле во всем. Однако я не стану благодарить Тебя, о Господь, за то, что Ты меня сотворил, ведь если бы Ты этого не сделал, то я бы избежал стольких проблем! Но поскольку Ты все же вдохнул в меня жизнь, я знаю, что я — Твое дитя». Вот так вы должны говорить с Богом — требовать! Хватит попрошайничать — вы не попрошайка. Вы — Его божественное дитя, у которого есть врожденное право иметь все, что имеет Он. Прямо за темнотой ваших закрытых глаз, в вашем сознании, вращается вся Вселенная. Почему вы должны представать перед Богом как попрошайка?

Развейте призрак болезни и здоровья, горя и радости. Будьте выше всего этого. Станьте своим истинным «Я». Смотрите спектакль Вселенной, но не погружайтесь в него с головой. Много раз я видел, как мое тело исчезает из этого мира. И я смеялся над смертью. Я готов к ней всегда. Она не имеет никакого значения. Я обладаю жизнью вечной. Я есть океан сознания. Иногда я становлюсь маленькой волной физического тела на его поверхности, но я никогда не становлюсь волной, под которой нет Океана Господа.

Смерть и тьма не могут нас устрашить, ибо мы то самое Сознание, из которого Бог сотворил этот мир. В Бхагавад-Гите Господь говорит:

> «Но тот, кто знает Меня как Нерожденного и Безначального, как Верховного Владыку мира, — тот победивший иллюзию человек, даже пребывая в бренном теле, уже достиг состояния безгрешности.
>
> Я — Источник всего; из Меня исходит весь мир. Зная это, мудрые благоговейно поклоняются Мне. Думающие обо мне, посвятившие мне свои жизни, просвещающие друг друга, всегда беседующие обо Мне, Мои бхакты удовлетворены и радостны.
>
> Из чистого сострадания Я, пребывающий в их сердцах, рассеиваю сияющим светильником мудрости темноту, порожденную невежеством».
>
> — Бхагавад-Гита X:3, 8, 9, 11.

Почему Бог сотворил этот мир?

*Храм Self-Realization Fellowship,
Сан-Диего, Калифорния, 16 декабря 1945 года*

Сколько бы лекций о том, почему Бог сотворил этот мир, я ни прочитал, вы всегда будете находить в них что-то новое: нескончаемая концентрация срывает с этой тайны все новые покровы.

Бог повелевает всеми силами Вселенной; но почему Он обладает такой властью? Почему Бог — это Бог? Почему не вы — Бог? Если так размышлять, можно ведь и мозги сломать. Мы не можем отрицать, что Бог, абсолютный Разум и абсолютная Сила, просто *есть*. Свидетельства Иисуса, Кришны, Будды и святых не могут быть подвергнуты сомнению. Те идеалы, которые они выразили своей жизнью, а также свершенные ими чудеса свидетельствуют о том, что они говорят правду. Они предоставили неопровержимые доказательства того, что Бог есть и что Он совершенен и всемогущ. Они говорят нам, что Бог — это Радость и Любовь. Почему же тогда Он сотворил несовершенный мир и дал человеку несовершенное тело? Мы думаем, что, если бы мы обладали такой же властью, мы создали бы куда более совершенное тело и мир — по крайней мере, в своем воображении.

Иисус сказал: «Верующий в Меня, дела, которые творю Я, и он сотворит, и больше сих сотворит»[1]. Как он мог знать две тысячи лет назад о современных «чудесах» — чудесах науки, ставших для нас привычными? Сегодня человек с помощью радара может обнаруживать объекты на расстоянии нескольких тысяч километров. Один солдат рассказал мне, что он поверил в Бога, когда впервые увидел, как работает радар. Именно о чудесах радио, радара, телевидения и других будущих научных открытий говорил Христос, когда предсказывал, что мы сотворим чудеса более удивительные,

---

[1] Ин. 14:12.

нежели те, что он продемонстрировал миру. Конечно, если бы у каждого человека глаза и уши были подобны радару, мы бы днем и ночью не знали покоя! Мысли и действия других людей, находящихся за тысячи километров от нас, вторгались бы в наши умы, и у людей не было бы никакой личной свободы. У каждого есть свои скелеты в шкафу, тем не менее мы не имеем права вторгаться в чужую жизнь и сплетничать о своих «находках». В общем, Бог не просто так накинул на человека покров *майи*, иллюзии.

Человеческая власть — ничто по сравнению с Божьей

Иногда кажется, что стоит человеку обрести власть, как он начинает ею злоупотреблять. Уже даже поговаривают о вероятности «кнопочной войны»: всего одно нажатие на кнопку, и атомная бомба может уничтожить целую нацию. Вы только представьте: Нью-Йорк с его миллионами жителей может быть стерт с лица земли одной бомбой! Бог дал человеку власть, для того чтобы тот использовал ее правильно. И все же человеческая власть — ничто по сравнению с Божьей, потому что весь мир являет собой атомную бомбу в руках Господа. Если кто-то, будь то простой человек или же лидер нации, думает, что он может сбросить бомбу безнаказанно, то он глубоко ошибается, ибо слова Христа: «...все, взявшие меч, мечом погибнут»[2] не утратили своей истинности. Воюющие друг с другом страны-агрессоры в конечном итоге исчезнут, и землю наследуют кроткие нации[3]. Мы должны использовать духовную силу, а не атомные бомбы, иначе мы все погибнем.

Вне всякого сомнения, в кладовой Природы хранится множество секретов. Атомная бомба ужасна, но ее появление говорит о том, что в сердце природы таятся невообразимые силы, которые человеку еще только предстоит открыть. За всеми этими силами стоит Бог. Всем мирозданием управляет Бесконечный Разум. Этот Разум проявляет себя в божественном законе, который содействует добрым начинаниям и карает злодеяния. Почему случилось так, что секреты создания атомной бомбы изначально были

---

[2] Мф. 26:52.

[3] «Блаженны кроткие, ибо они наследуют землю» (Мф. 5:5).

в руках Гитлера, а создала ее в итоге Америка? И хотя Америка ее использовала, я не думаю, что она сбросит ее вновь; я молюсь, чтобы этого не случилось.

Своей недальновидностью политики вовлекают в войну весь мир. Но поскольку это не человек сотворил мир, то и права на уничтожение мира у него тоже нет. Почему же тогда всемогущий Господь сотворил этот несовершенный мир и дал человеку силу его уничтожить? Если бы вы были Богом, вы бы точно знали, что происходит и почему этот мир был сотворен именно таким.

Читая интересный роман, вы наблюдаете борьбу добра и зла и думаете, как это ужасно, когда побеждает зло. Например, в одной главе герой может находиться на грани гибели, но уже в следующей все улаживается и герой спасен. Вы должны понять, что каждая жизнь — это сложный роман, написанный Богом. Вам не под силу объять всю глубину этого шедевра, ибо вам мешают ограничения человеческого разума, введенного в заблуждение *майей*. Сначала победите иллюзию и станьте единым с Богом, и тогда вы осознаете, почему Бог сотворил этот мир.

Как бы то ни было, мы имеем право спрашивать Его о причинах сотворения мира — а их много. Прежде всего, не может быть такого, чтобы Бог *нуждался* в этой земле: в таком случае Он был бы несовершенен, ибо желал бы что-то от этого получить. Но святые свидетельствуют, что Он совершенен. И я об этом свидетельствую из своего личного опыта, потому что я общался с Ним. До того, как я встретил моего Гуру, Свами Шри Юктешварджи, мне являлись видения и я проходил через духовные переживания, но, несмотря на это, я сказал ему, что не буду говорить о Боге до тех пор, пока не познаю Его лично. Когда я узрел, что те видения стали реальностью, я понял, что мною руководило Высшее Существо, и я начал видеть Его во всех и вся.

Этот мир — Божье хобби

Поскольку Бог совершенен, этот мир не нужен Ему для развития, для Него это своего рода увлечение, хобби. Здесь можно провести аналогию с художниками. Есть два их типа: коммерсанты от искусства, зарабатывающие им себе на жизнь, и те, кто создает тонкое искусство, не имеющее реальной рыночной стоимости, делая это лишь ради собственного удовольствия. Мы не можем думать, что Бог является творцом первого типа, ведь Он ничего не получает от Своего искусства. Он подобен состоятельным людям, которые порой имеют причудливые и дорогие увлечения просто потому, что могут себе это позволить. Я познакомился с одним таким человеком в Цинциннати. Его увлечением была его большая ферма. Находясь у него в гостях, я однажды заметил: «А ведь ваша ферма не окупает себя». И он ответил: «Вы правы. Яйцо, которое я сейчас ем, обходится мне в девяносто центов. На рынке я мог бы купить такое же почти задаром».

Итак, этот мир — Божье хобби. Но тем, кто в нем страдает, совсем не весело. Я часто спрашиваю Господа: «Если Ты хотел Себе забаву, зачем же Ты сделал так, что неотъемлемой ее частью стали боль, рак и эти ужасные страдания?» Конечно, я живу в этом мире не для того, чтобы навязывать свои мысли Богу. Я это знаю. Но все же я осмеливаюсь высказывать Ему свои возражения. Он посмеивается надо мной и говорит: «В последней главе люди узнают ответы на все вопросы».

И хотя я знаю ответ, я все же спорю с Ним от имени тех, кто не знает. «Это может быть игрой для Тебя, Господи, — говорю я, — но для тех, кто не знает, что это всего лишь игра, это мучения и смерть. Двое женятся и думают, что встретили любовь всей своей жизни. И вот один из них умирает — не трагедия ли это? Или некто разбогатевший на растущих акциях думает, что наконец-то обрел счастье, а затем узнает о биржевом крахе и в отчаянии выбрасывается из окна — разве это не ужасно? А все эти соблазны в виде секса, вина и денег — они ведь исходят не только извне, но и изнутри. Как может человек оправдать все это? И почему существуют бандиты, душевнобольные и прочие ужасные явления? Почему существуют инфекции, которые каждый год уносят жизни стольких людей? Если собрать вместе кости всех, кто умер от разных болезней, получится гора высотой с Гималаи; и все же для Тебя, Господи, это лишь забава! А как же быть жертвам Твоей забавы?»

И Господь отвечает: «Я сотворил людей по Своему образу и подобию. Когда вы познаете, что вы — частица Меня, вы сможете жить в этом мире и наслаждаться им, как это делаю Я».

Таков окончательный ответ. Мы не смотрим на этот мир так, как на него смотрит Бог.

Смотрите на мир с открытыми глазами мудрости и спокойствия

На примере одной аналогии я покажу вам, как все в этом мире перевернулось и пошло наперекос. Если сейчас в этой комнате я вдруг закрою глаза и пущусь в неистовый пляс, забыв обо всем, что находится вокруг, и о том, что я ничего не вижу, вы закричите: «Осторожно! Вы упадете или обо что-нибудь ударитесь!» Но я буду упорствовать: «Нет, все нормально». Потом я действительно обо что-то споткнусь, упаду, сломаю ногу и запричитаю: «Почему это случилось именно со мной?» Вы ответите: «Зачем же вы закрыли глаза и стали плясать, ничего не видя?» Тогда я воскликну: «Боже! Действительно, зачем я стал плясать с закрытыми глазами?»

Поскольку ваши глаза закрыты, вам трудно избавиться от мысли, что этот мир ужасен. Но если вы, исполнившись мудрости и спокойствия, будете смотреть на мир с открытыми глазами — так, словно смотрите кинофильм, — вы увидите, что этот мир полон радости.

Посещая кинотеатр, вы любите смотреть радостные фильмы, то есть фильмы, которые поднимают вам настроение, ведь в самой жизни столько проблем! Но согласно космическому замыслу, сюжетные ходы этой земной драмы, в том числе исторические революции, войны и перипетии человеческой жизни, вполне оправданны, ведь если вы ходите в кино каждый день и смотрите только фильмы о любви, они вас утомят довольно скоро. Вам захочется действия, контраста, смены переживаний. Поэтому Бог намеренно создал на этой земле противоположности. Он не хотел, чтобы сюжет Его спектакля был утомительным. Если бы в нем фигурировали только ангелы, это бы всем наскучило; а вот когда в нем есть герои и злодеи, это уже более интересно.

Контрасты были созданы для того, чтобы мы осознали, что земная драма есть лишь космический кинофильм, и что, погрузившись своим сознанием в сознание Бога, мы сможем смотреть на этот мир так, как на него смотрит Он. Но мне все же не хотелось бы становиться злодеем, потому что преступление не окупает себя — особенно перед лицом неумолимого космического закона. Я бы лучше просто сидел под деревом, погруженный в медитацию на

Бога, или же неустанно помогал другим обрести истинный покой и счастье. Хотя жизнь развивается согласно определенному космическому замыслу, мы все же имеем свободу выбирать для себя другие роли в этой драме.

Суть в том, что, если вы научитесь смотреть на этот мир как на кинофильм, вы обнаружите, что в нем все идет как надо. Я не могу смириться лишь с тем, что боль делает этот кинофильм таким реальным. Если бы вы вообще не чувствовали боли, вы бы не возражали, если бы вам оторвали руку — конечно, при условии, что ее потом вернули бы на место. Некоторые святые показали, что это возможно. Например, Иисус исполнил свое предсказание: «Разрушьте храм сей, и Я в три дня воздвигну его»[4]. Когда Петр отсек ухо рабу первосвященника, Христос коснулся уха и исцелил его. Будучи единым с Богом, Иисус обладал силой возвращать тело к его первоначальному облику.

Наука сосредотачивает свои усилия на том, чтобы сделать жизнь человека все более комфортабельной; но, когда приходит болезнь и врач говорит: «Все потеряно», вы уже ничего не можете сделать. И что вы при этом ощущаете? Бессилие. Но мастера говорят, что вы не должны думать, будто вы бессильны. Когда глаза вашей мудрости закрыты, этот мир кажется таким несправедливым! Вы должны осознать, что вы дитя Господа и что, если вы сонастроитесь с Ним, вы начнете смотреть на этот мир как на кино, как на Божье хобби. Тогда вы сможете жить в этом мире, будучи неподвластным его воздействию. Страдают только те, кто принимает мир слишком всерьез. И из-за своих страданий они не понимают, почему Бог создал этот мир. Когда мать узнает о смерти чужого ребенка, она сострадает. Но, потеряв своего собственного ребенка, она переживает глубокое горе. Когда вы преобразите свое сознание и оно станет божественным, вы будете сострадать каждому человеку на земле; когда весь мир станет вашим большим «Я» — вот тогда вы полностью отделитесь от страданий своего маленького тела. Вы будете зреть все мироздание как своего рода театр, в котором ничто не может вас ранить.

---

[4] Ин. 2:19.

Свобода выбора — самый прекрасный из Божьих даров

Бог создал этот мир не только ради Своей забавы, но еще и потому, что хотел сотворить совершенные души, которые могли бы к Нему возвратиться. Он окутал их покровом иллюзии, *майи*, и направил сюда, при этом наделив их свободой выбора. И это величайший дар Бога. Он не отказал человечеству в свободе выбора, которую имеет Сам. Он позволил человеку самому выбирать, быть ему добрым или же злым, а также делать все, что ему заблагорассудится, в том числе и отрицать Бога. Несмотря на то, что, помимо добра, в мире существует и зло, никто вовсе не обязывает вас быть злым: вы можете выбрать путь зла лишь сознательно. И никто не может заставить вас быть добрым, если только вы сами этого не захотите. Бог наделил нас способностью использовать Его дар разума и свободы, благодаря которому мы можем сделать или же не сделать выбор в пользу возвращения к Нему. Мы подобны библейскому блудному сыну, и Господь постоянно призывает нас вернуться Домой.

Идеал жизни каждого человека должен состоять в том, чтобы быть благочестивым и счастливым, а также суметь отыскать Бога. Вы никоим образом не сможете обрести счастье, пока не найдете Бога. Именно поэтому Иисус сказал: «Ищите же прежде Царства Божия»[5]. Такова задача земной жизни: стремиться к благочестию и совершенству и, пользуясь свободой волеизъявления, делать выбор в пользу добра, а не зла. Бог наделил нас всем необходимым для того, чтобы мы сумели это сделать. Наш ум подобен эластичной ленте. Чем больше ее тянешь, тем больше она растягивается. Эластичный ум никогда не порвется. Когда вы чувствуете, что вас ограничивают какие-то барьеры, закрывайте глаза и говорите себе: «Я — Бесконечность», и тогда вы увидите, какой силой обладаете.

Ни радость чувственных наслаждений, ни радость обладания какой-либо вещью не может сравниться с Божьей радостью. Обладая самой Вечностью, Бог все же однажды подумал: «Я всемогущ, Я сама Радость, но нет того, кто бы мог насладиться

---

[5] Мф. 6:33.

Мною». Начав творить, Он решил: «Сотворю-ка Я души по Своему образу и подобию, облачу их в человеческую плоть и наделю их свободой выбора, дабы посмотреть, будут ли они искать Моих материальных благ, искушений деньгами, вином и сексом, или же устремятся к несравненной радости Моего сознания, пьянящей в миллион раз сильнее». Больше всего меня радует мысль о том, что Бог очень справедлив и добр. Он наделил человека свободой принять Его любовь и жить в Его радости или же отбросить все это и жить в иллюзии, в неведении о Нем.

Богу принадлежит все сотворенное, но одной вещи Ему все же не хватает — нашей любви. Единственное, что Он хотел получить, когда нас сотворял, — это наша любовь. Мы можем держать эту любовь в себе, а можем отдать Ему. И Он будет терпеливо ждать — до тех пор, пока мы не будем готовы предложить Ему свою любовь. Когда это произойдет, когда блудный сын вернется Домой, упитанный телец мудрости пойдет на праздничное заклание и воцарится великая радость. Когда душа возвращается к Богу, все святые на небесах воистину ликуют. Таков подтекст Иисусовой притчи о блудном сыне.

Посмотрите на себя с высоты интроспекции

В действительности жизнь таит в себе куда больше интересного, чем мы можем видеть. Все земное выглядит таким реальным. А насколько увлекательнее та Реальность, которая создает эту нереальную реальность! Однако нереальная реальность заставила вас позабыть о Реальном. Бог хочет, чтобы вы помнили: когда земная жизнь станет для вас чем-то вроде кинофильма, она вам понравится. Тогда, даже если бренные кости вашего тела вдруг начнут ломаться, вы сможете просто сказать: «Смотри-ка, кость сломалась!», не почувствовав при этом никакого неудобства или боли. Но вы сможете так сказать, только если прежде укоренитесь в Божественном Сознании. Если вы понаблюдаете за своей игрой в киноленте жизни с высоты интроспекции, вас немало позабавят ваши привычки и особенности вашего характера. Я занимаюсь этим все время. Когда вам удастся осознать, что мир — это Божья *лила*, Божественный спектакль, вас уже не будут расстраивать перипетии этой драмы добра и зла.

Во сне вы можете видеть людей богатых и бедных, сильных и стенающих от боли, умирающих и рождающихся. Но просыпаясь, вы понимаете, что все это лишь сон. И эта Вселенная — не что иное, как Божий сон. Когда я спрашиваю Его: «Почему Тебе не снятся только хорошие сны? Почему Твой спектакль изобилует кошмарами?», Он отвечает: «Ты должен научиться наслаждаться космической драмой — воспринимать кошмары и приятные переживания как сновидения, каковыми они и являются. Если тебе будут сниться только прекрасные сны, ты так погрузишься в их красоту, что вообще не захочешь просыпаться». Таков Его ответ. Поэтому не пугайтесь, когда вас одолевают кошмары, просто говорите: «Господи, это всего лишь мимолетный сон. Он нереален». А когда вы излучаете здоровье и счастье, говорите: «Господи, этот сон прекрасен. И тем не менее Ты можешь распоряжаться сном моей жизни так, как сочтешь нужным». Когда вас уже не будут волновать страшные сны болезней, страданий и тревог и в то же время вы не будете привязаны к прекрасным снам, тогда Бог скажет: «Проснись, дитя Мое! Пора возвращаться Домой».

Поэтому смотрите на мир как на спектакль, — так делают мастера, пробужденные в Боге. Им интересны души, которые пытаются сбежать из этого сна. Бог хочет, чтобы каждый человек выбрался из кошмарного сна иллюзии и воспринимал космический кинофильм как развлечение. Он хочет, чтобы вы познали свое единство с Ним. Именно поэтому время от времени Он посылает на помощь человечеству просветленные души. Когда кошмарные сны становятся невыносимыми, эти души приходят на землю, чтобы пробудить нас; они трясут нас за плечо и говорят: «Что с тобой? Тебе ведь это просто снится!» А вы в слезах отвечаете: «Да нет же, у меня нога сломана!», или «Я тяжело болен», или «Я не могу выбраться из нищеты». Но если по их милости вам удается открыть свои глаза, вы видите, что все это лишь сон.

Отделите реальное от нереального

В детстве мне часто снилось, что за мной гонится тигр, и, когда он хватал меня за ногу, я громко кричал сквозь сон. Мать подходила ко мне, трясла за плечо и говорила: «Успокойся, все в порядке. Никакого тигра нет. Твоя нога цела». Благодаря этому сну я прошел через первое удивительное переживание, данное мне Богом. Когда тот тигр снился мне в последний раз, я сказал: «Этот фокус больше не пройдет. Никакой тигр меня за ногу не кусает» и тотчас же проснулся. Сон развеялся и больше никогда не повторялся. С тех пор я был бдителен и даже во сне старался отделять реальное от нереального.

Святые — это те, кто бодрствует и спит одновременно: с одной стороны, они пробуждены в Боге, а с другой — видят сон о своей нынешней инкарнации. Но они могут быстро пробудиться от этого сна. Когда по какой-либо причине в моем теле возникает боль, я фокусирую свой взгляд здесь, между бровями, — на *Кутастхе*, центре Христова Сознания, и уже не чувствую боли. А немного спустя я вообще перестаю видеть или ощущать свое тело.

Итак, помните: Богу лишь снится этот мир. Если мы сонастроимся с Богом, наша жизнь будет божественно пьянящей и ничто уже не сможет нарушить наш покой. Мы будем созерцать этот космический кинофильм так же, как смотрим фильмы в кинотеатре, — не подвергаясь страданиям. Бог создал нас, чтобы мы воспринимали нашу жизнь-сон так, как это делает Он. Погруженный в Свою вечную радость, Он наслаждается Своим сном и всеми его контрастными переживаниями как забавой, не способной оказать на Него никакого воздействия.

Каким образом Бог притягивает нас к Себе обратно

Фрагменты из двух объединенных одной темой лекций, прочитанных в храмах SRF в Голливуде и Сан-Диего, Калифорния, 4 и 11 августа 1946 года

Все пути, какими бы они ни были, ведут к Богу, ибо душе больше некуда идти. Все сущее берет свое начало в Боге и к Нему же в итоге вернется. Даже во зле человек ищет счастья. Однако мирское счастье неизбежно приводит к разочарованию. Те, кто продолжает искать, один за другим отбрасывая битые стекла земных наслаждений, в конце концов найдут бриллиант истинного счастья в Боге. Ничто другое никогда не принесет человеку полного удовлетворения. В ходе эволюции мы избираем самые разные пути к Богу. Если вы практикуете самоконтроль, придерживаетесь здравого смысла и пытаетесь найти истинное счастье, этот путь неплох. Но на достижение цели у вас может уйти множество инкарнаций. Лучше всего сделать сознательное усилие и обрести Бога поскорее. Святые и аскеты не брались бы за этот тяжелый труд, если бы не находили в нем радостное вдохновение. «Не привязанный к внешнему миру йог испытывает всегда новую радость истинного „Я". Поглощенный божественным единением души с Духом, он обретает непреходящее блаженство»[1].

Большинство людей не пробуждены в осознании того, что Бог — единственное, чего они по-настоящему желают, в первую и в последнюю очередь. «Не хлебом одним будет жить человек; ищите же прежде Царства Божия». Под «хлебом» здесь подразумеваются мирские удовольствия и жажда земных вещей, о которых обычно молятся люди; но вы будьте разумны и ищите прежде всего Бога,

---

[1] Бхагавад-Гита V:21.

и тогда все приложится вам.

Вас удивит, как изменится ваша жизнь благодаря непрестанной молитве — и говорю я не о молитве попрошайки, а о настойчивом, исполненном любви обращении сына к своему Небесному Отцу. Будучи вашим Отцом, Бог не ограничен сознанием благотворительности и жалости, которое движет теми, кто подает милостыню. Вы имеете врожденное право требовать у Бога желаемого, и Он ответит вам, потому что вы Его дитя. Если вы неустанно взываете к Нему, Он обязательно попадется в сети вашей любви и преданности. Если вы будете молиться до тех пор, пока эфир не озарится светом вашей молитвы, вы найдете Бога. Но если вы молитесь и просите Его явить Себя, а сами думаете о чем-то другом, вы Его точно не найдете. Вы должны уверенно идти к своей цели, и ваши усилия должны подкрепляться чувством жажды по Богу, которое вы в себе взращиваете.

Религиозные предрассудки заставляют людей бояться Бога

Себе вы доверяете больше, чем Богу, хотя и знаете, что вы не могли бы ни дышать, ни ходить, ни действовать без движущей силы Его присутствия в вашем мозге, в сердце и во всех клетках вашего тела. Вы привыкли зависеть от еды, воздуха и солнечного света и потому думаете, что эти внешние элементы поддерживают вашу жизнь. Это заблуждение. Вы напрямую зависите лишь от одной Силы — Бога.

Поскольку Господь Всемогущ, религиозные предрассудки иной раз заставляют людей бояться Его. Вам не нужны такие отношения с Небесным Отцом. Я не читаю вам проповедей о жупеле и адском пламени. Я хочу, чтобы вы поняли: Бог вам родной. Он самый дорогой из всех дорогих, самый близкий из всех близких, Он самое прекрасное из всего, что вам может полюбиться. Если бы вы только относились к Нему так, как Он этого заслуживает! Если бы вы подняли одну руку, Он бы протянул вам обе Свои руки, дабы поднять вас к Себе. Если вы будете неустанно пытаться ухватиться за Него, Он непременно придет к вам.

Бог посылал мне тяжелейшие испытания; но всякий раз, когда я думал, что Он меня покинул, Он приходил ко мне и давал мне встряску за то, что я губы надул. Мы часто так делаем — но мы никогда не должны сомневаться. Если мы все же дуемся, мы всеми силами должны стараться привлечь внимание Матери[2]: в таком случае Она обязательно придет и позаботится о нас. За свои нужды я, конечно, уже не переживаю, а вот за нужды организации — да. Когда Бог собирается прийти на помощь, Он не говорит мне об этом до последней минуты; но Он всегда приходит. Я обнаружил, что Он всегда со мной. Он ни разу меня не подвел. Если вы проявляете такое доверие и любите Его все больше и больше, вы почувствуете, что Он всегда вас любил и что это вы не искали Его. Поэтому-то вы и думали, что Он от вас отдалился. Он никогда не проявляет к нам равнодушия — это мы проявляем равнодушие к Нему.

Бог сострадает нам, ибо осознает, в какой бедлам Он нас послал; и, если Он небезразличен даже к малым птицам, проданным за ассарий[3], представьте, какое большое значение имеем для Него мы. Он всего-навсего хочет знать, любим ли мы Его. И поэтому Он играет с нами в прятки. У Бога есть своего рода комплекс неполноценности: Он не знает наверняка, любит верующий Его или что-то другое. Я часто говорю Ему: «Господи, если бы они только знали, как Ты прекрасен, они бы тут же побежали Тебя искать. Но Ты прячешься от них в цветах, в облаках, в эфире». И тем не менее, когда вы видите красоты природы и ее чудеса, можете ли вы сомневаться в существовании Бога? Он задействован во всем, и Его инструменты — жизнь и разум. Подобно тому как кораблем можно управлять с берега по радиосвязи, так и всеми нами правят сила и разум, «вещаемые» Богом. Без Его искры жизни мы были бы мертвы. Так почему бы нам не заняться поисками той Силы, которая есть источник нашего существа? Почему бы вместо даров не искать Самого Дарителя? Именно в этом кроется реальная свобода. Он работает в ваших мозговых клетках, Он работает в ваших мыслях. Если бы вы установили с Ним внутренний контакт, вы бы нашли Друга, который никогда вас не предаст, и Возлюбленного, который никогда вас не обманет. Это Сам Бог предлагает вам Свою любовь, Сам Бог ищет вас внутри вас же. Если

---

[2] См. *Божественная Мать* в глоссарии.
[3] Мф. 10:29.

бы вы настойчиво искали Его внутри себя, вам бы удалось Его найти. Ускорить шаг к Божественной цели вам мешают лишь две вещи: злоупотребление свободой воли и сопротивление кармы, последствий прошлых ошибочных деяний.

Присущий мирозданию закон тяготения

Отставив религиозные предрассудки, мы должны выяснить, почему нам нужно искать Бога. Если мы проанализируем процессы, протекающие в природе, нам удастся это понять. Поэтому рассмотрение нашей сегодняшней темы будет проходить в совершенно иной, метафизической плоскости. Вы увидите, как сотворение мира соотносится с его восхождением обратно к Богу.

Мирозданию присущ закон тяготения. Небесные тела притягиваются друг к другу гравитационной силой, человеческие же существа тяготеют к добру или злу. Многие люди испытывают тягу к алкоголю или другим порочным развлечениям. Святые же опьяняются Богом. Тот, кто проходит мимо храма и идет в бар, вливает в себя несчастье, болезни и потерю ясности ума; но тот, кто идет в храм внутри себя и наполняет себя вдохновением «выдержанного» блаженства, струящегося из бочонка тишины, обретает непреходящее счастье. Вот так исследуется Бесконечность. Если вам понятен закон тяготения, вы также поймете, какой путь быстрее «притянет» вас к Богу и позволит вам найти Его.

Когда два свободно движущихся в пространстве тела притягиваются друг к другу, мы наблюдаем закон тяготения в действии. Наука физики говорит нам, что сила гравитационного притяжения между двумя материальными точками прямо пропорциональна их массам и обратно пропорциональна квадрату расстояния между ними. Это значит, что, если расстояние между двумя телами равно одному футу, сила притяжения будет относительно велика; но, если увеличить расстояние до двух футов, сила притяжения составит лишь одну четвертую от первоначальной величины.

Закон всемирного тяготения универсален. Он распространяется как на землю, так и на солнце и все остальные объекты в пространстве. Солнце удерживает Землю и другие вращающиеся вокруг него планеты на их орбитах. Земля удерживает Луну на ее орбите. Земля притягивает к себе все предметы, находящиеся на ней; притягивает она к себе и Луну. Единственная разница лишь в том, что Луна, ввиду ее удаленности от Земли, испытывает меньшую силу гравитационного притяжения: сила земного притяжения убывает обратно пропорционально квадрату расстояния от центра Земли.

Сила притяжения между двумя телами зависит от их массы и расстояния между ними. Притяжение — не односторонняя сила, но взаимная. Следующая аналогия приведет вас к прекрасному духовному пониманию.

Представьте себе два тела. Вы тянете одно из них, и оно движется по направлению к вам. Но если это тело отталкивается от вас с той же силой, с какой вы его к себе тянете, тогда устанавливается равновесие. Центробежная сила удаляет Луну от Земли, но эта сила уравновешивается земным притяжением. Совершенно очевидно, что та же самая сила притяжения создает порядок и равновесие во всей Вселенной, иначе все объекты удалились бы друг от друга в бесконечном пространстве. С другой стороны, если бы притяжение было единственной силой в космосе, все бы слилось в сплошную массу материи.

Божьи силы притяжения и отталкивания в мироздании

С помощью гигантского телескопа в небольшой части космического пространства удалось разглядеть шесть тысяч звезд. И, хотя они казались крошечными точками в небе, большинство из них в сто раз больше Солнца! Только представьте, как огромен Бог, если только одна частица Его существа содержит в себе целую Вселенную! Судя по всему, Господу очень нравится играть с этими шариками в небе.

Мироздание возникло благодаря силе отталкивания, с помощью которой Бог исторг из Себя Свои созидательные силы. Посредством этой исходящей созидательной силы Бог отталкивает от Себя нас и весь материальный мир; но Он также заложил в Своем творении и силу притягивать нас обратно к Нему — а она куда могущественнее. Если бы Бог не притягивал нас обратно к Себе, мы блуждали бы в мире материи бесчисленные инкарнации.

Изучая теогонию, мы узнаем, что многие древние цивилизации считали, будто мир сотворен сошедшими с небес богами или небесными созидательными силами. Древние парсы, например, верили в бога Ормузда (он же Ахура Мазда) и бога Ахримана, которые развились из первичной материи и были двумя сущностями, породившими добро и зло соответственно. Древние египтяне источником мироздания считали сотворенное богом Птахом космическое яйцо.

Согласно индуистским верованиям, Брахма[4] является вечным, существующим в самом себе Духом, Неизменным Абсолютом; Он проявляет Себя в мироздании посредством конденсации предельной части Своего Сознания в каузальные, астральные и материальные объекты с помощью ряда тонких созидательных вибрационных стихий: эфира, воздуха, огня, воды и земли. Сознание Духа, имманентное в мироздании как творец всего сущего, является всемирной Душой, из которой произошли все души. Брахма — трансцендентный, вечно сущий Разум — порождает иерархию индивидуальных созидательных разумов. В учении Санкхьи об эволюции материи мы прослеживаем цепочку причин вплоть до первопричины — созидательного разума, вечной и безграничной Матери-Природы (Маха-Пракрити). Из этого источника, то есть Изначальной Природы, исходит все сущее, туда же все и возвращается[5]. Созидательная Природа наделена собственной волей, благодаря которой она может направлять развитие мира. Ее первое проявление, изменчивая Природа, содержало в себе изначальную Душу, или божество Праджапати, от которого произошли все индивидуальные души. Первым физическим существам были даны имена Сваямбхува Ману («человек, рожденный от Творца») и Шатарупа («имеющая сотни образов») — и здесь прослеживается аналогия с иудейско-христианской

---

[4] Санскритское слово «Брахма» с кратким звуком «а» на конце означает вездесущее созидательное сознание Бога; то же слово, но уже с продолговатым «а» на конце — это имя Бога-Творца в индуистской Троице «Брахма-Вишну-Шива». См. *Брахма-Вишну-Шива* и *Брахман* в глоссарии.

[5] «Я — источник всего; из Меня исходит весь мир. Зная это, мудрые благоговейно поклоняются Мне» (Бхагавад-Гита X:8). «В конце цикла (кальпы), о Арджуна, все существа возвращаются в непроявленное состояние Моей Космической Природы (Пракрити). В начале следующего цикла Я вновь возрождаю их. Воссоздавая Пракрити, Мою собственную эманацию, Я вновь и вновь порождаю это множество существ, подчиненных ограничениям законов Природы» (Бхагавад-Гита IX:7–8).

Теория Большого взрыва, изложенная современной наукой, интересным образом схожа с индийской космологией.

традицией, в которой прообразами первых людей выступили символические Адам и Ева.

Хотя созидательные разумы и представлены в индуизме как божества, фактически под божествами подразумеваются индивидуальные аспекты Единого Духа. Бог придал Себе форму этих разумов, а затем материи и человеческих существ; точно так же наше сознание может сотворять царство снов, где все, что мы видим и ощущаем — люди, пейзажи, растения, животные и так далее, — воспринимается нами как нечто реальное. Но, просыпаясь, мы понимаем, что все это было сотворено нашим сознанием в сновидении.

Магическая сила, посредством которой Бог разделяет Свое безграничное сознание на предельные образы и формы и придает им ощущение реальности, называется *майей*, космической иллюзией. Между Богом, *майей* и человеком существует гравитационное притяжение. И Бог, и *майя* притягивают к себе человека, однако человеку дано право выбирать между ними. Бог, человек и космическая иллюзия взаимодействуют: Бог притягивает к Себе мироздание, включая самого человека, а материалистичный человек и природа отталкиваются от Бога. Все, что притягивает человека к Богу, — *добро*. Все, что отталкивает человека от Бога, — *зло*. Когда в мире не господствует ни добро, ни зло, устанавливается своего рода равновесие. Но иногда это равновесие нарушается — например, когда человек обращается ко злу и удаляется от Бога в такой степени, что его тяга к Богу становится все слабее и слабее. Но никто не может удалиться от Бога окончательно. Могучая гравитационная сила Господа со временем вновь притянет душу к Нему — хотя на это может уйти бессчетное количество инкарнаций.

Если вы выпустите стрелу из лука, какое-то время она будет двигаться по инерции, после чего упадет на землю под воздействием силы тяжести. Подобным же образом мы были «выпущены» из Бога, а наши желания заставляют нас двигаться по инерции и удаляться от Него, рассекая воздух многочисленных инкарнаций. Нам может показаться, что сила тяжести Бога дает какой-то сбой, но в действительности Он беспрестанно притягивает нас обратно к Себе. Когда наши желания иссякнут, божественная сила тяжести вернет нас к Господу.

Каким образом мысли Бога становятся материей

Мысль — самая эластичная сила из всех, ибо это наиболее утонченная вибрация сознания. Вы можете без конца делить мысль на все более мелкие части или, напротив, бесконечно расширять в своем сознании концепцию мира, ведь вечность исчерпать невозможно. Итак, Бог проявил Себя в мироздании прежде всего в виде вибрационного сознания — мыслетронов, мельчайших единиц мысли. Эти первичные мысли стали положительными и отрицательными, потому что мироздание не может существовать без двойственности. Если бы не было добра и зла, света и тени, существовало бы лишь целостное сознание Бога.

Поэтому Бог и спроецировал положительные и отрицательные мысли, из которых родилось все сущее — подобно тому как любой сон рождается из мыслей. Первым появился мир идей — каузальная вселенная. Затем эти мысли стали жизнетронами, субстанцией астрального мира, которая по своей структуре тоньше атомной энергии[6]. После этого жизнетроны были сконденсированы до состояния материи, состоящей из положительно и отрицательно заряженных протонов и электронов, атомов, молекул, клеток и так далее. Атомная физика демонстрирует нам, что все в материальном мире состоит из атомов, различающихся по массе, заряду ядра, размеру и строению и способных структурировать бесконечное разнообразие форм материи и жизни. Но науке пока не удалось обнаружить, что за «строительными кирпичиками» атомов скрываются энергия жизнетронов и разум мыслетронов, которые используются Изначальной Природой, Маха-Пракрити, для создания разных видов минералов, растений, животных и людей в соответствии с Божьими космическими законами.

Эволюция и инволюция

Когда Бог увидел, что Он исторг из Себя все эти элементы мироздания — от утонченных форм до самых грубых, — начался процесс инволюции. В контексте нашей сегодняшней темы под эволюцией подразумевается уход от Бога, под инволюцией

---

[6] См. *астральный мир* и *каузальный мир* в глоссарии.

— возвращение к Нему. На любой процесс эволюции приходится процесс инволюции. Как только созидательные мысли Господа обрели форму грубой материи, началась инволюция. Процесс инволюции не прекращается ни на секунду. Сознание Бога-Сновидца сначала проявляется в камнях, то есть неактивных минералах. Затем оно понемногу пробуждается в растениях, которые, однако, пока еще себя не осознают. Следующий этап — царство животных, включающее в себя многочисленные формы жизни. Энергия жизни и сознание находят свое выражение в человеке, наделенном разумом с его способностью рассуждать и духовно распознавать. Наконец, в сверхчеловеке сверхсознание Бога проявлено уже полностью. Таким вот образом сотворенное покидает своего Творца, а затем вновь к Нему возвращается. В конечном итоге Бог освободит не только человека, но и планеты, нашу землю, звезды — все, что миллиарды лет кропотливо выстраивало декорации для иллюзорного космического спектакля.

Возвращение к Богу путем естественного развития по законам Природы — очень медленный процесс. Проницательный человек в конце концов спрашивает себя: «Зачем мне ждать миллионы лет, чтобы вернуться к Богу?» Размышляя, он приходит к выводу: он вовсе не желал быть сотворенным — Бог сотворил его, не спросив разрешения, и потому должен его отпустить. Такой человек отказывается ждать, его устремление знаменует первый конкретный шаг по направлению к Богу.

Если вы всей душой жаждете пробудиться от этого земного сна, ни одна сила не сможет воспрепятствовать вашему освобождению. Никогда в этом не сомневайтесь. Вам не нужно обретать спасение — оно уже ваше, ибо вы сотворены по образу и подобию Бога; однако вы должны это *познать*. Вы позабыли о своем истинном образе. Есть одна притча о кабарге, возбужденной ароматом мускуса. Повсюду она искала источник этого запаха, пока, исступленная тщетным поиском, не потеряла осторожность и не сорвалась со скалы в пропасть. Если бы только глупенький олень обратил свой взор к мускусной железе внутри себя, он бы нашел то, что искал. Аналогичным образом, нам нужно лишь обратиться внутрь себя, чтобы обрести спасение посредством познания своего истинного «Я», души, сотворенной по образу Божьему.

Проявление божественных качеств, свойственных пяти стадиям возвращения души к Богу

Человеческое развитие растягивается на целые эоны. Для того чтобы ускорить инволюцию, процесс возвращения к Богу, человек должен собственными усилиями форсировать естественную эволюцию. Он делает это во внешнем мире с целью улучшения качества своего физического существования. Например, природа дала человеку ноги, чтобы он мог использовать их для передвижения. Однако скорость и дальность такого передвижения слишком малы. Поэтому человек стал использовать для передвижения животных. Потом он изобрел автомобиль, самолет и так далее. Так почему бы нам не ускорить похожим образом эволюцию своей души? Душа человека должна пройти через пять упомянутых ранее состояний, или стадий эволюции, прежде чем она вернется обратно к Богу. Минералы, растения, животные, люди и, наконец, сверхчеловек — вот тот путь, который проходит душа. Необходимо вобрать в себя божественные качества, присущие каждой из стадий.

1. Человеку надобно быть прозрачным как драгоценный камень и не иметь ни единого пятнышка ложного восприятия. Он должен развить в себе кристально чистый характер, удалив все психологические пятна со своего беспокойного ума. Его мышление и восприятие должны быть «хрустальными», дабы в них без каких-либо искажений отражался Божественный Разум. Это означает, что чувства должны быть чисты. Злоупотребление органами чувств порождает дефекты чувственного восприятия. Но когда человек очищает драгоценный камень своего чувственного восприятия от всякого налета, он становится духовно восприимчивым.

2. Духовно продвинутый человек чувствителен к жизни и своему окружению, подобно тому как растения чувствительны к окружающей среде. Нежные растения не выносят грубого обращения, и духовно чувствительный человек сторонится грубого материального мира и тянется к Богу, так же как растения тянутся к солнцу.

3. Далее идет жизнеспособность животных. У животных есть сила воли и огромная физическая сила, однако они не знают, как использовать их разумно. Прогрессивный человек должен быть энергичным как животное, но направлять свою силу воли он должен не на удовлетворение непомерных желаний, а на обуздание своей энергии и обретение самоконтроля. Если человек всегда использует свою жизненную энергию для свершения полезных и благих дел и не растрачивает ее на плохие привычки или злоупотребление сексом, тогда он продвигается на пути к Богу. Но если он предается слепым животным инстинктам, он приковывает себя к материи. Мы можем наблюдать это повсеместно. Йог же учится использовать свою волю и жизненную энергию разумно. Он не проявляет слабость. Он мастер самоконтроля. Он умеет расслабляться и направлять прожектор жизненной энергии внутрь себя, открывая присутствие Духа. Перенаправление энергии жизни от материи к Духу называется *пранаямой*. Когда человек отключает свою жизненную энергию от внешнего мира с помощью *Крийя-йоги*, его сознание начинает внутреннее пробуждаться к своей высшей природе в Боге.

4. Так разумный человек становится мыслящим, проницательным существом, непрестанно растущим в своей способности ясно мыслить. Он развивает чистый разум, то есть духовную проницательность, в которой его рассудительность уже не разбавляется сомнениями и непониманием. Он учится дискутировать с мудрецами и понимать истины, которые они выражают и проявляют в своей жизни.

   Если вы пытаетесь что-то доказать людям, которые вечно во всем сомневаются и путаются — особенно если ваше собственное сознание еще не укоренилось в истинном понимании вещей, — вы сами начинаете сомневаться и путаться. Многие люди разжигают ссору, пытаясь отстоять свою точку зрения и почувствовать себя победителями, но я сразу же им уступаю. Нет смысла продолжать с ними разговор. Как говорится, глупые ссорятся — мудрые обсуждают. Наше общение с Мастером [Свами Шри Юктешваром] происходило на уровне чистого разума, осененного его мудростью. Мастера придерживаются истины, а не теорий. Но большинство людей порабощены эмоциями и выстраивают ограду вокруг собственного мнения. Если двое людей хотят знать истину, в своей дискуссии они очень быстро приходят к согласию. Лишь только развивая чистый разум и чистое восприятие, человек может найти Бога и истину. В среднем мужчине рассудок преобладает над чувством. В средней женщине, напротив, чувство преобладает над рассудком. Если вас переполняют чувства, они становятся эмоциями, которые заведут вас в дебри материи. А чрезмерная рассудительность побуждает вас все обосновывать, что тоже уводит в иллюзорную материю. Установив равновесие между чувством и рассудком, вы придете к восприятию Бога и истины. Взаимообмен этими качествами способен помочь мужчине и женщине уравновесить друг в друге чистый рассудок и чистое чувство и тем самым помочь друг другу обрести единение с Богом. Но брак — не единственный путь. Человек может самостоятельно обрести это внутреннее равновесие посредством медитации, потому что оно уже заложено в душе.

5. Когда вы достигнете равновесия между рассудком и чувством, вам останется пройти последнюю стадию инволюции, а именно развить чистую интуицию и всеведение сверхчеловека — того, кто начинает интуитивно чувствовать свою душу и Дух. Вам предстоит окончательно возвысить свое сознание от привязанности к телу и материи до своего изначального состояния всеведения. Тогда освобожденная душа воссоединится с Богом.

Вы способны развить в себе все эти возвышенные качества, посредством которых Бог превращает материю обратно в Дух. Вы можете ускорить этот процесс в своем теле путем его одухотворения с помощью медитации и *Крийя-йоги*. Вы узрите, как ваше тело преобразится в световую массу, в атомы сконденсированной электромагнитной энергии. По мере приближения к Богу вы начнете осознавать, что эти светящиеся атомы — не что иное, как Божьи мысли, сгустившееся сознание Духа.

Пути знания, преданности и действия

Есть много разных путей, ведущих к Богу, и я покажу вам, как закон духовного притяжения действует в отношении путей знания, преданности и действия. В зависимости от того, как вы применяете принципы этих путей, вы тянетесь либо к Духу, либо к материи.

Путь знания, или разума. Если вы вбиваете себе в голову теоретические знания, вы станете ходячим граммофоном, лишь повторяющим возвышенные фразы, и при этом даже можете прослыть образованным человеком; однако ваши знания не будут подкреплены личным духовным постижением. Такая интеллектуальность привязывает эго к физическим способностям ума и к материи. Теоретическое знание не дарует вам познание Бога. Поэтому не тратьте слишком много времени на теорию. Те, кто так делает, теряются в джунглях рассудка и никогда не заходят дальше простых теорий. В своих нескончаемых размышлениях они никогда не познают истину, ибо истина лежит за пределами рассудка. Многие интеллектуалы становятся рабами своих собственных умозаключений.

Если вы используете силу своего разума только для того, чтобы зарабатывать деньги и наживаться материально, тогда, опять же, вы тяготеете к материи. Поэтому мастера и говорят, что данный Богом разум нужно использовать так, чтобы не заблудиться в лабиринте материи и эгоистических ограничений интеллекта. Пользуйтесь силой духовной проницательности, учитесь и применяйте истину на практике до тех пор, пока она не превратится в интуитивное восприятие. Когда вы разовьёте свою интуицию, вы почувствуете присутствие Бога и Его всеведение внутри вас. Это называется «эзотерический разум», или *Джняна-йога*.

Путь преданного поклонения. Если вы будете преданно любить Бога, вы почувствуете, как Он притягивает вас к Себе, и вы найдёте Его. Но и у этой медали есть две стороны: вас притягивают сразу две силы, а именно любовь к Богу и любовь к материи.

Сама смерть напоминает нам, как глупо поддаваться на уловки

материальных забав. Скупец так любит свои вещи, что остается верен им до самого конца; однако во время смерти ему все равно придется их оставить. И все же до последнего вздоха он так же предан своим материальным вещам, как йог — Богу. Йог размышляет так: «Материя — это нечто поверхностное, и обладание вещами лишь временно. Зачем же мне сосредотачиваться на незначительном и временном, пренебрегая вечностью? Путь к вечному удовлетворению лежит единственно в преданности Богу».

Сознание мирского человека ограничивается преданностью своему телу, своему окружению и своей семье. Его привязанность говорит: «Нас четверо, и нам этого хватает». Но было бы лучше, если бы он использовал свою любовь к семье как стимул для расширения своей любви ко всем. Если вы любите не только свою семью, но и других людей, тогда вы приближаетесь к Богу. Вот почему Иисус сказал: «Возлюби ближнего твоего, как самого себя». Любить всех как свою семью, дарить миру ту же любовь, что вы испытываете по отношению к себе и своей семье — это тяготение к Богу. Не будьте ограничены только своей семьей и собственностью, а также материальными привязанностями — начинайте вновь проявлять свою утраченную вездесущность.

Следите за тем, чтобы ваша преданная любовь к Богу не переросла в эмоции. Такое случается на пути преданности. Я был очень удивлен, когда обнаружил «горячих евангелистов» в этой стране. Подобные секты зародились еще в Индии. Когда преданность выражается в эмоциях, чистота любви теряется вместе с жизненной энергией в мышцах. Когда тело и ум тяготеют к Богу, они становятся спокойны. Если внутренне человек с Богом, его сознание и энергия направлены вовнутрь. Истинная любовь и преданность — своего рода грузило, которое опускает вас на морское дно восприятия Бога. Это — *Бхакти-йога*.

Путь действия. Некоторые люди проявляют врожденную склонность к активности: им нравится быть в движении, заниматься делами и служить ближнему. Если вы работаете только ради себя, вы тяготеете к материи. Но если вы работаете с мыслью о том, что делаете все для Бога, вы тяготеете к Богу. Если ваша деятельность целиком сосредоточена вокруг зарабатывания денег для себя и своих родных или вокруг иных эгоистических целей, вы отдаляетесь от Бога. Многие люди растрачивают энергию на свои привязанности и желания обладать новыми вещами. Но если вы используете свою энергию активности для поисков Бога, вы станете приближаться к Нему. Вот так вас постоянно тянет то к Богу, то к материи. С одной стороны вы слышите: «Зарабатывай побольше денег, и ты сможешь удовлетворить все свои материальные желания», а с другой: «Находи удовлетворение в поисках Бога, в служении Богу и в зарабатывании денег с целью помочь Богу развивать людей духовно, умственно и физически».

Работая ради собственной материальной выгоды, вы поддаетесь притяжению материи. Но если вы работаете для Бога, вы притягиваетесь к Богу. Если вы жаждете и Бога, и материальных вещей, вы по большей части пребываете в застое. Но если Бога вы жаждете больше, желание обладать материальными вещами ослабнет.

Духовная деятельность, состоящая из медитации и работы с мыслью, что все делается для Бога, — это *Карма-йога*. Когда вы почувствуете в медитации вечное блаженство Бога, вы уже не будете привязаны к телу и наполнитесь пламенным желанием работать для Господа. Вы не можете одновременно любить Бога и быть ленивым. Тот, кто медитирует и любит Бога, неустанно работает для Него и для окружающих.

Работайте для Бога, любите Бога, набирайтесь у Него мудрости и познавайте Его через *Крийя-йогу*

Искать единения с Богом только в мудрости, только в преданности или только в добрых делах — значит избрать односторонний путь. А вот если вы растворяете свой ум, жизненную энергию и все свои желания, свою преданность, мудрость и служение в Боге — вы избираете высший путь. Когда вы выводите жизненную энергию и сознание из пяти «телефонов» чувств посредством *Крийя-йоги*; когда вы извлекаете свою жизненную силу из тела и ума, направляя прожектор своего внимания на Бога, — вы идете наивысшим путем к Богу. С помощью *Крийя-йоги* вы отключаете свое чувственное восприятие и направляете свои ум, энергию и чувствительность на Бесконечное. Истинная душа неизменно переливается радужными огнями Духа.

Поэтому самый легкий и быстрый путь к Богу лежит в соединении путей *Джняна-йоги*, *Бхакти-йоги* и *Карма-йоги*. Работайте для Бога, любите Бога, набирайтесь у Него мудрости и познавайте Его через *Крийя-йогу*. Используйте свой разум не для того, чтобы забивать свою голову излишним количеством знаний, но для того, чтобы искать Бога — тянуться к интуитивной мудрости медитации, избегая теоретических знаний и материалистического стремления находить всему обоснования. Используйте свою любовь и преданность не для того, чтобы привязываться к людям и вещам, а для того, чтобы искать Бога и в итоге раствориться в своем преданном поклонении и экстатическом единении с Ним. И ни при каких условиях не работайте для себя — выполняйте всю работу для Бога, а также с целью помочь другим людям. Венцом ваших поисков Бога является практика *Крийя-йоги* — слушание голоса Бога, космического звука *Аум*[7], успокоение своего дыхания и сердцебиения, которые влекут вас к телесному сознанию, и созерцание великого света Его вездесущности.

Поклонение Богу в церкви — хорошая привычка, но только если она вдохновляет вас идти в свой внутренний храм медитации и блаженства. Глубокой ночью и на рассвете отправляйтесь в свой внутренний храм и говорите со своими мыслями, вдохновляйте их и призывайте их быть верными Бесконечности. Там, в этом храме тишины, грандиозный орган будет играть величественную музыку *Аум*.

Прямо с сегодняшнего дня начинайте медитировать добросовестно. Не бродите по жизни бесцельно — идите сразу к Богу. Своей тягой к телу и материи вы закрываете перед собой врата Небес. Устремитесь к Тому, Кто постоянно тянет вас к Себе. Возвращайтесь к Богу. Помните: Царство Божие — внутри вас. Если вы будете медитировать и искать Его посредством мудрости, преданности и добрых дел, вы непременно Его найдете.

---

[7] *Аум* (Аминь) — всепроникающий звук, исходящий от Святого Духа (Незримая Космическая Вибрация; Бог в Его ипостаси Творца); голос мироздания, свидетельствующий о Божественном Присутствии в каждом атоме. Практика таких техник *пранаямы*, как *Крийя-йога*, приводит сердце, дыхание и другие физиологические функции в состояние глубокого покоя. Благодаря этому ум, свободный от отвлечений, порождаемых телесным сознанием, способен внутренне воспринимать присутствие Бога как вибрацию *Аум* и общаться с Ним. (См. *Аум* в глоссарии.)

Как сонастроиться с источником успеха

*Храм Self-Realization Fellowship[1],
Лос-Анджелес, Калифорния, 13 января 1935 года*

Очень немногие понимают, что над всеми действиями властвует духовный закон. Вот почему каждое действие порождает соответствующее последствие. Это означает, что судьба всех индивидуумов складывается не случайным образом, но согласно причинам, заложенным их собственными действиями. Духовное знание позволяет с математической точностью выявить конкретную причину или же целую иерархию причин, порождающих то или иное жизненное обстоятельство. Но поскольку средний человек не осознает, что его жизнью управляет причинно-следственный закон, он думает, что все события в основном происходят по воле случая или потому, что так распорядилась судьба. Он нередко говорит: «Как же мне повезло!» или «Значит, не судьба». Однако не существует такой «удачи», которая не была бы определена действиями в этой или в прошлых жизнях; и нет такого «злого рока», который не был бы предначертан настоящими или прошлыми поступками, в том числе теми, что были совершены много инкарнаций назад. Эти сформированные самим человеком причины объясняют, почему люди рождаются бедными или богатыми, здоровыми или больными и так далее. Разве Бога можно было бы назвать справедливым, если бы Он сначала сотворил всех равными, а потом дал одним людям благополучные условия для жизни, а другим — неблагоприятные?

---

[1] Службы в этом храме на 17-й улице в Лос-Анджелесе проводились с декабря 1934 по сентябрь 1939 года. После этого храм перешел в собственность муниципалитета, который вознамерился проложить через его территорию очередную полосу автомагистрали. Через несколько лет на смену снесенному храму пришел новый храм SRF в Голливуде.

Закон причины и следствия, управляющий нашими жизнями, называется кармой. Слово «карма» означает действие, а также плоды действий, то есть их последствия. Из-за этих последствий, будь они хорошие или плохие, людям очень трудно изменить себя или свои обстоятельства. Нет иного объяснения неравенству между людьми, которое бы не вступало в противоречие с понятием Божьей справедливости. А без справедливости, скажу я вам, жизнь не имеет смысла.

Если ваши успехи и неудачи были так или иначе предопределены вами в прошлом, неужели нет способа изменить свои текущие обстоятельства? Способ есть. Вам даны воля и разум. Нет такой проблемы, которую нельзя было бы разрешить — но только если вы твёрдо верите в то, что вы сильнее всех трудностей, и используете свою силу для того, чтобы смести все препятствия на своём пути. Вы должны использовать научные способы достижения успеха.

Быть успешным — значит создавать желаемые обстоятельства усилием воли

Типичное представление об успехе сводится к деньгам, быть успешным — значит иметь много денег. Но в действительности быть успешным — значит создавать желаемые обстоятельства усилием воли; это значит иметь силу обретать то, что на самом деле необходимо для цельного и счастливого существования. А для этого важно понимать, каковы ваши реальные нужды — видеть разницу между реальными потребностями и прихотями. Если избавиться от ложных потребностей, обеспечивать себя всем необходимым будет очень легко.

Идеал сбалансированной жизни является золотой серединой между идеями Запада и Востока. Восток говорит: «Просто медитируй на Бога, и неважно, есть у тебя что-то или нет». Я считаю это крайностью. Запад тоже ударяется в крайность, когда говорит: «Ты должен иметь красивую машину и дом, а также новую одежду и всё то, что делает жизнь удобной и увлекательной, — и неважно, можешь ты себе это позволить или нет». Цель Запада — роскошь. Это привычка, а закон привычки привязывает человека к общепринятым взглядам на жизнь.

Жить просто — не значит быть нищим или жить мыслью о нищете. Есть обездоленные люди, которые находятся в бедственном положении. Жить просто — значит быть свободным от желаний и привязанностей, быть безгранично счастливым внутри. Чтобы к этому прийти, нужно обладать силой ума и воли. Это не влечет за собой невзгоды и лишения, но дарует вам понимание, что тратить заработанные деньги нужно на то, в чем вы действительно нуждаетесь; кроме того, нужно довольствоваться тем, что вы имеете. Тратить деньги на глупости, даже если у вас есть такая возможность, — значит проявлять слабость. Практикуйте самоконтроль и желайте только того, что вам действительно необходимо. Нельзя жить не по средствам — это самое первое правило на пути к благополучию. Тратьте меньше, чем зарабатываете, иначе вы никогда не будете счастливы и удовлетворены. Но прежде всего вы должны держаться на мысль: «Мое счастье ничем не обусловлено, мне не нужно ничего лишнего. Но поскольку Бог дал мне это тело и обязанность заботиться о нем, я буду делать все, что в моих силах, дабы обеспечивать его самым необходимым».

В какой величественной простоте живут святые Индии! Имея всего ничего, они обладают богатством, превосходящим сокровища царей. Вся природа пребывает с ними в гармонии. Именно такую внутреннюю удовлетворенность должны обрести и вы, научившись жить счастливо с тем, что вы имеете. Конечно, современный образ жизни предполагает, что у вас должно быть больше необходимых вещей, чем у затворника. Но вместо того чтобы до самой смерти влачить за собой привязанность к многочисленным вещам, вы должны развивать в себе способность обретать необходимое тогда, когда вы в этом нуждаетесь. Если вы не имеете этой способности, вы бедны — и неважно, каким состоянием вы при этом обладаете. Даже состоятельные люди вроде Генри Форда и Рокфеллера могут быть воистину бедны, ибо необходимое включает в себя не только материальное. Никакие деньги не могут гарантировать здоровье или счастье. Процветание означает полное удовлетворение тела, ума и души.

Взять, к примеру, Джорджа Истмена, изобретателя фотоаппарата Kodak. Он имел все материальные вещи, какие только можно пожелать. Подумайте об этом! Он купался в роскоши, но истинного преуспевания так и не достиг. По этой причине жизнь стала для него невыносимой, и он пустил себе пулю в сердце. Деньги и собственность сами по себе не приносят счастья. У Иисуса Христа не было денег, однако в его распоряжении были неисчислимые богатства Господа. Он продемонстрировал это много раз, например, когда пятью хлебами накормил пятитысячную толпу. И когда настал его смертный час, вся жестокость происходящего не смогла лишить его того, что он имел внутри. До самой последней минуты он думал прежде всего о других, иначе он бы не сказал: «Отче! прости им, ибо не знают, что делают».

Чтобы обрести всесторонний успех, вы должны следовать примеру Иисуса, а не беспринципных бизнесменов. Если вы научитесь применять в своей жизни божественный закон процветания, этот закон станет вашим слугой. Это надежный путь и единственное условие обретения защищенности в этом мире. Такое богатство ни один вор не украдет. Каждый нуждается в такой защищенности.

Стремитесь к процветанию, чтобы помочь другим

Закон процветания не может быть использован ради собственной выгоды. Действие этого закона контролируется Богом, а Он не позволяет нарушать Его законы или подстраивать их под себя. Если человек следует закону процветания, к нему приходит благосостояние. Если же своими ошибочными действиями он перекрывает поток изобилия, он сам себя наказывает.

Как же войти в унисон с принципами этого божественного закона? Как я уже сказал ранее, прежде всего вы должны перестать желать излишеств и привязываться к ним; развивайте силу ума, чтобы он начал довольствоваться простыми вещами. Когда вы к этому придете, скажите: «Удовлетворение насущных потребностей есть лишь часть моих обязанностей. Я должен исполнять свои обязанности по отношению к тем, кто зависит от меня материально». Обеспечивайте свою семью всем необходимым, но не балуйте детей, давая им больше денег, чем требуется.

Совершенного процветания вы сможете достичь лишь тогда, когда начнете заботиться не только о собственном благосостоянии, но и о благополучии других людей. И говорю я не о равнодушном оказании материальной помощи нуждающимся, а об искреннем стремлении помогать другим таким образом, чтобы они смогли помочь сами себе. Вот тогда вы увидите, как работает этот всесильный закон обеспечения в вашей жизни. Какой бы ни была ваша жизненная ситуация, вы всегда будете пожинать добро, которое сеете.

Большинство людей думает в основном только о себе и о зарабатывании денег лишь ради удовлетворения своих собственных желаний. Если вы так делаете, рано или поздно вы будете сбиты с толку. Начните лучше с такой мысли: «Моя жизненная обязанность — делать счастливыми других». Мотивируйте себя мыслью о том, сколько пользы принесут другим ваши действия и планы. Затем изыщите средства для осуществления задуманного. Если вы желаете помогать людям, вы должны иметь определенные ресурсы. Если вы доите корову, вы должны ее кормить, не правда ли? Стремление хорошо жить и быть преуспевающим одухотворяется, когда в свое понятие процветания вы включаете благополучие людей, которым вы хотите помочь. Если вы делаете людям добро, к вам обязательно вернется все благое. Так вы можете улучшить свою жизнь и помочь другим еще больше. Вот как работает божественный закон.

Имейте веру в Божью силу

Именно Божья сила дает вам жизнь, а вовсе не человеческие ресурсы. Вы можете возразить: «Кто не работает, тот не ест». Хорошо; но если я расстелю перед вами скатерть-самобранку, а у вас внезапно откажет сердце, какой будет толк от этого материального изобилия? Только лишь Бог дает вам жизнь и силу работать, расти и вершить дела. Само ваше существование стало возможным благодаря проявлению Его воли, так почему бы вам не положиться всецело на Него? Вы должны запомнить это раз и навсегда.

Когда мне что-то нужно, я говорю: «Так, надо засучить рукава». Но я никогда не проявляю желание и не предпринимаю действие, не испросив прежде Божьего руководства: «Отец Небесный, я буду размышлять, я буду прилагать волю, я буду действовать, но Ты направляй мой разум, мою волю и мои действия, чтобы я все сделал правильно». И тогда все необходимые силы — в моем распоряжении. Я видел, как эта Божественная Сила работает в делах больших и малых.

Я работаю только для Бога, я оставил все ради Его дела. Я — Его дитя. Если вы живете в осознании того, что вы Его дитя, а Он ваш Отец, и если вы твердо постановили для себя всегда делать все, что в ваших силах, тогда, несмотря на все препятствия и даже ошибки, Его сила будет с вами, она будет помогать вам. Я живу по этому закону. Именно благодаря этому я смог приобрести здание, в котором расположился Главный международный центр Self-Realization Fellowship, не имея при этом материальных средств. И вот посмотрите: даже бушующая ныне депрессия не помешала мне приобрести этот храм. Это стало возможным благодаря следованию божественному закону. Вы не сможете познать Силу, о которой я говорю, пока не начнете жить этим законом.

Если вы сможете проходить через все испытания с улыбкой и верой в Бога, не имея при этом никаких сомнений, вы узрите Божий закон в действии. Когда я намеревался отправиться в лекционный тур из Сан-Франциско, у меня на банковском счете было лишь двести долларов. Этого не хватало даже на первую поездку, к тому же нужно было оплатить множество огромных счетов.

Когда меня навестил мой секретарь, я поставил его в известность о том, сколько у нас было денег в банке. У него в буквальном смысле подкосились ноги, он рухнул на пол. Я сказал: «Вставайте!» Он весь затрясся: «Нас посадят в тюрьму за неуплату счетов!» «Нас не посадят в тюрьму. Через семь дней найдутся все деньги, что нужны нам для тура», — ответил я.

Он был Фомой неверующим — но я был исполнен веры. Деньги мне нужны были не для корыстных целей, а для того, чтобы вершить Божьи дела. Поэтому у меня не было страха даже перед огромными трудностями. Это страх боится меня! И потом, почему мы должны чего-то опасаться? Ничто не должно нас пугать. Решайте все свои проблемы с верой в Бога, и вы победите. Бхагавад-Гита гласит: «С сердцем, погруженным в Меня, по Моей милости ты преодолеешь все препятствия»[2]. И что вы думаете? Когда я прохаживался перед отелем «Палас», ко мне обратилась пожилая леди:

— Можно с вами поговорить?

Мы обменялись несколькими фразами, и тут она выпалила:

---

[2] XVIII:58.

— У меня денег — куры не клюют! Вы не будете против, если я вам помогу?

Я ответил:

— Мне не нужны ваши деньги. И почему вы хотите дать их именно мне, ведь вы меня совсем не знаете?

— Но я вас знаю. Я столько о вас слышала! — воскликнула она и тут же выписала чек на двадцать семь тысяч долларов. Я узрел в этом Божью руку.

Имея Бога, мы имеем все

Но самая большая победа ожидала меня в Финиксе. Если бы все люди узрели милость Божию, которая всегда со мной, они бы осознали, что в Нем они уже имеют все. Таков был мой опыт в Финиксе. Я глубоко молился и медитировал, потому что я испытывал определенную нужду и меня серьезно подвел один человек. Моя молитва была не о деньгах — о свободе. Я спросил у Божественной Матери: «Почему я попал в ту переделку? Почему я должен переживать этот кризис?» Но на этом я не остановился. Я продолжил медитировать, а затем вновь помолился Божественной Матери: «Говори со мной. Если Ты скажешь мне все оставить и бросить организацию, я уйду и брошу, воспевая Твое имя. Кроме Тебя мне ничего не нужно. Я ничего не прошу для себя. Испытай меня, если на то будет Твоя воля, — я в миг все брошу. Я уйду, озаренный Твоим Светом».

Когда Божественная Мать поняла, что я настроен серьезно, Она ответила: «Я освободила тебя давным-давно. Ты не свободен лишь потому, что сам так думаешь. Знай: танец жизни, пляска смерти — все исходит от Меня. Возрадуйся! Можешь ли ты желать чего-то большего, чем Я?» И в тот день я обрел свободу.

Если желание угодить Богу стоит в вашем сознании на первом месте, Он будет присматривать за вами. «Можешь ли ты желать чего-то большего, чем Я?» Будете ли вы помнить об этом? Каждый из вас? Не слишком-то и много для запоминания. Если вы будете медитировать и искренне молиться Богу, вы найдете Его, и Он даст вам все, в чем вы нуждаетесь.

Используйте закон медитации. Это верховный закон, ибо он приносит ответ от Силы, стоящей за всеми силами. Когда

Божественная Мать сказала мне те слова, я понял, что все будет хорошо. Я получил необходимое и тем самым избежал катастрофы.

Эта Сила будет помогать вам точно так же, как она помогает мне. Я говорю только о том, что пережил лично. Если бы я не познал этих истин в своей жизни, я бы не смог о них говорить. Я живу верой в Бога. Он есть моя сила. Я не верю ни в какую другую силу. Когда я концентрируюсь на этой Силе, она работает через меня.

Меня называют одним из самых успешных лекторов в этой стране. Тысячи людей прошли у меня обучение. Не то чтобы я этим гордился — своим успехом я обязан только Богу, Его силе. Со временем я оставил и лекционную деятельность — я все оставляю ради Бога. Я обнаружил, что та часть моего жизненного предназначения уже выполнена. Я искал в людских толпах души, которым я могу помочь познать Бога. По всей стране я нашел такие души, и сейчас я их обучаю[3].

Я ведом Духом, у меня нет мыслей о деньгах — лишь только о служении человечеству. Именно поэтому Господь открыл мне все каналы, через которые поддерживается мое существование и работа общества Self-Realization Fellowship. У меня есть лишь одно желание — служить вам. Вот и все. Именно поэтому я здесь.

Когда я нуждаюсь в помощи, я тут же ее получаю от Бога. Однажды нам нужны были деньги на Рождество. И знаете, что? Один из учеников написал мне: «У вас в Детройте на счету такая-то сумма. Что прикажете с ней делать?» Я ответил: «Немедленно пересылайте ее сюда». Моя нужда была удовлетворена в нужное время.

---

[3] Парамаханса Йогананда прочитал эту лекцию в 1935 году, и к тому времени он уже привлек к себе многих учеников, которым было предназначено сыграть важную роль в его всемирной миссии. Среди них было двое его преемников на посту президента Self-Realization Fellowship: Раджарси Джанакананда (см. глоссарий), которого он встретил в Канзас-Сити в 1932 году, и Шри Дайя Мата, посетившая его занятия по йоге в Солт-Лейк-Сити годом ранее. Среди других учеников, встретившихся Парамахансаджи во время его лекционных туров по стране и обученных им лично, были те, кто полностью посвятил свою жизнь его работе: доктор Льюис и миссис Льюис (Парамахансаджи познакомился с ними в Бостоне в 1920 году), Гьянамата (ее он встретил в Сиэтле в 1924 году), Тара Мата (Сан-Франциско, 1924 год), Дурга Мата (Детройт, 1929 год), Ананда Мата (Солт-Лейк-Сити, 1931 год), Шраддха Мата (Такома, 1933 год) и Сайласута Мата (Санта-Барбара, 1933 год). В середине 1930-х годов Парамахансаджи перестал ездить с лекциями по стране и сосредоточился на обучении серьезно настроенных учеников, свои лекции он читал в основном в храмах Self-Realization Fellowship и в Главном международном центре SRF.

Эта Божественная Сила пребывает и с вами. Вы это увидите, если будете иметь веру и осознаете, что процветание исходит от Бога, а не от материальных источников.

Стремитесь обрести контакт с Богом, и Он будет вести вас

Бог вовсе не говорит вам, что вы не должны думать и проявлять инициативу. Вы должны делать все, что от вас требуется, ведь если вы отрежете себя от Источника своими ложными действиями и желаниями, а также отсутствием веры и общения с Богом, тогда вы не сможете получить Его всесильную помощь. Но если вы ведомы своей сонастроенностью с Богом, Он поможет вам совершать правильные действия, минуя ошибки.

Начать нужно с регулярной практики глубокой медитации утром и вечером. Чем больше вы медитируете, тем скорее осознаете, что за сферой обычного сознания находится То, что преисполнено великого покоя и счастья. Практикуйте присутствие этого покоя и счастья, ибо это первый признак того, что вы установили контакт с Богом. Именно так сознательно постигается Истина внутри вас. Это и есть то, что вам нужно, это и есть способ поклонения Истине, ибо поклоняться мы можем только тому, что знаем[4]. Большинство людей поклоняется Богу как чему-то неосязаемому; но, если в своем поклонении вы начнете осознавать, что Он реален, вы почувствуете нарастающее присутствие Его силы в вашей жизни. Какие бы методы вы ни использовали, ничто не принесет вам того контакта с Богом, который приходит в результате глубокой медитации. Только лишь неустанные усилия по наращиванию внутреннего покоя и внутренней радости, рожденных в медитации, ведут к познанию Бога.

Молиться Богу о помощи и руководстве нужно после медитации, когда вы уже почувствовали внутренний покой и радость, то есть когда вы установили контакт с Отцом. Если вы считаете, что вы в чем-то нуждаетесь, вы можете поведать об этом Отцу и спросить, правомерна ли ваша молитва. Если вы внутренне почувствуете, что это так, молитесь Ему: «Господи, Ты знаешь, в чем

---

[4] «Бог есть дух, и поклоняющиеся Ему должны поклоняться в духе и истине» (Ин. 4:24).

я нуждаюсь. Лишь об одном я Тебя прошу: направляй мою волю и творческие способности, чтобы я все сделал правильно».

Проявите понимание по отношению к Богу. У Него может быть припасено для вас что-то получше, чем то, о чем вы молитесь. Иногда ваши пламенные желания и самые жаркие молитвы могут быть вашими худшими врагами. Это факт. Говорите с Богом искренне и открыто и позвольте Ему решать, что будет для вас правильно. Если вы восприимчивы, он будет направлять вас, Он будет работать с вами. И даже если вы совершите ошибку, не бойтесь. Имейте веру. Знайте, что Бог с вами. Руководствуйтесь этой Силой во всех своих делах. Она никогда вас не подведет. Эта истина применима к каждому из вас.

Практикуя все более глубокую медитацию, со временем вы научитесь входить в сверхсознательное состояние внутреннего восприятия и оставаться в нем во время осознанного выполнения своих повседневных дел. Если вы научитесь работать из этого состояния сверхсознания, работать в ощущении внутреннего счастья, тогда, чем бы вы ни были заняты, вы всегда будете чувствовать в себе присутствие Бога и Его силу.

«Пусть вы почувствуете Его, как чувствую Его я»

Я передал вам Его послание, и я вижу Его великий свет во всех вас. В этом Свете я благословляю вас. Эфирная сила Господа течет через меня, она в моих словах, в моем мозге, в моих клетках, в каждом пучке моего сознания. Каждая мысль — это канал, по которому струится Его божественный свет. Откройте свои сердца и осознайте, что сей Божественный Свет струится и внутри вас. Пусть вы почувствуете Его, как чувствую Его я. Пусть вы узрите Его, как вижу Его я.

Деловая жизнь, сбалансированность и внутренний покой:
как сохранять равновесие в течение рабочей недели

В 1920-х годах американский промышленник Генри Форд предложил идею пятидневной рабочей недели. Это предложение было горячо поддержано Парамахансаджи, в связи с чем он и решил написать эту статью.

Слово *holiday* (*рус. «праздник, день отдыха».* — Прим. перев.) образовано из двух слов: *holy* и *day*, что буквально означает «святой день». Такой день предназначен для интроспекции и взращивания в себе священных духовных качеств. Одна из Десяти заповедей гласит: «Помни день субботний, чтобы святить его», то есть это день отдыха и духовного обновления. Христиане соблюдают священный день отдохновения — день купания в лучах мудрости — в воскресенье. Индуисты тоже отводят какое-то количество дней в году на духовные цели. Пасха, День благодарения и Рождество соответствуют определенным священным дням у индуистов. Религиозный праздник Дурга Пуджа столь же значим в Индии, как Рождество — на Западе.

Человек — существо и духовное, и материальное. Он должен развивать себя духовно путем внутренней дисциплины и быть продуктивным в материальном плане путем развития своих деловых качеств. Ум первобытного человека был полностью занят удовлетворением материальных потребностей. Все его время уходило на охоту, еду и сон. Современный же человек использует по отношению к материальной стороне жизни системный подход. То, что примитивный человек делал бессистемно, современный человек делает методично. Такая методичность на пути к материальному успеху косвенно повлияла на улучшение внутренних качеств современного человека.

Мастера Индии рекомендуют прямой путь к развитию внутренних качеств, таких как сила воли, которая необходима для борьбы с искушениями, сострадание, побуждающее помогать ближнему, и интуиция, служащая для непосредственного восприятия истины.

Преступление и насилие — горькие плоды неуравновешенной жизни

Если зарабатывание денег для удовлетворения материальных нужд важно, то достижение счастья — особенно важно. Обладание материальными богатствами при отсутствии внутреннего покоя подобно умиранию от жажды во время купания в озере.

Люди жаждут разных вещей — денег, славы или же духовности — потому, что на них влияют их ранние привычки и окружающая среда. Вот почему как на Западе, так и на Востоке люди живут односторонней жизнью. Восток больше тяготеет к духовной стороне жизни, а Запад — к материальной. Однако мы не можем построить свое счастье только на духовных постулатах или только на материальном достатке. Если западные и восточные люди хотят привнести в свою жизнь равновесие, им необходимо ее сбалансировать, используя определенный метод.

Как правило, люди тратят на зарабатывание денег шесть дней в неделю, и даже на седьмой день они думают об этом, а вот своему внутреннему развитию они не уделяют практически никакого внимания. Несмотря на прогрессивность западного общества, на Западе сохраняется высокий уровень преступности: здесь большое количество ограблений и убийств. А все потому, что люди настолько заняты погоней за материальными удобствами, что у них нет времени поразмышлять над практической ценностью следующих духовных и нравственных принципов.

Если материальную нищету принято избегать, то к духовной скудости нужно и вовсе питать отвращение, ибо она является основной причиной людских страданий. Практичный духовный человек — это счастливый человек, и только такого человека можно назвать успешным. Стопроцентное материальное процветание жителей какого-либо города само по себе не предупреждает преступлений и убийств. Для того чтобы жизнь общества была гармоничной, счастливой, здоровой и процветающей, каждому человеку абсолютно необходимо следовать универсальным принципам взаимного служения, с энтузиазмом оказывать друг другу помощь, любить духовную жизнь и контролировать свои чувственные побуждения.

Статистика показывает, что почти миллиард долларов ежегодно похищается молодыми мужчинами и женщинами в возрасте от пятнадцати до тридцати лет. В нью-йоркских газетах пишут, что в этом году в тюрьмах было приготовлено на четыреста тысяч порций еды больше, чем в прошлом году. Отчего это происходит? Оттого, что внимание среднего человека пока еще не сосредоточено на важнейших аспектах искусства нравственной жизни. Почему бы часть денег, уходящих на строительство и содержание тюрем, не перенаправить на создание школ, в которых детей учили бы практическому искусству нравственной жизни, предупреждая тем самым их превращение в преступников? В тюрьмах правонарушители становятся еще хуже, а затем они выходят на волю в здоровое общество, где продолжают распространять бактерию преступности.

Большинство людей скажут: «Я слишком занят, чтобы думать об искусстве нравственной жизни. Мы все и так об этом знаем. Когда-нибудь мы обязательно этим займемся, но сейчас наша главная забота — деньги». Но какая польза от денег, если человек сколачивает свои миллионы ценой полного нервного истощения и потери радости и внутреннего равновесия?

Как одухотворить амбиции идеалом служения

Поскольку Бог дал нам чувство голода и физическое тело, требующее ухода, мы должны иметь деньги и зарабатывать их честно и методично, при этом помогая нашим собратьям удовлетворять их естественные потребности. Деловая жизнь вовсе не обязана быть материалистической. Деловые амбиции можно одухотворить. Бизнес — это не что иное, как материальное служение людям наилучшим из способов. Магазины, которые открываются лишь с целью стяжательства, быстро завоевывают себе репутацию машин для сколачивания денег. Но те магазины, которые снабжают потребителей лучшими товарами по минимальной цене, будут иметь огромный успех и заодно вносить вклад в нравственное развитие человечества.

Никогда не забуду слова одного хорошего продавца в магазине, где я выбирал себе пальто. «Сэр, — сказал он, — я не хочу вам просто что-то продать, я пытаюсь определить, что именно вам нужно». Он не стремился продать мне самое дорогое пальто — он показал мне менее дорогое, которое подошло мне по всем параметрам. Я был удовлетворен тем, что купил нужную мне вещь по приемлемой цене. Таким образом, в моем лице он обеспечил своей компании постоянного клиента.

Люди должны одухотворить свои деловые амбиции желанием удовлетворять разумные потребности своих собратьев. Человек должен не просто зарабатывать деньги, служа другим и получая что-то взамен, но также стремиться зарабатывать с целью дальнейшего вложения средств в создание учреждений, которые служат общественным нуждам. Если человек заработал много денег и при этом поспособствовал обогащению своих подчиненных, а затем направил эти накопления на помощь другим людям с той целью, чтобы они научились помогать сами себе, тогда это — одухотворенная амбиция. Богатые родители, которые оставляют детям в наследство слишком много денег, душат в своих отпрысках возможность эволюционного развития счастья и успеха, заработанного своим собственным трудом. Человек «с мозгами» тоже должен реализовывать свои амбиции; если он подавляет свои способности, тогда он несправедлив по отношению к себе. Нанося себе такой вред, он подает плохой пример окружающим и тем самым замедляет развитие человечества.

Поэтому я солидарен с мистером Генри Фордом в том, что нужно помогать людям таким образом, чтобы они могли помогать сами себе, — а вовсе не уничижительной благотворительностью, порождающей рабов. Только лишь имея амбиции и увенчивая их идеалом служения на благо ближнего, материально амбициозные люди найдут духовную причину для создания капитала.

Необходимо найти баланс между восточными и западными качествами

Восточные люди, как правило, склонны к духовному восприятию жизни, они смотрят на нее по-философски и развивают естественную склонность к созерцанию. Конечно, многие восточные люди в свободное время бездельничают, вместо того чтобы работать над своим духовным развитием, но в целом они обладают пробужденным духовным восприятием.

Наши западные собратья посвящают свое время в основном развитию интеллектуальной и материальной сторон жизни. Но зачастую они слишком заняты даже для того, чтобы насладиться плодами своего труда или познать сладость покоя, расслабления и блаженства медитации. Они становятся рабами маловажных занятий и забывают о самом важном устремлении — устремлении к идеальной, блаженной жизни, основанной на контакте с Богом.

Благодаря широкому применению техники, западные люди имеют одно очень важное преимущество перед своими восточными собратьями: сэкономленное время они могут использовать для более глубокого изучения жизненных истин. Деловая активность и деньги предназначены для того, чтобы улучшать условия жизни человека, а также его самого, но он не должен позволять слепой алчности к деньгам лишать его счастья и стремления достигать более высоких целей.

Шесть дней и ночей механического существования и только один воскресный день, отведенный на внутреннее развитие, — это отнюдь не сбалансированная жизнь. Дни недели должны быть распределены между работой, развлечениями и духовным развитием: пять дней нужно отводить на зарабатывание денег, один день — на отдых и развлечения и как минимум один день — на интроспекцию и внутреннее развитие[1]. Жизнь западного мира характеризуется быстрым темпом, на Востоке — обратная крайность. Здесь важно найти баланс. Каждый человек должен иметь свободное время, чтобы обрести себя. Одного дня в неделю, а именно воскресенья, недостаточно, потому что это единственный выходной, и человек, желающий отдохнуть, может быть слишком уставшим для медитации.

Идея пятидневной рабочей недели, предложенная Генри Фордом, позволит людям использовать пятничный вечер, а также всю субботу и воскресенье, чтобы отдохнуть от городского шума и тем самым увеличить продолжительность своей жизни. Начальник

---

[1] Тем, кто искренне заинтересован в своем духовном развитии, Парамахансаджи рекомендовал медитировать ежедневно утром и вечером — перед началом рабочего дня и по его окончании, — а также один день в неделю посвящать тишине, интроспекции, духовному обучению и четырехчасовой (или более длительной) медитации.

чикагской полиции сообщил о научном исследовании, утверждающем, что, если бы в городе не было шума, нервная система человека пришла бы в состояние покоя и он жил бы на одиннадцать лет дольше. Почти каждая семья в Америке может позволить себе хотя бы какой-нибудь автомобиль, так что на выходных можно уезжать из города и восстанавливать силы в уединении на природе, живя двойной жизнью — как отшельник в лесу и как воин на поле сражения мирской жизни.

Учитесь искусству правильной жизни

Если цель человека — обрести высшую мудрость, то есть познать все, что только можно познать, используя свой ум по-максимуму, почему бы тогда не научиться искусству правильной жизни?

Люди теряют внутреннее равновесие и страдают от одержимости деньгами и деловой жизнью только потому, что у них никогда не было возможности взращивать в себе привычки сбалансированной жизни. Нашей жизнью правят не мимолетные мысли или блестящие идеи, а наши повседневные привычки. Есть добросовестные предприниматели, которые зарабатывают свои миллионы в размеренном темпе и не подвергая себя стрессу, а есть те, кто одержим зарабатыванием денег и ни о чем другом даже думать не может. Пробудить последних от этой навязчивой идеи может только что-нибудь ужасное, например, болезнь или потеря всего счастья.

Начинать нужно одновременно и с детей, и со взрослых. Податливый ум детей пластичен, и ему легко придать нужную форму при содействии взрослых, владеющих самоконтролем. Детям легко привить желаемые привычки, потому что их воля ничем не связана, за исключением некоторых врожденных наклонностей. Взрослые же должны превозмогать и изгонять старые привычки, чтобы на их месте можно было сформировать новые, хорошие. Но все привычки, будь они детские или взрослые, должны формироваться без принуждения. Для того чтобы обучить детей сбалансированной жизни или сформировать у них привычку уделять равное внимание зарабатыванию денег и обретению духовного счастья, нужно выбрать подходящее время и подходящий метод.

Многие психологи говорят, что взрослая жизнь является отголоском того, чему человек научился в возрасте от двух до десяти или пятнадцати лет.

Духовные наставления вдохновляют детские умы на добрые дела, и на этом все заканчивается. Для того чтобы сжечь семена пренатальных привычек из прошлых жизней, заложенных в подсознательном и сверхсознательном умах, необходима практическая дисциплина. Эти семена можно сжечь, только направив внутрь себя прижигающую силу концентрации.

В детях нужно взращивать духовную амбицию — желание зарабатывать деньги на благо других людей. В наши дни дети, как правило, растут в неблагоприятной среде, где зарабатывание денег поставлено во главу угла. Вот почему они хотят быстро разбогатеть — иной раз даже путем воровства. Они размышляют так: «Если делать деньги любой ценой — это самое главное, почему бы тогда не своровать?»

Взрослые настоящего способны одухотворить граждан будущего, обучая детей сбалансированной жизни. Но пока взрослых опьяняет лишь материальная сторона жизни, дети будут следовать их примеру и их надежды останутся несбывшимися. Чтобы спасти будущее, нужно спасти детей, а для этого взрослые должны пробудиться и сбалансировать свою жизнь — уравновесить свои материальные привычки духовными.

Сбалансированная жизнь

Многим главам коммерческих предприятий удается работать лишь пять дней в неделю с девяти часов утра до трех часов дня, а по субботам и воскресеньям они отдыхают. Они уравновешенны, у них есть время на семью, но в свободное время они в основном играют в гольф или развлекают себя танцами и кино, вместо того чтобы посвящать хоть какое-то время духовному развитию.

Чтобы жить сбалансированной жизнью, взрослые должны понимать: деловые амбиции нужны лишь для того, чтобы делать счастливым себя и других. Без этого идеала напряженная деловая жизнь порождает невроз, дисгармонию в общении с окружающими, мелочность, жадность и неуважение ко всем нравственным принципам. Но если человек осознает истинный смысл деловой активности, коим является работа на благо ближнего и себя самого, тогда его жизнь может быть по-настоящему счастливой.

Я считаю, что своим предложением ввести пятидневную рабочую неделю мистер Генри Форд ознаменовал начало новой эры — эры одухотворенного бизнеса. «Суббота для человека, а не человек для субботы; посему Сын Человеческий есть господин и субботы»[2]. Иисус хотел, чтобы воскресные дни стали днями мудрости и познания души. Но если люди всю неделю работают, в воскресенье им хочется отдыхать и развлекаться, вместо того чтобы посвящать этот день Богу и интроспекции. Священнослужителям, которые не одобряют воскресных развлечений и походов в кино, план Генри Форда должен показаться привлекательным. Труженик может использовать субботу для расслабления, для работы в саду, для развлечений нравственного характера; таким образом, по воскресеньям он будет с радостью посещать церковные службы и заниматься духовной самодисциплиной, практикуя техники концентрации и медитации для установления контакта с Богом и обретения внутреннего покоя[3].

Я знаю многих выдающихся бизнесменов, которые в глубине души испытывают неудовлетворенность и жаждут Бога и мудрости, но они беспомощны перед своими рабочими привычками и слишком много времени тратят на светскую жизнь. Из-за бесполезных встреч и желания заработать побольше денег они жертвуют своей наивысшей обязанностью — общением с Богом, Истиной, обретением более глубокого знания и общением со своей семьей.

Поэтому крайне необходимо, чтобы настоящие патриоты мира, любящие истину, в едином порыве сделали субботу днем отдыха и досуга, а воскресенье — днем формирования привычки медитировать, а также днем сближения с хорошими людьми, нравственными принципами и наивысшим благом — Блаженством Бога внутри нас.

Искусство ведения боя требует определенной подготовки, это же относится и к сражениям повседневной жизни. Подобно тому как неопытных воинов быстро убивают на поле боя, так и людей, не

---

[2] Мк. 2:27–28.

[3] Те, кто по религиозным соображениям соблюдает день отдохновения в субботу, для досуга и отдыха могут использовать воскресенье.

обученных искусству сохранять внутреннее спокойствие посреди повседневных занятий, быстро сражают пули волнений и тревог[4].

Человеку крайне необходимо проводить больше времени на природе, упростить свою жизнь и избавиться от ложных потребностей, поближе узнать собственных детей и друзей и, что самое главное, познать *себя* и Бога, Который нас сотворил.

---

[4] В 1991 году, спустя шестьдесят пять лет с момента публикации этой статьи Парамахансы Йогананды, экономист Гарвардского университета Джульетта Шор провела исследование, которое показало, что принципы, изложенные Парамахансаджи, сегодня так же актуальны, как и в 1920-х годах. Профессор Шор обнаружила, что средний американец сегодня работает на один месяц в году больше, чем его коллега в 1970 году. Согласно ее исследованию, современные американцы работают дольше, чем люди каких бы то ни было эпох — за исключением эпохи промышленной революции, — проводя на работе больше времени, чем крепостные крестьяне эпохи Средневековья!

Шор утверждает, что повышение производительности труда может вылиться как в более высокий заработок, так и в появление большего количества свободного времени. С тех пор как Генри Форд и другие промышленники полностью изменили трудовые привычки рабочих в первой четверти XX столетия, американские граждане, как правило, предпочитали выбирать путь денег. В результате доходы населения увеличились и уровень жизни поднялся до исключительных высот. И все же несмотря на то, что большинство американцев могут позволить себе хорошую машину и дом, полный всевозможных предметов комфорта, профессор Шор обнаружила, что они не стали от этого счастливее. В своей статье *The Overworked American: The Unexpected Decline of Leisure* (рус. «Перегруженный американец: непредвиденная нехватка свободного времени»), опубликованной нью-йоркским издательством *Basic Books* в 1991 году, она пишет: «Если мы желаем столько же, сколько зарабатываем... наши приобретения не дают нам больше удовлетворения... Согласно обобщенным недавно данным, американцы в прямом смысле загружают себя до смерти, поскольку их рабочая нагрузка становится причиной развития сердечных заболеваний, гипертонии, гастрита, депрессии, нервного истощения... Исследование указывает на недостаток сна среди американцев, большинство из которых спят на 60 или 90 минут меньше, чем полагается для поддержания здоровья и должной продуктивности... Родители уделяют меньше внимания своим детям. Стресс идет по восходящей из-за балансирования между трудовой и семейной жизнью».

Шор заключает: «Если мы хотим найти время для отдыха, мы должны возобновить общественную дискуссию, которая была прервана в 1920-х годах».

Причины нервозности

*Храм Self-Realization Fellowship,
Сан-Диего, Калифорния, 15 июня 1947 года*

Все люди время от времени нервничают, сами не зная почему. Я могу потрясти этот платок и сказать, что он весь на нервах, но что заставляет его трястись? Когда я не шевелю рукой, платок недвижим. В своей нервозности вы всегда обвиняете кого-то или что-то, но вы никогда не обвиняете самого себя. Из-за беспокойства, то есть эмоционального возбуждения, в нервах скапливается слишком много энергии, в связи с чем они начинают изнашиваться. Неблагоприятные последствия такой нервозности начинают проявляться с годами. Нервы способны выдерживать большие нагрузки — Бог сделал так, чтобы их хватало на целую жизнь, — но их нужно беречь. Когда вы не нагружаете свою нервную систему сверх меры, как это бывает в состоянии глубокого сна или медитативного покоя, вы не испытываете нервозности. В экстазе медитации нервы получают полноценный отдых и восстанавливаются.

Здоровые нервы — здоровое тело

Нервы подобны проводам, соединяющим все цеха фабрики. Если проводка обветшает или загорится, вся фабрика или же отдельные ее цеха перестанут функционировать. Аналогичным образом, нервная система питает все части тела, включая функции пяти чувств. Когда нервы погибают, связь с миром прерывается.

У нас две нервные системы: центральная нервная система в головном мозге, продолговатом мозге и спинном мозге, и периферическая нервная система, которая соединяет нервные центры с разными органами тела и снабжает их энергией. Нервная система посылает сигналы об ощущениях в мозг и реагирует в соответствии с тем, как тот на них откликается.

На ранней стадии формирования мозга эмбриона нервы поначалу напоминают жидкость; постепенно она превращается в нервные волокна, образующие прочные магистрали нервов, по которым энергия из мозга течет ко всем частям тела. Мозг подобен зданию правительства, а двадцать семь триллионов клеток — государственным служащим. Нервная система, обеспечивающая между ними связь, должна поддерживаться в рабочем состоянии. Вспомните недавнюю забастовку в телефонной компании и ее парализующий эффект. Это то, что может произойти в вашем теле. Когда «телефоны» нервов парализованы, они не могут передавать жизненные сигналы. Например, неправильное питание, болезни и чрезмерное глазное напряжение могут оказывать воздействие на зрительную кору и зрительные нервы, в результате чего ухудшается зрение.

Проанализируйте себя и выявите, что делает вас нервным

Перевозбуждение ума является причиной большинства нервных заболеваний. Проанализируйте себя: не являетесь ли вы нервным? Если да, вам следует определить, что именно вас нервирует. Когда вы сердитесь, вы посылаете мощный электрический разряд в сердце и мозг. Такие эмоции, как страх и гнев, оказывают огромную нагрузку на нервную систему, что может негативно сказаться на здоровье тела или даже стать причиной смерти вследствие остановки сердца. Если через провод с малым сечением пропустить слишком большой ток, он попросту сгорит. Возбужденность возникает, когда вы посылаете слишком много энергии в определенную область тела, лишая часть нервов жизненной силы. Спокойный человек равномерно распределяет энергию между всеми нервами, таким образом, ни одна часть его тела не перегружена энергией и не испытывает истощения.

Нервозность — болезнь современного общества. Помню, как-то раз мы ехали по дороге к вершине горы Пайкс Пик в Колорадо. Дорога была крутая, но все машины обгоняли нас на большой скорости. Я думал, что эти люди торопятся добраться до вершины, чтобы успеть увидеть восход солнца. Но, к моему большому удивлению, мы оказались единственными, кто им любовался. Все остальные сидели в закусочной и пили кофе с пончиками. Представляете? Они в спешке приехали и уехали только для того, чтобы по возвращении домой рассказать, что пили кофе с пончиками на вершине Пайкс Пик. Вот что делает с людьми нервозность. Мы должны находить время на созерцание красоты Божьего мироздания и чудесных даров жизни, избегая при этом ненужного возбуждения, беспокойства и резких эмоций, сжигающих нервную систему.

Привычка много говорить, в том числе по телефону, также вызывает нервозность. Привычка барабанить пальцами по столу или трясти ногой сжигает энергию в нервах. Другая, порой неочевидная, причина нервозности — это шум радио или телевизора, работающих без остановки. Нервная система реагирует на каждый звук[1]. Исследования, проведенные полицейским управлением Чикаго, показали, что ликвидация шумов современной жизни, особенно в больших городах, значительно увеличила бы продолжительность жизни горожан. Учитесь наслаждаться тишиной. Не стоит часами смотреть телевизор и слушать радио, а также оставлять их включенными просто лишь для фона. Все космическое пространство пронизывают «телепередачи» святых и музыкальные композиции небесных сфер, так что вам вовсе не обязательно смотреть и слушать все эти записи. В покое внутренней тишины учитесь настраиваться на чудные космические программы Господа.

Учитесь контролировать свои эмоции

Еще одна причина нервозности — недобрая речь. Никогда не сплетничайте и не говорите о других плохо. Займитесь собственным перевоспитанием. Научитесь говорить по-доброму. Не будьте конфликтны. Если ваш муж или ваша жена сердятся и пробуждают ваш гнев, пойдите прогуляйтесь. Остыньте, и лишь после этого давайте ответ. Если он или она говорит с вами грубо, не отвечайте тем же. Лучше промолчать, пока гнев не остынет. Никому

---

[1] Вредное воздействие шума на здоровье человека описывают многие исследователи. Так, доктор медицинских наук и профессор Колумбийского университета, оториноларинголог Сэмюэл Розен пишет: «Известно, что громкий шум оказывает воздействие, не поддающееся контролю со стороны того, кто его слышит. Кровеносные сосуды сужаются, кожа бледнеет, происходит произвольное и непроизвольное сокращение мышц и выброс адреналина в кровь, что усиливает нервно-мышечное напряжение, нервозность, раздражительность и беспокойство ума».

не позволяйте лишать вас покоя, и не лишайте покоя других своей грубой речью. Злоупотребление словом — одно из самых вредоносных оружий. В пылу гнева или в порыве эмоций вы можете сказать то, о чем потом пожалеете: человек двадцать лет этого не забудет. (В таком случае чья-то хорошая память будет для нас отнюдь не благом.) Если ваша жена на вас кричит, а вы кричите на нее в ответ, вы будете страдать вдвойне — от ее нелестных слов и, опять же, от своих высказываний. В первую очередь вы всегда раните себя. И когда все уляжется, вы почувствуете, что от вас уже ничего не осталось. Вот почему мы видим так много разводов.

Вообще, человек не должен жениться или выходить замуж до тех пор, пока не научится контролировать свои эмоции. Школы должны обучать детей этому навыку, помогая им развивать спокойствие и сосредоточенность. Американские семьи рушатся именно потому, что эти качества не воспитываются ни дома, ни в школе. Как могут два человека, привыкшие все делать на нервах, жить вместе, не сокрушая друг друга своей нервозностью? В начале брака супружеской жизнью управляют восторженность и страсть. Но через некоторое время эти чувства неизбежно угасают и проявляется истинный характер мужа и жены. Вот тогда и начинаются ссоры и разочарования.

Сердцу нужна истинная любовь, дружба и, самое главное, покой. Разрушение покоя эмоциями оскверняет телесный храм. При здоровой нервной системе телесные органы и чувства функционируют должным образом. А чтобы нервная система была здорова, очень важно освободиться от таких разрушительных эмоций, как страх, гнев, жадность и ревность.

Прогоните всякий страх. Ничто не должно вас пугать. Даже толика страха, такого как бессмысленная боязнь темноты или опасение, что может случиться что-то плохое, оказывает на нервы более сильный эффект, чем вы думаете. И даже смерти не нужно страшиться. Раз Бог сделал так, чтобы это случалось с каждым, значит, это вовсе не плохо. Эта мысль очень утешает. Смерть подобна бодрящему сну, а вы ведь не боитесь спать, не так ли? Смерть есть полное успокоение. Бог дарует вам смерть, чтобы освободить вас от всех земных забот, а затем дает вам возможность начать все с чистого листа в новой инкарнации.

Поддаться эмоции — значит позабыть Бога

Поддаться страху, гневу, алчности и любому агрессивному импульсу — значит позабыть Бога. Если вы контролируете свои чувства, которые властвуют над вашими эмоциями, вы — святой. Никто лучше вас самих не знает, контролируете вы свои чувства или же пребываете у них в рабстве. Помните: все, что берет верх над вашим самоконтролем, разрушает вашу нервную систему. Пищу потребляет как человек самоконтроля, так и чревоугодник, но первый ест для поддержания здоровья своего тела, а второй переедает ради получения чувственного удовольствия. Если любовь человека направлена больше на Бога, чем на чувства, тогда злоупотребление чувствами можно преодолеть. Когда вы испытываете искушение, молитесь Богу: «О Господь, стань же более привлекательным, чем это искушение! Какими бы ни были Твои испытания, я буду держаться за Тебя». Когда ваша нервная система исполнена мирных, любящих мыслей о Боге, ваши нервы заряжаются Его силой. Кришна сказал: «Когда полностью обузданная *читта* [восприятие] спокойно утверждается в „Я" [душе], тогда йога, избавившегося от всех привязанностей к желаниям, называют воссоединившимся с Богом»[2].

В Америке звезд кино и эстрадных артистов называют сливками общества. Но почему их личная жизнь так часто отмечена несчастьем и многочисленными разводами? Большинством из них движет нервная энергия, сосредоточенная в органах чувств. Злоупотребление едой, сексом, алкоголем и наркотиками порождает ложное счастье. Только лишь в Боге человек находит исполнение всех своих желаний. Только в Нем человек обретает вечно новую радость, которую не могут дать органы чувств. И если вы злоупотребляете чувственными ощущениями — любым из них, — неустанно произносите аффирмацию об освобождении: «Я не раб этой привычки. Моя любовь к Богу намного сильнее любви ко всему остальному».

Желания и привязанности подпитывают нервозность

Желания и привязанности подпитывают нервозность. К тому времени как вы получите все, чего вам хотелось, вы будете

---

[2] Бхагавад-Гита VI:18.

полностью измотаны. Непривязанность и отсутствие желаний несут освобождение от тирании собственности. Все мне говорят, как прекрасен Энсинитас[3]. Он мне очень нравится, потому что на алтаре горизонта, где сливаются океан и синее небо, я вижу Бога. Когда мне подарили энсинитскую обитель, я наслаждался ею семь дней, после чего вручил ее Богу, внутренне освободив себя от чувства собственности. Теперь я наслаждаюсь ею через радость других людей.

Все те вещи, которых так не хватает Индии и которых я ей когда-то желал, есть в Америке; однако я вижу, что вы все равно несчастливы. Сегодня я молюсь, чтобы Индия не стала сугубо прозападной. Как Индия, так и Америка ударяются в крайность. Нужно равновесие — сочетание американских материальных достижений и духовности Индии. Все нации хотят материального изобилия Америки. А духовное сознание, в котором нуждаются все нации, находится в Индии. Я считаю, что жизнь в Америке упрощается, и это хорошо. Если у вас слишком много вещей, вы будете затрачивать уйму времени на то, чтобы за ними присматривать. Суть в том, что чем больше «ненужных необходимостей» вы имеете, тем меньше у вас покоя, и чем меньше вы имеете, тем счастливее вы становитесь. Чтобы расти духовно, нужно жить просто и в тишине, изучать хорошие книги (никогда не читайте низкопробную литературу!), практиковать спокойствие посредством контроля своих чувств и эмоций, а также много медитировать. Калифорния с ее ровным климатом и природным великолепием — идеальное место для ведения простой жизни; в будущем здесь произойдет духовное возрождение.

Правильное отношение к богатству

Людей отпугивает идея отречения, и в то же время они отрекаются от многих истинно ценных вещей, например, от душевного покоя, а порой даже от собственной жизни — и все ради денег, которые преходящи. Вы можете лишиться своего богатства или вас в конце концов лишит его сама смерть — вы все равно не сможете взять его с собой. Единственная ценность денег состоит

---

[3] Имеется в виду ашрам SRF в городе Энсинитас, Калифорния. (См. *Энсинитас* в глоссарии.)

в том, что с их помощью вы можете сделать счастливыми других людей и себя самого. Те, кто думает только о собственной защищенности и собственном комфорте, забывая о нуждающихся, притянут к себе нищету, им придется пройти через нее в будущем. Те, кто эгоистично цепляется за свое богатство, вместо того чтобы использовать его как инструмент для свершения добра, не притянут к себе процветание в следующей жизни. Такие люди рождаются бедняками с аппетитами богачей. Но те, кто делится своим состоянием, привлекают богатство и изобилие, куда бы они не пошли. Именно этот принцип имел в виду Иисус, когда сказал: «Все, что имеешь, продай и раздай нищим, и будешь иметь сокровище на небесах»[4].

Если вы научитесь делиться с другими, вы увидите, что Бог всегда будет с вами: Он никогда вас не покинет, и вы всегда будете обеспечены необходимым. Зависьте только от Него, и Он будет за вами присматривать. Никогда не забывайте, что ваша жизнь напрямую поддерживается силой Бога. Если вы будете помнить, что ваши разум, воля и действия находятся в прямой зависимости от Него, вы будете ведомы Богом и сможете осознать, что ваша жизнь едина с Его Бесконечной Жизнью.

Тот, кто движим эгоистическими желаниями, пренебрегает предназначенной ему ролью в драме Божьего мироздания. Тот, кто живет только для себя, плетет вокруг себя паутину желаний, из которой потом сам не может выбраться. Однако тот, кто делает все для Бога, свободен. Вы не знаете, почему вы родились в этом мире, почему вы мужчина или женщина, почему вы такой, какой вы есть. Вы здесь вовсе не для того, чтобы делать все по-своему, но для того, чтобы исполнять Божью волю. Работать для себя — значит позволить жизни вас поработить. Работать для Бога — значит быть свободным.

Учитесь быть деятельным, занимайтесь созидательным трудом, но, заканчивая работу, глушите свой нервный мотор. Уединяйтесь и идите в центр своего существа, в центр покоя. Мысленно утверждайте: «Я пребываю в полном покое. Я не нервный механизм, я есть Дух. Пусть я и живу в этом теле, оно на меня не

---

[4] Лк. 18:22.

воздействует». Если ваша нервная система пребывает в покое, вы достигнете успеха во всех своих делах и, что самое главное, на духовном пути к Богу.

Нервная система соединяет вас с миром и Богом

У нервной системы две функции. Древние йоги обнаружили, что посредством нервов можно не только взаимодействовать с внешним миром, но и контактировать с Богом. В человеческом теле текущая по нервам энергия жизни исходит из мозга и позвоночника и направляется к органам чувств, даруя им восприятие внешнего мира. Когда в йогической медитации эта энергия перенаправляется внутрь, она концентрирует сознание в духовных спинномозговых центрах божественного восприятия и осознания Бога[5].

Нервозность, чрезмерная стимуляция нервов, приковывает сознание к телу, спокойствие же благоприятствует общению с Богом. Когда вы «отключаете» исходящую энергию нервов и обретаете в медитации состояние покоя, в то время как жизненная энергия покидает органы чувств и сосредотачивается в спинномозговых центрах духовного восприятия, ваша нервная система соединяется со сверхсознанием и вы общаетесь с Богом. Вы оказываетесь в сфере света, которая находится за пределами подсознательной сферы сна. Сон — это бессознательный способ отключения жизненной энергии в нервах. Поэтому во сне вы отдыхаете; однако вы не переживаете сознательное блаженство, которое можно испытать в сверхсознательном состоянии. Когда вы спите, вы не меняетесь — вы просыпаетесь таким же, каким были до сна. Но когда вы переходите из подсознательной сферы в сверхсознательную сферу света, вы переживаете неописуемый опыт, который производит в вашем сознании духовные изменения. Чем дольше вы будете пребывать в этом внутреннем состоянии

---

[5] Йога учит, что в мозге и позвоночнике человека находятся семь тонких энергетических центров жизни и сознания: *муладхара* (копчиковый), *свадхистхана* (крестцовый), *манипура* (поясничный), *анахата* (грудной), *вишуддха* (шейный), *аджна* (продолговатый мозг и центр Христа в межбровье) и *сахасрара* (тысячелепестковый лотос в головном мозге). Без специфической энергии, заложенной в этих центрах, тело было бы просто недвижной массой плоти. Когда сознание и энергия направляются внутрь, человеку открывается доселе невиданный источник жизни, исходящий из высшего сознания души и Духа. (См. *чакры* в глоссарии.)

блаженства в медитации, тем отчетливее будете чувствовать, что эта радость всегда с вами — даже когда вы занимаетесь своими повседневными делами.

Духовная физиология, отличающая человека от животного

За нервной системой скрывается духовная физиология, дающая человеку уникальную возможность достичь наивысших стадий эволюции сознания. Человеческий мозг, превосходящий по своему размеру мозг большинства животных, за исключением слона и кита, и являющийся наиболее сложным по своему строению, обладает выдающейся мыслительной способностью. Такой инструмент идеально подходит человеку, чье сознание — самое развитое среди всех живых существ. Только человек обладает способностью духовно распознавать, и только человек может в конечном итоге прийти к богопознанию. Чем обширнее мыслительная способность, тем сложнее строение коры головного мозга. Глубина борозд мозга взрослого человека — около одного дюйма. Все сенсорно-моторные мыслительные процессы заложены в сером веществе коры головного мозга. На ранних стадиях развития плода мозг имеет форму купола. По мере формирования мозговых извилин плод начинает осознавать и реагировать на внешние раздражители. Мышление как источник мысли и распознавания является процессом, относящимся к сфере сознания, а не физиологии; он активизирует саму физиологию[6].

Думаю, вам будет весьма интересно узнать, как именно Бог сотворил это физическое тело. Это обширная и глубокая тема, так что я коснусь только нескольких моментов. Серое вещество коры головного мозга принимает нервные импульсы. В нем находятся

---

[6] Согласно науке йоги, ум являет собой совокупность следующих взаимодействующих компонентов: *читты* (сознания, интуитивного чувства), *манаса* (чувственного мышления), *буддхи* (проницательного интеллекта) и *ахамкары* (эго). Йога учит, что физическое тело, включая мозг, есть продукт сознания, а не наоборот, как считают некоторые западные теоретики. Йога также подчеркивает, что в обычном состоянии сознания ум человека настолько отождествлен с физическим телом, что биохимические изменения организма оказывают сильнейшее воздействие на мозг, что, в свою очередь, передается телу через эндокринную и нервную системы. Обоюдное воздействие тела на мозг и мозга на тело во многом определяет физическое и психическое здоровье человека.

все нервные клетки и происходят электрические колебания. Намереваясь привести в движение любую часть своего тела, будь то руки, пальцы или глаза, вы генерируете электрические импульсы в клетках серого вещества, и по двигательным нервам эти импульсы направляются в ту часть тела, которую вы хотите задействовать. Пока она производит движение, электрический ток направляется обратно в мозг через чувствительные нервы. Эти электрические импульсы активизируют нервные клетки серого вещества, и вместе с этим из кровеносных сосудов мягкой мозговой оболочки в мозг поступает больше обогащенного энергией кислорода. Есть одно хорошее упражнение для стимуляции работы мозга: нужно мягко, но ощутимо постучать костяшками пальцев по голове. Это особенно хорошо делать утром, перед началом трудовой деятельности, или в любой момент, когда вы чувствуете, что мозг замедлил свою работу.

Духовное око: миниатюрная модель мироздания

Под серым веществом головного мозга находится белое вещество, которое считают пассивным. Строение мозга имеет много общего со строением единого, или духовного[7], ока человека. В действительности это сотворенное из астрального света око, которое можно зреть в медитации, является воплощением созидательной энергии и сознания, формирующих тело и поддерживающих в нем жизнь. Иисус сказал: «Светильник для тела есть око. Итак, если око твое будет чисто, то все тело твое будет светло»[8]. Духовное око является медитирующему в виде золотого свечения, обрамляющего синюю сферу, внутри которой горит белым светом пятиконечная звезда.

Посмотрите в зеркало, и вы увидите, что ваши глаза сделаны по образцу духовного ока: белок глаза — «свечение» — окружает радужную оболочку, в центре которой располагается «звезда» — зрачок. Единое око берет свое начало в тонком духовном центре в продолговатом мозге, расположенном в области, где головной

---

[7] См. глоссарий.

[8] Мф. 6:22.

мозг переходит в спинной мозг[9]. В продолговатом мозге энергия духовного ока разделяется на два потока и направляется через головной мозг к двум физическим глазам, посредством которых человек видит мир двойственности. Духовное око с его трёхцветным сиянием (разноцветные огни обрамляют друг друга, словно элементы оправы выдвижного объектива) дарует всеохватывающее сферическое зрение. Пройдя через золотое сияние, глубоко медитирующий йог зрит всю материю и массивы свечения — вибрационную космическую энергию, пронизывающую Вселенную. Пройдя через синее сияние, йог осознаёт Христово Сознание, или Сознание Кришны, — *Кутастху*, бесконечный разум Бога. Это — «Единородный Сын», отражение Бога во всём мироздании. Пройдя сквозь крошечную белую пятиконечную звезду, йог познаёт Космическое Сознание — трансцендентное сознание Бога, скрывающееся за всем мирозданием, за пределами всего сотворённого, в Бесконечности. В Космическом Сознании йог видит, что всё мироздание, включая микрокосмос его тела, суть проекция пяти лучей Космического Сознания Бога[10].

Таким образом, Космическое Сознание Божественного Творца, Его чистый разум, отражённый в мироздании (Христово Сознание, или Сознание Кришны), а также Его активная созидательная сила — Космическая Вибрация — являются самой сутью всех физических проявлений[11]. Именно поэтому цвета Святой Троицы в мироздании — золотой, синий и белый — являются самыми духовными из всех. Белый цвет отражает трансцендентное Божественное Сознание, синий отражает Христово Сознание, или Сознание Кришны, а золотой (или же красный, появляющийся в результате преобразования золотого цвета) отражает пронизывающее весь космос свечение, или энергию. На протяжении всей

---

[9] См. *продолговатый мозг* в глоссарии.

[10] Согласно йогической науке, пять вибрационных элементов материи — земля, вода, огонь, воздух и эфир — по сути являются Божьими мыслями, которые проявляются в виде мироздания и всех существ благодаря действию сложных законов природы, разработанных Богом. Эти вибрационные элементы образованы пятью изначальными магнетическими силами Духа. Более подробно этом говорится в книге Свами Шри Юктешвара «Святая наука», издаваемой обществом Self-Realization Fellowship. (См. *элементы* в глоссарии.)

[11] См. *Троица* в глоссарии.

истории люди инстинктивно связывали белый цвет с чистотой и духовностью, синий — с безмятежной вездесущностью (в качестве примера здесь можно привести синеву небес), золотой или красный — с энергией.

Как Дух формирует сложное человеческое тело

Трехцветные лучи духовного ока путем сложного преобразования, суть которого известна йогам, образуют физическое тело человека, то есть микрокосмос. Золотые лучи космической энергии, например, насыщают жизненно необходимую нам кровь и проявляются в электрическом потоке, проходящем через нервы. Синие лучи играют доминирующую роль в функционировании серого вещества мозга, служащего средством выражения мыслей через сенсорно-моторную активность — точно так же, как во вселенском масштабе Христово Сознание активизирует работу всех процессов в мироздании. Наконец, белые лучи преобладают в белом веществе мозга, где таится трансцендентное Космическое Сознание Бога.

Нервные волокна имеют цилиндрическую форму. Если посмотреть на схематическое изображение нервной системы, она напоминает сеть проецируемых лучей, проводников электроэнергии, без которых жизнь тела была бы невозможна. Духовная физиология, будучи основой основ, связана с проецируемыми мыслями Господа. Первым проявлением Бога как Творца является мысль, сам Разум. Когда Бог породил мысль о человеческом теле, она стала разветвляться по иерархическому принципу. Эти «ответвления» мысли стали лучами, лучи сформировали волокна, а волокна стали нервами, по которым энергия распространяется по клеткам тела — а их ни много ни мало двадцать семь триллионов — через всю нервную систему.

Я узнал об этом, когда читал книгу по физиологии, в то время как Бог демонстрировал мне глубинные процессы, которые за всем этим стоят. Так интересно наблюдать, как из единого сознания Духа возникает такая сложная материя! И в то же время она проста — если вы видите, что все есть Бог. Все в мироздании держится на силе Его мысли. «Частица мысли хоть и мала, весь космос держит она».

Роль цвета в нашей жизни

Сотворяя тело человека, лучи духовного ока сначала сформировали астральное тело — радужное тело, состоящее из жизненной энергии. Это матрица физического тела и сам источник его жизни. Поскольку физическое тело — это конденсированные разноцветные лучи света астрального тела, дающего нам жизнь, цвет играет важную роль в нашем существовании. Цвета оказывают на вас воздействие по той причине, что они являются отражением специфических вибраций. Вы должны носить одежду тех цветов и окружать себя теми цветами, которые гармонично сочетаются с вашей натурой. По вышеупомянутым причинам золотой, синий и белый цвета хороши для нервной системы. Конечно, для разнообразия вы можете использовать и другие цвета, но в основном желательно окружать себя теми, что особенно благоприятны. Вы обнаружите, что стали заметно спокойнее. Нет ничего плохого в том, чтобы периодически менять цвета на те, что вам нравятся, однако радикальные изменения могут воздействовать на вас отрицательно. Например, не следует красить комнаты в доме в черный цвет[12].

Лучшее питание для нервов

Даже продукты питания, которые, к слову, тоже представляют собой сконденсированные лучи астрального света, превратившиеся в материю, производят эффект соответственно своему цвету. Многие продукты питания белого цвета полезны для нервной системы: они благоприятны для белого вещества мозга. Ягоды — например, голубика и ежевика — хороши для серого вещества мозга. Многие фрукты окрашены в золотой цвет или в такие оттенки золотого, как оранжевый и красный. Поскольку золотой — цвет созидательной вибрационной энергии в материи, фрукты такого

---

[12] Современная наука нашла интересное подтверждение этому древнему открытию йогов. Исследование Роджера Ульриха, доктора наук Делавэрского университета, показало, что цвета, доминирующие в окружающей среде человека, в значительной степени воздействуют на частоту и амплитуду его мозговых волн. «Исследование показало, что все оттенки синего и зеленого цветов обладают успокаивающим эффектом, — заявил доктор Ульрих. — Оттенки оранжевого и красного активизируют и усиливают возбуждение в мозге».

цвета полезны для мышц, крови и тканей. Козье молоко, неочищенный миндаль и изюм крайне полезны для нервной системы. При этом все виды мяса высокоразвитых животных — особенно это касается говядины и свинины — губительны для нервной системы: они воздействуют на нее как гиперстимуляторы, вызывая в человеке агрессию.

Избегайте потребления чрезмерного количества крахмала, особенно продуктов из белой муки. Потребляйте цельные злаки, творог, большое количество фруктов, фруктовые соки и свежие овощи — все это очень полезно. Даже не стоит и говорить, что алкогольные напитки и наркотики разрушают нервную систему, поэтому держитесь от них подальше.

Есть один хороший йогический напиток, который очень полезен для нервной системы. Для его приготовления смешайте в воде сок свежего лайма и измельченные сахарные леденцы в такой пропорции, чтобы вкус был сладковато-кислым. Я рекомендовал его многим людям, и результаты были отличные.

А вот еще одно хорошее средство: когда вы сильно нервничаете, принимайте холодную ванну. Как-то я поведал об этом одному газетному репортеру, а тот ответил: «Если бы мне нужно было делать это всякий раз, когда я нервничаю, тогда мне повсюду пришлось бы таскать с собой ванну!» Я сказал: «Это вовсе не обязательно. Достаточно взять кусок льда и растереть им тело, особенно открытые его участки. Вы увидите, что это йогическое средство поможет вам успокоить ваши нервы».

Сонастроенность с Богом — лучшее лекарство от нервозности

Помните, что, настроив свою жизнь на Бога, мы можем исцелиться от нервозности самым эффективным образом. Две наивысшие заповеди, данные человеку, гласят: «Возлюби Господа Бога твоего всем сердцем твоим, и всею душою твоею, и всем разумением твоим, и всею крепостию твоею» и «Возлюби ближнего твоего, как самого себя»[13]. Если вы будете следовать этим заповедям, все в вашей жизни будет происходить должным образом и в

---

[13] Мк. 12:28–31.

должное время. Недостаточно быть строгим моралистом: камни и козы не нарушают законы нравственности, однако Бога они не знают. Если вы глубоко любите Бога, тогда, будь вы даже самым большим грешником, вам будет даровано преображение и спасение. Великая святая Мирабай[14] сказала: «Чтобы найти Бога, нужна лишь только любовь». Эта истина глубоко тронула меня.

Все пророки следуют этим заветам. Возлюбить Бога всем сердцем — значит полюбить Его так, как вы любите самого дорогого вам человека; так, как мать и отец любят своего ребенка; так, как влюбленный чтит свою возлюбленную. Любите Бога именно такой любовью — абсолютной. Возлюбить Бога всей душой — значит полюбить Его истинно, а к этому можно прийти только через глубокую медитацию, познав себя как душу, дитя Господа, сотворенное по Его образу и подобию. Возлюбить Бога всем своим разумением — значит удерживать в молитве все свое внимание только на Нем, не отвлекаясь на беспокойные мысли. Во время медитации думайте лишь о Боге, не позволяйте уму блуждать и думать о чем угодно, но только не о Господе. Вот почему йога так важна: она учит вас концентрации. Выводя беспокойную жизненную энергию из чувствительных нервов и углубляясь в мысль о Боге посредством методов йоги, вы обретаете способность любить Бога всем своим разумением. Все ваше существо сосредотачивается на Нем.

Уподобьтесь Богу, и вы притянете к себе богоподобных друзей

И последнее: научитесь любить ближнего, как самого себя. Помните, что здесь, на земле, вы совсем ненадолго. Вы уже много раз приходили сюда в разных инкарнациях и общались с разными душами. Кто ваши настоящие родственники? Для мудреца каждый человек — родственник, каждый — его «ближний». И при этом мудрец проницателен: он знает, что солнечные лучи падают как на алмаз, так и на уголь, но лишь алмаз отражает солнечный свет. Это

---

[14] Принцесса средневековой Раджпутаны, отказавшаяся от своего царского наследия и обретшая известность благодаря своей исключительной преданности Богу. Она является автором многих духовных песен, которые стали сокровищницей индийского фольклора.

означает, что общаться нужно с «алмазными» умами. Поиск истинных друзей занимает определенное время. Хорошие души притягивают хорошие души. Уподобьтесь Богу, и вы притянете к себе богоподобных друзей. Если же вы уподобитесь животному и будете жить на чувственном плане, вы притянете к себе компанию с животными инстинктами. Не общайтесь близко с теми, кто принижает ваши духовные идеалы и делает вас нервным материалистом, но в то же время не исключайте никого из сферы своей любви.

Кроме того, будьте не просто дарителем любви, но миротворцем: повсюду носите с собой гармонию, спокойствие и воодушевление. Никто не хочет находиться вблизи скунса, все его избегают. Нервный человек — тот, кто всегда взволнован, раздражен, эмоционален — точно так же отталкивает от себя окружающих. Мы же не хотим быть человеческими скунсами, мы хотим быть как роза, которая продолжает благоухать, даже когда ее сминают в руке. Будьте человеческой розой: источайте аромат покоя, где бы вы ни находились.

Крийя-йога дарует истинный религиозный опыт

Если вы будете медитировать, вся ваша жизнь станет отражать духовность. С тех пор как была опубликована моя книга (*имеется в виду «Автобиография йога». — Прим. изд.*), все спрашивают у меня про *Крийя-йогу*. Это и было моей целью. Я пришел сюда не для того, чтобы давать абстрактные знания о Боге, но для того, чтобы дать определенную технику, посредством которой искренние искатели могут познать Бога в реальности, не занимаясь пустыми теоретическими построениями. Я хочу, чтобы все вы духовно развивались на пути Самореализации и привлекали к этой скоростной трассе *Крийя-йоги* и других людей. Практика *Крийя-йоги* дарует истинный религиозный опыт, который невозможно получить, просто лишь беседуя о Боге. Поэтому Иисус и говорил: «Что вы зовете Меня: Господи! Господи! — и не делаете того, что Я говорю?»[15]

Когда посредством *Крийя-йоги* я открываю свое духовное око, весь мир исчезает из моего сознания и со мною пребывает Бог.

---

[15] Лк. 6:46.

И это возможно — ведь я Его дитя. Святой Игнатий сказал: «Бог ищет жаждущие сердца, чтобы осыпать их Своим изобилием»[16]. Это так прекрасно, и это то, во что я верю. Бог ищет жаждущие сердца, чтобы осыпать их Своими дарами. Он готов отдать нам все, но мы не готовы приложить усилие, дабы стать восприимчивыми. Он заглядывает в наши сердца, и, если они заняты чем-то другим, Он не приходит. Но если вы сможете искренне сказать Ему: «Господи, в моем сердце нет ничего и никого, кроме Тебя», тогда Он придет. Некоторое время Он будет играть с вами в прятки, но, если вы будете настойчивы, вы увидите, что в вашей жизни начнут происходить удивительные вещи, и вы поймете, что все это приходит от Бога. Со временем вы начнете получать от Него прямые ответы на свои молитвы или же ответы, выраженные в форме видений святых. В конце концов Он придет к вам открыто. Вы сможете с Ним говорить, вы сможете с Ним общаться. И когда вы окончательно укоренитесь в осознании Божьего Присутствия, нервозность потеряет над вами всякую власть.

---

[16] Перефразированные строки из Послания к Колоссянам 3:23–24.

Что есть Истина?

*Первый храм Self-Realization Fellowship
в Энсинитасе, Калифорния, 13 февраля 1938 года*

Истина — понятие обширное, и трактовать его можно по-разному. Каждый готов поручиться, что его убеждения истинны. Но какие из бесчисленных человеческих концепций и в самом деле истинны?

Правда относительна и в то же время абсолютна. Прежде чем стать абсолютной, в своем развитии она проходит через многие стадии относительности. Представим двух людей, которые обсуждают идею какого-то бизнеса. Один предлагает план, который непременно приведет к успеху, а второй выдвигает встречное предложение, которое в потенциале так же успешно, но при этом дает дополнительные преимущества. А затем приходит третий человек и предлагает еще более выдающуюся идею. Каждый метод сам по себе истинен, но лишь в относительной степени.

Истина — это то, что приносит нескончаемое счастье

В высшем смысле все, что противоречит истинному счастью, не истинно. Истинно лишь то, что приносит нескончаемое счастье. Под нескончаемым счастьем подразумевается не скоротечный восторг, которым сопровождаются плотские удовольствия и материальный успех, а радость, рожденная в сонастроенности души с Богом. По этому критерию вы можете оценивать любое совершаемое вами действие, задумываясь о том, поспособствует ли оно в перспективе обретению нескончаемого счастья.

Бог есть Высшая Истина, и высшая Истина есть Бог. Мироздание держится на этой Истине благодаря космическим законам Господа. Эти законы являются вечными фундаментальными истинами, которые не подвержены изменениям. Приведу пример абсолютной истины: поскольку в каждом человеке живет Бог, убивать ближнего или наносить ему какой-либо вред неправильно. Что касается относительной истины, то иногда нужно выбирать меньшее из двух зол — если, например, вы защищаете невинного человека от злодея или убиваете низшую форму жизни ради спасения высшей. Но убивать лишь ради убийства — это зло. Универсальный закон единения посредством любви требует проявления терпимости и дружелюбия. Если вы хотите найти истину, ваши мысли и действия — физические, моральные и духовные — должны согласовываться с вечными божественными законами.

Истина — наивысшая Субстанция. Для начала позвольте мне объяснить, где искать эту Субстанцию. Все сущее — деревья, небо, птицы, люди — связано с Космическим Разумом, который и является той самой Субстанцией, первопричиной всех феноменов. Это связующее звено объединяет все проявленное в единую Сущность. Эта Субстанция, или Истина, сокрыта — вы видите лишь внешние формы феноменального мира, возникающие из Субстанции благодаря действию космической иллюзии, *майи*.

Три пути к истине

Добраться до истины можно тремя путями: через чувственное восприятие, посредством умозаключений и с помощью интуиции.

Если ваше чувственное восприятие ложно, умозаключение будет ошибочным. Увидев вдали дым, вы можете подумать, что где-то случился пожар; но при ближайшем рассмотрении «пожаром» может оказаться облако пыли. В своем поиске истины вы полагаетесь на зрение, слух, обоняние, вкус и осязание, а также силу ума. Однако эти инструменты не могут привести вас к конечной истине, ибо если органы чувств вводят вас в заблуждение, то и ум предоставит вам недостоверную информацию. Ваш ум строит свои заключения на основе данных, полученных от органов чувств, а те имеют множество ограничений. Именно поэтому Иисус передавал истину иносказательно: «Потому говорю им притчами, что они видя не видят, и слыша не слышат, и не разумеют»[1].

Человеческий слух способен воспринимать лишь определенный диапазон частот звуковых колебаний. Наиболее высокие

---
[1] Мф. 13:13.

и наиболее низкие частоты ваши уши не улавливают. Если бы возможности вашего слуха значительно возросли, вы смогли бы услышать величественный звук, который исходит от бороздящей пространство Вселенной. Все сущее находится в постоянном движении, и это движение сопровождается звуком. Ничто не пребывает в состоянии покоя, за исключением трансцендентной сферы Духа, в которой отсутствуют какие-либо вибрации. Вы можете воспринимать звуковые колебания мироздания — проявления вездесущей вибрации *Аум*, или Аминь — непосредственно в своем теле. Но поскольку частота этих колебаний очень высока, их можно воспринять только астральным слухом, который является той утонченной силой, что снабжает слухом ваше физическое тело.

И так же со зрением. Если бы возможности вашего зрения значительно возросли, вы смогли бы увидеть все виды свечений. Ваши физические глаза воспринимают лишь ограниченный спектр излучения, но ваше духовное око (астральный глаз) созерцает истинную природу всех вещей в виде образов, сотканных из созидательного света Господа. Само ваше тело, которое видится вам лишь плотью, есть не что иное, как электромагнитные волны. Доктор Крайль продемонстрировал, что мозг мертвого теленка, равно как и мозг мертвого человека, в обилии излучают электромагнитные волны[2]. Закрывая глаза, вы видите в основном лишь темноту; но по мере своего духовного развития вы будете видеть изумительные по своей красоте огни. Библия гласит: «И свет во тьме светит, и тьма не объяла его»[3].

Интуиция: всеведение души

Как же найти истину, реальность, которая простирается за пределами царства чувственного восприятия? Вы не сможете найти истину, пытаясь давать всему рационалистическое

---

[2] Джордж Вашингтон Крайль (1864–1943) был военным хирургом, посвятившим свою жизнь поискам лучшего понимания феномена жизни. Неудовлетворенный традиционными теориями физиологии и биохимии того времени, он основал клиническую лабораторию *Cleveland Clinic Foundation*, где на протяжении двадцати двух лет проводил биофизическое исследование, по результатам которого в 1936 году выдвинул «радиоэлектрическую» теорию жизненных процессов.

[3] Ин. 1:5.

объяснение, ибо ум — жертва органов чувств: он делает выводы на основе информации, поставляемой ему органами чувств. Это значит, что ум не способен воспринять безграничные силы, присутствующие повсеместно. Вы сможете познать истину, только если разовьете свою интуицию. Интуиция — это прямое восприятие. Это незамутненное, всеведущее понимание души.

Сущность интуиции проявляется в том необъяснимом ощущении, которое называют предчувствием. Предчувствие — это задаток интуиции, знание чего-либо без посредничества органов чувств и умозаключений; это истина, рожденная в самой себе. Вы можете просто сидеть дома и ни с того ни с сего вспомнить о человеке, с которым не общались долгое время, — и тут он приходит в гости или звонит вам! Как же вы могли об этом знать? Такое знание пришло к вам благодаря мимолетной вспышке интуиции. С этим сталкивался каждый.

Ошибочные суждения — результат неразвитой интуиции. Многим из вас доводилось чувствовать, что вы на многое способны, что вы можете вершить великие дела; но, поскольку вам не доставало силы интуиции, этот потенциал по большей части так и остался незадействованным. Для того чтобы прогрессировать и не попадаться в ловушки ошибок, вы должны зреть суть всех вещей. Это станет возможно, когда вы разовьете в себе интуицию. Такова практическая истина. Именно поэтому я прошу вас развивать свою интуицию и применять ее во всем. Интуиция существенно необходима в отношениях с окружающими, в работе, в супружеской жизни — во всех сферах нашего бытия.

Если вы не развиваете свою интуитивную способность, вы принимаете ошибочные решения, выбираете неправильных партнеров в бизнесе, а также идете по ложному пути в личных отношениях. Суждение вашего ума напрямую зависит от информации, поставляемой пятью чувствами; и, если ваши чувства притуплены, вы можете подумать, что тот или иной индивидуум замечателен, не зная, какой он внутри. Бывает, человек думает, что нашел родственную душу, после чего заключает брак, который заканчивается разводом. А вот интуиция никогда не ошибается. Она не обращает внимания на манящую силу глаз, или на красивое лицо, или на личность человека — она чувствует его сердце и точно знает, какой он на самом деле.

Благодаря силе интуиции, которую я развил под руководством своего гуру Шри Юктешварджи, я еще ни разу не ошибся, «читая» людей. В этом смысле интуиция мне очень помогает. Но я стараюсь не замечать в людях плохое: желая быть им полезным, я дарю им свою безусловную любовь, даже когда знаю, что они могут злоупотребить моим доверием.

Многие люди, которым недостает интуиции, вкладывают большие деньги в бесперспективные проекты и в итоге лишаются всех средств. Благодаря силе интуиции каждое принимаемое мною решение ведет к успеху. Интуиция не подводит меня никогда.

По мере вашего духовного развития интуиция будет проявлять себя как определенное ощущение или безмолвное руководство. Поскольку женщины более восприимчивы к чувству, чем мужчины, интуиция у них проявляется в большей степени — если только они не поддаются эмоциям. Мужчины, как правило, опираются больше на рассудок, нежели на чувство; но если их рассудок превосходно сбалансирован чувством, это рождает интуицию.

Используйте интуицию, чтобы познать смысл своей жизни

Посредством интуиции вы можете познать смысл своего существования, и это знание дарует вам счастье. Земная жизнь — это театральная сцена, а Бог — Главный Режиссер. Если бы все актеры соглашались только на роли королей и королев, развитие сюжета было бы невозможно. Чтобы спектакль имел успех, каждый должен играть свою роль хорошо: и слуга, и герой, и царственная особа. Злодеи — это те, кто нарушает естественный ход праведного спектакля Господа. Тем, кто избирает подобную роль, придется дорого заплатить за грубое пренебрежение указаниями Божественного Режиссера. Какой бы высокий пост человек ни занимал, какими бы богатствами он ни обладал, его нельзя назвать успешным, если он пришел к этому нечестным путем. Истинное счастье возможно только в том случае, если человек играет свою роль надлежащим образом, и никак иначе. Роли миллионера и малого предпринимателя в глазах Бога равны. В последний день жизни Бог отбирает у каждого человека все его титулы и нажитое добро. Вы уносите с собой только то, что обрели в душе.

Великие мастера, подобные Иисусу, знают истину именно благодаря силе своей интуиции. Не ограничивая себя физическим зрением и умом, они воспринимают истину интуицией, которая развита настолько, что они знают абсолютно все. Иисус жил чистой жизнью, но он знал, что его предадут и казнят на кресте. Тем не менее он также осознавал, что в конечном итоге окажется в объятьях бессмертного Господа. Все мы Божьи дети, посланные сюда, чтобы сыграть определенную роль; но Бога интересует не сама роль, а то, как вы ее играете. Не падайте духом, если у вас непростая роль. Если вы с нею справитесь, вас примут на небесах как Божье дитя. В противном случае вы не сможете обрести полную свободу.

Интуиция развивается в медитации

Чтобы познать истину и жить согласно истине, нужно развивать силу интуиции. Другого пути нет. Только так вы сможете понять, что жизнь имеет смысл, и тогда внутренний голос станет направлять вас во всех ваших делах. Этот голос увяз в трясине ложных мыслей. Самый надежный способ высвободить интуицию из этого плена — медитация. Медитировать нужно рано утром и перед сном. Если вы находите время для своих повседневных занятий и для всего, что считаете важным, у вас должно найтись время и для Бога. Вы можете подумать, что слишком заняты для Него, но что, если бы Сам Бог был слишком занят, чтобы давать вам жизнь? Вы бы тут же упали замертво! Вы должны ежедневно отводить время на встречи с Богом. Медитируйте, молитесь и ждите Его ответа. Если, взывая к Нему, вы будете концентрироваться все глубже, Он ответит на вашу молитву. Радость и покой наполнят ваше сердце, и вы поймете, что общаетесь с Богом. Если вы будете прилагать усилия, вы сможете установить контакт с этой Силой. Дайте себе шанс. Вы не достигнете успеха, если не будете пытаться.

Вам не удастся познать истинного счастья, если вы живете в состоянии постоянной возбужденности. Живите просто и проще относитесь к жизни. Счастье состоит в том, чтобы отводить время на размышления и интроспекцию. Уединяйтесь время от времени и почаще пребывайте в молчании. Если несмолкающее радио или какие-либо другие внешние раздражители без конца бомбардируют ваши органы чувств, это очень плохо для нервов, это порождает нервозность.

И еще: не нужно постоянно думать о том, как изменить других. Прежде измените себя самого. Самую значимую победу вы можете одержать дома. Если дома вы ангел, вы будете ангелом и в других местах. Мягкость вашей речи и миролюбивость вашего характера больше всего нужны именно вашей семье.

Обретите Силу, которая никогда вас не подведет

Когда вы установите контакт с Богом, интуитивное восприятие истины будет направлять вас во всех ваших действиях. Семь лет назад я приехал в это прибрежное место (*Энсинитас.* — *Прим. изд.*) в домике на колесах и сказал: «Чувствую, однажды здесь будет нечто грандиозное». И вот сегодня здесь стоит храм и уединенная обитель — идеальное место для поисков Бога.

Этот центр был основан с тем, чтобы вы могли общаться здесь с Богом, чтобы вы могли чувствовать Бога. Почему бы вам сознательно не обрести Силу, которая никогда вас не подведет? Отыщите эту Силу внутри себя. Возьмите за привычку приходить сюда регулярно. Мне не нужны просто лишь любопытствующие искатели. Я верен моему Господу, вот почему я хочу видеть здесь только истинных богоискателей, которые будут приходить в это чудесное место, чтобы зарядиться Его силой.

Вы увидите, что благодаря этой Силе, задействованной во всем, вы начнете жить полной жизнью, ваше здоровье будет лучиться космической энергией, а ваш ум обретет остроту и ясность концентрации. Вы поймете, что ваша душа — вместилище Божьей истины и мудрости, которая будет безошибочно вести вас по жизни.

Бог есть источник здоровья, процветания, мудрости и вечной радости. Общение с Богом делает нашу жизнь полноценной. Уделяйте внимание той Всемогущей Силе, что дает вам жизнь, энергию и мудрость. Молитесь о том, чтобы неиссякаемая истина вошла в ваше сознание, неиссякаемое здоровье наполнило ваше тело и неиссякаемая радость низошла в вашу душу. За темнотой закрытых глаз таятся чудодейственные силы мироздания, все великие святые и Вечность, которая не знает границ. Медитируя, вы позна́ете Абсолютную Истину и увидите: Она незримо работает в вашей жизни и творит чудеса в этом мире. «О Арджуна, знай: саттвичным [истинным] является знание, благодаря которому видят один неразрушимый Дух во всех существах, неразделенный в раздельном»[4].

---

[4] Бхагавад-Гита XVIII:20.

Вездесущее Сознание Христа и Кришны

*Первый храм Self-Realization Fellowship
в Энсинитасе, Калифорния, 18 декабря 1939 года*

С приближением Рождества и Нового года примите твердое решение начать новую жизнь. Ежедневно уделяйте время на общение с Богом. Самый эффективный путь к Богу заключается в применении метода. Во всех изучаемых нами дисциплинах применяется тот или иной метод, и религия сродни любой науке, будь то медицина или математика. Такова и йога — наука духовных методов единения с Богом. Священные учения Индии были посланы на эти земли познавшими Бога мастерами в союзе с великими святыми и Христом. На универсальном пути Самореализации нет места, равно как и причин, для предубеждений и разногласий, ибо посредством собственной Самореализации каждый из нас способен познать: есть лишь один Бог, и все мы — Его дети.

Разгорающаяся война не раз продемонстрирует нам недальновидность человека. Давайте же будем молиться о том, чтобы все нации оставили глупые и бессмысленные раздоры и приложили усилия к строительству Объединенного Мира. Спасти Америку вы можете только своей духовностью, а спасти себя вы можете с помощью медитации. Время от времени вы должны удаляться от мира и медитировать. Используйте имеющееся у вас время для поисков Бога. Сегодня я буду говорить о вездесущем Сознании Христа и Кришны, посредством которого вы можете найти Его.

Человек по большей части воспринимает лишь то, о чем ему ведают органы чувств. Он видит глазами и слышит ушами, и по мере того как он анализирует полученные от органов чувств данные, его ум постепенно расширяется. В потенциале человек обладает огромной умственной силой, нужно лишь ее развить.

Пусть он и привязан к своему телу, его умственные способности могут поднять уровень его восприятия до невообразимых высот. Он может обнаружить, что свет звезды, которая угасла миллионы лет назад, все еще движется по направлению к Земле.

Но каким бы ни было умственное развитие человека, его физическое тело подвержено серьезным ограничениям. Один удар камнем — и он мертв. Иисус своим духовным развитием доказал великую научную истину: тело есть неразрушимая энергия. Оно не является твердой материей, пусть таковой и кажется[1].

Современной науке физический каркас человека представляется, по сути, электромагнитной волной. Если поместить тело человека весом сто восемьдесят фунтов в определенную смесь концентрированных кислот, оно полностью растворится. Где же оно окажется? Если допустить вероятность дальнейшего испарения, оно превратится в газовую массу. Совокупная масса этих атомов по-прежнему будет равняться ста восьмидесяти фунтам. Единственная разница состоит в том, что распавшееся на атомы тело уже нельзя будет увидеть невооруженным глазом: только научные приборы смогут уловить его присутствие в форме атомных паров. Исчезнувшее тело не перестанет существовать: изменится лишь его состояние, а само оно будет пребывать в эфире.

Метафизически тело можно рассматривать как мысль в разуме Бога. Оно существует в Его сознании практически в таком же виде, в каком мы зрим его в сновидении. Во сне наше сознание создает телесную форму из концентрата мысли и энергии. Эта форма исчезает, когда сознание возвращается в бодрствующее состояние, отмеченное беспокойством.

Иисус осознавал, что его тело лишь масса энергии. Поскольку он это постиг, а не просто вообразил, он сумел воскресить свое тело после распятия. А еще раньше, когда один из его учеников отсек ухо рабу первосвященника, Иисус возложил свою руку на рану и исцелил его[2]. Современной науке еще только предстоит обнаружить принципы подобных свершений. Самое главное

---

[1] Эту истину на протяжении тысячелетий демонстрируют в том числе и великие йоги Индии.

[2] «Тогда Иисус сказал: оставьте, довольно. И, коснувшись уха его, исцелил его» (Лк. 22:51).

— осознать, что тело, как и все остальное в мироздании, по сути есть Дух. Обычный человек пока не осознает этого. Иисус Христос осознавал.

Изучать слова Иисуса нужно в свете его духовного опыта — контакта с Космическим Сознанием Небесного Отца, пронизывающим все мироздание. Иисус — это имя, «Христос» — духовный титул; это древний термин, который соответствует санскритскому слову *кутастха* («сознание, присутствующее в каждом атоме»). Он был Иисусом «Христосом».

Три тысячи лет назад, задолго до жизни Христа, в Индии родился великий аватар, принадлежавший к роду Ядавов. «Кришна» (или «Христ-на») — его духовный титул, который означает то же, что и титул «Христос», — божественное сознание, пронизывающее все мироздание. Он был Ядавой «Кришной»[3].

Священные писания повествуют о чудесных способностях Христа и Кришны, показывая нам, что их сознание не было привязано к телу, как у обычного человека. Иисус и Ядава расширили свое сознание за пределы телесной формы человека, объяв им всю Вселенную — их космическое тело. Они были сонастроены с божественным сознанием, которое присутствует во всех атомах одновременно. Они стали едины с вездесущим и всеведущим Небесным Отцом — и не в своем воображении, а наяву. Именно такому расширению сознания, которое было продемонстрировано Иисусом и Ядавой, нужно учиться каждому. Все люди могут точно так же расширить свое сознание до бесконечности с помощью преданной любви и научной медитации на Господа. «Бог есть дух, и поклоняющиеся Ему должны поклоняться в духе и истине»[4].

Таким образом, Иисус Христос — это «Иисус, пронизывающий своим сознанием все мироздание». Когда его друг Лазарь умер в Вифании, Иисус, находившийся далеко от того места, сказал своим ученикам, что «Лазарь уснул»[5] — хотя никто из людей ему ни о чем не сообщал. Благодаря вселенскому Христову Сознанию он ощущал свое присутствие не только в теле Иисуса, но и в

---

[3] Его также почтительно называют Бхагаван («Господь») Кришна.
[4] Ин. 4:24.
[5] Ин. 11:11.

теле Лазаря. Именно этот вездесущий Разум он имел в виду, когда сказал: «Не две ли малые птицы продаются за ассарий? И ни одна из них не упадёт на землю без воли [ведома] Отца вашего»[6].

Если вы закроете глаза и попросите десять человек коснуться вас, вы почувствуете, где и в какой момент они вас коснулись. Вот так Бог чувствует и видит все и вся в Своём огромном космосе. Иисус Христос и Ядава Кришна обрели это вездесущее сознание. Вот почему Иисус знал, что его тело было творением Божьего разума, и вот почему, будучи сонастроенным с Космическим Сознанием, он смог восстановить своё тело через три дня после его распятия и погребения. Кришна обладал теми же способностями и совершил множество подобных духовных подвигов. Однажды он поднял и удерживал в воздухе целый холм над деревней. Люди думают, что такие чудеса всего лишь легенды, но большинство из них действительно имели место. Кришна был одним из величайших йогов Индии. Йога учит такому самоконтролю, посредством которого можно постичь, что плоть является лишь сгустком энергии. А что есть энергия, как не плод Божьей мысли? Бог породил энергию концентрацией Своей мысли.

Вселенная состоит из материализованных мыслей

Предположим, мне приснилось, что я сотворил океан, землю и людей, а по пробуждении обнаружил, что на самом деле не сотворил ничего, кроме идей. Аналогично этому, разница между твёрдыми веществами, жидкостями и газами состоит лишь в том, что это разные мысли Бога. Иисус осознавал это, и, поскольку он был сонастроен с божественным сознанием, он мог превращать воду в вино, а также ходить по воде. Он созерцал тело и воду как спроецированные мысли Бога и понимал, что удерживать мысль о теле «на поверхности» мысли о воде совсем не сложно.

Во сне вы можете увидеть себя шагающим по воде, подобно Иисусу. Почему приснившееся тело не тонет в приснившемся море? Потому что всё это лишь мысли. Поэтому, когда вам удастся осознать, что всё в этом мире есть не что иное, как мысль, сознание, вы обретёте способность создавать что угодно. Тело — это

---

[6] Мф. 10:29.

материализованная мысль, и море — это материализованная мысль, и вы можете «наложить» одну мысль на другую.

Иисус и Кришна могут явится на ваш преданный зов, и тогда незримое станет зримым — подобно тому как в процессе конденсации невидимый пар становится твердым куском льда. Аналогичным образом, ваша преданная любовь способна «заморозить» невидимого Бога, превратив Его в видимый облик Кришны или Иисуса или любого святого, которого вы жаждете увидеть.

Зреть Христа в телесной форме во время медитации вовсе не обязательно — хотя и возможно. И все же сегодня я говорю о *духовной* сущности Христа. Чтобы познать такого Иисуса, вы должны постичь его дух. Тело его было таким же, как у любого другого человека, а вот дух его наполнял всю Вселенную. Если вы не можете себе этого вообразить, закройте на минутку глаза. Вы больше не видите своего тела, зато в уме вы можете умчаться на миллионы миль в любую сторону. Мысль — творец всего. Постигнув природу мысли, вы сможете взять под свой контроль абсолютно все, ибо все есть мысль. Эти прекрасные строения и сады возникли из мысли. Все без исключения порождено Космическим Разумом. Поэтому думайте о Христе как о вселенском сознании, которое смотрит на нас со звезд, которое осознает мельчайшую песчинку на всяком берегу. Я слышу Его песнь в устах птиц и в голосе ветра, я созерцаю Его прекрасные черты в небесах, в горах, в океане. Каждая моя мысль исходит из сознания Христа.

В каждом космическом цикле мироздания Дух становится Троицей. В роли Отца Дух — Творец Вселенной. Именно из Его мыслей возникли электроны и атомы, которые стали конденсироваться в пар, после чего пар был сконденсирован в воду, а вода — в твердые вещества. Таким вот образом Дух спроецировал Себя в космическом мироздании. Это Его облик, Его тело.

Разум, пронизывающий космос, называется Христовым Сознанием, или *Кутастха Чайтанья*. Это «Единородный Сын»[7], то есть отражение Разума Отца во всем мироздании. Иисус и Кришна вошли в унисон с этим Сознанием.

---

[7] Ин. 1:18.

Сходство Троиц в индуистских и христианском писаниях

Святая Троица в Священном Писании христиан — Отец, Сын и Святой Дух — сходна с Троицей, описанной в индуистских писаниях, — *Сат, Тат, Аум*. Бог Отец — это *Сат*, Дух за пределами всего сотворенного. Бог Сын — это *Тат, Кутастха Чайтанья*, или Христово Сознание, пронизывающее мироздание. Святой Дух — это *Аум*, или Аминь, он же Слово, Животворящая Космическая Вибрация.

С окончанием цикла творения Бог растворяет все сущее в Самом Себе, и остается только первопричина, а именно Дух — вечно сущее, вечно сознательное, всегда новое Блаженство. Однако в начале очередного цикла творения Дух снова проецирует Себя как Троицу — как Бог Отец, Бог Сын и Святой Дух[8].

Человек — это миниатюрная модель Вселенной. Физическая Вселенная является собой обширное тело Бога, космическая электроэнергия — это астральное тело Бога, а душа, то есть вездесущая жизнь, — это сущность Бога. Все носит в себе жизнь, даже камень может чувствовать боль. Сознание в куске олова может быть «заглушено» хлороформом. Эти на первый взгляд неодухотворенные предметы чувствуют наслаждение и боль, и жизнь в них может быть убита[9].

Расширяйте свое сознание и познайте истинного Христа

Чтобы постичь истинного Христа, вы должны расширить свое сознание, как это сделал сам Иисус. Если вы учитесь чувствовать боль и радость других людей, как свои собственные, вы растете духовно. Если по отношению к другим семьям вы испытываете те же родственные чувства, что и к собственной семье, вы растете духовно. Если вы гордитесь всеми странами так же, как гордитесь своей, вы растете духовно. И если вы готовы пожертвовать

---

[8] См. *Троица* в глоссарии.

[9] Эти истины были убедительно продемонстрированы великим индийским ученым Джагдишем Чандрой Босом. (См. 8-ю главу «Автобиографии йога».)

себялюбием в угоду любви к человечеству — вы выросли. Именно этого от вас хочет Господь. Всякая нация, которая идет против закона любви к человечеству, будет ужасно страдать. Небесный Отец старается установить гармонию во всей Вселенной, и помочь Ему в этом может только всемирная любовь. Мы должны расти духовно. Мы должны любить все нации, как свою собственную.

Каждый из вас мне родной, я это чувствую. Я могу сделать для вас столько же, сколько сделал бы для Индии. Если бы нужно было пойти воевать за вас в праведной войне, я бы это сделал. Вы должны выбросить из головы все предубеждения. Помните: Бог принял облик каждой расы и каждой национальности. Он живет и в темнокожих, и в индийцах, и в евреях — во всех людях. Быть истинным христианином — значит стать христоподобным, любить всех одинаково.

Пусть грядущее Рождество будет лучшим Рождеством в вашей жизни. Одухотворите это Рождество. Именно этим мы и занимаемся. Для всех членов Self-Realization Fellowship 24 декабря[10] — это день медитации и общения с Христом. В этот день отстранитесь от людей и молитесь всей душой. Вы увидите, что происходит, когда вы глубоко погружаетесь в себя и долго медитируете. Вот так поклоняются Христу в духе.

Практиковать учение Христа физически — значит относиться ко всем людям как к детям своего родного Отца; практиковать его духовно — значит медитировать до тех пор, пока вы не почувствуете безграничную радость Бога в Христовом Сознании. Братская любовь ко всем людям не посетит вас, пока вы не отставите свои беспокойные мысли и чувства, задействовав глубочайшую концентрацию и преданность; пока вы не сядете в храме своей души — там, где великая радость Бога расширяется и объемлет весь мир; пока вы не осознаете, что остались один на один с Этой Радостью. Тогда вы скажете: «Я един с вечным светом Господа, с вечной радостью Христа. Все волны мироздания вздымаются во мне. Я растворил свое тело-волну в океане Духа. Я есть океан Духа. Я уже не тело. Мой дух спит в камнях, в цветах я вижу сны, и я пою устами птиц. В человеке я мыслю, в сверхчеловеке — знаю,

---

[10] Или иной день, предшествующий Рождеству.

что Я есмь». В таком состоянии вы осознаете, что огонь не может вас уничтожить, а земля, трава и небо — ваши братья по крови; вы шагаете по земле как дух, уже не страшась бурных волн этого мира.

Таково мое послание для всех вас: каждую ночь медитируйте до тех пор, пока не избавитесь от всех земных мыслей и желаний. «Разве не знаете, что вы храм Божий, и Дух Божий живет в вас?»[11] Бог благословил вас, ибо сотворил по Своему образу и подобию. Позабыв об этом, вы отождествили себя со своим телом. Но Иисус пришел, чтобы сказать человечеству: «Пусть хрупкость вашего тела не пугает вас. Возвысьтесь над ним в медитации и будьте едины с Духом».

Я всем сердцем желаю, чтобы любовь и восприятие Христа посетили ваше сознание. Он ждет лишь одного рождественского подарка — вашей любви. Перевяжите этот подарок золотой лентой преданности, и тогда сам Христос придет к вам на Рождество, чтобы принять его. Получив сей дар любви, он дарует вам себя самого — и этот дар вечен. Если вам удастся постичь Христа как Христово Сознание, тогда, даже если все земные дары прейдут, вы обретете бессмертие и прибежище на лоне Христа и Кришны.

[*После короткой медитации Парамахансаджи призвал присутствовавших помолиться вместе с ним.*]

«Я украшу древо жизни звездами благих мыслей и возложу к стопам Христа драгоценнейший подарок любви, перевязанный золотой лентой моей преданности. Да сможет Христос принять его, и да смогу я принять любовь Христа в этот рождественский сезон. Я буду тщательно готовить себя к рождению Христа в моем сознании. В это Рождество и на Новый год я принимаю твердое решение изменить свою жизнь и еще больше уподобить ее жизни Христа. Я постараюсь возвыситься над всеми предубеждениями и возлюбить людей всех стран так, как их любили Христос и Кришна, — как детей Господних.

Отец Небесный, благослови мою жизнь. Благослови все нации. Да откажутся они от войны и да соберутся вместе в Объединенном Мире, во главе которого стоит Истина, указывающая нам верный путь.

---

[11] 1Кор. 3:16.

Отец Небесный, Иисус Христос, Ядава Кришна, Махаватар Бабаджи, Лахири Махасайя, Свами Шри Юктешварджи, Гуру-наставник, мы вручаем вам свои тела, свои умы и свои души. Помогите нам стать христоподобными. *Аум.* Мир и покой. Аминь».

Духовное себялюбие и порочное себялюбие

Уединенная обитель Self-Realization Fellowship, Энсинитас, Калифорния, 15 июня 1937 года

Душа — ваше истинное «Я», чистое отражение Духа внутри вас. Эго — ваше ложное «я», душа, реагирующая на мир двойственности и отождествляющая себя с ограниченным инструментарием тела и ума. Чтобы вам было проще понять тему этой лекции, сегодня мы будем называть себялюбием все то, что вы как душа или же эго делаете ради собственного благополучия. В этом смысле порочное себялюбие — то, что, по вашему мнению, вы делаете себе во благо, но что на самом деле идет вразрез с интересами вашего истинного «Я». Благотворное, или духовное, себялюбие складывается из тех действий, которые приближают вас к познанию вашего непорочного внутреннего «Я»; такого рода себялюбие позволяет вам все больше проявлять в себе совершенство души — образа Духа внутри вас.

Себялюбие различается по степени выражения. Ребенок совершает действия более или менее бессознательно. Когда он видит в чужих руках игрушку, он хочет завладеть ею. Он хочет есть это и делать то, потому что видит, какое удовольствие это доставляет кому-то другому. Таково бессознательное себялюбие. Я наблюдал подобную реакцию и в своем детстве. Когда я впервые увидел ребенка с игрушкой, я немедленно захотел себе такую же. Однако вскоре я обнаружил, что всякий раз, когда я чего-то хотел, находился другой ребенок, который хотел того же или попросту не делился со мной. Поэтому я стал проявлять силу воли, чтобы заиметь то, чего я хотел. Но когда это стало порождать ссоры с другими детьми, я задумался: а правильно ли я поступаю?

Когда моя мама угощала меня чем-то особенным, она говорила:

«Поделись с кем-нибудь». В самый первый раз я среагировал так, словно она хотела дать мне меньше, но в голове тут же появилась мысль: «Если мне эта еда очень нравится, может, она понравится кому-то еще?» Так я пришел к выводу, что должен поделиться. Затем возникла другая мысль: «Но если я поделюсь с остальными, мне ведь ничего не достанется!» Это меня озадачило. Однако мой дальнейший опыт неизменно показывал: когда я делился чем-то с другими, я радовался больше, чем когда наслаждался этим в одиночку. Именно поэтому я всегда делюсь тем, что сам очень люблю. Если тот или иной человек чего-то хочет или в чем-то нуждается, мой внутренний голос говорит: «Он весь горит этим желанием. Ты от него уже исцелился, пусть теперь эта вещь принесет пользу кому-нибудь еще». Одно за другим я стал раздавать все, что ко мне приходило, и моя радость умножалась. Когда мне чего-то хотелось и я обретал желаемое, меня это радовало, но когда я отдавал это другим, я радовался вдвойне. Ни одному из моих желаний я не позволил овладеть моей душой: это вступило бы в противоречие с идеалом духовного себялюбия, которое приносит благо истинному «Я». Не позвольте любви к чему бы то ни было завладеть вами.

Ложное представление о собственности

Все, что вы отдаете, к вам же и возвращается. Ваша внутренняя сущность проявляется в вашей внешности и в ваших действиях. Люди ощущают вибрацию ваших мыслей и чувств и отвечают вам соответственно. Если вы будете проявлять порочное себялюбие, у вас захотят отобрать все, что вы имеете. Но если вы будете бескорыстны, вы обнаружите, что все люди склонны быть щедрыми по отношению к вам. Допустим, вы подарили мне свою любимую трость, а я захотел подарить вам что-то взамен. Но мой ум говорит: «Ты не можешь расстаться со своим зонтом, хотя и знаешь, что он ему очень нравится». Тем не менее я заключаю: «Он любил свою трость, и все же он отдал ее мне, поэтому и мне следовало бы подарить ему то, что имеет ценность для меня». Вот такой дух преобладает в человеке, когда он проявляет бескорыстие.

В действительности вы ничем не владеете. Все земные вещи даются вам лишь во временное пользование. Рано или поздно вам придется расстаться с ними: либо это произойдет по воле случая, либо у вас их украдут, либо они придут в негодность, либо у вас их отберет смерть. Поэтому, если вы цепляетесь за ту или иную вещь или храните ее бесцельно, вы просто себя дурачите.

Однажды вам придется оставить даже ваш телесный дом, в котором вы прожили столько лет. Посему неправильно навязывать душе убеждение, что вы владеете тем, чем вы просто не можете владеть. Когда к вам приходит какая-то вещь, помните: она ваша лишь на короткий срок, и будьте готовы поделиться ею с другими.

Желать больше того, что вам нужно, опасно. Гита говорит: «Тот человек обретает покой, кто, оставив все желания, живет без вожделений, бренного эго и собственнических устремлений»[1]. Вне всяких сомнений, у человека есть потребность в пище, одежде и деньгах, но при этом нужно избегать так называемых «ненужных необходимостей» — назойливых желаний иметь то или это.

Всемирная семья человечества — это ваше высшее «Я»

Всегда держите в уме такой идеал: работая ради обеспечения собственных потребностей, помогайте и другим людям обеспечивать их нужды. Делитесь с теми, кому повезло меньше. Помните, что вы часть всемирной семьи, без которой вы не можете существовать. Какой была бы наша жизнь без плотников, изобретателей или фермеров? Бог хочет, чтобы мы думали о других, поэтому Он и создал взаимообмен. Жить только ради себя — ужасная ошибка.

Всякий раз, когда вы думаете о собственном счастье, думайте также о том, как осчастливить других. Вас не просят отдавать все ради благополучия вашей всемирной семьи. Это невозможно. Но судьба других людей должна волновать вас не меньше, чем ваша собственная.

Согласно Божьему замыслу, духовное себялюбие человека должно проявляться в служении своему истинному «Я» в других людях. Однако обычный человек думает в первую очередь о себе — зачастую *только* о себе. В нем укоренен инстинкт самосохранения. Мир создает в нас эту иллюзию, вот мы и ограничиваем себя собственным телом и теми вещами, которые считаем своими.

---

[1] Бхагавад-Гита II:71.

Однако в реальности все люди наши братья и сестры, ибо Бог наш общий Отец, а мы Его дети.

Бог наделил человека разумом и воображением, чтобы тот помнил: не он один голодает и мерзнет. Поэтому, стремясь обеспечить себя удобствами, протягивайте руку помощи и другим. Поскольку вы сами не хотели бы страдать, всегда старайтесь облегчить и чужие страдания. Другие люди страдают не меньше, чем вы, а то и больше. Если о своей семье и близких вы говорите: «Это родные мне люди, и только наше счастье имеет значение», тогда вы ограничиваете себя и обеспечиваете себе дальнейшие страдания.

Всегда будьте готовы помочь ближнему и ищите счастья в том, чтобы дарить счастье всем, кто встречается на вашем пути. Не думайте об этом как о навязанной вам практике бескорыстия. Это все только усложняет. Лучше получайте от этого удовольствие: ощущайте радость, когда помогаете людям избавляться от их страданий — физических, психологических и духовных.

Без порочного себялюбия мир был бы раем

Если бы человечество перестало проявлять порочное себялюбие и последовало пути духовного себялюбия, мир бы уже был раем. Порочное себялюбие ошибочно, именно в нем кроется причина всех войн. Чтобы защитить свой эгоизм от чужого эгоизма, люди поначалу использовали камни и дубины, затем лук и стрелы. Потом в ход пошли ружья, после них — пулеметы, а сегодня это бомбы и отравляющие газы. Все это лишь для того, чтобы защитить эгоизм одной группы людей от эгоизма другой группы людей. Потенциал разрушительной силы человека сейчас намного выше его созидательного потенциала. Фурункул порочного себялюбия когда-нибудь да вскроется. Но еще много тел должны быть искалечены, прежде чем человек поймет, что национальный эгоизм так же порочен, как и индивидуальный. Нация состоит из социальных групп, а составной частью социальных групп являются индивидуумы. Праведные идеалы должны проявляться прежде всего на индивидуальном уровне, и начать вы должны с себя.

Посмотрите, к чему привело порочное себялюбие: война в Испании, война в Китае, Великая депрессия... Этой стране (*Америке.* — Прим. изд.) случилось как-то преисполниться национального эгоизма, и многие годы она процветала. Золотой век, век исключительного процветания, знаком и индийской истории. Но кармические последствия эгоизма и гордыни, проявившиеся в злоупотреблении кастовой системой, привели к тому, что Индия утеряла свою свободу[2]. Америка не должна злоупотреблять своей свободой и забывать о своих духовных идеалах равенства, иначе она столкнется с похожей кармической судьбой. Расовые предрассудки — один из худших видов себялюбия. В отдаленном будущем климатические условия на планете сильно изменятся, и население Западного полушария в основной своей массе станет темнокожим, а люди, живущие на Востоке, станут «белой расой».

Границы и правительства стран то и дело меняются, и так будет всегда. Прежде чем вы провозгласили эту землю своей, она принадлежала индейцам, и в грядущие века ее будут присваивать себе многие другие. Великобритания когда-то была под властью Рима. Чингисхан завоевал почти всю Азию, но где он сейчас? Таков парадокс земной драмы. Этот мир принадлежит Богу, мы ничем здесь не владеем. Сеять в мире страдания из-за порочного себялюбия и ложного чувства собственности в высшей степени ошибочно.

Эгоизм, преследующий собственное счастье и не принимающий в расчет счастье окружающих или же попирающий чьи-то права ради собственных интересов, порождает несчастье. Это то, что происходит сегодня в Америке. Люди имели хорошую работу и жили в достатке. Но сейчас крупные предприятия лишают прибыли малые, а последние, в свою очередь, стараются «насолить» крупным. Жажда наживы порочна. Коммунизм, который весьма поверхностным образом проповедует идею процветания народных масс, не приживется, ибо существует за счет грубой силы и подавления. Иисус и все великие души, напротив, учили бескорыстию, основанному на духовном стремлении делиться с ближним. Такому учению чуждо порочное себялюбие в бизнесе и в социальных группах. Когда вы начнете испытывать родственные чувства к своим соседям и ко всей своей нации, в вас зародится духовное себялюбие.

Если вы будете заботиться о благополучии своих рук и ног, совсем позабыв о своей голове, ваш мозг не сможет управлять

---

[2] Эта лекция была прочитана за десять лет до обретения Индией независимости в 1947 году.

двигательной активностью организма. Вы должны установить гармонию в работе всего тела. Аналогичным образом, мозговой центр страны — правительство — должен находиться в гармонии с ее руками и ногами — рабочей силой. Если их интересы не совпадают, беспорядки и страдания неизбежны.

Вы же не хотели бы, чтобы вся власть перешла к рабочим и у вас установился коммунизм, и вы также не хотели бы единоличного правления капиталистов и установления диктатуры. Необходимо равновесие, но без индивидуального бескорыстия это равновесие не будет совершенным.

Радость бескорыстия

Иисус Христос пожертвовал своим телом ради спасения других людей, зато теперь он имеет вечную жизнь. Проявляя бескорыстие, он отстаивал духовное себялюбие. Вы тоже должны быть способны пожертвовать своим порочным себялюбием во имя высшего себялюбия. Задействуйте свое воображение! Материально и психологически вы ничего не потеряете, а вот из-за порочного себялюбия вы потеряете все.

В этом мире есть два учителя. Если вы выберете себе в наставники Бога, вам будет очень хорошо, если же ваш выбор падет на дьявола, вас будут осаждать несчастья. Большинство людей живет по принципу «я-мне-мое». Духовный человек думает обо всех. Тот, кто думает только о себе, привлекает к себе неприязнь товарищей, но тот, кто внимателен к чужим нуждам, обнаруживает, что окружающие также склонны проявлять внимательность по отношению к нему. Если в городе живут сто человек, каждый из которых пытается урвать что-то у соседа, они обеспечат себе по девяносто девять врагов. Но если все жители стараются помогать ближнему, тогда у каждого из них по девяносто девять друзей.

Я живу по такому принципу. Оставив все, я, тем не менее, ничего не потерял. Наоборот, я многое обрел. Воистину прекрасны слова Иисуса: «Каждый, кто оставит все во имя мое, получит во сто крат больше и наследует жизнь вечную»[3]. Сколько бы я ни отдавал, я неизменно обретаю больше. У меня уже нет желаний,

---

[3] Перефразированный стих из Евангелия от Матфея (19:29).

ибо то, что я имею, превыше всего, что может дать мне мир. В исполнении желаний человек ищет счастья, но, если истинное счастье всегда при нем, внешние условия уже не важны.

Что касается материальных вещей, у меня нет даже своего счета в банке. Мое благополучие — в людской благожелательности. Я не верю в земное благополучие. Тот воистину царь, кто царит в сердцах своих собратьев.

Проявляя бескорыстие и ни к чему не привязываясь, вы станете поистине счастливым, и тогда члены вашей семьи, ваши соседи и коллеги по работе последуют вашему примеру. Начните с собственного духовного себялюбия, положите конец порочному себялюбию — источнику всех индивидуальных и национальных проблем.

Бескорыстие расширяет сознание

Когда вы думаете о ком-то хорошо, ваше сознание тут же расширяется. В каждую мысль о ближнем вы вкладываете частичку своего существа. Однако важно не только думать о ком-то, но и быть готовым подкрепить свою мысль действием. Даже если у вас есть враг, относитесь к нему как к ближнему. Не исключайте счастье других людей из сферы своих мыслей.

Супружество содержит в себе урок бескорыстия. В супружеской жизни двое людей учатся делиться друг с другом. Затем появляются дети, и родители уже делятся с ними. Однако если о своей маленькой семье они думают: «Нас четверо, и нам этого хватает», тогда это эгоизм. Со временем ваши близкие уйдут, и это служит своеобразным напоминанием о том, что посредством человеческих отношений вы должны учиться расширять свое сознание, жертвуя своими интересами и делясь с другими.

Бескорыстие приносит столько счастья! Это самое великое счастье, ибо бескорыстие оберегает ваше собственное счастье. Я ставлю своей целью дарить счастье другим людям, потому что это делает меня счастливым. Вы не познаете радости подобного свершения до тех пор, пока не включите в сферу своего счастья счастье других людей — не только своих родных и близких, а вообще всех.

Посмотрите на Ганди. У него были деньги и высокая должность, но он оставил все. И его жена последовала за ним, не требуя ничего взамен ни для себя, ни для своих сыновей. Они оставили все и жили для других; ничего не имея, они имели все. Жизнь Ганди — наивысший пример кротости и бескорыстия в современном мире.

Иисус сказал: «Кто возвышает себя, тот унижен будет»[4]. Корысть и эгоцентризм должны быть уничтожены. Эти два порока смели Божье Царство с лица земли. Мир разлучился с духовным себялюбием, делающим человека здоровым во всех отношениях, и пал жертвой порочного себялюбия. Но вы можете внести свой вклад в возрождение на земле Божьего Царства, если приложите усилия. Каждый из вас должен начать применять в своей жизни правило бескорыстия. Сделайте это своим образом жизни. И не нужно ничего бояться. Пострадайте немного, если необходимо, но не оставляйте идеал бескорыстия. Живите для других, не думайте в первую очередь о себе. Подавайте окружающим хороший пример, делясь с другими. Это вовсе не значит, что вы должны доводить себя до нищеты — это значит, что вы должны быть заботливым и бескорыстным.

Служите другим в истине

Живите идеалами истины и делитесь ими с окружающими, демонстрируя их на собственном примере. Вы не сможете научить других бескорыстию, если сами не будете бескорыстным. Начните с себя, и другие последуют вашему примеру.

Всю свою жизнь я посвятил служению людям в истине. Когда-то я ездил по стране и выступал перед огромными аудиториями. Но я точно знаю, что принесу людям куда больше пользы своими письменными работами. Я могу привлечь толпы, но ведь они не обязательно будут искать Бога; толпы собираются скорее для духовного отдыха и вдохновения. Я ищу те души, которые жаждут Бога. Вот почему я всегда подчеркиваю необходимость общения с Богом. Это крайне важно. Каждый, кто следует пути Самореализации и ищет Его искренне и добросовестно, с предельной концентрацией и неослабной преданностью, найдет Его. Медитируйте, медитируйте и еще раз медитируйте! Таким должен быть ваш девиз. Бог пресечет деятельность Self-Realization Fellowship, если эта организация когда-нибудь захочет заполнять

---

[4] Мф. 23:12.

аудитории и привлекать толпы людей, не стремясь при этом дать им Самореализацию. Всю работу по организации я выполняю лишь потому, что таковым было желание Мастеров[5]. Я не ищу ничего взамен. Когда я покину эту землю и это тело, ничто не будет мне принадлежать. Именно поэтому в своем уме, а также в миру я отрекся от всего во имя Бога. Я желаю только одного: чтобы все вы жили божественной жизнью.

Учитесь любить Бога всем своим сердцем, всем своим разумением, всей своей душой и всей своей крепостью, и любите своего ближнего, как самого себя. Если вы следуете этим двум заповедям, в остальных вы не нуждаетесь. Что это значит — любить Бога сердцем, разумением, душой и крепостью? Под «сердцем» подразумеваются чувства, под «разумением» — сконцентрированность, под «душой» — общение с Богом в медитации, а под «крепостью» — энергия, направленная всецело на Бога. Так что любите Бога всем своим чувством, с предельной концентрацией в медитации, направляя прожектор энергии и внимания не на тело и мир, а на Бога. Без медитации вы не сможете полюбить Бога по-настоящему, ибо только посредством медитации можно познать себя как душу и установить реальные, вечные отношения с Богом.

Пусть в ваших сердцах воцарится наивысшая любовь к Богу. Единственное, ради чего я живу, единственная моя амбиция — это любить Его, говорить о Нем и учить людей познавать Его. Мне ничего не нужно взамен, я ничего у вас не прошу. Всякий раз, когда Бог приводит меня на эти собрания, я понимаю, какая это привилегия — быть среди вас, говорить о Нем и любить Его вместе с вами.

Как же это прекрасно — любить Бога, а также любить всех как часть Бога! Чтобы найти Его, вы должны чувствовать Его любовь во всем. Нет большей силы, чем любовь. Всякий раз, когда вы с кем-то ссоритесь, мысленно посылайте человеку любовь. Я люблю своих врагов, потому что я отношусь к ним как к друзьям.

---

[5] В своей «Автобиографии йога» Парамаханса Йогананда писал: «Шри Юктешвар и Махаватар Бабаджи доверили мне задачу построить на землях Запада „улей духовного меда" — общество Self-Realization Fellowship». В главах 27 и 36 он вспоминает события, которые побудили его к созданию Self-Realization Fellowship/Yogoda Satsanga Society of India. (См. также *Гуру-наставники общества Self-Realization Fellowship* в глоссарии.)

Чувствуя Бога, вы просто не можете ненавидеть. А что, если бы Бог стал сердиться на нас за наши прегрешения? Если вам удается оставаться спокойным, когда другие пытаются вас обидеть, тогда вы — бог.

Всевышний, Которому я поклоняюсь на алтаре неба и океана и на алтаре своего сознания, проявлен во всех и вся. Его я зрю во всех Его безграничных формах.

Виделись ли мы прежде?

*Храм Self-Realization Fellowship,
Голливуд, Калифорния, 10 января 1943 года*

Виделись ли мы прежде? Определенно. Давным-давно, в самых недрах эфира, где мы были рождены как души, мы дремали под покровом Божьей мудрости. Когда Он разбудил нас, мы, подобно блудному сыну из библейской притчи, покинули Его и позабыли о том, что все мы связаны божественными узами. Мы стали друг другу чужими. Оставив свой дом в Боге, мы сделались одинокими странниками на этой земле. Понимаете ли вы, как далеко вы ушли и что ваши странствования продолжаются вот уже много инкарнаций? Трудно сказать, сколько именно их было. И тем не менее определенные переживания, определенные места или же определенные лица время от времени пробуждают в вас внутреннее чувство, что все это вам уже знакомо.

Каждая душа всеведуща, но ее внешняя сущность — отождествленное с телом эго — ограничивается своим текущим именем, семьей и окружающей средой. Когда ваша душа вспомнит свое божественное происхождение, ваше сознание вернется в огромную обитель Духа и вы познаете все, что находится в Духе, познаете так, как знаете свой земной дом и свою семью.

Как же это прекрасно — встретить и узнать человека, которого вы знали раньше, того, с кем вы шагали одной дорогой жизни в прошлых инкарнациях! Всех членов своей семьи я знал и в прошлых жизнях. Иногда я встречаю друзей детства из предыдущих инкарнаций. И хотя в этой жизни у нас нет ничего общего, они — те души, которых я знал раньше.

Еще до того, как я покинул Индию и приехал в эту страну, я знал, что встречу здесь множество верных друзей из прошлых жизней. Такие чувства посетили меня по приезду в Бостон. Я безошибочно узнаю тех, кого знал раньше. Некоторым я говорю:

«Наконец-то я в очередной раз нашел тебя, ибо раньше мы были вместе. Где же ты пропадал все это время?» Я ищу тех, кому предназначено сюда прийти, чтобы работать вместе со мной во имя Бога. Я взываю к ним каждый день: «Где же вы — все те, кто раньше был со мной?» Иной раз я вижу знакомое лицо в толпе и говорю про себя: «Он услышал мой зов!»

Даже сейчас, когда я смотрю на ваши лица, я не могу избавиться от мысли, что где-то и когда-то, в далеком-далеком прошлом, вам уже доводилось слышать мой голос. Почему из миллионов людей сюда пришли именно вы? Не кто иной, как Бог избрал вас[1]. Некоторые души — те, кто уже начинает пробуждаться от сна неведения, затуманивающего воспоминания о прежних жизнях — задумываются: «Хм, а я понимаю, о чем он говорит. Где-то я уже слышал этот голос. Он мне знаком».

Мой гуру, Свами Шри Юктешварджи, обычно был очень сдержанным, лишь один раз я видел его радостно возбужденным: когда мы с ним впервые встретились. Он понял, что я тут же узнал его, а он знал больше меня. Как сказал Кришна своему возлюбленному ученику: «О Арджуна, много рождений прошли мы с тобой. Я знаю их все, но ты не помнишь их»[2]. Я никогда не смогу забыть ту радость, которую испытал, когда распознал в Шри Юктешваре своего Мастера. Я в жизни не встречал более великого человека. Он жил Божьей истиной.

Шри Юктешварджи был очень кротким и в то же время очень строгим. Если бы вы были его другом, у вас не было бы причин робеть в его присутствии. А вот если бы вы были его учеником, тогда горе вам, если вы не способны выдержать жесткую дисциплину! Ваши слова для него ничего не значили, он работал с вашими мыслями. Многие не выдерживали его дисциплины, я же ликовал, когда он очищал мое сознание от ложных мыслей и наполнял меня божественной мудростью. Он был волшебным

---

[1] Здесь говорится о божественном законе, согласно которому Господь избирает для богоискателя гуру-наставника и духовный путь, которому надобно следовать, чтобы вернуться к Нему. По Божьей милости взаимоотношения между гуру и учеником длятся столько инкарнаций, сколько потребуется ученику для обретения Бога. (См. *гуру* в глоссарии.)

[2] Бхагавад-Гита IV:5.

источником мудрости, ибо если вы любите Бога всем сердцем, вы знаете все, что знает Он. Мой Мастер воистину любил Бога.

Обитель дружбы возводится на протяжении многих жизней

Итак, с одной стороны, вы одинокий странник, бредущий по этому миру. Никто из тех, кого вы считаете своим, вашим на самом деле не является, не так ли? Никто никому не принадлежит. Наши кармические судьбы идут каждая в своем направлении, и никто не может кем-то владеть или управлять.

С другой стороны, вы не так уж и одиноки. Существуют прочные личные взаимоотношения, в которых мы находим радость и поддержку. Кто же эти души, которые вам так близки? Это не всегда члены вашей семьи, это те, с кем вы связаны ощутимыми узами крепкой дружбы. Взять, к примеру, моих воспитанников в ашрамах. Я обучаю их в духе своих идеалов. Они отражают мои мысли и мое мировоззрение. Они внимательны по отношению ко мне, а я внимателен по отношению к ним. Я посеял в них семена своей жизни, и наша возвышенная дружба являет собой вечные узы в Боге.

На заложение фундамента дружбы уходит не одна жизнь: обитель дружбы возводится на протяжении множества жизней. Вы возводите ее с теми душами, которых встречали жизнь за жизнью. Вот почему из огромных людских толп Иисус один за другим призывал тех учеников, которых знал раньше. На лоне вечной дружбы они встретили друг друга вновь.

Как распознать тех, кого вы знали раньше

Как можно распознать тех, кого вы знали раньше? В толпе незнакомцев иной раз находится тот, кто кажется вам давним знакомым, а вот к остальным вас так не тянет, как бы тесно вы с ними ни общались. Если у вас нет предубеждений, ваш взор не затуманен половым влечением и при этом вы чувствуете, что те или иные лица и личности привлекают вас больше остальных — это признак того, что вы знали эти души ранее.

Небольшая проверка поможет вам распознать истинных друзей из прошлого. Вы можете иметь много так называемых «друзей», которые будут говорить вам, как вы прекрасны, и соглашаться со всем, что вы говорите. Такие люди делают это вовсе не бескорыстно. Настоящие друзья хотят от вас лишь одного: чтобы своим присутствием вы доставляли им радость. Ваши родственные души никогда не будут мстительны и не покинут вас, даже если между вами есть разногласия, даже если вы пытаетесь вывести их из себя или делаете то, что противоречит их интересам (и это тоже своеобразная проверка). Те, кто был вашим истинным другом в прошлых жизнях, будут любить вас безусловно. Они всегда будут вашими друзьями — вне зависимости от того, как вы себя ведете. Если человек любит вас безусловно, это означает, что вы знали его раньше. Такое же дружелюбие должны проявлять и вы.

Вы также можете понять, что перед вами друг из прошлых жизней, если в ваших взаимоотношениях царит гармония. По мере того как вы будете сосредотачиваться на развитии истинной дружбы, вы станете замечать, что предугадываете эмоцию или же ответ человека прежде, чем он среагирует. Если такое происходит уже после короткого знакомства, вы определенно знали человека раньше. По всем этим признакам мы можем узнать наших друзей из прошлого.

Будьте другом для всех, но не ожидайте, что все будут дружелюбны к вам — если, конечно, они не соответствуют упомянутым мною критериям. Тем, кто не прошел эту «проверку», дарите свою любовь и понимание, но при этом помните, что они пока не готовы к дружбе с вами. Вы не должны позволять себе обижаться на них. Обитель дружбы следует возводить на прочном фундаменте. Если друг окончательно отвернулся от вас из-за того, что вы расходитесь с ним во мнениях, значит, он не был вашим истинным другом. Не стоит возводить обитель дружбы на песке подобных взаимоотношений.

В большинстве своем люди эгоцентричны. Если они и пытаются кому-то угодить, то лишь потому, что хотят чего-то взамен. Такие люди с готовностью поддакивают в любой удобный момент. Никогда не жертвуйте свободой волеизъявления и не идите на компромисс со своей совестью и идеалами ради личной выгоды. Крепко держитесь за принципы праведности.

Искренность плюс внимательность

Будьте честны и искренни, и ваша дружба будет становиться все крепче. Я помню нашу со Шри Юктешваром беседу об искренности. Я тогда сказал:

— Искренность — это все.

— Нет, искренность плюс внимательность есть все, — ответил он и продолжил: — Допустим, ты сидишь у себя в гостиной. На полу — новый ковер. За окном идет дождь. Вдруг открывается дверь, и твой друг, которого ты не видел много лет, бежит к тебе, чтобы сжать тебя в своих объятиях.

— Это просто здорово! — воскликнул я, но мой гуру еще не закончил свою мысль.

— Вы искренне рады видеть друг друга, — сказал он. — Но было бы лучше, если бы твой друг проявил внимательность и перед входом снял свои грязные ботинки, чтобы не испортить ковер.

Я вынужден был согласиться. Как бы хорошо вы ни думали о другом человеке и как бы близки вы ни были, все же очень важно, чтобы в ваших отношениях присутствовали хорошие манеры и внимательность. Тогда дружба по-настоящему прекрасна и долговечна. А фамильярность, ведущая к невнимательности по отношению к другому, сильно ей вредит.

Искренность — одно из тех качеств, которые я ценю превыше всего. Не водитесь с людьми, которые вам льстят, потому что однажды такая дружба даст трещину и вы обнаружите, что потратили время впустую. Всегда остерегайтесь лести. Воодушевлять ближнего искренней похвалой и словами признания хорошо, но неискренность лести — это яд, разъедающий душу того, кто его дает, и того, кто его пробует. Если человек предпочитает любви лесть, он недостоин дружбы. Тот, кто дарит любовь, не прибегает к лести, и тот, кто прибегает к лести, не дарит любви.

Если в своих взаимоотношениях с людьми вы проявляете подлинную искренность, внимательность и любовь, вы привлечете к себе тех, кого знали раньше. В противном случае вы никогда не найдете своих настоящих друзей. Вы должны избавиться от лицемерия и неискренности. И никого не обижайте намеренно. Никогда не проявляйте враждебности по отношению к друзьям, и не давайте им повода сердиться на вас. Никогда не используйте друга в своих целях. Никогда не давайте непрошеный совет; если же у вас его спросили, отвечайте искренне и по-доброму, не страшась последствий. Конструктивной критикой друзья только помогают друг другу.

Умение принимать критику — одно из величайших качеств.

Я научился этому у своего гуру. Я всегда ценил конструктивную критику. Я никогда не мстил тем, кто критиковал меня несправедливо, и я не проявлял к ним недобрых чувств, ведь я осознаю, что это Сам Бог испытывает нас через наших недоброжелателей. А разве не так? Слова Иисуса: «Отче! прости им, ибо не знают, что делают» были проявлением божественного понимания и сострадания. Жизнь и пример Иисуса являют собой свидетельство доброты и любви нашего Небесного Отца. Великие души отражают саму сущность Бога.

Дружбу с Богом необходимо заслужить

Великий человек не считает себя великим. Тот, кто называет себя великим, таковым отнюдь не является. Великие люди настолько заняты свершением великих дел, что им даже подумать о своем величии некогда. И потом, каким бы замечательным вы себя ни считали, стоит вам об этом заявить, как все окружающие тут же захотят доказать вам обратное. Самое главное — будьте искренни, живите искренностью. Никогда не пытайтесь кого-либо обмануть. Искусственная роза никогда не станет настоящей, а вот настоящая роза будет источать аромат, как бы ее ни сминали. Так что никогда не притворяйтесь тем, кем вы не являетесь. Если вы будете выставляться перед окружающими, мир в конце концов отвернется от вас. И ни в коем случае не пытайтесь обмануть Бога, ибо, ошибочно полагая, что такое возможно, вы обманываете лишь себя самого. Он находится прямо за вашими мыслями. Если вы не искренни с Ним, Он отдалится от вас. Он приходит только к смиренным и преданным богоискателям. Когда вы полюбите Его, вы познаете Его. Вы также познаете, что Он наполняет Собой каждую душу. И неважно, покрыта она угольной личностью или же алмазной — Бог равно пребывает во всех душах. Однако алмазное мышление святого более полно отражает Бога.

Если вам удастся заслужить дружбу с Богом, вас посетит ни с чем не сравнимая радость. И до чего же это прекрасно — делиться такой радостью со всеми! Если чаша переполнена молоком, а вы наливаете туда еще, оно просто переливается через край. Иначе и быть не может.

Развив божественную дружбу, вы полюбите всех

Если вы любите Бога, вы воистину любите всех. Ваше восприятие в отношении других душ очищается и уподобляется кристально чистому зеркалу. Всякий, кто встанет перед этим зеркалом, отразится в нем таким, какой он есть на самом деле.

Много лет назад я познакомился с Джорджем Истменом, изобретателем фотоаппарата Kodak. Внешне он был холодным как сталь. Он был широко известен своей филантропией, так что у него, как и у любого другого богача, несомненно, были причины на то, чтобы интересоваться мотивами людей, которые к нему приходили. Он не знал, чего я хочу, и тем не менее безо всяких прелюдий спросил:

— Могу ли я пригласить вас к себе в гости?

— С радостью — если вы примете и мое приглашение, — ответил я.

Он согласился.

Позже, когда он посетил мои апартаменты и увидел, что я готовлю карри, он сказал:

— Знаете, я тоже люблю готовить.

Это поспособствовало созданию дружеской атмосферы.

— Мистер Истмен, — спросил я как бы между делом, — это правда, что большинство богачей не имеют настоящих друзей? Я хочу знать вас как друга, а не как богача.

Он улыбнулся.

С того момента и на протяжении всей нашей двухчасовой встречи я видел уже другого Истмена, настоящего Истмена[3], потому что я понял его и принял его на ниве искренней дружбы. На следующий день он послал мне фотокамеру, которую я храню по сей день.

Когда вы полюбите своих друзей безусловно, вы узрите их божественную дружбу. В моем земном отце и во многих других душах на этом пути я нашел именно такую дружбу. Если мы будем развивать дружбу с истинными душами, в один прекрасный день

---

[3] «За его суровой внешностью скрывается эмоциональная и бережно укутанная духовная природа, слуга его силы воли». — Carl W. Ackerman. *George Eastman* (Boston: Houghton Mifflin, 1930).

в обители нашей дружбы поселится наш Верховный Друг. Если вы работаете над развитием истинной божественной дружбы, однажды вам удастся полюбить всех любовью Христа, который был другом для всех.

Давайте же помолимся:

«О Господь, в благородстве истинных друзей — Твоя мудрость. В их смехе — Твоя великая улыбка. В блеске их глаз — Твой взгляд. Их голосами Ты говоришь со мной. В их любви — Твоя любовь ко мне. *Аум*. Мир и покой. Аминь».

Искусство ладить с окружающими

Первый храм Self-Realization Fellowship в Энсинитасе, Калифорния, 3 ноября 1940 года

Идя по дороге жизни и обретая новый опыт, мы должны учиться жить более осознанно и проявлять больше понимания. Только так можно улучшить свои отношения с людьми в этом мире.

Если мы изучим мировые цивилизации и тщательно исследуем жизненный уклад ушедших цивилизаций, перед нами предстанет огромная панорама развития человечества. Мы обнаружим, что человек представляет собой существо индивидуальное и в то же время социальное. В каждом человеке заложено желание жить как личной жизнью, так и социальной. С одной стороны, он стремится к обособлению, а с другой — к объединению в общины. Даже первобытные люди испытывали побуждение собираться в группы. Как бы то ни было, слишком активная социальная жизнь не способна принести нам счастье, и то же относится к чрезмерному затворничеству. Бог хочет, чтобы мы нашли баланс между личной жизнью и жизнью социальной.

Принципы индивидуализма и коллективизма заложены в человеке Богом. Он Сам большой индивидуалист. Бог пребывает вдали от всех звезд, вселенных и человеческих мыслей, за пределами всех ощущений, снов и восприятий материи — Сам по Себе, не имея компании. Он всецело погружен в Себя и в Себе же находит удовлетворение. «Где не светит солнце, луна или огонь — там Моя Высшая Обитель»[1]. Говорят, что Всемогущий Господь так любит Свое вечное безмолвие и покой, что Он не желает

---

[1] Бхагавад-Гита XV:6.

быть потревоженным ни единым лучиком света, ни малейшей вибрацией. В той сфере тьмы, в которой не темно, и звуков, что беззвучны, в той сфере нерожденного Ничто и Абсолютной Сущности всего сущего Он пребывает в Самом Себе, Он самодостаточен. Вне всяких сомнений, Ему легко ладить с Самим Собой, ведь Ему даже не с кем спорить.

И в то же время одна часть Бога совершенно не обособлена. Он одновременно активен в цветах, в птицах, в рыбах — во всех формах жизни на этой планете, включая миллионы человеческих существ и животных, и Он активно деятелен в электромагнитных законах Вселенной и во многих других законах, созданных Им для управления сферой всего сущего. В этом смысле Он уже не индивидуалист: Ему приходится ладить со всем многообразием Своего мироздания, в котором Он противопоставляет Себя Себе же Самому. Он одновременно проявлен и не проявлен, Он — Брахман, Которого воспевают индийцы.

В конечном счете разнообразные Божьи творения ничем друг от друга не отличаются. Может показаться, что человек и зверь и тигр с его жертвой прямо противоположны друг другу, однако Бог уживается со всеми переживаниями в этом иллюзорном мире материи. Он есть гармония в Своей эклектической деятельности и в то же время индивидуальная гармония в Самом Себе. Он хочет, чтобы мы тоже научились жить в мире и согласии с собой и с окружающими.

Почему так важно быть в мире и согласии с самим собой

Как же это прекрасно — быть в мире и согласии с самим собой! Большинство людей не понаслышке знают, как трудно бывает ладить с окружающими. Но приходилось ли вам задумываться о том, как важно быть в мире и согласии с самим собой? Это самое трудное дело. Отделите от себя свое психологическое восприятие, и вы поймете: вы постоянно воюете с самим собой. Вы не можете любить кого-то или что-то, если вы не любите самого себя. Разве может поладить с окружающими тот, кто испытывает внутренний разлад? Чтобы улучшить свои отношения с людьми, крайне важно жить в мире и согласии с самим собой. Поэтому прежде всего необходимо научиться ценить и любить себя. И под словами «любить себя» я подразумеваю вовсе не эгоцентризм или своекорыстие; сюда также не относится инстинкт самосохранения, стремление защищать себя перед лицом опасности: это закон природы. Любите себя потому, что вы Божье дитя с божественным потенциалом: именно любовь и забота об этом потенциальном «я» вдохновляет и одухотворяет развитие вашей истинной, духовной природы.

Вы можете забраться хоть на край света, подальше от цивилизации, но от себя вы все равно не убежите. Бог хочет, чтобы вы исправляли себя там, где вы находитесь сейчас. Некоторые люди живут в ужасающих условиях, и тем не менее прекрасно ладят с собой. Другие же имеют в своем распоряжении все возможности этого мира, но испытывают внутренний разлад: внутри у них идет нескончаемая война.

Вы не должны ждать, пока изменятся обстоятельства. Так вы никогда не начнете расти. Скажите себе: «Какими бы ни были обстоятельства, я всегда буду в полном порядке. Если я захочу помедитировать — я найду способ помедитировать, невзирая на обстановку. Если я захочу позаниматься, чтобы развить свой ум, — я это сделаю, какими бы ни были внешние условия». В Индии я был знаком с одним замечательным человеком, который знал восемнадцать языков, но был так беден, что не мог позволить себе даже лампу для чтения. Ему приходилось выходить из дома и вставать на углу улицы, чтобы читать под уличным фонарем. Как говорится, было бы желание, а возможность найдется. Так что внешние условия не могут служить оправданием отсутствию усилий по самоисправлению.

Только вы знаете наверняка, пребываете ли вы в ладу с самим собой, ибо вы способны умело скрывать подобные вещи от окружающих. Если вы приложите усилия, вы сможете выяснить, живете ли вы во внутренней гармонии. Все в ваших руках.

Мастер [Свами Шри Юктешвар] имел обыкновение говорить: «Научись вести себя правильно». Примерное поведение несет вам внутренний покой и счастье. Научившись жить в ладу с самим собой, вы сумеете поладить и с окружающими. Я тоже этому учился. Этот принцип продемонстрировал и Иисус, когда сказал: «Отче! Прости им», ибо он обрел внутренний покой.

Ваша совесть поможет вам жить в ладу с самим собой

Чтобы научиться жить в ладу с самим собой, необходимо предпринять несколько практических действий. Во-первых, крайне эмоциональный или же беспокойный человек, связанный плохими привычками, никогда не сможет поладить с самим собой. Можно ли этого ожидать, если ваша совесть все время говорит вам, что вы поступаете неправильно? Вы обнаружите, что люди не проявляют к вам благосклонности и доверия, потому что человек, который идет против своей совести, не доверяет самому себе — а это отражается на его характере. Совесть человека беспрестанно с ним говорит, предупреждая его о необходимости измениться и вести себя правильно. Да, мы можем заглушить в себе голос совести — но не навсегда. Если совесть человека окончательно смолкла ввиду злоупотребления свободой выбора, тогда его самодовольством займется уже закон его страны. Преступники неизменно обнаруживают, что их бессовестные деяния не оправдывают себя.

Итак, всегда прислушивайтесь к голосу своей совести, голосу своего внутреннего «Я»: он учит вас ладить с самим собой.

Равновесие ума: прочный фундамент человеческого существования

Во-вторых, необходимо практиковать равновесие ума. Через что бы вы ни проходили, сохраняйте невозмутимость. Равновесие ума, невозмутимый нрав, приносит много счастья, причем не только вам, но и другим людям. Естественно, это не означает, что вы должны быть бесхребетным или равнодушным, это означает, что вы должны практиковать спокойствие. Наслаждайтесь всем хорошим в этом мире, но не перевозбуждайтесь эмоционально. Кроме того, мужественно встречайте любые страдания, думая о том, как превозмочь их, вместо того чтобы падать духом и волноваться, теряя свой внутренний покой. Некоторые люди беспокойны всегда, и лишь немногие сохраняют спокойствие и невозмутимость в любых обстоятельствах. Однако невозмутимость должна буть устойчивой: только так она сможет стать фундаментом вашего существования. Это то, чему учил Свами Шанкара[2]: «Будь невозмутим, если хочешь, чтобы невозмутимый Господь украшал алтарь твоей души». Без равновесия ума человек никогда не сможет обрести Бога.

Задумайтесь на мгновение о том, как прекрасно ладил с самим собой Иисус Христос. Именно поэтому ему удавалось ладить и с простонародьем во всем его многообразии. С какими бы людьми и обстоятельствами он ни сталкивался, он всегда сохранял равновесие ума, в том числе во время своего наивысшего испытания — распятия. «Здесь теми побеждены относительности существования [рождение и смерть, удовольствие и страдание], кто утвердился в равновесии ума. Тем самым они, несомненно, воцаряются в Духе — безупречном, совершенно уравновешенном Духе»[3]. Всем нам следует изучать жизни истинно великих мастеров. Когда мы их поймем, мы поймем и то, как выстроить свою жизнь согласно их примеру.

Глубокомыслие: коридор, ведущий к Богу и интуитивному восприятию

Следующий ключевой момент в умении ладить с самим собой — это контроль над своими мыслями. Практикуйте глубокомыслие. Учитесь искусству концентрации: сосредотачиваясь на одной мысли за раз, ваше внимание не будет рассеиваться, перебегая от одной идеи к другой. Большинство людей живут на поверхности жизни. Но жемчужины знания можно добыть, лишь глубоко погрузившись в океан мысли. Глубокие мыслители — счастливые люди, ибо в любых обстоятельствах они могут мысленно отстраниться от всего, что их отвлекает. Обычный человек не знает покоя. Он словно рыба, которая держится у поверхности воды и становится легкой добычей для рыболова.

Развивайте привычку к глубокомыслию. Делается это посредством практики. Попробуйте поразмышлять над какой-нибудь сложной проблемой. Мысленно погружайтесь в нее все глубже и глубже. Погрузившись достаточно глубоко, вы узрите

---

[2] Шанкара — величайший индийский философ, реорганизатор древнего ордена Свами. (См. *Шанкара* и *свами* в глоссарии.)

[3] Бхагавад-Гита V:19.

разрешение проблемы. В этих внутренних глубинах вы также ощутите душевный покой. С чем это связано? Дело в том, что в сфере глубокомыслия сокрыт коридор, ведущий в Царство Божие. Без глубокомыслия, концентрации ума, человек никогда не найдет путь к Богу. Даже те глубокие мыслители, которые не знают Бога, внутренне счастливы, ибо они, сами того не ведая, прокладывают дорогу к интуитивному восприятию и к Богу. Тот, кто способен глубоко размышлять о разных вещах, но при этом не контактирует с Богом сознательно, не сможет обрести божественное восприятие, потому что его мышление становится ограниченным. Человек не сможет найти Бога, если не будет искать Его сознательно. И все же глубокие мыслители ближе к Богу, чем те, кто живет поверхностно, в неведении. Нет большего греха, чем неведение. Вот почему я говорю: не бездельничайте. Делайте в жизни что-нибудь полезное, стоящее, конструктивное, то, что углубит и расширит ваше сознание, и вы будете ближе к Богу.

Тот, кто мыслит глубоко, лучше ладит с самим собой. Благодаря своей способности исследовать глубины мысли он знает, как правильно поступать в непростых ситуациях. Глубокомыслие — это умственная подготовка, которая учит преодолевать трудности божественным путем.

Глубокомыслие активизируется здравым смыслом

Наряду с глубокомыслием вы должны развивать в себе и здравый смысл — общее интуитивное чувство. Непотребное мышление выглядит так: «Моему мужу было очень плохо, и я начала размышлять над этим. К тому времени как я, наконец, все обдумала и решила вызвать скорую, он уже умер». В своих действиях человеку необходимо руководствоваться здравым смыслом. Крайне важно знать, как именно активизируется глубокомыслие. Здравому смыслу невозможно научить — это интуитивное чувство, которое без промедления говорит вам, что нужно делать. Здравым смыслом снабжена каждая душа, но лишь немногие знают, как развить в себе способность погружаться в этот источник проницательности. Вам нужно взращивать в себе эту силу: благодаря ей вы сможете избирать правильный курс действий в любой ситуации.

Возьмите под контроль свои желания и привычку растрачивать время

И последнее: чтобы поладить с самим собой, вы должны взять под контроль свои желания. Так называемое увеселение равнозначно сжиганию всех свечей за раз. Разного рода злоупотребления порождают в людях нервозность, гнев и плохое настроение. Таких людей даже не нужно наказывать — они наказывают себя сами. Они ни в чем не находят радости, потому что находятся под пятой ненасытных желаний. Истинный мастер — тот, кто контролирует свои чувства. Когда он говорит соблазнам «нет», это означает «нет». И когда он говорит праведным деяниям «да», это означает «да».

Никогда не тратьте времени впустую. Оно слишком ценно, чтобы растрачивать его на бесполезные вещи. Я не учился играть в карты, шашки и тому подобное, потому что понимал, что это всего лишь очередной способ убить время. Жизнь слишком драгоценна, чтобы распыляться ею. Нужно прийти к осознанию Бога. Всегда будьте заняты Богом, и тогда никто и ничто не сможет вас отвлечь. Как это чудесно — жить простой жизнью, жизнью внутренней удовлетворенности! Это рай, которого вы еще не познали. Даже когда я хожу в кино, чтобы отвлечься от организационных забот, меня там увлекают вовсе не сцены на экране, а восприятие Господа. Я смотрю не фильмы, а космические кинофильмы внутри них.

Всепоглощающая цель жизни — найти Бога. Поэтому не растрачивайте свое время.

Поладив со своей семьей, вы поладите и с окружающими

Пока вы учитесь ладить с самим собой, вам также следует практиковать искусство ладить с окружающими. Это великое искусство, которым, однако, не так-то и просто овладеть.

Начните со своих домочадцев. Не будьте так называемым ангелом на людях и дьяволом в семье. Если вы научитесь ладить с членами своей семьи, вам будет легче ладить и с другими людьми. Вам нужно исправить свое поведение и мысленный настрой. Вы можете избегать тех, кто вас раздражает, но ваши эмоции и несдержанность все равно будут преследовать вас, куда бы вы ни пошли, и это будет создавать вам проблемы. Так почему бы не избавиться от этих проблем здесь и сейчас?

Прежде всего, всякий раз, когда у вас возникают проблемы с окружающими, обращайте взор на себя, вините себя, если это ваша ошибка. Размышляйте над тем, корректным ли было ваше поведение, заслуженным ли было порицание со стороны окружающих. И помните: пример красноречивее слов. Если вы хотите кого-то исправить, исправьте сначала себя. Если вы хотите научить кого-то уживаться с окружающими, подайте хороший пример. Жить в мире и согласии с людьми — значит жить в мире и согласии с Богом — если, конечно, люди не ведут себя несправедливо по отношению к вам. Иисуса преследовали несправедливо. Однако если люди критикуют вас за дело, вам нужно приложить еще больше усилий, дабы исправить себя.

Не жертвуйте своими идеалами, чтобы кому-то угодить

Ладить с людьми — не значит все время с ними соглашаться и жертвовать ради них своими идеалами. Не о таком «дружелюбии» я говорю. Вы можете оставаться верным своим идеалам, не задевая при этом людей. В этом смысле Иисус Христос не ладил со многими. Он был верен своим идеалам, но не вызывал тем самым отторжения. Вне всякого сомнения, он ладил с самим собой, ибо знал, что деяния его праведны. Вот почему он сказал: «Я на то родился и на то пришел в мир, чтобы свидетельствовать об истине»[4].

Поэтому в первую очередь стремитесь угождать Богу и придерживаться своих идеалов. Никогда не жертвуйте своими идеалами и не имейте тайных помыслов. Если вы живете любя Бога и не причиняя никому вреда, а люди все равно норовят вас ранить — ну и что же? Лучше быть проклятым всем миром, но угодным Богу, чем быть всеобщим любимчиком, отвергнутым Богом. Ладить с окружающими — значит ладить прежде всего со своей совестью и с Богом, а потом уже с людьми.

Это осознание является одним из величайших благословений, которые я получил от моего Мастера. Ничто в мире не может

---

[4] Ин. 18:37.

сравниться с той радостью, которую я испытывал, когда с ним общался. Обретая благополучие истинной радости, вы обретаете абсолютно все. Вы больше не нуждаетесь в одобрении мира.

В первые годы моего пребывания в этой стране я был приглашен на один банкет в качестве почетного гостя. Тогда я еще не знал, что такое «коктейль-пати для интеллигенции» и что меня там ждет. До этого, равно как и после этого, на подобных мероприятиях я не бывал. В общем, все очень сильно напились. Глубоким вечером меня попросили выступить, и я произнес речь, которую, уверен, они запомнили на всю жизнь. Я говорил не сердито, но в духе истины:

«И это ваш привычный образ жизни? Вам действительно так нравится бальзамировать себя алкоголем? Это вовсе не весело — напиваться в стельку и говорить отвратительные вещи. Что это такое?»

Я знаю, что многие из присутствовавших тогда зареклись больше не ходить на подобные вечеринки. Я не был сердит, ибо внутренне отстранился от окружающей обстановки. Такой подход позволяет мне жить в мире и согласии с другими людьми. Я не обязан имитировать их образ жизни — уж лучше я постараюсь по-доброму склонить их к своему. С Богом в груди, с радостью в сердце, с мудростью в уме и могуществом рая в душе, вы — радость Предвечного Отца. Такова сила, которую я непрестанно вижу и чувствую.

Живите по правде, но так, чтобы не ранить других. Если вы не ладите с людьми из-за своих идеалов, тогда лучше держаться от скептиков подальше. Если ваша праведность становится для человека пыткой, отстранитесь от него. У вас не должно быть ощущения, будто людей нужно чуть ли не дубинкой по голове бить, чтобы они уподобились вам. Если они не хотят следовать вашему примеру, пусть идут своим путем. Но всегда будьте готовы поделиться своим знанием с теми, кто ищет Бога, кто жаждет испить нектар души. Сделайте их счастливыми.

Улыбка, исходящая из души

Культивируйте привычку быть приятным человеком. Я не имею в виду, что вы должны все время улыбаться, как Чеширский кот. Такая улыбка ничего не стоит, она поверхностна. Прекрасна та улыбка, которая рождается в сердце и отражается на лице. Она исходит от искренности. Те, кто часто бывает на людях, иной раз улыбаются наигранной, безжизненной улыбкой, думая при этом о чем-то другом. Внутри них нет ничего, что могло бы сделать их улыбку настоящей. Но та улыбка, которая отражает душевную радость, очень привлекательна. Мало кто может устоять перед такой искренней улыбкой.

Некоторые люди вечно чем-то недовольны. А многие и вовсе черствы и суровы по отношению к окружающим. Как уживаться с такими людьми? Прежде всего, вы должны быть уверены в том, что никакие провокации не смогут вывести вас из себя. Это один из первых шагов в искусстве ладить с окружающими. Что бы ни случилось, вы не должны терять самообладание. Это трудная задача для тех, кому недостает самоконтроля, но, если вы настроены решительно, никаких проблем у вас не будет.

Никогда не хвастайтесь тем, что вас невозможно рассердить, просто практикуйте невозмутимость по мере своих сил. Если вы станете открыто об этом заявлять, люди могут вами воспользоваться. Кроме того, не пытайтесь демонстрировать мягкость, если внутри вы кипите гневом: это очень опасно. Никто ни при каких обстоятельствах не должен быть способен вывести вас из себя, иначе потом вы пожалеете о содеянном. Большинство людей, которым случилось потерять самообладание, позже об этом жалеют. Уверенно произносите такую аффирмацию: «Мои эмоции — под полным контролем». Люди, не владеющие своими эмоциями, — свои же заклятые враги. Каждое неудовлетворенное желание порождает в них гнев. Вы сердитесь на человека потому, что его поведение противоречит тому или иному желанию внутри вас. А иначе никто бы и не смог вас рассердить.

Иногда нужно быть не только спокойным, но и твердым

В своем стремлении поладить с окружающими вы не должны уподобляться половику, иначе люди захотят вами управлять. Если вы им не подчиняетесь, они сердятся, а если вы их во всем слушаетесь и исполняете их указания, вы становитесь бесхребетным. Как же тогда себя вести? Всякий раз, когда ваши идеалы встречают сопротивление, оставайтесь спокойным, но твердым.

Ничего не говорите. Не сердитесь. Возможно, вас будут осыпать обидными словами, но не поддавайтесь на провокацию. Откажитесь от ссоры. Рано или поздно эти люди поймут, что вы вовсе не пытаетесь их рассердить и что у вас есть веские причины не исполнять их просьбы.

Если человек потерял самообладание, удалитесь от него, пока он не придёт в себя. Если вы можете встретиться и обсудить свои проблемы, это замечательно. Очень важно наладить контакт. Но если человек настроен лишь на ссору, просто скажите: «Пойду прогуляюсь». По возвращении будьте готовы всё обсудить. Если ваш собеседник по-прежнему ищет ссоры, вновь прогуляйтесь — на сей раз подольше. Откажитесь от конфликта. Никто не сможет завязать с вами ссору, если вы просто отказываетесь ссориться. Не подливайте масла в огонь, когда кто-то сердится. Разгневанный человек получит удовлетворение, если ему удастся вывести вас из себя.

Я могу работать с любым человеком, однако я предпочитаю не общаться с теми, кто не умеет жить в гармонии. Если ваш собеседник очень уж хочет оказаться правым, позвольте ему одержать победу. Это пустая победа. Не спорьте с ним. Великие люди редко спорят — они лишь улыбаются и говорят: «Я так не думаю», не вступая при этом в конфликт.

Будьте тактичны: люди ведь не камни

Научитесь быть тактичным. Это не значит, что вы должны проявлять ханжество, просто будьте учтивы. Вы не камень — вы думающее, сознательное существо, и вы не хотели бы обращаться с другими людьми так, словно они бесчувственные камни. Не следует открыто противиться желаниям окружающих. Тот, кто лезет в чужие дела, является одновременно причиной и главным действующим лицом проблемных ситуаций. Вы можете откровенно поговорить с человеком, только если он способен воспринимать критику и от этого будет польза. Но даже в этом случае он может выразить недовольство и демонстративно сделать то, чего вы как раз просили не делать.

Когда вы ладите с людьми, вы словно благоухающий цветок. Минуя сад, из которого доносится благоухание роз или цветков апельсинового дерева, вы думаете: «Ах, какой прекрасный аромат!» Таковы великие души. Когда вы находитесь в их присутствии, вы ощущаете благоухание их жизни, оно возвышает вашу душу. Дурной же запах отталкивает вас. Вам не хочется находиться рядом с человеком, у которого «дурно пахнущий» характер. Такие люди хронически негармоничны. Они словно человеческие скунсы, обдающие окружающих неприятным запахом.

В религиозных организациях выделяются два типа людей: те, кто старается измениться к лучшему, и те, кто сварлив и создает проблемы, пытаясь изменить всех, кроме себя. Последние, похоже, получают наслаждение, ставя других в неудобное положение.

Помню, как в первые дни моего пребывания в Бостоне мы планировали организовать банкет. С нами были две пожилые дамы — их хлебом не корми, только дай посплетничать. Еще не подозревая об этом, я поручил им организацию банкета. И тогда кто-то сказал мне: «Будьте осторожны с этими дамами. Они учинили немало неприятностей другим учителям». Я принял это во внимание и стал наблюдать за их поведением.

Шли последние приготовления к банкету; мой секретарь разложил на главном столе рассадочные карточки с именами гостей. И тут эти две дамы начали возмущаться: «Почему за столом на помосте должны сидеть эти товарищи, а не мы?» Чтобы восстановить мир, мы посадили тех гостей за столики внизу.

Как-то раз эти две дамы принялись нарушать организационные планы нашего центра. Они хотели возглавить работу в Бостоне. Я отозвал их в сторонку и спросил:

— Вы принимаете меня в качестве своего духовного учителя?

— Да.

— А вы будете меня слушаться?

— Конечно, — заверили они меня.

Они думали, что я дам им какие-то высокие должности. Через некоторое время я встретился с ними уже по отдельности и рассказал им некий «секрет», взяв с них обещание, что они не будут его распространять. Они согласились. Через несколько дней каждая из них «по секрету» сообщила эту информацию множеству людей. Когда они поняли, что произошло, между ними возник раздор. Я стал их избегать, но они все-таки нашли меня. Я был в отеле Boston Plaza. Они позвонили мне по телефону и сказали, что хотят увидеться и поговорить со мной.

— Я с вами встречусь, — ответил я, — если вы будете говорить спокойным тоном. Повысите голос — я уйду.

Когда я спустился в вестибюль, они изо всех сил старались сдерживаться.

— С какой целью вы рассказали нам этот «секрет»? — спросили они.

— Чтобы продемонстрировать вам, что вам нельзя доверять, что вы не преданны и любите ссориться да сплетничать. Таким образом я просто хотел показать вам, что вы ведете себя неправильно. Я поведал вам информацию, которая не представляет никакой ценности, только чтобы проверить, сохраните ли вы ее втайне или продолжите учинять неприятности своими сплетнями. Проблема не в учителях, которые приезжали в этот город и которых вы открыто критикуете, — проблема в вашем характере. Я просил вас всего об одной вещи, но вы не смогли сдержать свое слово. Понимаете ли вы, что из-за вашей репутации вас в этом городе не любят? Те проблемы, которые вы создали другим, теперь обернулись против вас. Если вы не можете сдержать слово перед своим духовным учителем, можете ли вы рассчитывать, что вам будут доверять окружающие? Если вы не выполняете свои обязательства передо мной, вы не будете выполнять их и перед другими людьми. Как вы можете при этом чувствовать истинный покой и счастье в своей душе?

Я был искренен, когда давал беспристрастную оценку их поведению. К этому я добавил:

— Я не стану отстранять вас от своих занятий, но вы должны пообещать мне, что на этих мероприятиях вы ни о ком не будете говорить плохо. Не смотрите на себя как на учителей. Если вашим желанием учить движет гордыня, вы не способны учить. Прежде начните жить этими учениями, и тогда остальные последуют вашему примеру.

И знаете что? Часами они сидели на этих занятиях и ни разу никого не побеспокоили. Они были самыми кроткими из всех обучающихся. Как видите, я сумел поладить с ними только потому, что не сердился. Соблюдая такт, я привел их к осознанию их психологических изъянов.

Если вы хотите жить в мире и согласии с другими, недостаточно просто быть тактичным. Подавайте людям хороший пример, будьте спокойны, уравновешенны, искренни и радостны; всегда поступайте честно и не цепляйтесь за гордыню и эгоизм; делайте не то, что делают все, а то, что угодно Богу. Обретите покой посредством регулярной практики глубокой медитации, и вы с удивлением обнаружите, что ваши отношения с людьми улучшились.

Помимо всего прочего, развивайте свою способность быть полезным. Это и есть любовь. Подумайте об этом. Учитесь помогать людям своими мыслями, своей речью, своими конструктивными идеями. Но не давайте непрошенных советов: если ваше мнение не приветствуется, проявите самоконтроль и ничего не говорите. Если случилось так, что вы больше не можете оказывать нуждающемуся привычную материальную поддержку, а он из-за этого к вам охладел, так как полагался на вашу помощь, не берите в голову — продолжайте поступать правильно. Делайте все, что в ваших силах, и не думайте об этом.

Будьте искренни, никогда не льстите

Будьте искренни со всеми. Да, с помощью лести вы можете поладить с большинством людей, однако лесть разрушает как личность того, кто к ней прибегает, так и личность того, кому она адресована. Похвала не вредна, если она преподносится искренне. Всем людям нравится, когда им говорят слова ободрения и хвалят за те или иные поступки или внутренние качества — если это делается искренне. А вот льстить ради корыстной цели неправильно. Если моей любви недостаточно, я не подкупаю человека лестью.

Был у нас один состоятельный ученик из Милуоки, мистер Р. Он приехал к нам в годы становления организации, когда у нас практически не было денег, и снял комнату в Центре «Маунт-Вашингтон». Однако уже вскоре после прибытия он, вместо того чтобы учиться, принялся всех поучать. Я вызвал его к себе в кабинет и сказал:

— Я запрещаю вам давать деньги нашей организации. Я вручил вам свою любовь, а вы хотите от меня только лести. Вы пришли сюда, чтобы учиться, но вместо этого пытаетесь учить всех нас.

Он рассердился. Я же продолжил:

— Не думайте, что, если я ничего не говорю, вам удается меня дурачить. Вы хотите только одного — хорошей дозы лести, которая приносит вам удовлетворение. Но я не стану вам льстить.

На его глаза навернулись слезы, он сказал:

— Но здесь же все развалится. Выпуск журнала[5] прекратится, да и «Маунт-Вашингтон» без моих денег не проживет.

— Ну и что с того?

Он долгое время сердился и предсказывал, что без него все развалится.

— А может, и не развалится, — ответил я. — Будьте осторожны: вы предсказываете нам мрачное будущее, а я вам говорю, что, если вы будете так продолжать, вы лишитесь всех своих денег.

Он покинул Центр «Маунт-Вашингтон» и позднее присоединился к другому обществу. Там его обольстили и дали ему высокую должность, а затем отобрали у него все его деньги. Ему пришлось начинать все сначала. Во что бы мы превратились, если бы брали деньги у такого человека? Мне в таком случае пришлось бы закрывать глаза на его нечестивое поведение — а на это я бы никогда не пошел.

Вскоре после этого случая к нашей организации присоединился один из наших величайших благоприятелей и последователей — святой Линн[6].

В своей жизни я не раз видел удивительные вещи. Когда вы чем-то жертвуете во имя Господа, это не остается без Его внимания. Зачем завоевывать друзей и последователей лестью, если в таких отношениях нет места для Бога? Ваша неискренность приведет к тому, что от вас отвернутся люди и Сам Бог, а после смерти вы отправитесь в глубины астрального мира без поддержки совести, Бога и людей.

Прекрасны те отношения, что основаны на искренности и взаимоуважении. Не очерняйте свою дружбу с кем бы то ни было чрезмерной фамильярностью, ибо фамильярность порождает презрение. Я никому не позволяю быть излишне фамильярным при общении со мной. Если вы не уважаете человека или принимаете его как данность, это разрушает ваши взаимоотношения. В

---

[5] Журнал *Self-Realization* (см. глоссарий).

[6] Мистер Джеймс Линн (позднее известный как Раджарси Джанакананда) — успешный предприниматель, познакомившийся с Парамахансой Йоганандой в 1932 году и достигший божественного просветления благодаря практике учений Self-Realization Fellowship. На протяжении многих лет он являл собой идеальный духовный пример, а также был спонсором основанной Парамахансаджи организации. (См. глоссарий.)

общении с людьми проявляйте уважение, любовь и искренность.

Когда вам хочется побыть в одиночестве, отстраняйтесь от людей, уединяйтесь. Не оставайтесь в компании людей, если вы не готовы уделить им все свое внимание. Когда я пребываю с людьми, я общаюсь с ними сосредоточенно, уделяя им все свое внимание и даря им свою любовь. Но когда я один, я пребываю наедине с моим Богом. Не формируйте привычку проводить время с людьми без пользы. Если в общении все же есть смысл, тогда это прекрасно. Мне нравится работать с людьми над чем-то стоящим, а также развивать с ними возвышенные дружеские взаимоотношения; но я избегаю всего, что порождает дисгармонию. Держитесь подальше от занятий и людей, которые несут дисгармонию.

Приходите за истиной, что изливается из моей души

Как бы я хотел, чтобы этим истинам учили в детстве! Они должны отдаваться эхом в головах ваших детей. Уроки, усвоенные в раннем детстве, оставляют глубокий след в памяти. Еще будучи ребенком, я принял решение никогда не сердиться, и я ни разу не нарушил данную себе клятву. Время от времени я говорю жестко, но внутренне я никогда ни на кого не сержусь. Мне не нравится говорить твердо, но иногда я все же делаю это, так как некоторые люди лучше запоминают то, что было сказано строгим тоном. Внутри же я пребываю в неизменном покое. Если вы человек покоя, никто не сможет лишить вас безмятежности — если только вы сами не утеряете ее по неосторожности. Укрепившись в этом внутреннем центре покоя, я учу любви и доброте; это наивысший путь. Если кто-то не понимает таких вещей, я с ним не спорю, я просто молчу.

Вы приходите сюда за истиной, что изливается из моей души. И если хотя бы один человек примет эту истину и преобразит себя, это будет означать, что я сделал гораздо больше, чем если бы просто эмоционально будоражил людей.

От вас я хочу лишь одного: чтобы вы обрели радость в Боге. И вы хотите от меня только лишь Божьей мудрости и радости. Духовный человек будет ладить со всеми, даже если не все ладят с ним, потому что он всегда поймет, посочувствует и постарается направить к Богу.

Иисус сказал: «Небо и земля прейдут, но слова Мои не прейдут»[7]. Готовьтесь стать инструментом истины уже сейчас. Я часто говорил учащимся моей школы в Индии, что они должны не только изрекать правду и прощать, но и с готовностью встречать все неблагоприятные последствия. В своем стремлении поладить с людьми вы должны прилагать усилия, вы должны проявлять доброжелательность, любовь и сострадание, но при этом противиться неправде. Никогда ей не потворствуйте.

Наладили ли вы отношения с Богом?

Мой Мастер был великой душой, о таких душах вы узнаете, когда я допишу свою книгу[8]. Когда дело касалось идеалов, он никогда не опускался до уровня своих учеников. Он был твёрд и никогда не шел на компромисс. Он даже говаривал, что мои методы мягче его. Я понимал его. Словами не описать, сколько он для меня сделал. Я бы предпочел быть растоптанным его выговорами, чем сидеть на троне в замке, в котором нет Бога. Я всегда говорил ему, что больше всего на свете жажду наладить отношения с Богом.

Каждый день вы должны спрашивать себя: «Наладил ли я отношения с Богом?» Знаете, какие факторы указывают на то, что вы с Ним в разладе? Беспокойство, отчаяние и угрызения совести. Но когда вы с Ним ладите, ваша совесть чиста и вы все время опьянены внутренним счастьем и удовлетворенностью. Лишь одного я желаю: постоянно пребывать в этом счастье и поить живительными водами радости каждого, кто ко мне приходит.

Чем ближе вы к Богу, тем успешнее вы ладите с людьми. От вас может отвернуться весь мир, но через какое-то время он вновь повернется к вам лицом. И когда вы покинете эту землю, те, кто когда-то от вас отвернулся, скажут: «Пойдя по его стопам, мы тоже сможем вернуться в наш дом вечной удовлетворенности».

Вот почему в своих мыслях вы должны быть постоянно сонастроены с Абсолютом. Ни одно начинание не принесет вам такой

---

[7] Лк. 21:33.

[8] Имеется в виду «Автобиография йога», издаваемая обществом Self-Realization Fellowship.

радости, какую приносит поиск Бога. Окружайте себя хорошими мыслями, ибо эти мысли помогут вам стать ближе к Богу.

Эта истина пришла сюда навечно, ибо она была помещена в души великих людей. То, что воздвигнуто в душе человека, нетленно. В ваших же интересах следовать этой истине: вы найдете в ней неописуемую свободу. В самом начале духовные переживания едва уловимы, но они будут становиться все более ощутимыми по мере вашего продвижения на этом пути.

Я заинтересован лишь в вашей душе. Занимаясь саморазвитием, вы обнаружите в ней необъятную сокровищницу истины. Если вы будете изучать эти учения, вы познаете, что они не являются плодом воображения — это продукт прямого восприятия истины, данной мне и моим великим Гуру-наставникам. И помните: куда бы вы ни пошли, распространяйте это послание, и личный пример — наилучший из способов это сделать. Кроме того, помогайте всем людям добрыми мыслями истины. Те, кто будет упорен до самого конца, обретут свободу в Боге.

Встреча с Богом в конце пути несет огромное утешение. И неважно, через какие жизненные испытания и разочарования мы проходим, если в итоге нам все же удается встретиться с Ним. Мы принадлежим Ему, и в Нем мы найдем исполнение всех наших желаний. Поэтому мы никогда не должны падать духом, что бы ни происходило в нашей жизни. Повторяйте за мной: «Господи, лишь Твоя радость во мне пребывает, лишь она одна».

Давайте же помолимся вместе:

«Отец Небесный, научи меня ладить с Тобою. Пусть Твое понимание поможет мне жить в мире и согласии со всеми. Благослови меня, дабы я мог служить примером Твоего послания. Научи меня ежедневно делать лишь то, что угодно Тебе и несет людям покой, гармонию и понимание; научи меня делать это искренне, соблюдая Твои законы. *Аум*. Мир и покой. Аминь».

Психология ранимости

Главный международный центр Self-Realization Fellowship, Лос-Анджелес, Калифорния, 4 августа 1934 года

В процессе развития духовного сознания очень важно овладеть искусством не быть ранимым, сверхчувствительным. Внимательно изучив психологию ранимости, мы обнаружим, что она есть результат ложного восприятия, комплекса неполноценности и неуправляемого эго. Ранимость выражается в отсутствии контроля над своей нервной системой. Стоит мысли об обиде промелькнуть в уме, и нервы тут же восстают против нее. Некоторые люди никак не демонстрируют свою реакцию внешне, но внутри при этом кипят негодованием или обидой; у иных людей эмоция выражается в незамедлительной реакции глазодвигательных и лицевых мышц, а зачастую и мышц языка — когда они дают резкий ответ. Как бы то ни было, быть ранимым — значит делать себя несчастным и излучать негативную вибрацию, которая отрицательно воздействует на окружающих. Вашей побудительной силой в жизни должна быть способность постоянно источать ауру покоя и доброжелательности. Тот является хозяином своей жизни, кто сохраняет самообладание, когда с ним плохо обращаются, — даже если у него есть веская причина для возмущения.

Людям свойственно быть ранимыми. Ложные эмоции ослепляют глаза мудрости. Даже когда ранимый человек неправ, ему все равно кажется, что он чувствует, мыслит и поступает правильно. Но ясно видеть свои и чужие достоинства и недостатки — без предвзятости и нетерпимости эмоционального эго — человек способен лишь в том случае, если с его внутреннего взора спала пелена неведения. Тогда он с почтением относится ко всему благому и остается трансцендентно равнодушным к тому, что психологически не целостно.

Многие люди думают, что они должны жалеть себя, когда

их критикуют, и что чувствительность несет облегчение. Однако такие люди подобны наркоманам: с каждой дозой опиума они все глубже погружаются в свою привычку. В отношении чувствительности будьте твердым, как сталь. Не будьте ранимым и не питайте к себе чувства жалости.

Сверхчувствительный человек зачастую страдает на ровном месте, и обычно никто не знает, что он страдает, не говоря уже о причинах его страданий. А он тем временем продолжает отгораживаться от мира и чувствовать себя обиженным. Таить обиду на чей-либо проступок бессмысленно, этим вы ничего не добьетесь. Лучше всего проявить самообладание и устранить саму причину своей ранимости.

В детстве я был очень чувствительным, и больше всего от этого страдал, естественно, я сам. Это было пыткой. Поскольку я был столь чувствителен, некоторым людям очень нравилось сыпать мне соли на хвост. Ваш «хвост» — это ваш покой, и в этом смысле никто не должен быть способен вам «насолить». Мое расстройство было вызвано не только насмешками со стороны окружающих, но и тем, что я принимал их колкости слишком близко к сердцу. Я обнаружил, что чем больше я препирался с теми, кто меня критиковал, тем больше удовольствия они от этого получали. Тогда я твердо решил, что больше никто не сможет лишить меня покоя. Мысленно я произнес: «Пусть критикуют сколько угодно». Я оставался безразличен к их беспричинным колкостям, они задевали меня не больше, чем мертвеца. Вскоре насмешники перестали меня поддевать: они потеряли к этому всякий интерес. Многие из них даже стали моими друзьями и последователями. Требовать от окружающих доброты и уважения бесполезно: такое отношение к себе нужно заслужить. Если вы искренне добры и вежливы к людям и на любезность отвечаете любезностью, к вам всегда будут относиться с уважением. И еще: не парализуйте своей ранимостью доброжелательность тех, кто высказывает вам конструктивную критику. Содействуйте тем, кто пытается вам помочь.

Мой Мастер, Свами Шри Юктешвар, был очень строг со мной. Он наблюдал за каждым ходом моей мысли и не стесняясь меня поправлял. Иногда он был даже жестким, но мне это шло лишь на пользу. Многие не вынесли его строгой дисциплины — но я вынес. Словами не описать, как я ему благодарен за то, что он сформовал мою жизнь руками своей мудрости. Духовно развитые люди отчетливо видят ваши недостатки. Когда доброжелатель, обладающий ясным внутренним ви́дением, искренне хочет вам помочь, его нужно воспринимать не как деспота, желающего вами помыкать, а как человека, который стремится дать вам понимание и силу, необходимые для распознания и преодоления слабостей. И вы должны содействовать ему. Будьте добры и вежливы; если вы вдруг начали эмоционально вязнуть в собственной ранимости, немедля возьмите себя в руки. Разумные люди, обладающие истинным пониманием, оставляют в покое тех, кто этого понимания лишен. Они не хотят растрачивать свое время, сентиментальничая с теми, кто их не слушает или же не желает слушать.

В сердце своем я никогда не позволяю себе быть ранимым. Я пребываю в мире и согласии с самим собой. Когда вы переживаете внутренний разлад, вы становитесь ранимым. Как это мелочно! Быть великим — значит оставаться добросердечным, как бы плохо с вами ни обращались. Вот так нужно жить. Не ждите завтрашнего дня — начните уже сегодня.

Вы должны научиться брать свои эмоции под контроль во мгновение ока. Если вы позволите пламени чувствительности объять ваше сердце и оставите его тлеть, фибры вашего внутреннего покоя сгорят. Мудрец контролирует свою чувствительность, ибо знает, что метафизически она являет собой не что иное, как орудие Сатаны[1], который пытается уничтожить покой души.

Когда вас что-то расстраивает, не пытайтесь оправдать свою горесть. Знайте: в такие моменты вы потакаете своей непомерной чувствительности. Не потворствуйте ей. Чувствительность — антидуховная, разрушающая покой нервная привычка, которая лишает вас самоконтроля и крадет ваше счастье. Как только в ваше сердце закрадывается чувствительность, она становится «помехой», не дающей вам услышать божественную песнь целительного покоя, что доносится из «радиоприемника» вашей души. Всякий раз, когда вас посещает чувствительность, не откладывая начинайте с ней бороться.

Между эмоциональной чувствительностью и духовной восприимчивостью есть большая разница. Духовно восприимчивые

---

[1] См. глоссарий.

люди беспристрастно следят за своими чувствами, при этом они в высшей степени восприимчивы к чувствам окружающих. Однако они не подвержены воздействию психологических импульсов, подобно тому как кусок масла может плавать на поверхности воды, оставаясь чистым и неизменным. А вот болезненная чувствительность подобна привидению, которое повсюду вас преследует. Она изматывает вашу нервную систему и заставляет вас думать, будто кругом одни враги. Сверхчувствительный человек зачастую винит в своих страданиях других людей, хотя должен попытаться понять, что ранит себя сам. В своей чрезмерной чувствительности надобно винить себя самого — не нужно сердиться на других.

Никто не должен видеть вас в плохом настроении, когда вы особо ранимы. Молча исправляйте себя. Если нужно, отстранитесь от окружающих и уединитесь в какой-нибудь комнате, пока ваш приступ чувствительности не пройдет. Ваше лицо отражает ваше внутреннее состояние — в основном то, что находится в вашем сердце, источнике всех чувств. Ваше лицо должно быть своего рода вдохновляющей проповедью. Ваша манера держать себя должна быть для других примером, маяком, который указывает потерпевшим кораблекрушение душам путь в бухту покоя — туда, где они найдут прибежище.

Ваше лицо должно быть алтарем, на котором воцарился покой, на котором воцарился Сам Бог, — алтарем, у которого собираются все ревнители умственной благости, чтобы воздать молитву Всемогущему Господу покоя и любви:

«Отец Небесный, благослови нас, дабы в своем сердце, в своих мыслях и в своих чувствах мы смогли воздвигнуть храм чистоты и наш нрав стал алтарем, на котором горят свечи покоя и Твоей любви».

Почему любовь побеждает там, где ревность терпит поражение

*Первый храм Self-Realization Fellowship
в Энсинитасе, Калифорния, 10 апреля 1938 года*

Откуда исходят ревность, гнев, страх — все негативные физические и умственные импульсы, понуждающие человека поступать неправильно? Многие утверждают, что они имеют психологическую природу. В действительности все это от лукавого. В мире оперируют две силы — добро и зло. Где есть добро, там есть и зло. Человек, наделенный самостоятельностью и свободой волеизъявления, страдает от последствий своих неправильных действий, однако не он сотворил все те факторы, которые побуждают его совершать ошибки. Растения не творят зла, и все же они подвергаются болезням. Страдают и животные, которые просто лишь следуют своим инстинктам, не сознавая зла. Благие деяния идут бок о бок с деяниями порочными. Бог сотворяет солнечный свет, а Силы Зла сотворяют разрушительные штормы и засухи. Вот расцвел прекрасный цветок, и уже вскоре его уничтожают насекомые. Бог говорит: «Люби», Силы Зла говорят: «Ревнуй, тебе дозволяется ранить неприятеля». Не слушайте голос темной силы. Это не вы. Ревность, гнев и страх порождены Силами Зла. Понимая, что эта сила сознательна, Иисус сказал: «Отойди от Меня, сатана»[1].

Когда вы слышите внутри себя голос ревности, гнева или страха, вспоминайте, что он исходит не от вас, и велите ему смолкнуть. Знайте: как бы вы ни старались изгнать из себя зло, у вас не получится этого сделать, пока негативное чувство живет в вашем сознании. Искорените ревность, страх и гнев *изнутри*, чтобы всякий раз, когда эти зловредные импульсы побуждают вас кого-то обижать

---

[1] Лк. 4:8.

или ненавидеть, ваш внутренний голос, который сильнее, повелевал бы вам любить и прощать. Прислушивайтесь к *этому* голосу.

Только представьте: если бы нам удалось избавить мир от эгоизма, ревности и гнева, не было бы больше никаких войн. Но эти разрушительные импульсы упорны, и они неустанно сражаются за власть с добром. Бог молвит о мире — Силы Зла призывают к беспокойству и раздорам. Бог подвигает вас к деяниям любви — Силы Зла склоняют вас к ссоре. Вы независимая личность, у вас есть право выбора. Если вы проявляете ревность, вы в сговоре с космической иллюзией Сатаны. Когда вы сердиты, вы ведомы Сатаной. Голос страха — его злодейский голос. Но если вы исполнены любви и прощения, с вами Бог. Содействуйте Ему: Он не может работать через вас, если вы Ему в этом не помогаете.

Все взаимоотношения должны быть основаны на дружбе

Последователей Сатаны ждет только одна «награда» — печаль. Божьи же последователи пребывают в блаженном покое. «Тот обретает покой, кто знает Меня... как Бесконечного Господа Миров и Друга всех существ»[2]. Прислушивайтесь к голосу Любви внутри вас. Живите любовью, практикуйте ее внутри и вовне; куда бы вы ни пошли, дарите всем любовь и понимание. Уподобьтесь цветку, аромат которого сильнее дурных паров ревности, страха и гнева. Источайте аромат божественной любви и дружелюбия в общении с каждым человеком.

Те, кто углубляет свою духовную чувствительность, смогут почувствовать пробуждение вселенского Христова Сознания в их расширяющейся любви. Взрастите в себе это сознание, поступая праведно по отношению к тем, кто вас окружает. Всегда думайте в первую очередь о других. Будьте бескорыстным другом для всех: для своего мужа или своей жены, для своих детей, коллег и вообще каждого, кто вам повстречается. Чтобы между людьми могла завязаться дружба, им следует принять индивидуальность друг друга. Тогда две души, столь несхожие по характеру, смогут вместе влечь

---

[2] Бхагавад-Гита V:29.

колесницу жизни к общей цели[3]. Человеческие взаимоотношения должны строиться на правде. Что бы вы ни говорили своему другу — даже если это слова несогласия или неодобрения, — делайте это с любовью, не злитесь и не грубите. Долг друзей — беспрестанно помогать друг другу развиваться. Когда души желают вместе расти в Боге, между ними рождается божественная дружба. Если душевные качества человека одухотворяются и совершенствуются в общении с искренними друзьями, а его любовь становится всеобъемлющей, он находит Друга всех друзей, Божественного Друга, скрывающегося за всеми человеческими взаимоотношениями.

Ревность знаменует конец счастья

В то время как Божья любовь объединяет, негативные импульсы Сил Зла разобщают и разрушают. Ревность и ее сообщники — страх, гнев и ненависть — оставляют после себя выжженную землю. Они губят человеческие отношения, рушат семьи, ломают жизни. Ревность знаменует конец счастья сначала для того, кто ревнует, а затем и для тех, кто стал объектом мщения. В их числе оказываются даже невинные наблюдатели, например, дети, живущие в распавшихся семьях.

Ревность наблюдается повсеместно, она постоянно угрожает человеческим отношениям. Много раз я видел ее в действии. Каждому хочется занять теплое местечко, но лишь немногие желают прилагать усилия, чтобы заслужить его или взять на себя полагающуюся ответственность. Разобщающая природа ревности превращает рай гармонии в ад раздора. Один ревнивый человек может создать столько проблем! Старайтесь вообще не подавать причин для ревности. Если нужно, приложите все усилия, чтобы создать атмосферу понимания.

Ревность исходит от комплекса неполноценности

Ревность исходит от комплекса неполноценности и выражается в страхе и подозрительности. Другими словами, человек боится, что в своих отношениях с супругой (супругом), с детьми или с окружающими он ударит лицом в грязь. Если вы чувствуете,

---

[3] См. стихотворение "Friendship" в книге Парамахансы Йогананды *Songs of the Soul* (издается обществом Self-Realization Fellowship).

что у вас есть причина для ревности — например, вы опасаетесь, что любимый человек заинтересовался кем-то другим, — прежде всего постарайтесь отыскать причину в себе: возможно, в вас чего-то недостает. Совершенствуйтесь, занимайтесь саморазвитием. Расположение и уважение человека можно удержать, только следуя закону любви и удостаиваясь признания путем саморазвития.

Любовь и родственные ей чувства невозможно завоевать или удержать настойчивыми просьбами, мольбами или подкупом. Я наблюдал, как некоторые люди ведут себя в обществе богатых и влиятельных персон. Как-то я спросил одного индийского принца: «Как вы считаете, любят ли вас люди, которые окружают вас вниманием?» Он ответил: «Да». Однако я видел их совсем в другом свете, посему предостерег его: «Перестаньте давать им деньги и подарки, и вы увидите, что они с вами не искренни. Их лесть — просто издевка над вами».

Настоящую любовь нельзя купить. Чтобы заполучить любовь, сперва нужно научиться ее отдавать, причем безоговорочно. Неуверенный в себе человек не следует данному правилу — потому и ревнует. Это сердит того, кого он любит, и в итоге такая любовь себя не оправдывает. На злобу сия ревность отвечает желанием отомстить. Но всякий раз, когда один человек намеревается ранить другого, он ранит лишь себя самого — все больше и больше. Порочные деяния берут начало в порочных мыслях. Эти смертоносные психологические паразиты поедают само существо человека. Они испепеляют внутренний покой — ценнейшее достояние человека.

«Пусть остальное уйдет!»

Зачем кого-то ревновать? Если вы дарите человеку любовь, а он ее не ценит, и если он не желает с вами общаться или отдает предпочтение кому-то другому, хотя этого, как вам кажется, заслуживаете именно вы, ревность все равно не поможет вам его удержать, равно как и снять напряженность в ваших отношениях. Едва ли можно достичь счастья, делая друг друга заложниками ревности и притязаний. Любовь и доверие — залог успешных отношений. Любовь выживает там, где есть уважение и желание быть полезным и отсутствует чувство собственничества.

Как же излечиться от ревности? Всякий раз, когда она

пытается вас поработить, уверенно произносите аффирмацию: «Я свободен от кандалов ревности и страха. Что должно быть моим — будет моим. Пусть остальное уйдет!»

Освободившись от ревности и страха, вы познаете счастливую жизнь. Вы *можете* обрести свободу. Что должно быть вашим, то будет вашим; вас не осчастливит то, что для вас не предназначается. Ищите удовлетворения в неустанном саморазвитии, и тогда вам уже не придется добиваться людей — люди будут добиваться вас. Дарите всем дружбу и любовь, не ожидая ничего взамен, а иначе вы станете жертвой разочарования.

Занимаясь саморазвитием, учитесь проявлять стойкость, будьте уверены в своих добродетелях и сохраняйте чувство собственного достоинства. Если вы хотите, чтобы люди в вас верили, помните: их интересует не столько то, что вы говорите, сколько то, что вы собой представляете, то, что вы чувствуете в своей душе. Как бы с вами ни обходились, внутренне всегда оставайтесь ангелом. Будьте искренни и добры, проявляйте любовь и понимание. Тот, кто не ценит великодушия, не достоин вашего внимания. Даже если вы вынуждены расстаться с любимым человеком, лучше остаться в его памяти ангелом, чем чудовищем с горящими от ревности глазами. Пусть он уйдет с приятной мыслью о вашей любви: такая любовь останется в его сердце навсегда.

Мысли могут быть более действенными, чем слова

Никогда не грубите в приступе ревности. Рот может уподобиться пушке, а речь может быть более разрушительной, чем взорванный снаряд. Будьте разборчивы в выборе слов. Людям не нравится, когда им указывают на их недостатки. Если ваши советы или конструктивная критика не приветствуются, сохраняйте молчание: чем больше вы будете говорить, тем больше будете усложнять ситуацию.

Порой мысли могут быть более действенными, чем слова. Человеческий ум — самый мощный радиопередатчик на свете. Если вы будете постоянно «вещать» позитивные мысли любви, они окажут воздействие на окружающих. Аналогичным образом, если вы будете вещать мысли о ревности или гневе, окружающие воспримут эти мысли и будут вести себя соответственно. Попросите Бога поддержать ваши усилия. Если, например, мужу случилось «загулять», его жена должна молиться Богу: «Господи, помоги мне помочь моему мужу. Очисти мое сердце от ревности и обиды. Я молюсь лишь об одном: пусть он осознает свою ошибку и изменится. Господи, не покидай его и благослови меня, дабы я смогла поддержать его». Если вы глубоко общаетесь с Богом, человек непременно исправится. Чем сильнее человек заблуждается, тем больше доброты к нему вы должны проявлять. Вместо того чтобы впадать в ревность и бояться потерять любимого человека, выработайте правильное отношение к ситуации и ведите себя примерно, будьте привлекательны физически и сильны психологически и духовно.

Решение всех проблем — в Боге

Никогда не забывайте, что в Боге кроется решение всех жизненных проблем, с которыми сталкивается ваша душа. Бог есть любовь, а любовь есть панацея от всех человеческих страданий. Нет ничего лучше любви — присущего Богу качества притяжения и единения, которое проявляется в душе каждого человека. Когда любовь к семье, к обществу и к стране расширяется, она объемлет весь мир. Такая всеохватывающая любовь есть чистая любовь Господа. Только когда вы достигнете этой любви, вы станете полноправным гражданином Божьего Царства. Всегда гордитесь тем, что вы дитя Божие, ибо в чуждом вам царстве материи вы лишь ненадолго. Развивайте заложенную в вас божественную любовь, и вам удастся восстановить свое гражданство в Божьем Царстве.

Вы найдете это Царство, когда научитесь медитировать глубоко. Оно внутри вас — Бог находится внутри вас. Именно Его сила одаряет вас способностью говорить, двигаться и чувствовать. Без Него вы бы ничего не могли делать. Он одновременно трансцендентен — то есть пребывает за пределами всего сущего — и имманентен, а это означает, что вы можете общаться с Ним прямо внутри себя. Если вы протрете зеркало внутренней тишины от пыли беспокойства, вы узрите Его отражение.

Никогда не пропускайте ежедневных встреч с Богом в медитации. Мудрые люди считают общение с Богом своим долгом. Если вы искренни, вы познаете Бога в этой жизни, а познать Его — значит обрести свободу.

«Алмазные» умы отражают Свет Бога

Глубоко в своем сердце вы знаете, что текущее положение дел не сулит вам счастья. Есть лишь один прямой путь к счастью: контакт с Богом. «Здесь нет любви тому, кто не любил Меня»[4]. Бог единственный, Кто вас никогда не оставит. Чтобы найти Его, нужно следовать за тем, кто Его познал. Войдите в унисон с великими душами, которые с Ним общаются: только они могут привести вас к Богу. В Индии — стране, которая в совершенстве освоила науку богопознания — я искал такую душу много лет, пока не нашел своего Гуру [Свами Шри Юктешвара], который обрел контакт с Богом.

Жизнью всех людей управляет причинно-следственный закон. Посмотрите, как сильно вы изменились, просто лишь посещая эти службы. Изучайте *Уроки Self-Realization Fellowship*, и вы найдете ответы на все свои вопросы. Новое понимание в корне изменит вашу жизнь. Тем, кто еще не встал на этот путь, но хочет знать больше, нужно оформить подписку на эти инструкции и научиться медитировать — медитировать регулярно. Исполнитесь решимости непоколебимо следовать пути Самореализации. Вы обретете спасение, и своей новой жизнью вы покажете другим, как можно обрести спасение. Каждый день помогайте своему ближнему — материально, психологически и духовно — и постарайтесь пробудить какую-нибудь душу к осознанию того, что ей необходимо следовать пути к Богу.

Каждый из тех, кто сюда приходит, должен принять твердое решение никогда не пропускать свою ежедневную медитацию. Вас может не стать в любую минуту. Используйте данное вам время, чтобы прилагать усилия к познанию Бога. Он единственный, Кто пребудет с вами во веки веков. «А тем, которые приняли Его, верующим во имя Его, дал власть быть чадами Божиими»[5]. Солнце светит как на уголь, так и на алмаз, но алмаз отражает солнечный свет, а уголь — нет. Те, кому удалось стать духовным алмазом, отражают солнечный свет Божьего сознания — они становятся сынами Божиими.

---

[4] Фрэнсис Томпсон. Гончая небес.
[5] Ин. 1:12.

Великие Мастера[6] — «алмазные» умы, и мы должны выстраивать свои жизни согласно их примеру. Следовать им — значит избрать быстрый и прямой путь к божественному освобождению.

Эффективность исключительной преданности

Многие из тех, кто сегодня здесь присутствует, в этой жизни были рождены американцами. Вы не знаете, какой национальности вы были в прошлой инкарнации и какой будете в грядущей, — но вы всегда были и будете Божьими детьми. Пришло время слить воедино все наши различия и соединиться в Боге. Пробейте крепостную стену Его молчания. Он прячется, потому что видит: большинству людей Он не интересен. Но если вы твердо вознамеритесь установить с Ним контакт, Он вам ответит. Если вы полны решимости найти Его, вы познаете Его. Никто не поднесет вам Его на блюдечке, так же как никто не будет есть за вас вашу пищу. Вы должны приложить собственные усилия. Иисус сказал: «Жатвы много, а делателей мало»[7].

Рано утром и перед сном говорите с Богом на языке своего сердца: «Яви Себя! Яви Себя! Почему Ты прячешься от меня?» Продолжайте молиться Ему преданно, с неослабной решимостью — до тех пор, пока вы не растворитесь в мысли о Боге. Не сдавайтесь! Наберитесь терпения и не падайте духом. Занимаясь своими повседневными делами, удерживайте мысль о Боге в глубинах своего сознания. Бывает так, что у вас в голове, словно динамо-машина, постоянно крутится одна и та же мысль, генерирующая желаемый результат. Именно таким образом вы должны непрестанно думать о Боге. Как сказал Кришна в Бхагавад-Гите: «Я легко достижим для того целеустремленного йога, ум которого сосредоточен исключительно на Мне, который постоянно помнит обо Мне»[8].

Я познал эффективность такой целеустремленности в ранние годы моей жизни. Когда я был маленьким, я написал Богу письмо и опустил его в почтовый ящик. Каждый день я со слезами на глазах ждал от Него ответа. Время шло, а ответ все не приходил. Но я не

---

[6] Гуру-наставники общества Self-Realization Fellowship (см. глоссарий).

[7] Мф. 9:37.

[8] VIII:14.

терял надежды, я знал, что Он обязательно ответит на мое письмо. И вот однажды ночью я узрел Его ответ в ореоле великого света: золотыми письменами Он начертал послание, в котором говорилось, что Он всегда будет со мной и всегда будет меня хранить.

Когда вы установите контакт с Богом, вы обнаружите, что этот безмолвный Друг помогает вам во всех сферах вашей жизни. Мы любим тех, кто нам полезен, но превыше всего мы должны любить Бога, ибо Он полезен, как никто другой. Мы любим своих родителей и друзей за все то, что они делают для нас. Но ни от кого нет столько пользы, как от Бога, потому что Он может воскресить нашу душу и освободить нас от всякого человеческого рабства.

[Следующие слова Парамахансаджи предварили период исполнения духовных песнопений и медитации.]

Мысленно обратитесь к Богу, исполнившись в своем сердце пламенного рвения и искренности. Сознательно взывайте к Нему в своем храме тишины и, все глубже погружаясь в медитацию, найдите Его в храме экстатического блаженства[9]. Пойте с осознанием Божьего присутствия. Посылайте Ему любовь всем своим сердцем, всем своим разумением, всей своей душой, всей крепостью своею. Интуитивно почувствуйте, как из-за туч вашего беспокойства Господь пробивается как великая радость и покой. Радость и покой суть голоса Господни, дремлющие за завесой вашего неведения, будучи забыты и заглушены трезвоном человеческих страстей.

Царство Божие скрывается прямо за темнотой закрытых глаз, и ваш внутренний покой — первые врата, через которые вам надлежит пройти. Выдохните, расслабьтесь и почувствуйте, как этот покой заполняет все вокруг — как внутри, так и вовне. Погрузитесь в этот покой.

Сделайте глубокий вдох. Выдохните. А теперь забудьте о дыхании. Повторяйте за мной:

«О Всевышний Отец, заглуши все звуки мира и небес. Я пребываю в храме тишины. Твое вечное царство покоя ярус за ярусом простирается перед моим внутренним взором. Пусть проявится во мне это бесконечное царство, столь долго пропадавшее во мраке.

---

[9] Отсылка к песне "In the Temple of Silence" из сборника Парамахансы Йогананды *Cosmic Chants* (издается обществом Self-Realization Fellowship).

Покой наполняет мое тело, покой наполняет мое сердце, покой наполняет мою любовь; покой внутри, покой вовне, покой везде. Бог есть мир и покой. Я Его дитя. Я есть мир и покой. Я и Отец — одно. Нескончаемый покой окутывает мою жизнь и пропитывает каждый миг моего существования. Да пребудет со мной мир и покой. Мир моей семье, мир моему народу, мир всему миру, мир всему космосу. Добра всем народам, всем существам. Все они мои братья, а Бог — наш общий Отец. Мы живем в Соединенных Штатах Мира, которыми правят Бог и Истина. Отец Небесный, да придет Твое мирное Царство на землю таким, какое есть оно на небесах; да освободимся мы от разделяющей нас дисгармонии; пусть все мы станем совершенными гражданами Твоего мира — в телах, умах и душах своих. *Аум*. Аминь».

Откройтесь навстречу Христову Сознанию

Главный международный центр Self-Realization Fellowship, Лос-Анджелес, Калифорния, 23 декабря 1934 года

«Отец Небесный, благослови нас этим утром, одари нас восприятием Иисуса, дабы и мы смогли почувствовать Твою вездесущность как Христово Сознание, живущее в каждой поре пространства, в каждом его атоме. Отец, мы благодарим Тебя за то, что Ты послал нам Своего великого сына в обличье Иисуса. Он есть лучезарный свет, освещающий человечеству путь к духовности. Мы кланяемся Иисусу Христу. Пусть он воцарится на алтаре наших сердец. Пусть его дух проявится в нас.

Мы призываем дух Иисуса, вездесущее Христово Сознание, низойти в наше сознание и одарить нас восприятием Бесконечного. Да проявится в нас Бесконечный Христос, живущий в пространстве, в цветах, во всех существах и в наших сердцах — всюду и везде. *Аум. Аум. Аум*».

Воспламените свои сердца преданной любовью, дабы свет Христа возгорелся внутри вас ярким пламенем. Неописуемые чистота, покой и счастье искрятся и танцуют в вашей душе. Пусть ваш внутренний покой соединится с трансцендентным безграничным покоем. Вы погружены в его вечный свет. Все ваше существо наполнено благодатным вездесущим сиянием Христа. За пределами тела и дыхания вы живете как вечный свет Христовой радости и покоя.

Это благословенное утро предваряет духовное и светское празднование рождения Иисуса[1]. Отмечая его день рождения,

---

[1] Много лет назад Парамахансаджи ввел обычай отмечать рождение Христа восьмичасовой медитацией. Медитация проводилась в канун Рождества или за два дня до праздника, а 25 декабря отмечалось уже традиционное, светское Рождество.

мы не думаем о нем как о беспомощном младенце, ибо в физическом теле младенца Иисуса родился дух Христа, а в его сознании пребывал вездесущий Господь. Когда мозг его еще только формировался, в нем уже жила мудрость Духа. Именно поэтому малое дитя удивляло ученых мужей своими мудрыми не по годам словами. Хотя Божий Дух и воплощается в телах великих душ, им все равно приходится разыгрывать драму детства, юности и других стадий жизни, включая смерть. Однако нужно помнить, что за их смертным человеческим сознанием стоит неизменное Христово Сознание, чистое отражение Духа, в отношении которого мудрецы Индии используют термины *Кутастха Чайтанья* и Сознание Кришны. Лишь немногим доступно такое понимание Иисуса. Когда вы воистину познаете Христа, вы поймете, как принять в своем сознании его вездесущий дух.

Как отметить Рождество надлежащим образом

Почему мы празднуем священное рождение Христа в определенный день? Этот праздник не должен быть просто лишь поводом для массовых увеселений и дарения подарков, его цель — пробудить в наших умах вдохновение: мы должны вдохновляться совершенными качествами Христа. Когда вы смотрите на портрет человека, вы вспоминаете о его отличительных чертах. День памяти должен служить тем же целям.

Грустно, когда люди забывают об истинной сути Рождества. Миллионы людей думают только о материальной стороне этого священного праздника. Но нас среди них не будет. Завтра мы проведем нашу Рождественскую медитацию. С десяти утра до шести вечера мы будем медитировать на Христа. Наша цель — почувствовать его присутствие и его сознание. Люди не знают Христа. Они забаррикадировали врата поклонения своими материальными желаниями, вот почему Христос не может через них пройти. Но ему удастся это сделать, когда сии врата отворят ему с любовью. Я хочу, чтобы каждый из вас отнесся к духовному празднованию Рождества со всей серьезностью. Наша планка высока: мы должны принять Христа в своем сознании.

Божья справедливость

Иоанн Богослов сказал: «А тем, которые приняли Его, верующим во имя Его, дал власть быть чадами Божиими, которые ни от крови, ни от хотения плоти, ни от хотения мужа, но от Бога родились»[2]. Эти священные слова свидетельствуют о Божьей справедливости. Если бы Бог дал силу воли и проницательность — то, что так необходимо для преодоления искушения и достижения единения с Ним — только одному человеку, Иисусу Христу, мы бы оказались в незавидном положении и не имели бы никакой надежды. Иисус был таким же, как и мы, — одновременно смертным и божественным. Если бы это было не так, все его испытания и перенесенные на кресте страдания были бы просто фарсом. Однако он был совершенным человеком, идеальным примером, которому могут следовать все богоискатели, несущие на плечах свой собственный крест. Разве мы смогли бы преодолеть мириады искушений *майи*, если бы мы не были сотворены по образу и подобию Бога и так же любимы Богом, как Иисус? Разница между Иисусом и большинством других людей состоит в том, что он успешно прошел через все испытания, в то время как остальным еще только предстоит это сделать. Он обрел божественность Христова Сознания, ибо не переставал прилагать усилия к тому, чтобы преодолеть все смертные соблазны и привязанности. Тот факт, что Иисус был таким же, как мы, должен ободрить нас и пробудить в нас желание уподобиться ему.

Иисус добровольно прошел через распятие — что может быть серьезнее этого испытания? Патанджали подчеркивает, что даже великие святые чувствуют привязанность к своему телу в свой последний час и не хотят с ним расставаться. Мой Гуру [Свами Шри Юктешвар] объяснял, что нежелание покидать свое тело сродни переживанию птицы, которая так долго жила в клетке, что уже боится покинуть заточение и воспарить к бескрайним небесам. Слова Иисуса на кресте свидетельствуют о том, что он переживал внутренние борения, разрывая последнюю нить своей привязанности к телу[3]. Он боролся со своей человеческой при-

---

[2] Ин. 1:12–13.

[3] «Боже Мой, Боже Мой! для чего Ты Меня оставил?» (Мф. 27:46); «Отче! в руки Твои предаю дух Мой. И, сие сказав, испустил дух» (Лк. 23:46).

родой и победил, именно поэтому в моем понимании он являет собой идеальный пример для всего человечества.

Умы миллионов людей в этом мире подобны углю: они не способны отражать божественное сознание, таящееся в их душе. Вы должны стать «алмазами», сияющими светом Христова Сознания. Если хотя бы один человек в этой аудитории обретет просветление, это будет куда лучше, чем если я буду выступать перед тысячными аудиториями, которые приходят лишь ради очередной порции вдохновения. Я знаю, что некоторые из вас обрели реальную связь с Христом. И это радует меня больше всего.

Между воображаемой и истинной Самореализацией есть большая разница. Если вы задействуете свое воображение, вы сможете видеть подсознательные сны и внутренние «видения» Христа хоть каждый день. Но это ни в коем случае не будет означать, что вы установили с ним реальный контакт. Истинное явление Христа — это общение с Христовым Сознанием. Если вы войдете в унисон с таким Христом, ваша жизнь в корне изменится.

Универсальность Христова Сознания

Любовь Бога воодушевляет нас и расширяет наше сознание. Я больше не воспринимаю себя существом, ограниченным лишь этим телом, — я чувствую, что пребываю во всех телах. Я не делю людей на расы и не провожу между ними иных различий. В своем сознании я ощущаю всех вас частичкой себя — точно так же как ощущаю себя в каждой частичке моего физического тела. Все живое я чувствую внутри этого тела. Мне известны ощущения каждого. Это не плод фантазии, это — Самореализация. Такое ви́дение выходит далеко за пределы телепатии. Это осознание восприятия всех живых существ. Это и есть Христово Сознание.

Когда этот Христос входит в вас, вы лишаетесь своего эго, ваше маленькое «я» уничтожается. В этом смиренном ощущении вы обнаруживаете себя в долине сладостных мечтаний, долине, благоухающей распустившимися цветками Самореализации, которых питают воды Бесконечного Христа. Они стекаются бурными потоками, стирая все границы безжизненности внутри вас. Вы чувствуете, что все сущее пропитано Единой Жизнью.

Бог есть непреходящее единство, таков и Христос. Если вы

хотите уподобиться Христу, вы должны вести себя как он. Бог мог бы проявить жестокость и уничтожить всех злодеев; весь мир Он мог бы уничтожить в одно мгновение. Однако вместо этого Он старается вернуть заблудшее человечество в Свое лоно посредством любви. Поэтому Иисус учит: «Любите врагов ваших», ибо Бог «повелевает солнцу Своему восходить над злыми и добрыми и посылает дождь на праведных и неправедных»[4]. И Бхагаван Кришна говорит подобное: «Тот является высшим йогом, кто равно относится ко всем людям: благодетелям, друзьям, врагам, чужакам, посредникам, завистникам, близким, праведникам и безбожникам»[5].

Почему вы должны кого-то ненавидеть? Это идет вразрез с вашими собственными интересами. Если кто-то вас ненавидит, а в ответ вы дарите лишь любовь, вы будете прекрасно себя чувствовать. Я дружелюбен ко всем. Если я попытаюсь кого-то невзлюбить, внутренне я обожгусь. Не питайте ненависти к своим врагам, любите их. Это лучший способ их покорить. Если кто-то в вашем окружении распространяет инфекцию ненависти, к чему контактировать с этой болезнью и способствовать возникновению эпидемии? Выработайте иммунитет против ненависти, используя антидот любви.

Помните: ваши враги тоже Божьи дети, и Он любит их так же горячо, как и вас. Господь подобен матери: каким бы ни было поведение ребенка, ее любовь остается неизменной. Те, кто совершает зло, подобны блудным сыновьям, и Бог очень хочет привести их обратно в отчий дом.

Вы должны любить своих врагов еще и по той причине, что обидчики в большинстве своем не понимают, что совершают зло, и чувствуют, что их поведение полностью оправданно. Ни один сознательный человек не захочет намеренно сделать кому-то плохо, большинство людей просто не осознаю́т ошибочности своих поступков. Они действуют импульсивно, не имея ясного видения и не осмысляя собственные действия. Другими словами,

---

[4] Мф. 5:44, 45.

[5] Бхагавад-Гита VI:9.

они «не знают, что делают»[6]. Такие люди наносят большой вред самим себе, поэтому мы должны им сострадать.

Как правило, возлюбить кого-то куда сложнее, чем возненавидеть: для этого необходимы внутренняя сила и чистота ума. Но мудрецу легче любить, чем ненавидеть, потому что он «видит свое [воссоединившееся с Духом] „Я" во всех существах и все существа — в Духе»[7]. Всех существ он видит частью своего высшего «Я», неразрывно связанного со вселенским Христовым Сознанием.

Чтобы впустить божественное сознание в свое человеческое сознание, мы должны быть выше традиционного ограниченного представления о Христе. Для меня Рождество — это мысль духовного масштаба, это осознание того, что наши умы являются алтарем Христа — Вездесущего Разума, пронизывающего все мироздание.

Кто из верующих в действительности знает, что представляет собой Христос? Обычный человек рисует в своем воображении младенца, родившегося в Вифлееме, спасителя, исцелявшего больных и воскрешавшего мертвых. Однако в божественном представлении Христос являет собой восприятие всего пространства, каждого атома. Именно такого Христа вы должны стремиться познать внутри себя. Выбросьте из головы все предрассудки и любите всех живых существ. Зрите в них Христа, потому что они являются частью вашего истинного «Я». Как вы можете ненавидеть свое истинное «Я», обитающее в другом физическом теле? Если вы таким вот образом проявляете ненависть к самому себе, значит, вы еще не познали Христа как Христово Сознание, скрывающееся за всеми человеческими мыслями и чувствами. Думая о ком-то плохо, вы стираете Христа из поля своего внутреннего зрения.

Христос рождается в колыбели нежности. Сострадательная сила любви мощнее разрушительной силы ненависти. Что бы вы ни говорили, что бы вы ни делали, проявляйте при этом любовь. Никому не причиняйте вреда. Никого не осуждайте. Ни к кому не питайте ненависти, любите всех — в каждом зрите Христа. Всех своих благ желайте и другим людям.

---

[6] Лк. 23:34.

[7] Бхагавад-Гита VI:29.

Все, чем вы владеете, в реальности вам не принадлежит, ибо это дано вам лишь на время. Смерть лишит вас всего. Сотрите в своем сознании чувство собственничества. Делитесь со всеми, и вы естественным образом притянете к себе все благое. Давайте, и дастся вам. Много раз я оставался без единого цента, но я всегда полагался на Банк Всевышнего, ибо Его благоденствие и сила — со мной. Вот что такое благополучие в высшем смысле этого слова. Чтобы суметь принять Христа в своем телесном храме, вы прежде должны тщательно подготовить к этому свое сознание. И тогда сей универсальный закон будет работать на вас в любых обстоятельствах.

Любите все страны и расы

Мыслите широко. Не думайте только о своей стране — любите все нации. Внутренние распри и войны непозволительны для человечества, нам необходимо общее стремление по привнесению сознания Христовой любви и единства в сердца всех людей. Глупо возводить барьеры между людьми разных рас, национальностей и религий. Каждая церковь — Божья церковь, каждое место отправления культа — храм Божий, каждый человек — дитя Божие. Если вы действительно верите в Христа и его учения, разве вы можете думать иначе?

Христа нужно призвать в собор внутренней тишины, и сделать это можно только путем медитации, исполненной чувства преданности. Новорожденное Христово Сознание должно пробудиться в колыбели каждого человеческого сердца. Поэтому не превращайте это Рождество в очередной повод вкусить материального счастья — сделайте свое сердце колыбелью, где может заново родиться Христос.

Если вы воистину хотите почувствовать Христа и познать его, медитируйте. Христос находится прямо внутри вас, и вы можете осознать эту истину, используя древние техники йогической медитации. Глубокая медитация — единственный «прибор», который способен уловить внутри вас присутствие всемогущей Благодати. Приведите свое тело в состояние покоя, выведите энергию из органов чувств и направьте ее в мозг, успокойте свое сердце, и тогда Христос будет с вами, вы почувствуете божественную радость бесконечного Христа. Если этой радости нет, значит, в вашем мышлении наличествует некий духовный узел, который нужно развязать. Приложите к этому усилие.

Наберитесь энтузиазма — Будда восемь лет сидел под баньяном, пока не достиг Вездесущего Сознания. Любой человек может к этому прийти, если приложит усилие. Будда, Христос, Кришна — великие пророки всех времен и народов обрели это сознание. Каждый, кто к этому стремится, достигнет успеха. Общество Self-Realization Fellowship было основано именно для того, чтобы показать вам, как это сделать. Таково истинное «Второе пришествие Христа». Уединяйтесь каждую ночь в тишине, следуйте духовным инструкциям, практикуйте *Крийя-йогу*. Медитируйте! Чего вы ждете? Пусть Христос воцарится на алтаре вашего сознания уже сегодня, чтобы он был с вами и в момент вашего перехода в иной мир. Не будьте более среди тех, кто по-прежнему восклицает: «Ну и где же Христос?!»

Второе пришествие Христа внутри вас

Да свершится Второе пришествие Христа в вашем сознании. Об этом я смиренно молюсь сегодня. Я благословляю каждого из вас, и, если вы будете глубоко медитировать во время рождественских праздников, вы сможете почувствовать присутствие Христа. Самый лучший подарок, который я могу вам преподнести — это восприятие Христа; вы должны воспринять его в своем собственном сердце. Встретьте его с распростертыми объятиями — для этого необходимо медитировать.

Ангелы тоже празднуют Рождество — в эфире. В день рождения Христа на землю пролился Негасимый Свет, и каждый год в священный рождественский сезон эфир наполняется этим Светом. Чествовать Христа в медитации — значит отмечать Рождество по-настоящему. Давайте же положим начало новой эпохе — эпохе празднования духовного Рождества во всех концах земли! Где бы вы ни находились, до последнего своего издыхания призывайте друзей провести один из рождественских дней в медитации. Тогда 25 декабря станет в их сердцах настоящим Рождеством.

Христос есть радость медитации. Именно его вы чувствуете в глубочайшие часы тишины. Всем вам я желаю воспринимать такого Христа в своем сердце каждый день, каждый час.

Не упускайте случая медитировать. Практикуйте *Крийя-йогу*. Всякий раз, когда у вас появляется свободное время и возможность побыть в тишине — медитируйте. Иисус обещал послать после себя Утешителя — Святой Дух. Когда вы настраиваетесь на Его вибрацию — вибрацию *Аум*, или Аминь, — вы чувствуете великую радость, Божье блаженство, как вездесущее Христово Сознание.

Вечное сознание за пределами всего мироздания — это Бог Отец. Бог Сын, или Разум Христа (в Индии его называют *Кутастха Чайтанья* или «Сознание Кришны»), скрывается в лоне Матери-Природы — Святого Духа, незримой созидательной силы *Аум*. Каждый раз, когда ваш ум настраивается на божественное сознание, в колыбели вашего пробуждённого духовного восприятия вновь рождается Христос. Выходя из тайной крепости Природы, Вездесущий Христос являет вам чудо безграничной любви и мудрости.

Распространяйте это послание — послание о возможности познания Христа, об истинном его Втором пришествии. Куда бы мы ни направились, всюду мы должны возводить Божьи храмы — не каменные сооружения, а живые храмы восприятия в душах людей.

В этот самый момент я созерцаю свет Бесконечного Христа, свет Предвечного Духа. В этом свете я благословляю и духовно очищаю вас. Пусть ваша жизнь пробудится в Христовом Сознании навеки и будет истинным посланником этого Света.

«Господи, к Тебе возносим мы молитву: пусть вездесущее Сознание Христа проявится в умах всех людей. Отец Небесный, даруй нам единство с Тобой. Пусть сердце каждого члена Self-Realization Fellowship, каждого члена нашей мировой семьи — всех существ на всех планетах — станет совершенной колыбелью Христова Сознания. Да пробудится в сердцах всех наших братьев та небесная радость, которую несёт Твоё восприятие. О Христос! Сделай нас духовными алмазами, что украшают Тебя сиянием своим».

В чем заключается истинное равноправие?

Приблизительно 1938 год

Истина не принадлежит ни Востоку, ни Западу, ибо являет собой неотъемлемую часть животворящей души. То же касается истинного равноправия: оно заключается не в политическом, социальном и экономическом равенстве (ошибочно полагать, что оно когда-нибудь настанет!), а в равенстве всех людей перед Богом, в их праве искать и познавать Его.

Невозможно трезво смотреть на вещи, не будучи благоразумным. Суждение должно быть здравым и касаться сути вещей, оно не должно быть основано на чьем-то голословном утверждении или мнении. Если человек не пытается разглядеть истину за пределами многообразных хитросплетений жизни, он никогда не познает свою истинную сущность и останется жертвой внешних сил, рабом обстоятельств. Безосновательная неприязнь — признак заблуждения и верный путь к страданиям.

Освобождающие инструкции, полученные от истинного гуру — того, кто в действительности познал Бога, — в полной мере можно усвоить лишь в том случае, если практиковать их на регулярной основе, ежедневно. На этот принцип учений Востока стоит обратить особое внимание. Чарующий свет истины, ведущий из темного мира материи к небесным силам божественности, не воссияет по воле случая, да и воспринять его не так-то просто; однако обнаружить этот свет и следовать за ним вполне реально.

В основе всех мировых религий лежат универсальные истины, которые друг другу не противоречат, но служат дополнением. Практически все формы вероисповедания и фундаментальные философские системы черпали вдохновение в священных писаниях древности. Любое хоть сколько-нибудь значимое и жизнеспособное духовное послание современности представляет собой видоизмененные истины минувших эпох, о которых уже говорили познавшие Бога мудрецы Индии. Эти просветленные *риши* посвятили свои жизни исследованию духовных законов и высшего потенциала человека, а также разработке определенных дисциплин, раскрывающих божественный потенциал души и позволяющих войти в унисон с космическими силами Вселенной.

У человечества есть лишь один настоящий враг — неведение. Давайте же вместе работать над его искоренением, попутно ободряя друг друга. Все избавленные от неведения души в равной степени благословлены нашим Единым Отцом, нашей Единой Матерью, нашим Единым Другом и Возлюбленным Господом.

Потребность в универсальных духовных принципах

Ответы на вопросы искателя истины

Нижеприведенные вопросы были заданы Парамахансе Йогананде в 1951 году выдающимся историком и автором книг об индийской культуре, профессором Раджпутанского университета (штат Раджастхан) Бхагватом Упадхайей. Беседа состоялась в Главном международном центре Self-Realization Fellowship в Лос-Анджелесе.

— Парамахансаджи, принадлежите ли вы к какому-либо монашескому ордену?

— Да, к индийскому Ордену Свами, реорганизованному много веков назад Свами Шанкарой, Ади Шанкарачарьей. Я и мой гуру Свами Шри Юктешвар, у которого я получил свое духовное посвящение, принадлежим к ветви Гири («гора»). Это одно из десяти подразделений Ордена.

— *Вот вы религиозный человек, но разве религия не является причиной раздоров, кровопролития и другого зла, совершаемого в мире?*

— Сам по себе факт существования фальшивого золота не умаляет ценности чистого золота. Вот и псевдорелигия не преуменьшает значимости истинной религии. Тот, кто злоупотребляет силой религии или притворяется религиозным ради саморекламы, становится лицемером, а иногда и вершителем зла; так что это люди творят зло, а не религия. Однако тот, кто своим личным примером демонстрирует благость истинной религии, или *дхармы*, возвышает сознание других и в то же время навсегда освобождает себя от печали. Истинная религия являет собой методы воссоединения тела, ума и души с Богом. Только такая религия может уберечь человека от всякого зла в этом мире.

— *Нужна ли религия как таковая для духовного роста человека? Разве тот, кто принимает определенную веру или вступает в какой-либо орден, не возводит вокруг себя барьеры, отгораживающие его от людей, исповедующих другие религии?*

— Догматические религии — это обходные пути, а иногда и тупики, ведущие человека в никуда; однако хорошая догматическая религия все же может вывести искреннего богоискателя на скоростную трассу истинной религии — а та уже приведет его к Богу. Этой скоростной трассой является йога — научный способ воссоединения с Богом. Бхагавад-Гита превозносит йогу как наивысший духовный путь, который совершеннее путей преданного поклонения, мудрости и праведного действия. Йогическая наука разъясняет, как человек низошел на землю из Духа и отождествил себя с плотью, чувствами и собственностью, а также как он может вознестись обратно к Богу. Прямое постижение истины, которое приходит с практикой йоги, предоставляет убедительное доказательство основополагающего единства всех религий посредством восприятия их общего знаменателя — Бога.

— *Должна ли религия обретать форму организованного сообщества, наподобие того, что существует у буддистов и христиан, или пусть она лучше будет индивидуальной интуитивной верой?*

— Организованная религия — это улей, а постижение истины — мед. Оба компонента важны. Но часто случается так, что организованная религия сосредотачивается на внешней стороне веры — на обрядах и церемониях, и тогда она становится пустым ульем догматов. Существует и другая крайность: некоторые йоги в Гималаях собирают мед Самореализации в своих собственных сердцах, но не делятся им с другими, ибо не строят улья организованной религии. Это эгоистично. Если организованную религию подпирают великие духовные ученые, она приносит миру большое благо. А если ею руководят эгоисты, фанатики или стяжатели, зачастую от нее больше вреда, чем толку.

— *Если вера человека интуитивна, нужен ли ему гуру?*

— Бог не говорит с неофитами открыто: их интуиция еще не

развита, а внутреннее руководство не безошибочно. Именно по этой причине Бог наставляет человека через инструкции гуру — того, кто непосредственно общается с Ним. Духовный наставник должен быть сонастроен с Богом, ведь «если слепой ведет слепого, то оба упадут в яму».

— *Разве религия не становится догматичной, если она обусловлена символами и правилами поведения?*

— Подобно тому как ядро ореха прячется в скорлупе, так и истинная религия скрывается за искаженными догматическими формальностями религии. Расколов скорлупу щипцами для орехов, человек может добраться до ядра. Аналогичным образом, истинные духовные искатели могут «расколоть» скорлупу догмы «щипцами» интуитивной медитации на духовные идеалы и добраться до сокрытой внутри истины. Ворона может сколько угодно ударять клювом о скорлупу грецкого ореха — ядра ей не видать, вот и поверхностные духовные искатели безуспешно кусают скорлупу религиозных догм, так и не добираясь до ядра истины.

— *Вы верите в основополагающее единство всех религий. Тогда почему последователи разных вероучений не доверяют друг другу и конфликтуют?*

— Мы читаем о таких конфликтах даже в древних писаниях. Ученики Шивы восхваляют его как величайшего из богов. Вайшнавы считают верховным богом Вишну — в том числе его аватаров Раму и Кришну[1]. Последователи разных вероучений не владеют полным знанием о жизнях тех, кто стоял у истоков истинных путей. Я часто говорю, что, если бы Иисус, Кришна, Будда и другие истинные посланники Господа собрались вместе, они не стали бы ссориться, но вкушали бы нектар из единой чаши Божьего восприятия.

Многообразие точек зрения верующих напоминает мне об индийской притче о шести незрячих братьях, которые мыли слона. Один из них мыл бока животного, он возгласил, что слон — это огромная стена. Услышав это, его брат, мывший хобот, выразил

---

[1] См. *Брахма-Вишну-Шива* в глоссарии.

свое несогласие и стал утверждать, что слон — это гибкий бамбуковый шест. Третий мальчишка — ему было поручено мыть уши слона — посчитал своих братьев глупцами и стал настаивать на том, что слон — это два банановых листа. Услышав эти абсурдные заявления, четвертый из братьев — тот, который мыл ноги слона — поправил остальных, дав слону собственное определение: это массивная крыша на четырех колоннах. Пятый из братьев мыл клыки, и он лишь усмехнулся: в его представлении слон был просто двумя костями. Шестой мальчишка, мывший хвост, был уверен, что все его братья сошли с ума, и категорично заявил: слон представляет собой веревку. Будучи самым молодым и низкорослым, он не мог дотянуться до основания хвоста и потому думал, что тот свисает с небесных сфер, в которых обитают боги.

В самый разгар ссоры явился их зрячий отец и сказал: «Вы все правы и в то же время не правы. Правы потому, что безошибочно описали свои ощущения, а не правы потому, что почувствовали лишь часть целого. Слон — это совокупность всех этих частей».

Сознание человека эволюционирует от инкарнации к инкарнации, все глубже погружаясь в океан истины. Каждый человек усваивает столько, сколько позволяет ему его личный опыт. Разница в восприятии — вот что является причиной противоречий и раздоров, ведь каждый видит лишь толику истины. Взаимообмен мнениями полезен в том случае, если производится с открытым сердцем и почтительностью; если же проявлять фанатизм и нетерпимость, к добру такой взаимообмен не приведет.

— *Видите ли вы какие-нибудь сходства между индуизмом и христианством?*

— Я считаю Бхагавад-Гиту и христианскую Библию — главным образом Новый Завет — величайшими из всех священных писаний, потому что они указывают на один и тот же йогический путь к Богу. Бхагавад-Гита учит: «Тот достиг духовного осознания, кто видит Дух, равно пребывающий во всем»[2]. И Библия говорит: «Разве не знаете, что вы храм Божий, и Дух Божий живет в

---

[2] «Кто видит Всевышнего Господа, равно пребывающего во всех созданиях, Непреходящего в преходящем, тот воистину видит» (Бхагавад-Гита XIII:27).

вас?»³ Откровение апостола Иоанна в Библии — это аллегория, описывающая те же самые принципы йоги, о которых говорится в Бхагавад-Гите. Мой Гуру послал меня на Запад, чтобы я продемонстрировал людям йогический путь к Богу, суть которого изложена как в Библии, так и в Бхагавад-Гите.

— *Считаете ли вы американцев богобоязненным народом? Могут ли они по-настоящему верить в Бога, непознанную Бесконечность, если они придают такое большое значение материальной стороне жизни?*

— Я обнаружил, что американцы, добившиеся наибольшего успеха в материальной сфере, больше интересуются духовными идеалами, в то время как некоторые европейские и азиатские страны, столкнувшиеся с проблемами голода, болезней и недостатка предметов первой необходимости, больше думают о материальном.

— *Понимают ли западные люди индийскую философию, которую вы им преподносите? И почему из всех стран в качестве плацдарма для развития организации вы выбрали именно Америку?*

— Йога научна по своей природе, и американцам близок такой подход к Богу. Они уже пресытились материализма и доктринерства. Америка и другие западные страны выражают готовность и проявляют живой интерес к проверенным методам постижения Бога. Когда я встретил моего Гуру в Варанаси, он сказал, что мне предназначено продемонстрировать западным людям единство их религии с религией Индии. Моя работа в Индии тоже развивается.

— *Вы учите по йогической системе Патанджали⁴ или Бхагавад-Гиты?*

— Если бы у нас было чуть больше времени, я бы вам показал, что все воины, упомянутые в Бхагавад-Гите, являются аллегорическими образами тех же йогических принципов, о которых пишет Патанджали в своих «Йога-сутрах». Например, близнецы Пандавы

---

³ 1Кор. 3:16.

⁴ Древний толкователь Йоги; его «Йога-сутры» очерчивают принципы йогического пути. (См. глоссарий.)

— Накула и Сахадева — олицетворяют *яму* и *нияму* (нравственные запреты и предписания), Арджуна олицетворяет железный самоконтроль, Бхима олицетворяет *пранаяму* (контроль над жизнью и дыханием), а Юдхиштхира («тот, кто спокоен в бою») олицетворяет спокойствие и интуитивную проницательность. Их противники Кауравы, лишившие праведных Пандавов их царства, воплощают собой отрицательные качества и те силы, которые духовный адепт должен преодолеть. Истины, изложенные в Гите, позже были коротко и ясно истолкованы Патанджали в его «Сутрах». В этой книге он мастерски излагает науку йоги в сжатом виде[5].

— *Как вы считаете, играет ли Хатха-йога важную роль в достижении Всевышнего?*

— *Асаны*, то есть позы, *Хатха-йоги* очень полезно выполнять в молодости. Если люди занимаются ею с раннего возраста, то по мере своего взросления они обретают способность сидеть в одной позе длительное время, что позволяет им медитировать долго и глубоко, не испытывая чувство дискомфорта. Большинству взрослых людей не следует выполнять гимнастические упражнения *Хатха-йоги* ввиду того, что их тела уже утратили гибкость. Непроницательным пожилым людям *асаны* могут лишь навредить, а если они предпримут попытку медитировать в неудобной, вызывающей болезненные ощущения позе, их ум будет сосредоточен на боли, а не на Боге. Поэтому *асаны* как таковые я рекомендую только молодым людям. *Асаны* помогут им сохранять здоровье и молодость — посмотрите на наших мальчишек и молодых монахов и монахинь, живущих в наших ашрамах! Но они также обучаются и *Крийя-йоге*, необходимой для общения с Богом. *Крийя-йога*, представленная в современном мире Шри Шьяма Чараном Лахири Махасайей, является наиболее эффективной из всех техник *Раджа-йоги*[6]. Вы можете прочитать о *Крийя-йоге* в моей «Автобиографии йога», там я в деталях все объясняю.

— *Считаете ли вы, что упражнения Хатха-йоги сами по себе*

---

[5] Вышеизложенные концепции подробно разъяснены в первой главе книги «Беседы Бога с Арджуной», которая являет собой комментарии Парамахансаджи к Бхагавад-Гите.

[6] «Царственный», или совершенный, путь к единению с Богом.

порождают духовные способности и ведут к постижению истин?

— Нет. *Хатха-йога* лишь приучает тело к дисциплине, укрепляет здоровье и подготавливает тело для дальнейшего духовного развития посредством медитации — общения с Богом — по системе *Раджа-йоги*.

— *Вы одобряете разнообразные практики шактизма и тантризма[7] (или какие-то конкретные из них)?*

— Изначально во всех них было что-то хорошее — когда их понимали так, как они описаны в священных текстах. Но в большинстве современных практик нет ничего хорошего, потому что они основаны на каких-то фантастических методах, неприемлемых для среднего человека. Есть благочестивые *тантристы*, которые знают духовные слова-семена и вибрационные мантры и с их помощью настраивают свое сознание на созерцание различных божеств (эти божества суть олицетворение качеств, присущих Богу); в конечном итоге это позволяет им общаться с Богом. Но плохи те *тантристы*, которые злоупотребляют сексом, вином и порочными практиками.

— *Тантристы говорят, что к блаженству ведет не подавление чувств, а их насыщение. Вы согласны с такой точкой зрения?*

— *Тантристы* этого не говорят. Некоторые последователи *тантризма* пытаются развить самодисциплину, занимаясь сексом, поедая мясо и употребляя алкоголь, в то же время пытаясь умственно отстраниться от всех этих действий. Практика

---

[7] *Шактисты (шакты)* поклоняются Богу в аспекте Шакти, проявленной энергии (силы) Духа, активной в мироздании. *Тантристы* следуют разнообразным практикам, описанным в *Тантрах*, одной из основных категорий *шастр*, или священных писаний индуизма.
Тантра по большей части состоит из ритуального поклонения с применением мантр. Ее цель — воссоединение индивидуальной души с Духом, Творцом, посредством обретения знания об активных в мироздании силах и установления над ними контроля. Ее священные писания преподносят читателю глубокие истины, сокрытые под покровом эзотерического символизма. *Тантра* в своем чистом виде понятна лишь немногим просветленным. Существует множество аморальных ответвлений *Тантры*, адепты которых стремятся к обретению сверхъестественных сил и необычных переживаний или же легкомысленно вовлекаются в различные сенсуальные практики.

умеренности и умственного самоконтроля может помочь неумеренным в своих привычках людям, но йоги, как правило, осуждают этот путь, потому что для большинства искателей он служит лишь поводом для потакания своим страстям и животным инстинктам, а вовсе не инструментом достижения самоконтроля.

Превозносимый в Бхагавад-Гите путь внутреннего отречения и научной медитации — средства общения с Богом как Блаженством — является наивысшим путем. Даже безвольному искателю истины он позволит отстраниться от своих слабостей и пережить внутреннее божественное Блаженство. Сравнив это Блаженство со всеми удовольствиями материального мира, искатель обнаружит: оно не имеет себе равных.

— Действительно ли существует Бог — в личностном ли аспекте или же как бесконечная сущность, — Который созидает и разрушает миры? Может, не Бог сотворил человека по Своему образу, а человек, движимый страхом и алчностью, создал такое Существо по своему образу? Очень похоже на правду — ведь в мире столько зла и страданий!

— Человеческое видение мира предельно ограничено в силу ограниченности его мышления и чувственного восприятия. Поэтому он видит все сотворенное, но не видит сути вещей и Самого Творца. Когда мы смотрим кинофильм, мы понимаем, что злодей и герой проецируются на экран одним и тем же лучом света. Злодей был привнесен в сюжет для контраста — чтобы мы смогли полюбить героя и вдохновиться его примером. Проанализировав кинофильм, мы осознаем, что злодей, герой и все события, которые с ними происходят, созданы по единому принципу и в действительности в нем никто не страдает: все это лишь игра света и тени. Такова по своей природе и переменчивая кинолента Божьего мироздания.

Мудрецы, осознавшие свое единство с Богом, видят мироздание как кинокартину о различных силах, которые от Него исходят. Хоть человек и был сотворен по образу и подобию Бога (то есть как Его индивидуализированная частица, душа), он отождествил себя с относительными проявлениями космической иллюзии, *майи*, с этой игрой света и тени. Если он по собственной воле избирает действия, освобождающие его от кандалов *майи*, он постигает истинную природу мироздания и его Творца. Однако пока он пребывает в состоянии неведения, его осознание Бога ограничивается степенью его заблуждения. Человек, познавший свое истинное «Я», знает Бога как вечно сущее, вечно сознательное, всегда новое Блаженство; он также понимает, что все контрасты иллюзии берут свое начало в едином основополагающем источнике — Космическом Сознании.

Бог снабдил человека и все сущее многообразными качествами и потенциалом, но человек, будучи индивидуализированной частицей Бога, обладает также и свободой выбора. Злоупотребляя данными ему возможностями, он погружается в иллюзию. Таким образом, он собственнолично создает себе роль положительного или отрицательного персонажа в космическом спектакле и тем самым оказывает влияние на ход благоприятных или же неблагоприятных событий. Только когда человек перестанет отождествлять себя с телом и материей, он осознает, что сотворен по образу Божьему, — не раньше. Просветленный человек трудится во имя процветания добра и возвышения сознания других людей, делая это рука об руку с Богом.

— *Разве это существенно, что Бог есть?*

— Не может что-то появиться из ничего. Должна существовать некая Причина, Источник бытия. Этим Источником является Дух, Вечное Сознание, Бог Отец и Мать всего мироздания. Подобно тому как океанические волны не могут существовать без самого океана, так и души-волны, или индивидуализированные проявления бытия, не могли бы существовать без океана Божьего присутствия. И пока души-волны играют со штормом иллюзии, они то и дело вздымаются и разбиваются о скалы. Вот почему так важно вернуться в спокойные глубины океанического лона Господа.

— *Что есть Блаженство, окончательное освобождение? Разве человек не рождается лишь единожды, а умирая, теряет свою индивидуальность навсегда?*

— Уникальное тело и имя даются человеку лишь раз. Он никогда не рождается в том же обличье и с той же личностью, что и раньше. Бывает, человек носит какую-то одежду, а через некоторое время ее выбрасывает. Точно так же и душа облачается в разные тела в каждой новой жизни до тех пор, пока посредством реинкарнации и духовной эволюции не взойдет обратно к Духу. Таким образом, как конкретная личность вы живете только один раз, но душа, ваше вечное «Я», проходит через многочисленные реинкарнации, неся с собой ваш собирательный образ и кармические наклонности, обретенные в прошлых жизнях.

Ум, человеческое сознание, качается на поверхности перекатных волн, каждая из которых будоражит душу и отдаляет ее от Бога: волна печали, волна радости, волна равнодушия, волна пресыщения.

Когда йога усмиряет шторм иллюзии, человек испытывает отрицательное состояние покоя как отсутствия этих волнений. Посредством более глубокой практики йоги и медитации он выходит за пределы долины покоя и испытывает положительное состояние всегда нового Блаженства. Печаль, наслаждение и равнодушие — это преходящие переживания воплощенной души, но состояние Блаженства является неотъемлемой частью нашего истинного «Я», а потому оно вечно. Всегда новое Блаженство никогда не приедается. Достигнув однажды этого состояния, человек уже не ищет ничего другого. В тот момент, когда он вновь осознает себя душой — вечно сущим, вечно сознательным, всегда новым Блаженством — он сливается с вечно сущим, вечно сознательным, всегда новым Блаженством Духа, Который пронизывает все мироздание. Он уподобляется капле воды, что возвращается в океан. Такая его индивидуальность никогда не теряется: эта частица Духа навеки сохраняет память о своем индивидуальном существовании.

— *Судя по тому, что я здесь увидел, у вас хорошие и преданные последователи. Прилагали ли вы к этому какие-то усилия?*

— А прилагает ли магнит усилие, чтобы притянуть к себе железо? Это происходит естественным образом, благодаря магнитным свойствам железа и силе самого магнита. Разумеется, металл должен находиться достаточно близко, чтобы магнит смог его притянуть. То же касается и отношений между гуру и учеником. Чтобы духовный наставник смог вдохновить ученика и «притянуть» его к Богу, ученик должен обладать восприимчивостью, а его наставник — духовной силой.

Иисус сказал: «Никто не может придти ко Мне, если не привлечет его Отец, пославший Меня»[8]. Всеведущий Господь знакомит поверхностных искателей с не столь глубокими учениями и духовными книгами; они получают от них пользу согласно степени своего духовного желания и понимания. Но серьезных богоискателей Он знакомит с постигшими конечные истины гуру-наставниками, которые способны общаться с Богом и быть посредниками, передающими ученику Его указания. Их обязанность — познакомить верующего с Богом. Так что в высшем смысле это Бог сводит гуру и ученика, когда те проявляют обоюдное желание встретиться. Ученик, искренне жаждущий познать духовные истины, ищет — на первых порах бессознательно — гуру, то есть того, кто приведет его к Богу. В свою очередь, истинный гуру, интуитивно узнав ученика, посланного ему Богом, делает усилие, чтобы притянуть его и помочь ему. Истинный ученик, нашедший истинного гуру, притягивается к нему как магнитом и узнает его как Божьего посланника. Это закон.

— *Вы наверняка согласитесь с тем, что мир сейчас переживает глубокий кризис. В чем заключается причина всего этого и как нам исправить положение дел?*

— Все нации подвержены влиянию восходящих и нисходящих *юг*[9]. Текущий мировой кризис обусловлен влиянием восходящей Двапара-юги. Мир станет лучше, только когда зло будет разрушено. Силы зла сами спровоцируют свое уничтожение и этим обеспечат выживание праведным нациям.

Борьба между добром и злом ведется с начала времен. Но поскольку мир сейчас движется по восходящей Двапара-юге

---

[8] Ин. 6:44.

[9] Согласно индуистским священным писаниям, земля проходит через повторяющиеся циклы эволюции и регресса. Каждый из этих мировых циклов длится 24000 лет и подразделяется на четыре *юги*, или эпохи. 12000 лет приходятся на восходящие *юги*, в течение которых человечество движется к просветлению, и еще 12000 лет — на нисходящие *юги*, во время которых человечество движется к возрастающему невежеству и материализму. Каждый полуцикл состоит из Кали-юги (темная эпоха материализма), Двапара-юги (атомная эпоха, она же эпоха электричества), Трета-юги (эпоха умственного развития) и Сатья-юги (эпоха истины, или просветления). (См. *юга* в глоссарии.)

— атомной эпохе, или эпохе электричества, — появляются различные технологии, которые могут использоваться как для добрых свершений, так и для разрушительных деяний со стороны тех, кто жаждет денег и власти. Подчиняясь веяниям Двапара-юги, технический прогресс стремительно продвигает основные массы населения к высоким достижениям. Этот прогресс, однако, увеличивает пропасть между успешными и малоуспешными людьми, что, в свою очередь, порождает зависть и социальные, экономические и политические конфликты.

— *В таком случае считаете ли вы, что коммунизм с его идеями равенства и политикой уравнивания всех слоев общества несет людям благо и облегчает тяготы Бога, радеющего, так сказать, о нуждах всех Своих детей?*

— Я верю во всемирное братство, основанное на взаимной любви, понимании и сотрудничестве. Все достойные цели и благородные идеалы должны насаждаться духовным примером и добрыми методами, а не войнами и насилием. Если государственная власть не руководствуется духовными принципами, это опасно. Под духовными принципами я подразумеваю не различные вероучения — они ведь тоже могут сеять раздоры, — но *дхарму*, универсальные принципы праведности, способствующие процветанию всего человечества.

Порой праведная война со злом даже необходима. Вы не можете проповедовать доктрину о ненасилии и товариществе дикому тигру: он уничтожит вас прежде, чем вы начнете знакомить его со своей философией. Некоторые человеческие «хищники», вершители зла, тоже бывают невосприимчивы к голосу разума. Все зачинатели агрессивных войн, такие как Гитлер, потерпят поражение. Те, кто вынужден вести праведную войну со злом, победят. О том, праведна ли такая война, судит Бог.

— *Считаете ли вы, что Америка должна изменить свой характер?*

— Америка олицетворяет собой наивысший материальный успех; Индия же, благодаря своим мастерам и пророкам, олицетворяет собой вершину духовного осознания. В процессе развития цивилизации Бог явил эти два образца для того, чтобы показать: идеальная цивилизация — это золотая середина между двумя антиподами, равновесие между материализмом и духовностью. Весь мир должен перенять что-то от материальной прогрессивности Америки и духовных идеалов Индии. Америка уже открывается навстречу духовной культуре Индии: об этом свидетельствует феноменальный рост Self-Realization Fellowship и повсеместно растущий интерес к индийской философии. Индии, в свою очередь, следовало бы воспользоваться научно-техническими знаниями Америки: они могли бы помочь в борьбе с болезнями, нищетой и провинциализмом, которые пятнают репутацию Индии как сокровищницы духовного знания. Востоку следует взять на вооружение конструктивные методы Запада, а Западу следует перенять восточную устремленность к Богу как к наивысшей цели существования.

— Не хотите ли вы оставить какое-нибудь послание миру?

— Дорогие мои братья и сестры сего мира! Пожалуйста, помните, что Бог — наш единый Отец. Все мы — Его дети, и как таковые мы должны задействовать конструктивные методы взаимопомощи, чтобы помочь друг другу стать физически, психологически, материально и духовно совершенными гражданами Соединенных Штатов Мира. Если в общине, состоящей из тысячи человек, каждый будет брать взятки, устраивать тяжбы и сутяжничать, дабы обогатиться за счет других, тогда у всех там будет по девятьсот девяносто девять врагов. Но если каждый будет физически, психологически, материально и духовно помогать другим членам общины, тогда все будут иметь по девятьсот девяносто девять друзей. Если бы все нации с любовью помогали друг другу, на земле воцарился бы мир и здесь появились бы условия для всеобщего процветания.

Очевидно, что человек забыл о своей божественной сущности и вернулся к своим животным инстинктам. Бог создал человека как потенциально божественное существо. И пока человек будет давать выход своей животной натуре, он будет страдать от всяческих проблем, войн, голода, нищеты и болезней. Когда он почувствует необходимость во всемирном братстве, он построит новый мир, в котором будут царить процветание и счастье.

Грустно смотреть на лидеров наций: движимые жадностью и ненавистью, они повсеместно сеют немыслимые страдания, хотя могли бы мирно собраться и обсудить все разногласия. Из-за амбиций безнравственных политиков земля уже пережила две мировые войны, теперь же над ней нависла угроза третьего мирового конфликта. Если бы все деньги, затрачиваемые на деструктивные действия, использовались для пополнения специального международного фонда, у нас появилась бы возможность избавить землю от трущоб, искоренить голод, высоко развить медицинскую науку и предоставить каждому мужчине, каждой женщине и каждому ребенку возможность жить спокойной жизнью, выстроенной вокруг поклонения Богу.

Из истории известно, что с начала времен человеческий эгоизм и ненависть породили несчетное количество войн, а вместе с ними и растущие, как снежный ком, несчастья. Третья мировая война будет только увеличивать этот снежный ком — до тех пор, пока земля не превратится в огромную льдину несчастья, бедности и смерти. Растопить снежный ком несчастья смогут лишь братство, любовь и сонастроенность с Богом, обретенная посредством практики техник медитации, способствующих единению с Богом. Когда каждая душа возвысится над жалкими барьерами и обретет истинное духовное понимание, мирские страдания сгорят в пламени осознания Божьей вездесущности и братства всех людей.

Такие средства передачи информации, как радио, телевидение и воздушные перелеты, объединяют нас, как никогда раньше. Нам надлежит понять, что не должно быть более Азии для азиатов, Европы для европейцев, Америки для американцев и так далее; должны существовать лишь возглавляемые Богом Соединенные Штаты Мира, в которых каждому человеку дается право стать идеальным гражданином, имеющим все возможности развить потенциалы тела, ума и души.

Таково мое послание, мой призыв, ко всем людям мира.

Махатма Ганди: посланник мира

В 1935 году Парамахансаджи посетил уединенную обитель Махатмы Ганди в Вардхе, Индия. Тогда Махатма попросил посвятить его в Крийя-йогу. За десять лет до этой встречи Гандиджи посетил в Ранчи основанную Парамахансаджи школу для мальчиков Yogoda Satsanga. Проявив большой интерес к сбалансированной системе Йогоды, он оставил восторженную запись в гостевой книге.

В 1948 году Общество китайской культуры организовало званый обед, посвященный наследию Махатмы Ганди, независимости Индии и делу мира. Ведущими ораторами на этой встрече были Парамахансаджи и доктор Хью Макбет. Здесь мы приводим фрагменты из выступления Парамахансаджи.

Мир посещают два типа пророков. Есть так называемые качественные пророки, воспитывающие великие души, а есть пророки количественные, то есть те, кто оказывает влияние на массы, даруя им вдохновение и свет одним лишь своим присутствием. Некоторые мастера занимаются и тем, и другим. Как бы то ни было, именно по этим критериям мы можем оценивать пророков всего мира.

Что касается качественных пророков, то я встречал множество христоподобных мастеров и даже жил с ними — я писал об этом в своей «Автобиографии йога». А вот что касается количественных пророков — полагаю, со времен Христа не было на земле человека, чья жизнь и чьи идеалы оказали столь же большое влияние на народные массы, как жизнь Махатмы Ганди. Никогда прежде люди современной эпохи не демонстрировали ту же любовь к своим врагам, какую проповедовал Христос.

Махатма Ганди традиционно считался человеком простодушным, но, когда мы смотрели в его глаза, мы зрели вселенский размах его души[1] и терялись в потоке духовных мыслей. Он был проницательным и жизнерадостным и глубоко веровал в Бога. Хотя он и не воспитывал христоподобные души, как это делали некоторые мастера Индии, Бог послал его в этот мир в качестве пророка, который, в отличие от других великих духовных лидеров, не стал ограничиваться маленькой группой учеников и политически воздействовал на огромные массы людей — даже на весьма упрямых политиков, которые всегда верили в верховенство насилия и грубой силы.

Грубая сила сама себя уничтожает. Изначально люди воевали друг с другом потому, что одно племя имело больше, чем другое, то есть борьба велась за чужую собственность. Таким образом, начиная с доисторических времен — и все это не прекращается в нашу эпоху — карма тысяч войн нарастала как снежный ком и вылилась в Первую мировую войну. И каков результат? Трагедий и несчастий стало еще больше, а потом пришла и Вторая мировая война. Когда мы над этим задумываемся, разве мы не хотим, чтобы мир стал таким, каким был до его опустошения? Как сказал Иисус Христос, а вслед за ним и Ганди: «Если вы беретесь за меч, от меча же и погибнете»[2].

Использование энергии атома

Снежный ком плохой кармы продолжает нарастать, а политики опять говорят о войне! Почему? Они могут быть уверены, что им не удастся уберечь себя от опасности ни в Белом доме, ни в Кремле, потому что атомная бомба угрожает опустошением всем — как тем, кто находится на поле боя, так и тем, кто стоит в стороне. В то же время мы видим, что руками великих ученых Сам Бог даровал человеку возможность использовать энергию атома. Как мы теперь знаем, сила, сокрытая в капельках воды, могла бы обеспечивать весь Чикаго электроэнергией в течение трех дней! Атомная энергия, использованная в конструктивных целях, могла бы положить начало новой эпохе в жизни человечества. Она могла

---

[1] «Но тем, кто изгнал неведение знанием об истинном „Я", их мудрость, подобная сияющему солнцу, открывает Высшее „Я"» (Бхагавад-Гита V:16).

[2] Перифразированный библейский стих (Мф. 26:52).

бы избавить весь мир от трущоб, к тому же человеку не пришлось бы работать больше двух часов в день. Но помните: атомная энергия не будет использоваться конструктивно до тех пор, пока человек не сосредоточится на чувстве всеобщего родства, осознав, что он не дикарь, которому дано право применять грубую силу.

Только лишь братство, теплота человеческого братства, может растопить гигантский растущий снежный ком кармы, что несет войну. Поэтому сейчас самое время проповедовать братство. Каким бы плачевным ни казалось вам текущее положение дел, не падайте духом. Я знаю, что Бог дает всем нациям то, что в итоге пойдет им на благо. Они пожинают благоприятные или неблагоприятные плоды своей кармы, и лишь немногие осознают, что Америка и Индия накапливают все больше хорошей кармы. Позволю себе сказать, что никакая сила не сможет уничтожить идеализм Индии и духовный демократизм Америки. Я знаю, что атомная бомба — вещь очень плохая, но пусть уж лучше она будет в руках Америки, чем у кого-либо еще. Я желаю и молюсь, чтобы Америка никогда больше не использовала атомную бомбу, и чтобы она вообще искоренила потребность во всех бомбах, остановив тем самым нарастающий снежный ком плохой кармы, кармы войны, лишающей этот мир теплоты братского чувства. Этого можно достичь посредством любви и воплощения в жизнь тех принципов, которым нас учат Христос и Ганди.

Сокровище Ганди

Над Махатмой Ганди посмеивались его враги, над ним насмехались невежды. На него было нарисовано множество унизительных карикатур. И все же своей жизнью он доказал, что зло разносится по ветру, а Истина идет против ветра. Он действительно это продемонстрировал.

Как-то я разговаривал с группой студентов, которые критиковали Махатму Ганди за то, что он не оставил своей жене и детям никаких финансовых активов. И его сын тоже недавно сказал: «Отец нам ничего не оставил». Я же ему напишу: «Твой отец оставил тебе, нам, миллионам индийцев и вообще каждой нации на земле сокровище духовной истины: он доказал, что четыреста миллионов человек могут заполучить политическую свободу не мечом и пулями, но одной лишь силой любви». Сын Махатмы Ганди получил свободу, вся Индия получила свободу — а все благодаря духовным методам, которыми воспользовался Ганди.

Махатма Ганди обогатил сегодняшний мир, мир, в котором практическая сила духовных истин любви и понимания, над которыми раньше смеялись, взяла верх над черными жерлами орудий.

Однажды в Мумбаи восставшие солдаты индийской армии принялись стрелять из своих оружий и убивать англичан. Говорят, Черчилль пригрозил направить туда армию и даже разбомбить Индию. Но Махатма Ганди написал ему: «Вам не нужно этого делать. Я их остановлю». Он шел к восставшим посреди свистящих пуль; огонь прекратился, и Ганди сказал: «Да пребудет с вами мир. Вы не обретете свободы убийством нескольких британцев. Одолейте их куда более мощной силой любви». Восстание прекратилось, и своим воззванием к британцам Ганди добился того, чтобы их простили.

Ранее я уже говорил, что после войны Индия обретет свободу: предсказание было опубликовано в нашем журнале «Восток-Запад»[3]. Над этим предречением смеялись — как и над моим заявлением, что Вторая мировая война велась за свободу Индии и всех порабощенных наций. Но так оно и случилось. Если бы этой войны не было, Индия бы ни за что не обрела свободу. Война разгорелась не потому, что Бог нам ее послал, а потому что люди верят в ее действенность. Богу не нужно использовать атомные бомбы и совершать чудеса, чтобы уничтожать бесов. Бесы сами себя уничтожают, когда злоупотребляют своей силой. Но мы видим, что Махатма Ганди победил благодаря тому, что буквально следовал тем же духовным принципам, которые проповедовал Иисус Христос.

Перед лицом смерти

Ни одного религиозного или политического деятеля еще не почитали так, как почитают Ганди. Сегодня он оказывает на людей даже большее влияние, чем при жизни. До самого конца он не терял своей энергичности и являл собой живой пример эффективности своих учений. Всего за неделю до своей смерти он едва не пал

---

[3] В 1948 году Парамахансаджи сменил название этого журнала на *Self-Realization*. (См. глоссарий.)

жертвой брошенной в него бомбы. И даже несмотря на это он наказал своим последователям не проявлять жестокости по отношению к предателям! Он говорил, что Бог удерживает его на земле, чтобы он мог завершить кое-какую работу, после чего Бог его заберет. В ночь накануне своей смерти он сказал своей внучатой племяннице: «Абха, Абха, принеси-ка те важные письма, мне нужно их подписать. А то завтра будет поздно». Он знал, что его время пришло.

Вот таким был Ганди — освободитель Индии, указавший всем твердолобым политикам на эффективность ненасильственного метода решения проблем.

Махатма Ганди пришел к нам от Бога. Может, он и не был столь же великим, как Христос или мастера, которых я знал, но он точно познал Бога. Когда его пронзила пуля, на его губах засветилась улыбка, он вытянул руку в жесте прощения. Этот жест означал, что Ганди просит Отца простить убийцу. Такой поступок вдохновляет не меньше, чем слова Иисуса на кресте: «Отче! прости им, ибо не знают, что делают».

Что ждет нас в будущем?

Сегодня Ганди живет в сердцах людей, напоминая им о том, что насилие — это закон зверей. Когда-то земля кишела такими крупными зверями, как саблезубый тигр, — но они здесь не господствовали. Благодаря силе своего разума человек, который тогда еще не был вооружен огнестрельным оружием, взял верх над более крупными и могучими животными. Президент США и Сталин должны помнить, что, если сильные мира сего уничтожат друг друга, землю унаследуют кроткие. Духовно кроткие люди не могут быть уничтожены. Их оружие — метод Христа: любить врага и одолевать врага любовью.

Мы живем во времена, когда Бог стучит по головам коммунизма, империализма, капитализма — всех «измов», верящих в эффективность грубой силы. Я предрекаю: мир не погибнет. Не бойтесь. Верьте в своего Отца. Он защитит вас, если вы будете помнить о Его идеалах, если вы будете верить в Него. Мир движется по восходящей. Тысяча двести лет материалистической эпохи, а также триста из двух тысяч четырехсот лет, что приходятся на атомную эру, уже позади. Впереди эпохи умственного и духовного развития[4]. Мы не погибнем. Что бы ни происходило, Дух всегда будет побеждать. Я это предсказываю — равно как и то, что в мире будущего будет преобладать демократия и практическая материальная сила Америки, совмещенная с духовным могуществом Индии. Каждый, кто воспользуется бомбой как агрессор, сам погибнет от бомбы. Но я знаю, что в сердцах Америки и Индии нет жажды насилия. Гитлер был очень силен, и все же он пал; то же ждет любого другого диктатора, где бы он ни правил. Таково мое предсказание.

Дополнительное примечание

Следующие слова Парамахансы Йогананды, написанные им в 1951 году, дают более широкую картину его взглядов на войну:

Агрессивные и захватнические войны являются гнусными преступлениями против священного наследия человечества — свободы быть детьми Божиими. Такие войны — неправедные деяния со стороны агрессоров, так что защита от подобного зла не может считаться чем-то неправедным. Защищать свою страну и ее беззащитных граждан от зла праведно. Мощнее духовной силы нет ничего, поэтому именно она должна служить опорой при любого рода сопротивлении и защите. В противоборстве со злом в первую очередь нужно использовать все духовные и моральные методы, а также попытаться увести мир от жажды насилия и войны путем искоренения причин, питающих зло: нищеты и голода, болезни, несправедливости, алчности и эгоистических интересов. Если же праведная сила вынуждена встретиться с силами зла лицом к лицу, тогда нужно прислушаться к Бхагавад-Гите: она советует *кшатрию*, то есть воину, мужественно и без колебаний исполнить долг, возложенный на него Богом.

---

[4] См. *юга* в глоссарии.

Страны мира, будьте бдительны!

1937 год

Почему в мире так много страданий и несчастий? Когда люди повсеместно счастливы и процветают, они сонастроены с Богом и вибрации Земли по отношению к другим планетам гармоничны. Но когда одна нация начинает воевать с другой или эгоистичные промышленники-любостяжатели процветают за счет основной массы населения, это порождает депрессию. Зародившись в каком-то одном месте, депрессия начинает расползаться повсюду, поскольку ее вибрации витают в эфире. Прошедшая мировая война (*Первая мировая война.* — Прим. изд.) распространила отрицательные вибрации сначала в Европе, а затем и по всему миру — даже в тех странах, что не участвовали в боевых действиях. В итоге на смену войне пришел грипп. Агония погибших на войне людей незримо породила пандемию Испанского гриппа, который уже вскоре после окончания войны унес двадцать миллионов жизней — в то время как на самой войне погибло около десяти миллионов.

Сейчас, когда в Испании идет гражданская война, вибрации смертоносной борьбы тысяч мужчин, женщин и детей блуждают в эфире, порождая наводнения в Америке, смерчи в Англии и Португалии и землетрясения в Индии. Вот почему люди всего мира должны не умножать конфликты и развязывать войны, а придерживаться политики несотрудничества со злом и задействовать все возможные мирные средства — например, блокаду, — чтобы остановить войну.

Убийство тысяч эфиопов[1] — а они не хотели войны — и вибрации несправедливости, с которой они столкнулись, вывели мир

---

[1] Здесь говорится о вторжении Италии в Эфиопию в 1936 году.

из равновесия. Беспорядок, учиненный в одной части мира, неизбежно порождает эфирные волны смуты, которые направляются в другие части света. Если кто-то поднимет переполох в одной части дома, сотрясаться будет весь дом. После захвата Эфиопии страх перед войной, сохранявшийся со времен минувшей мировой войны, исчез. Многие страны вновь загорелись желанием развязывать агрессивные войны. Война в Эфиопии была агрессией. Война в Испании — агрессия. Согласно положениям Лиги Наций, ведение агрессивной войны недопустимо. Но поскольку мир пренебрегает этим божественным предписанием, этим божественным уставом, запрещающим агрессивные войны (а его принятие знаменует, что по результатам прошедшей мировой войны были сделаны серьезные выводы), он снова идет на поводу у Сатаны и по собственной инициативе ищет возможностей для развязывания еще более масштабной войны и учинения большего разрушения.

Великую депрессию породили грехи последней войны, и, если мир охватит очередная война, население планеты будет страдать от нехватки продовольствия. Поэтому будет лучше, если страны Европы приложат все усилия для недопущения любых войн[2].

Правильный вид патриотизма

И еще одно: порочен тот патриотизм, который побуждает страну лезть в чужие дела. Если страна не заботится о своем процветании и счастье и вместо этого задействует патриотизм для расширения зоны своего влияния и последующего усложнения международной обстановки, она разрушает собственное благополучие, то есть именно то, что патриотизм призван защищать. С другой стороны, глупы те патриоты, которые думают, что их нация что-то потеряет, если они будут патриотами всего мира, ибо мировое благополучие включает в себя благополучие всех наций. Часть национального дохода нужно жертвовать на нужды

---

[2] В 1940 году стало очевидно, что предостережение Парамахансаджи небеспочвенно. Во время и после Второй мировой войны из-за условий военного времени и неурожаев, вызванных болезнями растений, недостаточным орошением, наводнениями и сильными бурями, с проблемой нехватки продовольствия столкнулась большая часть стран мира. Миллионы людей, особенно в Европе и Азии, страдали от голода в течение злосчастного десятилетия.

мирового благополучия. Но если благополучие нации идет наперекор мировому благополучию, оно себя не оправдывает. Государственный эгоизм, пренебрегающий мировым благополучием, приносит несчастья как отдельно взятой стране, так и всему миру.

Страны мира, будьте бдительны! Задействуйте чувство патриотизма при самообороне, но не связывайтесь со странами, призывающими к агрессии. Все нации должны объединиться в своем нежелании сотрудничать с теми, кто выступает за агрессивные методы решения проблем. Страны всего мира должны вместе бороться с причинами и последствиями таких природных бедствий, как эпидемии болезней, наводнения, засухи и землетрясения. Человек не должен добавлять к природным бедствиям еще и нищету, нехватку продовольствия, страдания и смерть — искусственно созданные трагедии, которые несет с собой война и которые можно избежать, ибо совершенно очевидно, что искусственно созданные беды и негативные вибрации войны и промышленного эгоизма порождают природные бедствия[3]. В одном только штате Техас можно вырастить достаточно пшеницы и кукурузы, чтобы накормить весь мир — почему же тогда в мире столько голодающих людей? Все из-за политического и промышленного эгоизма, который идет вразрез с божественными законами сотрудничества, взаимопомощи и равного распределения данных Богом благ между всеми странами мира. Если бы люди возлюбили ближнего своего и делились своим имуществом с нищими, как наказывал делать Христос, на земле бы уже не было нищеты и страданий.

Политики ослеплены своим патриотизмом, эгоизмом и тягой к славе. Игнорируя священные законы, установленные Богом и

---

[3] «Неожиданные природные катаклизмы, приносящие опустошение и массовый урон, не являются „деяниями Господа". Такие несчастья происходят от мыслей и деяний человека. Всякий раз, когда скопление недобрых вибраций, исходящих от неправедных мыслей и действий человека, нарушает мировое вибрационное равновесие между добром и злом, случаются бедствия...

В мире будут продолжаться и войны, и природные катаклизмы до тех пор, пока все люди не исправят свои мысли и поведение... Когда в человеческом сознании доминируют мысли о материальном, происходит выброс тонких негативных лучей; их скопление нарушает энергетическое равновесие в природе, и тогда происходят землетрясения, наводнения и другие бедствия. Бог за них не отвечает! Для того чтобы сделать природу управляемой, человек должен научиться управлять своими мыслями».
— Парамаханса Йогананда. Вечный поиск.

озвученные великими святыми, своими действиями они насылают лавины страданий на все страны. Не слушайте голос Сатаны — прислушивайтесь к изречениям святых, истинных детей Божиих.

Каждому из истинных Божьих детей во всех странах мира мы желаем не идти на поводу у Сатаны и войны, а также делать все возможное для установления мира во всем мире и способствовать укреплению благополучия и духовного счастья в своей стране, равно как и во всех остальных странах. Давайте же искореним псевдопатриотизм, который приносит одни лишь несчастья, и пробудим в каждом гражданине мира истинный патриотизм, основанный на чувстве всеобщего братства, покое, взаимоуважении, счастье и прогрессе в сферах умственного развития, гигиенистики, промышленности, социальной жизни, науки, философии, нравственности и духовности.

Объединенный мир, ведомый Богом

Фрагменты выступления Парамахансаджи на церемонии открытия Зала Индии, возведенного на территории храма Self-Realization Fellowship в Голливуде, 8 апреля 1951 года

Я безмерно рад видеть вас всех сегодня. Жаль только, помост маловат и не может вместить всех, кто помог нам воплотить мечты о Доме Индии[1] в реальность. Сегодня день великой радости, и я хочу отдать должное моим ребятам (*монахам Self-Realization Fellowship.* — Прим. изд.), которые и возвели это сооружение. Отныне люди Востока и Запада смогут собираться здесь для культурного обмена, обмена своими идеями и философскими взглядами.

Начнем мы, по восточному обычаю, с медитации. Пожалуйста, сядьте прямо. Сделайте двойной выдох, почувствуйте покой. Не сосредотачивайтесь на дыхании или движении мышц — расслабьтесь полностью. Попрощайтесь с миром, воспринимаемым зрением, слухом, обонянием, вкусом и осязанием, и погрузитесь внутрь себя, туда, где проявляется душа. Весь опыт нашей внутренней жизни рождается в мастерской души. Когда душа, разум и жизнь покинут тело, оно уже не будет иметь никакого значения. Поэтому давайте сосредоточимся на Том, Кто породил наше существо. Мы должны познать свою душу.

Отстранитесь от всех телесных ощущений, отпустите все беспокойные мысли. Сконцентрируйтесь на чувстве покоя и радости. За закрытыми глазами вы видите массив тьмы, сферу тьмы. Мысленно расширяйте эту сферу, пока она не объемлет собой весь зал. Продолжайте это делать, пока весь Лос-Анджелес и все штаты

---

[1] Позже это название было изменено на «Зал Индии» (англ. *India Hall*), так как выяснилось, что прежнее название уже использовалось одной фирмой из Сан-Франциско.

милой сердцу Америки не окажутся в этой сфере. Узрите весь мир парящим в ней, словно мыльный пузырь. А теперь представьте, что эта расширяющаяся сфера начинает лучиться мягким светом и радостью. В этом сиянии радости узрите всю нашу планетную систему, Млечный путь, блуждающие в пространстве вселенные и окружающий их океан электронов и протонов: все плавает в этой огромной сфере света и радости. Вы есть эта безграничная сфера света и радости. Мысленно утверждайте: «Во мне пузырятся миры». Давайте скажем все вместе: «Во мне пузырятся миры».

Медитируйте на мысль, что в этой сфере света и радости парят все церкви, храмы и мечети, все страны, все Божьи миры. В этом вселенском сознании мы хотим быть ведомыми Богом, дабы основать на этой земле Соединенные Штаты Мира, в которых будут царить братство и согласие; дабы все мы — сейчас и в жизни грядущей — осознали свое единство с Богом, по образу Которого мы сотворены. Мы уже не маленькие человеческие существа, какими представляемся нашим физическим глазам, — теперь у нас открыто внутреннее око интуиции.

«Отец Небесный, в этой медитации мы ощущаем Твою вездесущность. Ты посадил нас в эту телесную клетку, и все же, закрывая глаза и открывая око интуиции, мы можем зреть вечность: она вверху, внизу, слева, справа — везде и всюду. Посему мы знаем, что сотворены по Твоему образу и подобию — как это познали Иисус Христос и все великие мастера».

Пусть ваша любовь охватывает все страны

Великие мастера служат нам примером. Их тела были ограниченны, но внутренне они осознали себя частью Безграничного Океана, они осознали, что все индивидуальные формы есть лишь волны Космического Моря. В этом мире мы замыкаемся в узком кругу нашей маленькой семьи. Когда мы научаемся любить соседей, мы духовно растем. Когда мы научаемся любить свою страну, мы продолжаем расти. Когда мы научаемся любить все страны, мы растем еще больше. А когда мы обретаем единство с Богом после смерти — или же в глубокой медитации, все еще находясь в этом теле, — мы осознаем, что Океан есть волна и волна есть Океан.

Я люблю Индию, потому что там я научился любить Бога и все прекрасное в этом мире. Но моя любовь не ограничивается одной страной, ибо на весь мир я смотрю, как на мою Индию. Америку я люблю так же, как Индию, ведь она стала моей второй родиной. Индия и Америка олицетворяют собой все самое лучшее, что есть на Востоке и на Западе. Я верю, что культурный взаимообмен между народами Индии и Америки поможет разрешить проблемы всего мира: все люди смогут стать истинными гражданами планеты Земля, учредив в своем сердце Соединенные Штаты Мира во главе с Господом. Да, это может показаться утопией, но чем занимается большая часть политиков? Войны, войны и еще раз войны. Для меня не существует никаких границ. Я знаю, что Бог — наш Отец, и все мы — Его дети. Переняв истинный дух Америки и истинную демократию, все нации могут обрести такое же единство, какое обрели все религии в Индии.

Вскоре после того, как я приехал в Америку, я спросил одного студента-индийца:

— Что ты думаешь об американцах?

Похоже, он считал себя на ступеньку выше их, потому что сказал:

— Вы знаете, они совсем как малые дети.

— О, — ответил я, — тогда я с ними легко сойдусь, ибо, как сказал Иисус: «Таковых есть Царствие Божие».

Станьте миллионером улыбок

Я верю в Америку, потому что знаю: Америка не воюет ради наживы. Америка щедро делится со всем миром. Я за этим очень внимательно наблюдал. Все, чего я желал Индии, я нашел в Америке. Но я заметил одну интересную вещь: даже в бедных индийских деревнях, где горсточка риса — чуть ли не единственная еда на весь день, люди улыбаются так, как не улыбаются американские миллионеры. Когда я хожу по улицам Америки и заглядываю в мысли прохожих, все, что я там вижу, — это кружащиеся долларовые банкноты. Они думают: «Ах, если бы у меня было побольше долларов, я был бы счастлив». Конечно, деньги необходимы; нет ни одного святого, который бы тем или иным образом не воспользовался деньгами для обеспечения собственных нужд или помощи ближнему. Но одних только денег недостаточно.

Я встречал многих миллионеров и обнаружил, что они не были счастливы. Счастье вы обретаете, когда становитесь миллионером улыбок. Какими бы ни были трудности, внутренне всегда старайтесь улыбаться. Это вам очень поможет! Улыбаться нужно не только когда у вас все хорошо, но и когда все идет наперекосяк. Именно этому учат на Востоке. Если же вы не можете улыбаться, встаньте перед зеркалом и потяните себя за щеки так, чтобы уголки ваших губ смотрели вверх.

Когда я слышу: «О, он был миллионером и весьма успешным человеком — правда, умер от сердечной недостаточности», я хочу быть восточным человеком, который сидит на берегу Ганга и медитирует. Но когда я вижу нищету Индии, я хочу быть американцем, занимающимся наукой и развитием технологий, чтобы облегчить человеческие страдания. Будучи сотворенными по образу Божьему, мы способны задействовать свою индивидуальность и силу воли для свершения великих дел. Такой вот замечательной способностью одарил нас Господь.

Всякий раз, когда вы смотрите на свое тело, сотканное из костей и плоти, вы видите, как оно ничтожно и ограниченно. И если с вашим телом случится что-нибудь незначительное — например, вы начнете чихать или, ударившись, сломаете руку, — вы осознаете, как вы уязвимы. Но стоит вам закрыть глаза и погрузиться в медитацию, как вы увидите масштабность своего сознания, вы увидите, что находитесь в самом центре вечности. Концентрируйтесь на этом ощущении, каждым утром и вечером отводите время на то, чтобы просто закрыть глаза и сказать: «Я бесконечен, я Его дитя. Волна — проявление океана, мое сознание — проявление Космического Сознания. Я ничего не боюсь. Я есть Дух». Таково учение Востока. Вам необходимо постичь эту истину.

Обретение Бога приносит великое утешение и счастье

Если вы будете уделять Богу хотя бы немного времени, это принесет вам великое утешение и счастье. Именно поэтому Иисус сказал: «Возлюби Господа Бога твоего всем сердцем твоим»[2]. Если вы читаете Молитву Господню, но при этом думаете о курице или запеченной утке, которая ждет вас на ужин, Господь видит, что вы не хотите Его, и потому Он не приходит. Концентрируйтесь только на Боге, без силы Которого вы даже и пошевелиться не могли бы. Подобно тому как средства радиосвязи позволяют удаленно управлять морским судном, так и Бог приводит в движение наше тело посредством Своей силы, которая входит в наш продолговатый мозг[3]. Когда Божья сила покинет ваше тело, вы умрете. Почему же вы тогда не задумываетесь об Источнике этой силы? Бог ведь не лишает вас никаких благ. Иисус сказал: «Ищите же прежде Царства Божия»[4]. Почему? Потому что это колыбель всего счастья. «…И это все приложится вам»[5]; «и не беспокойтесь»[6].

Я ничем не владею, и все же я имею все. Бывало, я отдавал человеку последний доллар, тем не менее я никогда не был брошен на произвол судьбы. Бог всегда заботится о моих нуждах. В этом отношении я очень богат, пусть внешне и беден — беден не по принуждению, а по собственной воле. Если мой Отец всегда со мной, какого другого богатства могу я желать? Таково учение Востока. Это то, о чем должны помнить американцы. За каждым заработанным долларом, за каждым вашим усилием скрывается великая Сила. И если Эта Сила захочет дать вам причитающуюся вам работу или вещь — завтра же она будет у вас. Все мне было дано именно таким образом — и я отдал все это ради правого дела, чтобы не быть порабощенным никем и ничем.

Я не называю себя наставником, или мастером, или гуру. Я знаю только одно: я уничтожил свое «я» и зрю внутри себя лишь Небесного Отца. Когда вы уничтожите свое эго, вы тоже узрите внутри себя эту Сущность. Подобно тому как один генератор может питать все лампочки в городе, так и Бог питает жизнью всех нас. «Разве не знаете, что вы храм Божий, и Дух Божий живет в

---

[2] Мф. 22:37.

[3] «Уста Божии». «Не хлебом одним будет жить человек, но всяким словом, исходящим из уст Божиих» (Мф. 4:4). (См. *продолговатый мозг* в глоссарии.)

[4] Мф. 6:33.

[5] Там же.

[6] Лк. 12:29.

вас?»[7] Как вы думаете, почему Иисус Христос был известен как Сын Божий? Потому что он служит нам примером — как и все великие мастера. «А тем, которые приняли Его, верующим во имя Его, дал власть быть чадами Божиими»[8]. Пока вы не уподобитесь Христу, эти слова не возымеют для вас никакого смысла.

Алмаз и уголь объединяет то, что они оба состоят из углерода. При этом алмаз, в отличие от угля, принимает свет и отражает его. Люди с «угольным» умом то и дело жалуются: «Все плохо; у меня голова болит; хочу это, хочу то; у меня ничего не получается» — в общем, сплошной негатив. Сияющий же «алмазный» ум утверждает: «Что бы ни случилось, я добьюсь своего, ибо Бог со мной». Именно такой человек принимает свет и, пройдя через физическую, умственную и духовную эволюцию, в конечном итоге уподобляется Отцу.

Не нужно недооценивать силы маленькой волны, которую захлестнули волны побольше. Кто-то должен ей сказать: «Волна-малютка, что с тобой? Разве ты не видишь, что за тобой — целый океан? Ты часть великого океана». Не уделяйте своему телу слишком много внимания — загляните внутрь себя. Медитация, которой я вас обучил, имеет первостепенное значение. Вы увидите, как вы огромны: когда вы в Духе, вы вездесущи.

Поэтому, друзья мои, помните: Восток будет вашим наставником в делах духовных — не в бесполезных суевериях. Восточный человек, в свою очередь, должен понять, что Бог не избавит его от страданий только лишь из-за его духовности. Люди Востока должны расценивать выдающихся американцев, добившихся успеха в борьбе с малярией и многими другими болезнями, как своих наставников в делах материальных. Путем конструктивного обмена наилучшими достижениями Востока и Запада мы построим Соединенные Штаты Мира, где пост президента будет занимать Сам Бог.

---

[7] 1Кор. 3:16.

[8] Ин. 1:12.

Можно ли назвать Бога диктатором?

Главный международный центр Self-Realization Fellowship, Лос-Анджелес, Калифорния, 20 апреля 1941 года

Вопрос, который мы сегодня обсудим, вероятно, еще никогда не становился главной темой духовной лекции. Я задаю Богу самые разные вопросы, и это ничуть Его не смущает. Каким бы ни был мой вопрос, Божественное Существо всегда дает мне самый замечательный ответ. Вы тоже можете открыто говорить с Богом. Помните об этом, и однажды Он прольет свет на все таинства жизни, которые казались вам непостижимыми. Это знание принесет вам глубочайшее удовлетворение.

Человеку от рождения даны индивидуальность и свобода волеизъявления. Он был послан на землю для того, чтобы развить свой ум и вследствие этого заново открыть и проявить свою истинную сущность — душу, отражение Духа. Задача человека — шаг за шагом развить свои умственные способности. Для этого недостаточно просто читать книги или слушать лекции и проповеди — нужно натренировать свой ум и облагородить свои мысли и действия.

Библия говорит нам, что мы сотворены по Божьему образу и подобию[1]. В каждом человеке горит Божий свет, но при этом мы не можем отрицать, что в иных людях этот свет горит ярче. Если бы свет Господень сиял во всех людях максимально ярко, тогда каждое человеческое существо неизменно пребывало бы в своем первозданном состоянии совершенства. Но мы видим, что большинству людей еще есть, куда расти: в плане умственного развития им надобно подняться на ступеньку выше.

---

[1] Быт. 1:26–27.

Многообразие возможностей человеческой жизни показывает, что все в мире пропитано божественной силой. Тот факт, что одни люди более развиты, чем другие, говорит о том, что они прилагают больше усилий. Вы можете спросить: «Но если божественный разум присутствует во всех людях, почему тогда некоторые из них рождаются слабоумными?» Исчерпывающий ответ на этот вопрос может быть найден в их прошлых инкарнациях, в их неблагоразумных деяниях, совершенных в прошлом: именно они привели к такому печальному результату. И все же нет сомнений, что каждый человек сотворен по образу всеведущего Бога. Если бы слабоумному человеку помогли исправить его «безнадежное» состояние ума, душа позволила бы ему проявить его врожденную мыслительную способность в большей степени.

История лидерства

Заглянув в историю, мы увидим, что те, кто опережал своих современников в умственном развитии, неизменно выделялись из толпы и становились лидерами. Лидерство обреталось и упрочивалось демонстрацией физических навыков, лидером племени становился самый сильный и сообразительный. Именно таким образом развивались разнообразные кланы. Со временем несколько кланов, движимых общими целями, стали объединяться под руководством одного лидера. Такие лидеры становились королями, и критериями их избрания были физическая сила и умственные способности. Однако некоторые из них злоупотребляли своей властью и превращались в тиранов. Это они положили начало принципу передачи короны по наследству. Система, в которой престол занимал потомок, а не тот, чьи умственные способности были наиболее развиты, развратила такую форму правления. В высшие эшелоны власти проникло зло: если королевский отпрыск был физически или умственно непригоден для правления, он все равно наследовал престол и зачастую даже настаивал на своем праве управлять государством. Были случаи, когда некомпетентными наследниками престола манипулировали окружавшие их коварные министры.

Итак, мы видим, что система передачи власти по наследству имеет серьезные изъяны. Некоторые нации в конце концов проявили нетерпимость к такому виду тирании и восстали против своих правителей. Многие монархи были убиты либо свергнуты с престола.

Затем появилась идея создания республики. Такие страны, как Франция и Америка, отдали предпочтение форме правления, в которой народ избирает президента. Джордж Вашингтон заслужил этот пост всем тем, что он сделал для привнесения свободы на эту землю. Он любил эту страну и искренне заботился о ее благополучии, он был настоящим президентом. Под его компетентным руководством эта великая страна сделала свои первые значимые шаги в качестве новой нации. И Линкольн тоже был непревзойденным президентом.

Что же мешает существовать идеальной системе, в которой «люди управляют людьми во благо людей»? Несмотря на то, что президенты в этой системе избираются голосованием граждан, сама она пронизана коррупцией и пристрастностью. Зачастую избирается тот, кто блещет красноречием. Все мы знаем, как любят люди петь себе дифирамбы. Иной раз они часами могут говорить о недостатках других, совсем позабыв о времени, при этом о своих недостатках они говорить не желают, да и не очень-то любят, когда им о них напоминают. Тот, кто полагает, что у него есть право порицать других за их отрицательные черты, должен быть готов поведать миру и о собственных недостатках. Но политики знают, что в таком случае их попросту никто не изберет. Поэтому иногда ради получения заветного голоса они идут на хитрость: в своих речах они говорят то, что от них хотят услышать. Когда же они взбираются на вершину власти, то начинают делать все, что им заблагорассудится, а не то, что они обещали народу.

Избиратели на самом деле не знают кандидата. Обычно они не в состоянии сформировать о нем собственное мнение. Они знают только то, что прочитали или услышали о кандидате. Если он преподносится как человек способный и добропорядочный, они уже склонны за него голосовать. Но где же основа для личного мнения? Где тот критерий истины, по которому оценивают политика? А его никто не устанавливал. Поэтому народные массы слишком часто поддаются влиянию пропаганды или эмоций, не понимая, что происходит на самом деле. Даже абсолютно негодный кандидат может собрать голоса, если у него есть деньги на хорошую рекламу. Но не следует выставлять его в выгодном свете, если в действительности он не обладает хорошими качествами. Если на результат президентских выборов решающее влияние оказывают деньги, а не достоинства кандидата, такая избирательная система никуда не годится. К сожалению, политики известны тем, что заручаются финансовой поддержкой богатых людей, и кандидаты, не имеющие таких связей, остаются малоизвестными и не могут привлечь избирателей. Конечно, если человек богат, это не обязательно означает, что он влияет на ход выборов. Я всегда восхищался Генри Фордом, который делает много добра, направляя деньги на поддержку общественно значимых начинаний в этой стране и в мире в целом. Свершение добрых дел должно быть одним из критериев выбора лидеров.

Мнением избирателей можно манипулировать, потому что в большинстве своем оно зависит от того, что пишут в газетах; но я думаю, что люди постепенно отходят от этого. Если у нас в Индии кто-то говорил: «Я читал об этом в газете», люди автоматически относились к этой новости как к ложной информации. Газеты зачастую небеспристрастны, и это порождает в людях скептицизм. Именно правда и движимое благожелательностью чувство справедливости, а вовсе не жажда выгоды и манипуляция фактами, вернут средствам массовой информации их былую ценность и восстановят утраченное доверие людей.

Что мы имеем в итоге? Хоть демократия и является лучшим идеалом, современная избирательная система глубоко неэффективна, ибо часто на принимаемое избирателем решение влияют слова кандидата о самом себе или о своих политических оппонентах. Слишком мало внимания уделяется непосредственно личности кандидата. Если бы на выборы ходили только святые и другие люди, способные читать характер человека, в Белом доме всегда бы сидел хороший президент и нами гарантированно руководили бы достойнейшие люди. Воистину великий президент прежде всего заботится о благополучии своей страны, включая в него и благополучие всех остальных стран.

Именно из-за противоречивости избирательной системы нам достается то хороший президент, то плохой. И все же такая демократическая система гораздо лучше всех альтернатив, существующих в мире сегодня. Некомпетентных монархов и тех, кто правит силой, невозможно лишить власти без кровопролития, в то время как президентов, которые не показали себя с лучшей стороны, можно сменить вполне законным способом.

А теперь о современном виде диктатуры. Диктаторы — классический пример политиков, которые дают народу какие-то обещания, а после своего избрания их нарушают. Как правило, поначалу диктаторы хотят быть полезными своему народу, но, будучи верными своей стране, они в то же самое время проявляют своекорыстие и становятся неблагожелательными по отношению к другим государствам. Из-за собственной зависти и одержимости такие правители порождают в мире конфликты. Взобравшись на вершину власти, они начинают держать народ в ежовых рукавицах, чтобы обеспечить себе несменяемость. И неважно, правы они или нет, их слово — закон. Таково несовершенство диктатуры. Вначале диктатор обретает власть, делая что-то хорошее для народа. Он внушает людям доверие, потому что свою власть он заслужил. Но стоит ему взобраться на самую вершину власти, и он начинает править силой.

В каком-то смысле Бог — диктатор

А теперь возникает вопрос: можно ли назвать Бога диктатором? Конечно, в контексте того, что мы только что обсудили, — нет, и все же в каком-то смысле Бог — диктатор, ибо Он сотворил нас против нашей воли. А разве не так? Мы не просили, чтобы нас создавали. Кто повелел Ему создать нас? На этот вопрос Бог не дает ответа. Я часто говорю Ему, что Его никто не просил сотворять нас и помещать в тело, которое легко заболевает и подвергается страданиям. Даже машины имеют детали, которые можно легко заменить, однако к человеческой машине это не относится. Вы имеете полное право говорить Богу: «Господи, это Ты меня сотворил — так освободи же меня». Вот так нужно Ему молиться. Он за вас в ответе.

Порядок развития мироздания определен Богом

Почему Бог сотворил женщин, мужчин и животных и отождествил душу с конкретными ограничениями сознания, характерными для оболочки, в которую эта душа заключена? Вот именно в этом смысле Бог — диктатор. Животные не имеют возможности себя улучшить: ведомые инстинктами, они остаются все теми же.

Человек этим пользуется и эксплуатирует бедных животных в своих целях. Мы не носим обувь из человеческой кожи, потому что люди воспротивились бы этой идее. Но мы не стесняясь отбираем у животных их кожу и плоть, ведь так уж мир устроен Богом, что животные беззащитны перед человеком. В этом отношении Бог тоже диктатор. И, опять же, Он ответственен за нас, потому что забросил нас в этот мир, не спросив нас, хотим ли мы этого, и даже не поведав, почему мы здесь.

Как бы то ни было, мы вполне можем узреть Его благой замысел. Мироздание само по себе является свидетельством работы великого Разума. Мы снабжены органами чувств, посредством которых мы воспринимаем этот мир и контактируем с ним. В мире есть пища, которая утоляет наш голод, и нам дана способность ухаживать за своим телом и восполнять его потребности. Порядок развития каждой формы жизни в той или иной степени предопределен. Средняя продолжительность жизни человека — менее ста лет. Секвойя живет до четырех тысяч лет. Обычные комнатные растения умирают довольно скоро, как бы заботливо вы за ними ни ухаживали. Некоторые насекомые живут лишь несколько часов. Все это указывает на существование некоего Диктатора, который установил Свои порядки в этом мире. Он установил нормы, которым подчиняется все сущее.

Духовная диктатура

Между диктатурой Иосифа Сталина и Махатмы Ганди есть одно существенное отличие. Они оба правят миллионами людей, но Ганди — диктатор духовный. Он ведет народ не силой, но любовью; люди следуют за ним не из-за страха, а по любви. Думаю, Бога тоже можно назвать духовным диктатором. Если бы Он вдруг низошел на землю в человеческом обличии и не скрывал всех Своих чудесных качеств — а это не стоило бы Ему никакого труда, — все бы последовали за Ним не раздумывая. Он, конечно, приходит, но в обличии аватаров, в которых Он частично скрывает Свои силы. Это нужно для того, чтобы Он мог играть конкретную человеческую роль на благо всех людей.

Именно таким образом Бог был рожден как Иисус, который отдал себя на распятие, хотя мог одним лишь взглядом уничтожить весь мир. Тот, кто был способен воскрешать мертвых, мог бы истребить своих врагов по приказу Духа, пребывающего внутри него. Последователи Иисуса ожидали, что он будет править всем миром. Он же предпочел терновый венец, став истинным правителем, царствующим в сердцах миллионов людей вот уже много веков. А где сегодня Наполеон и Чингисхан? Они лишь страницы в учебниках по истории. При этом в каждой стране мира есть люди, которые любят Иисуса и следуют его учениям.

Жизнь Иисуса показывает, что Бог отличен от рядового диктатора. Он всемогущ, но Он не пользуется Своей силой, чтобы уничтожить Своих врагов. Вы можете проклинать Бога, отречься от Него, злословить в Его адрес, но Он не будет вас наказывать за наносимые Ему оскорбления. И все же вам не будет покоя — ведь вы наполните свой ум порочными мыслями.

Бог не диктует Свою волю Своим детям

В своем существовании Вселенная подчиняется определенным законам — такой ее создал Бог. Когда мы нарушаем один из этих космических принципов, мы самолично себя наказываем. Спрыгните с верхнего этажа высотки, и вы переломаете себе все кости. Вы не можете игнорировать закон всемирного тяготения, не столкнувшись при этом с последствиями. Так что в этом мире человек может свободно действовать лишь в определенных рамках. Если он идет против божественных законов, он себя наказывает или даже уничтожает. Будучи творцом непреложных законов, Бог представляется нам диктатором. Но тот факт, что Сам Он хранит молчание и манит нас исключительно силой любви, показывает, что Ему такая роль не по нраву. Если бы Бог вдруг обратился к нам напрямую, мы бы в одно мгновение утратили свободу волеизъявления, ибо сразу же почувствовали бы, что вынуждены Ему подчиниться; мы не смогли бы воспротивиться влиянию Его мудрости и любви.

По той же причине Бог не позволяет ни одному святому применять духовную силу с целью изменить мир. Великие святые обладают могучей силой. Мой Мастер мог воскрешать мертвых, но он никогда не использовал свою силу, чтобы совершенствовать мир через прямое воздействие на него. Если показывать людям чудеса, их увлекут феномены — они не последуют зову души, которая самопроизвольно тянется к Богу по мановению своей любви. Поэтому Бог не разрешает святым задействовать их духовную силу для привлечения к Нему душ способом, который предполагал бы ограничение свободы выбора этих самых душ.

На протяжении веков пророки в своих пламенных речах предрекали, что Сам Бог сойдет с небес, чтобы наказать злодеев. Но Бог никогда этого не делал. Когда люди совершают зло, то есть нарушают божественные законы, они активизируют космические силы, которые неизбежно воздают за их неправедные деяния. Таким образом, люди сами себя наказывают. Не думаю, что Бог когда-либо приходил на землю, чтобы кого-то наказать. Если бы Он вообще прибегал к такому методу, Он бы прямо сейчас наказал всех злодеев, ибо Ему прекрасно известно, кто в текущей войне[2] прав, а кто — нет.

Бог очень кроток, и Он прячется от нас. Он не желает выходить к нам со словами: «Я Бог. Вы должны Меня слушаться». В то же время Он старается уберечь нас от самоистязания, говоря с нами через Свои законы и назидания великих душ. Христос сказал: «Кто из вас меньше всех, тот будет велик»[3]. Кто истинно кроток в глазах Бога, тот подобен Самому Богу.

Человека нужно учить универсальному патриотизму

Текущее положение дел в мире — результат нашего с вами злоупотребления личной свободой[4]. Осознав это, мы получим объяснение всему, что здесь происходит. Для войны всегда находятся большие деньги, а вот для ликвидации трущоб их почему-то никогда не хватает. Понимаете, насколько ложны такие оправдания?

---

[2] Вторая мировая война.

[3] Лк. 9:48.

[4] Совокупные действия индивидуумов в тех или иных сообществах, странах или в мире в целом порождают коллективную карму, которая, согласно значимости и уровню совершенного добра или зла, формирует события местного или глобального значения. Таким образом, мысли и действия каждого человека вносят свой вклад в совокупное благополучие или неблагополучие мира и всех людей в нем. (См. приложение на стр. 468.)

Если бы все мировые лидеры воспитывались в духе Ганди, Линкольна или Христа, на земле не было бы войн. По этой причине я считаю, что важным шагом к установлению мира стало бы повсеместное создание специальных городов, в которых воспитывались бы сироты всех стран. Они должны получать не только академическое образование, но и лучшее образование в сфере развития душевных качеств и распространения духа человеческого братства через посредство собственного примера.

Национальный патриотизм, основанный на эгоизме, является причиной многих бедствий и несказанных страданий во всем мире. Поэтому наряду с патриотизмом людям нужно прививать чувство всеобщего братства. Когда в людских сердцах прорастут семена братской любви, войны исчезнут с лица земли.

Посмотрите, сколько в мире всевозможной дискриминации — взять хотя бы американский закон о гражданстве. Даже великие люди, такие как Махатма Ганди, при всем желании не смогли бы получить американское гражданство, так как являются уроженцами стран, которые не допускаются к участию в этой программе; в то же время европейцы, которые иной раз оказываются гангстерами, это гражданство получают[5]. В своем уме я никогда не отождествлял себя с этими законами: моя родина там, куда меня приведет Господь. И моя любовь к этой родине объемлет собой весь мир. Вот такому идеалу нужно учить всех людей.

Несколько стоящих идей Фрэнсиса Бэкона

Фрэнсис Бэкон написал одно глубокое произведение[6], дающее нам некоторую пищу для размышлений. Оно повествует о группе мореплавателей, которые сбились с курса из-за сильных ветров, вследствие чего оказались в новом, доселе незнакомом им регионе мира. Когда их корабль подошел к чудесному острову, на котором раскинулся очаровательный город, к ним на борт поднялся некий чиновник в шелковых одеждах лазурного цвета; он пригласил заблудившихся путешественников остаться на некоторое время в его

---

[5] По настоянию президента Трумэна в 1946 году наконец был принят законопроект, который давал возможность индийским эмигрантам становиться гражданами США.

[6] «Новая Атлантида».

городе. Город тот был научной утопией. Одно местное учреждение, именуемое Соломоновым домом, распространяло в народе знания об удивительных открытиях и изобретениях; работали там в высшей степени эрудированные люди — местные светила науки и искусства. Их благородные и ученые умы интересовала одна лишь истина. Главной задачей их исследований было изучение творений Господних во благо всех людей. Таким образом, прогрессивность и благополучие этой утопической страны напрямую зависели от деятельности благороднейших людей общества.

Индия в период своего Золотого века пошла еще дальше. Согласно ее былым идеалам, лидер нации должен быть не только ученым, но и святым, ибо ученый, не владеющий духовным знанием, может не понимать, *что* для его народа будет истинным, наивысшим благом. В те времена цари имели советников в лице мудрых святых. Лидеров наций *должны* наставлять великие души. Тогда все мировые конфликты будут разрешены, потому что святые, любящие Бога и радеющие о всеобщем благе, не стали бы принимать несправедливые законы, которые создают почву для возникновения конфликтов. Великие святые смотрят на весь мир как на свое царство. Именно поэтому они всегда советовали правителям не только оберегать гармонию в своей собственной стране, но и одаривать ею другие страны. Для этого требуется широта духовного патриотизма, который выходит за рамки национального самосознания и объемлет весь мир. Ганди сказал, что его Индия состоит не только из индийцев, а вообще из всех, кто любит Индию и следует Истине, — и неважно, какой национальности и веры эти люди.

Линкольн — еще один пример мудрого и проницательного человека. Не исключено, что таких людей сегодня много, но ведь «часто лилия цветет уединенно»[7]. Человеческие добродетели, наряду с желанием видеть у власти того, кто действительно заслуживает доверия, — вот что воодушевит такие благородные души, и они постепенно начнут выходить из тени.

Возвращаясь к утопии Фрэнсиса Бэкона, отмечу, что у него было поистине царское воображение! В том государстве существовала

---

[7] Томас Грей. Элегия на сельском кладбище.

одна замечательная традиция: каждые двенадцать лет их ученые мужи отправлялись в разные страны мира, дабы выучить новые языки и ознакомиться с конструктивными законами, новейшими открытиями и лучшими обычаями других народов. Когда же они возвращались на свой остров, самые ценные из полученных знаний они внедряли в быт горожан. Все там жили в мире и гармонии, без нажима подчиняясь справедливым законам своей страны.

Мы должны с чего-то начинать

Людей в этом мире не учат такому великодушию. Именно поэтому на земле подобная утопия пока невозможна. Истинное счастье может прийти ко всем людям лишь тогда, когда их действиями будет управлять сама душа.

Мы должны с чего-то начинать. Государствам необходимо обмениваться наивысшей мудростью — это должно стать нормой. Первые шаги к этому уже делаются. В индийском парламенте, например, несколько мест зарезервированы для философов. Но этого недостаточно. Торговый обмен между странами зачастую порождает войны. «Торговцы» же мудростью могут установить такое понимание между нациями, что те научатся обмениваться и делиться материальными благами, не прибегая к оружию. Такое однажды обязательно произойдет. Не думайте, будто мир пятится назад. Мы постепенно придем к такому положению дел. Войны помогут избавить политику от нечистоты. Они прольют свет на многие причины мировых невзгод. Только подумайте: если в мирное время кто-то взрывает здание, его сажают в тюрьму. На войне же тот, кто уничтожает огромное количество зданий, удостаивается медали. Удивительно!

Мы должны начать жить иными идеалами, духовными идеалами. Не нужно недооценивать свои способности, ибо внутри вас пребывает Всемогущий Отец. Как только вы откроете эту Силу внутри себя, вы обретете способность вершить великие дела. Океан состоит из капелек воды. Нет капель — нет океана. Без наших действий нет и Божьих деяний в этом мире. Когда вы думаете, как помочь людям, думайте масштабно — обо всем мире. Вы сотворены по Божьему образу и подобию, и вы не должны считать себя слабым человеческим существом.

Совершенствуйте свою любовь, дабы вы смогли дарить ее не только своей стране, но и всем остальным странам. Инкарнация за инкарнацией смерть забирает вас с этой земли, чтобы вы перестали замыкаться только на своем роде, своей национальности и горстке близких вам людей. Иисус показал нам, как это сделать. Он глубоко любил свою мать, но это не мешало ему любить и всех остальных людей.

Это Бог одушевляет все живое

Двое мальчишек наблюдают за варкой картофеля. Один из них говорит: «Братишка, смотри, как картошка скачет вверх-вниз!» А тот, что помудрее, ему отвечает: «Да, но по сути это огонь заставляет ее так прыгать». Бог и есть тот самый огонь, который одушевляет все живое. Вы думаете, что это вы являетесь вершителем всех дел, однако вы забываете, что не кто иной, как Бог работает через вас и Его любовь проявляется во всех формах земной любви. Наиболее чиста любовь дружеская: она способна научить вас любить весь мир, ибо истинная дружба безусловна. Любовь к своей семье — это лишь первый шаг к освоению любви ко всему человечеству.

Сегодняшнее положение дел в мире указывает на то, что нам жизненно необходимо учиться не только патриотизму, но и искусству божественного братства. Иисус сказал: «Возлюби ближнего твоего, как самого себя»[8]. Люди всех наций должны любить друг друга так же, как любят своих близких.

Диктатор не дал бы нам права отвернуться от него

Итак, мы вполне могли бы назвать Бога диктатором, ибо Он сотворил нас, не испросив прежде нашего разрешения; с другой стороны, Он вовсе не является диктатором, ведь Он дал нам право отвернуться от Него и больше никогда о Нем не думать. Вот почему некоторые хорошие люди, даже не помышляющие о Боге, живут на первый взгляд не так уж и плохо. Если бы Бог был диктатором, Он бы сказал: «Ага, вот этот человек обо Мне не

---

[8] Мф. 22:39.

думает. Сейчас мы это исправим. Теперь-то ему точно придется обо Мне думать». Но Бог этого не делает. Если вы следуете Его законам, вы не будете страдать, даже если совершенно о Нем позабыли. Только когда вы нарушаете Его законы, вы наказываете себя страданиями. Однако Божьи законы довольно замысловаты, поэтому, если мы не руководствуемся Его помощью, мы неизбежно их нарушаем.

Таким образом, хоть Бог и обладает всевозможными физическими, умственными и духовными силами, Он все же не задействует их, когда мы Ему противимся. Вы можете проклинать Бога хоть каждый день — Он вас за это не накажет. Но если вы будете любить Его, Он придет к вам. Он притягивает вас силой Своей любви.

Бог дал нам свободу выбора, но в то же время Он видит, что мы загнали себя в искусственные рамки. Для этого Он и дал нам разум, чтобы мы смогли выбраться из этого затруднительного положения. Если же мы неправильно используем свой разум, винить в этом мы должны себя, а не кого-то еще. Бог не в состоянии нам помочь, если мы сами нарушаем Его законы и этим навлекаем на себя страдания.

Некоторые люди живут бессознательно: они спят, едят и время от времени получают какие-то удовольствия; при этом размышляют они крайне редко. Так много людей живет не думая! Для них материальная жизнь — единственная реальность. Но эта жизнь лишь преходящий сон. Так почему вы должны жить, пытаясь угодить миру? Будет лучше, если в первую очередь вы станете угождать Богу, и тогда вы сможете угодить всем.

В конечном итоге Бог даст свободу каждому, но вы ее не получите, пока не научитесь правильно распоряжаться своим правом на свободный выбор. С этой целью Он и дал нам свободу волеизъявления, а иначе в ней не было бы никакого смысла. Животные не имеют свободы: Бог связал их инстинктами. Но в человеке Он посадил семя мудрости. Человеческие существа сами выбирают, возвыситься им или же пасть, стать лучше или хуже. И поскольку Он дал нам эту свободу, Сам Он пребывает в молчании, ибо знает, что, если бы Он заговорил с нами, мы бы непременно оказались под Его влиянием. В один момент Он бы убедил нас не делать плохого. Если бы Он на это пошел, Он уж точно прослыл бы диктатором. Именно поэтому Всемогущий Господь не может делать то, что идет вразрез с нашей свободой выбора. Понимаете, о чем я говорю? Он не является диктатором в том смысле, что Он не вмешивается в принимаемые нами решения — Он молчит, скрывая Свою силу. Он знает, что мы в беде, однако Он не сможет нас освободить до тех пор, пока мы не начнем содействовать Ему своими собственными усилиями. Мы сами решаем, принимаем мы Бога или же отвергаем Его.

В потенциале вы равны Богу

И еще одно: типичные диктаторы не терпят себе подобных. Они враждебны по отношению друг к другу, потому что хотят быть единственными и неповторимыми. А вот Бог совсем не такой. Он сотворил вас по Своему образу и подобию; в потенциале вы равны Богу, потому что вы Его частичка. Каждый из нас может стать богоподобным, просто лишь развеяв мрак неведения. Вам не нужно ничего обретать — такая способность у вас уже есть. Золото души спрятано внутри вас, однако оно покрыто грязью иллюзии. Вам нужно лишь соскрести эту грязь.

Как видите, с одной стороны Бог — диктатор, потому что Он сотворил нас, не испросив прежде нашего разрешения. С другой стороны, Он явно пытается искупить Свою вину посредством духовной диктатуры. Он говорит с нами исключительно через Свои законы и притягивает нас Своей любовью. И поскольку Он не материализует Себя на земле и не требует избрать Его на пост всемогущего правителя, Он, конечно же, не диктатор. Господь не проводит никаких «предвыборных кампаний», Он хочет, чтобы вы сами избрали Его своим сердцем. Когда в вашем сердце возгорится искра любви, которую испытывает ваша душа к Духу, и когда эта любовь уничтожит все психологические темницы, в которых томилась ваша свободная воля, вот тогда Он придет к вам, даже не дожидаясь вашего приглашения. И Он скажет: «Я не могу устоять перед сиянием твоей любви. Мне бы хотелось прийти к тебе — если ты, конечно, не возражаешь».

Будучи диктатором духовным, Бог не прибегает к силе, Он не является миру со словами: «Я — повелитель Вселенной!» Вы познаете Его только тогда, когда ваша душа воззовет к Нему и ваше сердце растает от любви к Нему.

Как получить ответ на свою молитву

Данная статья Парамахансы Йогананды служила вступительным материалом к ранним изданиям его книги Whispers from Eternity. Пересмотрев книгу для очередного, восьмого, издания, Парамахансаджи написал к ней новое введение.

Несмотря на то, что предписания в этой статье относятся главным образом к тем духовным воззваниям, что включены в книгу Whispers from Eternity, изложенные здесь принципы проливают свет на научность молитвы, к которой может обратиться каждый, кто ищет Божьей помощи в переустройстве своей жизни силой моления.

Бог сотворил человека по Своему образу и подобию. Те, кто знает, как принять Его, могут расширить свое сознание и пробудить спящую внутри божественность. Будучи Божьими детьми, в потенциале мы обладаем той же властью над всем сущим, что есть у Него.

Возникает вопрос: почему многие из наших желаний не находят своего исполнения и так много Божьих детей страдает? Будучи божественно беспристрастным, Господь не мог сотворить одних Своих детей лучше других. Он сотворил все души одинаковыми — по Своему образу. Все они получили величайшие из Божьих даров: свободу волеизъявления и силу разума, позволяющую действовать согласно своей задумке.

Когда-то в прошлом люди нарушили многообразные Божьи законы, что повлекло за собой соответствующие последствия.

Всем людям дано право свободно распоряжаться своим человеческим разумом. Злоупотребление этим Божьим даром порождает грех, причину всех страданий, мудрое же его использование ведет к добродетели, предвестнице счастливой жизни. Бог безгранично великодушен: Он ни за что нас не наказывает, это мы наказываем себя своими неблагоразумными деяниями и вознаграждаем себя своими благими поступками. Наделив человека разумом и свободной волей, Бог фактически снял с Себя ответственность за наше поведение.

Злоупотребив самостоятельностью, дарованной ему Богом, человек навлек на себя неведение, физические страдания, преждевременную смерть, а также другие несчастья. Что он сеет, то и жнет. Закон причины и следствия действует во всех жизнях. Все текущие события в жизни человека определены его деяниями в прошлом, а все события грядущих дней определяются его текущей линией поведения.

Вот почему человек, сотворенный по образу и подобию Бога и в потенциале наделенный всеми Его силами, лишил себя врожденного права господствовать над мирозданием Отца: это произошло из-за его собственных ошибок и самонавязанных ограничений. Человек страдает и пребывает в отчаянии по той причине, что злоупотребляет даром разума, отождествляет свою душу с бренным телом и поддается влиянию семейных обычаев, окружающей среды и мира в целом.

Как спящее чадо Божие может стать пробужденным чадом Божиим

И все же факт остается фактом: каждый человек, каким бы неправильным он ни казался, — потенциальное чадо Божие. Даже величайший из грешников по сути является непробужденным сыном Бога, бессмертным спящим, который просто отказывается принять Его свет. В Евангелии от Иоанна (1:12) мы читаем: «А тем, которые *приняли* Его, верующим во имя Его, дал власть быть чадами Божиими».

Чаша не может вобрать в себя океан — если только не увеличить ее до размеров самого океана. Вот и чаша концентрации, равно как и других способностей человека, должна быть увеличена, дабы он смог постичь Бога. Чтобы «принять» Его, необходима соответствующая способность, которую можно развить путем работы над собой. Такой подход в корне отличается от слепой веры.

Быть чадом Божиим: от веры к осознанию

Слова Иоанна Богослова означают, что, согласно закону духовной дисциплины, те спящие чада Божии, которые пробуждаются, *получают*, то есть воспринимают, Бога через посредство своей развитой интуиции и этим вновь обретают дотоле дремавшую внутри силу чада Божиего. Неведение понуждает человека воображать себя слабым и ограниченным. *Неведение — величайший из грехов.*

Тот, кто беспробудно спит в иллюзии, принимает за реальность свой сон о человеческой слабости. Это неправильно, когда душа, облаченная в костюм эго, думает, будто она ограничена телом. Вместо этого ей следует познать себя частью безграничного Духа. Считать себя чадом Божиим, а не просто сыном смертного, хорошо и даже правильно, ибо с точки зрения метафизики человек сотворен по образу Бога. Посему ошибочно считать себя бренным существом. Даже одной только верой человек может постепенно развить свое интуитивное знание и однажды постичь, что в душе своей он воистину является чадом Божиим. Таким образом, заблудшему сыну в первую очередь надобно поверить в эту истину, ибо вера — начальное условие для исследования и познания истины.

Когда человек попадает в неприятности, он бессознательно молится неведомому Богу в надежде испытать некоторое облегчение. Если ситуация разрешается в его пользу, пусть даже по воле случая, он верит, что его мольбы были услышаны и Бог ему ответил. Но если его молитва осталась неотвеченной, он начинает терять веру в Бога.

Разница между воззванием и молитвой

Я излагаю здесь (в книге *Whispers from Eternity*. — Прим. изд.) те духовные воззвания[1], что пришли мне в процессе благодатного общения с Отцом нашим Небесным, — и делаю это с той лишь целью, чтобы научить моих братьев и сестер контактировать с Богом эффективно. Слову «молитва» я предпочитаю «воззвание», потому что последнее не несет оттенок примитивного средневекового представления о Боге как о могущественном тиране, перед которым мы должны угодничать, словно попрошайки.

В обычной молитве присутствует элемент выпрашивания и невежества. Люди молятся как попало. Немногие знают, как именно нужно молиться, чтобы тронуть Божье сердце; люди

---

[1] Подобные молитвы-воззвания можно найти в книгах Парамахансы Йогананды «Научные целительные аффирмации» и «Метафизические медитации», издаваемых обществом Self-Realization Fellowship.

также не знают, получают они ответ на свои молитвы или же те никак не влияют на ход жизненных событий. Кроме того, они не проводят различий между «мне нужно» и «мне хочется». Иногда это хорошо, что мы не получаем того, что хотим. Ребенок может захотеть дотронуться до огня, но мать, ведомая намерением уберечь дитя от ожога, откажет ему в исполнении этого желания.

Хоть Бог и всемогущ, Он не нарушает Своих законов и не действует своенравно только лишь потому, что кто-то Ему молится. Он дал человеку самостоятельность, и тот распоряжается ею по своему усмотрению. Если бы Бог простил человеку его недостатки и позволил ему и впредь вести себя неправильно, не сталкиваясь при этом ни с какими последствиями, это означало бы, что Бог противоречит Самому Себе, что Он игнорирует причинно-следственный закон, применимый к закону действия, и обращается с человеческими жизнями как Ему угодно, а не как того требует сотворенный Им же закон. Ни лести, ни восхвалению не под силу заставить Бога изменить положения Его непреложных законов.

Значит ли это, что мы лишены заступничества милосердного Господа и продолжим влачить жалкое существование как беспомощные жертвы человеческих слабостей? Неужели мы непременно будем пожинать плоды своих ошибочных деяний, словно это предопределено свыше или обусловлено так называемым злым роком? Нет! Господь есть закон, и то же время Он есть любовь. Тот верующий, который ищет безусловной любви Господа, поклоняясь Ему искренне и с верой и настраивая свои действия в унисон с божественным законом, непременно удостоится очищающего и утешающего прикосновения Господа. Любые грехи и их последствия могут быть прощены покаявшемуся верующему, который глубоко любит Бога и приводит свою жизнь в гармонию со всемилостивым Господом.

Вам не следует попрошайничать, выпрашивая у Бога благоволения или же отпущения грехов, и вы не должны сдаваться или сидеть сложа руки, полагая, что закон действия будет продолжать работать сам собой. Все навязанные нами узлы можно развязать. Мы должны принять соответствующие противоядия, чтобы нейтрализовать последствия своих ядовитых действий. Например, зачастую плохое здоровье можно поправить, просто лишь ведя здоровый образ жизни. Если же хронические болезни и страдания не поддаются контролю со стороны человека, если разнообразные человеческие методы не помогают исцелить физические или психические недуги — что говорит об ограниченности этих самых методов, — вот тогда мы вправе испрашивать помощи у Бога, сила Которого не знает границ. И мы должны взывать о помощи с любовью, как и подобает чадам Божиим. Не нужно попрошайничать.

Каждая молитва, исполненная духа попрошайничества, ограничивает душу, какой бы искренней она ни была. Как чада Божии мы должны верить, что имеем все то же, что есть у нашего Отца. Это наше право по рождению. Иисус *постиг* произнесенную им истину: «Я и Отец — одно». Именно поэтому он имел власть над всем сущим — совсем как Отец его Небесный. Большинство из нас молятся о чем-то, что-то выпрашивают, не задумываясь о праве, данном нам по рождению. Вот почему мы ограничены законом попрошайничества. Мы не должны ничего выпрашивать — мы должны требовать у Отца то, что представляется нам утраченным.

Пришло время разрушить старый как мир стереотип о том, что мы слабые человеческие существа. Каждый день мы должны размышлять, медитировать, утверждать, верить и осознавать, что мы чада Божии, — и вести себя соответственно! Да, на осознание этой истины может уйти какое-то время, и все же мы должны задействовать правильный метод, вместо того чтобы молиться на авось, ненаучным образом, впоследствии поддаваясь неверию и сомнениям или даже «жонглируя» суевериями. Только когда дремлющее эго воспримет себя не как тело, но как дитя Божие, как свободную душу, живущую в теле и работающую через него, — вот тогда оно сможет на законном основании востребовать свои божественные права.

Необходимы глубокая сосредоточенность и преданная любовь

Эти священные молитвы-воззвания являют собой отклики души, получившей ощутимый ответ от Бога. Однако в молитве недостаточно просто повторять мысли, выраженные кем-то другим. Когда человек встречает свою любовь, он должен говорить не слова из книги, а те, что идут от сердца. Если же при обращении к Богу человек использует чужие мысли, он должен прежде вникнуть в их суть и сделать их частью собственного восприятия, а потом уже произносить их сосредоточенно и с любовью — совсем как пылкий юноша, который в обращении к своей возлюбленной использует слова великого поэта и одухотворяет их собственным чувством.

Механическое повторение молитвы-воззвания или аффирмаций, не сопровождаемое чувством любви и вдохновенной верой, делает человека «молящимся граммофоном», который не понимает смысла «проигрываемой» им молитвы. Машинальное воспроизведение молитвы с рассеянным умом не принесет Божьего ответа. Механическое повторение — упоминание имени Бога всуе — бесплодно. Многократное же мысленное или вербальное повторение воззвания или молитвы с углубляющейся концентрацией и преданностью одухотворяет молитву и превращает сознательное, исполненное веры повторение в духовное переживание на уровне сверхсознания.

Всевышнего нельзя обмануть поверхностной молитвой, ибо Он есть источник всех мыслей. Его невозможно подкупить, но при этом легко тронуть своей искренностью, настойчивостью, сосредоточенностью, преданностью, решимостью и верой. Кроме того, рассеянное повторение долгой и глубокой молитвы ведет к двоедушию, а молиться, не понимая смысла произносимых слов, — значит взращивать в себе неведение, фанатизм и суеверие. Повторение молитвы с углубляющейся концентрацией и верой не есть механическое повторение — это преобразующая и растущая сила, а также пошаговая подготовка ума к восприятию Бога научными методами.

Эти священные воззвания представляют собой зов души — любящий и полный здравого смысла. Если человек сначала подготавливает свой ум посредством концентрации, а затем с нарастающим чувством веры и преданной любви мысленно (или же вслух, на групповых медитациях) повторяет эти научные молитвы-воззвания, результат обеспечен. Самое важное воззвание — о восстановлении вашего единства как чада Божиего с Небесным Отцом. Познайте эту истину, и все приложится вам.

Взывайте неустанно, и дано вам будет

Посадив семя-воззвание в почву веры, не разгребайте лунку каждый день, чтобы посмотреть на него, иначе оно никогда не прорастет. Посейте свое семя-воззвание и с верой поливайте его корректной практикой молитвы-воззвания на ежедневной основе.

Будьте настойчивы в своих требованиях, и вы вновь обретете свое утраченное наследие. Только тогда Великая Удовлетворенность посетит ваше сердце. Взывайте до тех пор, пока вам не удастся отстоять свои божественные права. Требуйте неустанно то, что по праву принадлежит вам, — и дано вам будет.

Взывая к Богу надлежащим образом, вы не поддаетесь воздействию суеверий, разочарований или сомнений. Как только вы освоите принцип действия причинно-следственного закона, побуждающего Бога отвечать вам, вы поймете, что это не Он прятался от вас, а вы прятались от Него в тени вами же напущенной тьмы. Познав себя чадом Божиим через посредство интуитивного знания и умственного развития, а также усердной медитации, вы обретете власть над всем сущим.

Если ваши настойчивые просьбы остались без ответа, винить в этом нужно только себя самого и свои действия в прошлом. Не отчаивайтесь и не говорите, что вас преследует злой рок или так было предопределено своенравным Богом. Вместо этого после каждой провалившейся попытки предпринимайте новую, прилагая еще больше усилий. Вот так вы получите желаемое — то, что ранее не получали по собственной вине, но что уже содержится в Духе и принадлежит вам. Взывайте, исполнившись священного чувства преданности и осознания, что как чадо Божие вы имеете право обладать своим божественным наследием.

Если вы точно знаете, когда и как нужно молиться согласно природе своих потребностей, это принесет вам желаемый результат. Правильный метод способен привести в действие соответствующие законы Бога, которые приносят результаты с математической точностью.

Некоторые практические советы

Ознакомьтесь с содержимым книги и выберите нужное вам духовное воззвание. Сядьте прямо на стул с прямой спинкой; сохраняя полную неподвижность, успокойте свой ум. Подобно тому как мокрая спичка не может возгореться пламенем, так и полный сомнений и беспокойства ум не может разжечь огонь концентрации, даже если приложить к этому огромные усилия.

В этой книге пламя вдохновения спрятано между строк

молитвенных воззваний, однако представлены они в виде безмолвных типографских чернил, листов бумаги и смысловых образов. Вот почему вы должны использовать свою интуицию и преданную любовь к Богу, чтобы разжечь в этих воззваниях пламя, несущее свет озарения. Воскресите сокровенность этих слов христовым велением своего глубокого интуитивного восприятия, дабы вызволить их смысл из могилы пустых интеллектуальных концепций.

Разные умы могут по-разному истолковывать значение одной и той же молитвы. Каждый человек измеряет и вбирает в себя обширный океан истины согласно уровню своего умственного развития и степени своей восприимчивости. Аналогично этому, только от глубины интуиции и чувства зависит, как именно человек прочувствует вдохновение, сокрытое в этих молитвах-воззваниях.

Дабы Божье тепло, исходящее от этих молитвенных воззваний, принесло максимум духовной пользы, зараз нужно брать только один абзац из молитвы, после чего мысленно представлять себе ее смысл, визуализировать представленные в молитве образы и глубоко медитировать на них до тех пор, пока не проявится их пламенная суть, свободная от любых словесных ограничений.

Иной человек может захотеть прочитать все молитвенное воззвание, чтобы понять его полный смысл. Если же он будет перечитывать его снова и снова, а затем, закрыв свои глаза, предпринимать неоднократные попытки *почувствовать* сокрытое в нем глубокое вдохновение, тогда он одухотворит эту молитву — пробудит вдохновение, спящее под шелковым одеялом слов.

Закройте глаза и возведите их в точку духовной концентрации в межбровье, а затем медитируйте на смысл выбранного вами молитвенного воззвания до тех пор, пока оно не станет частью вас. Медитируя, пропитывайте свое воззвание чувством преданной любви. По мере того как ваша медитация углубляется, умножайте это чувство и преподносите эту молитву как зов своей души. Почувствуйте каждой клеточкой своего тела, что желание вашего сердца, выраженное в данной молитве, ощущается Богом.

Почувствуйте, что Бог стоит прямо за завесой вашего пламенного воззвания. Почувствуйте это! *Слейтесь* с зовом вашего сердца и будьте абсолютно уверены в том, что Он слышит вас.

Сразу после этого приступайте к своим повседневным обязанностям, не думая о том, исполнит ли Бог вашу настойчивую просьбу. Неуклонно верьте, что ваше воззвание услышано, и тогда вы познаете: все, что имеет Бог, имеете и вы. Неустанно медитируйте на Бога: почувствовав Его, вы, будучи чадом Божиим, обретете свое божественное наследие, которое по праву принадлежит вам.

Неустанное цветение вечнозеленого древа молитвенных воззваний

Эти воззвания были даны мне нашим Единым Отцом — они не мои. Я лишь прочувствовал их и облек в слова, дабы поделиться ими с вами. Им сопутствует мое благословение, и я молюсь, чтобы они затронули потаенную струну вашего сердца и вы смогли их почувствовать точно так же, как чувствую их я.

Молитвы-воззвания подобны неустанно цветущим вечнозеленым деревьям. Ветви слов у древа молитвы неизменны, тем не менее, если регулярно поливать это деревце медитацией, на нем всегда будут благоухать свежие розы вдохновения и Божьего восприятия. Берегите древо молитвы от таких вредителей, как сомнения, несобранность, праздность ума, откладывание медитации на завтрашний день (который никогда не настанет!) и рассеянность; кроме того, во время молитвы нельзя думать о чем-то постороннем и в то же время воображать, что ум полностью сосредоточен на силе молитвы.

Таких паразитов, живущих на древе молитвы, нужно уничтожать верой, преданной любовью к Богу, самоконтролем, решимостью и верностью избранным вами учениям. Придерживаясь такого подхода, вы сможете ежедневно собирать свежие розы бессмертного вдохновения с древа молитвенных воззваний.

О искатель пробужденья души! Остановись же и дай Богу шанс ответить тебе через посредство интуиции твоей души. Познай Его, постигнув свое истинное «Я».

Преодоление кармы мудростью

Храм Self-Realization Fellowship, Голливуд, Калифорния, 6 июня 1943 года

О кармическом законе было написано немало, но, к сожалению, теория кармы, столь искусно истолкованная мастерами Индии, была сильно искажена несведущими умами. В результате у западных народов сформировалось неверное представление об этом грандиозном космическом законе причины и следствия. Присвоив слову «карма» ограниченное значение, вы соотносите его только с прошлым. Но это неправильно. Термин «карма» в общем смысле означает «действие», а не только лишь последствия прошлых действий. Он может употребляться как по отношению к прошлому действию, так и по отношению к действию настоящему или же будущему. Это как с водой: вы можете говорить о ней в целом, а можете подразумевать пресную воду, соленую воду или любую другую ее разновидность.

Итак, карма — это на самом деле любое совершаемое вами действие, а также сумма всех ваших настоящих и прошлых действий, как хороших, так и плохих. Действия, совершаемые вами сейчас, — это *текущая* карма. Действия, которые вы уже совершили, — *прошлая* карма. А когда вы ссылаетесь на *последствия* прошлых действий, вы говорите: «Это результат моей прошлой кармы». Но даже в этом случае вы не уточняете, какая это карма — благотворная или губительная.

И тут возникает вопрос: а что является побудительным мотивом действия? Какие факторы оказывают влияние на ваш поступок или ваше поведение в целом? Вот мы и подошли к самому главному моменту.

Следуя определенной линии поведения, вы говорите: «А я всю жизнь себя так веду». В таком случае я могу вас спросить, что конкретно оказывает влияние на ваши поступки. Действовать тем или иным образом вас побуждает либо свобода выбора, либо какое-либо воздействие. На принимаемые вами решения влияет огромное количество едва различимых факторов, поэтому очень трудно разобраться, какие действия совершаются во вашей собственной воле, а какие — по принуждению прошлой кармы или иных факторов.

Истинно свободный человек — явление редкое. Большинство людей думает, что они свободны, в то время как их умы крепко-накрепко скованы психологическими цепями. Избавиться от них намного сложнее, чем от реальных оков: по причине их неприметности их трудно даже обнаружить, не говоря уже о том, чтобы еще и уничтожить. Разорвать эти психологические цепи можно, только вооружившись внушительным набором знаний.

Вас могут преследовать действия миллиона лет прошлых жизней. Вот почему обычный человек бессилен перед порабощающими последствиями своей кармы. Он чувствует, что никак не может освободиться от этих невидимых оков, от влияния, которое на него оказывают последствия всех его действий, совершенных в прошлых жизнях по его собственной воле или же под воздействием каких-либо факторов.

Все те действия, которые вы совершили в прошлом, запечатлены в вашем мозге в сжатом виде как склонности. Выявление таких кармических факторов влияния — дело непростое. И все же анализ ваших характерных черт, наклонностей и эмоций позволит вам сделать выводы о том, какие именно тенденции поведения ходят за вами по пятам и насколько сильно их влияние в вашей текущей жизни и в ваших текущих действиях.

Факторы, оказывающие влияние на свободу действия

Идем далее. Что еще влияет на ваши действия, помимо вашей прошлой кармы? Один из таких факторов — общество. В какой бы эпохе человек ни родился, на него оказывает влияние общество. Если человек родился в VIII веке, он подвержен влиянию этого столетия. Например, все вы одеваетесь согласно веяниям современной эпохи. Сейчас у вас больше выбора в одежде. Теперь вы думаете не только о тепле и элементарной необходимости иметь ту или иную вещь, но и о стиле и удобстве одежды. То же касается и пищи. Современное общество формирует привычки вашего питания. В каком-нибудь VI веке о витаминах даже и речи не шло.

Итак, текущее состояние вашего сознания, а также ваши действия, то есть ваше поведение, подвержены влиянию современного общества.

Следующий фактор влияния — это национальная принадлежность. Душа отождествляет себя с телом и говорит: «Я американец» или «Я индиец» и так далее. От этой порабощающей мысли, от этой идентификации избавиться очень трудно. Но почему вы должны думать, что вы американец, индиец или француз? И почему я тоже когда-то думал, что я индиец? Я неспроста говорю «когда-то»: сейчас я един со всем человечеством. Я натренировал свой ум таким образом, что не имею предубеждений относительно национальности, расы или иных условностей, ограничивающих вездесущую душу. Этими словами я аккуратно даю вам понять, что для преодоления своей кармы вы должны быть непредвзяты в своих привычках и в своем подходе к жизни в целом.

Ваша душа носит множество одеяний: сегодня вы американец, а в следующей жизни, возможно, будете китайцем или кем-нибудь еще. Вот почему ненавидеть кого-либо по национальному признаку неблагоразумно. Ненависть обладает той же магнетической силой, что и любовь. Если вы что-то ненавидите, вы к себе это притянете, чтобы усвоить урок и преодолеть свое предубеждение. Таков закон. Например, тот, кто ненавидит темнокожих людей, неизбежно родится темнокожим. И чем сильнее ненависть, тем сильнее будет кармическое притяжение к объекту ненависти. Появление светлой и темной рас обусловлено климатом. Однажды климатические условия изменятся в такой степени, что для нас будет естественно наблюдать светлокожих людей на Востоке и темнокожих — на Западе. Это непременно случится, но только через много лет.

Еще на человека оказывает влияние местное сообщество. На него оказывают влияние соседи. Если он живет среди аристократов, он склонен вести себя как аристократ; если он живет среди бизнесменов, в своем поведении он уподобляется им. Разные люди имеют разные привычки, оказывающие на вас влияние. Если вы общаетесь с художниками, вы будете думать, что их образ жизни — единственно правильный. Я вовсе не осуждаю художников, но все же замечу, что им нужно быть более практичными.

Невозможно жить одной лишь красотой. «Во сне я зрела жизнь как дивность; проснувшись, вижу: жизнь — повинность»[1]. Вы должны видеть красоту и в обязанностях. Общайтесь с духовными людьми, и у вас появятся духовные мысли. Окружение оказывает на человека большее влияние, нежели его сила воли. Если вы хотите стать духовным, общайтесь с нравственными людьми и не водитесь с теми, кто имеет порочные привычки, иначе вы можете попасть под их дурное влияние.

На вас также оказывает влияние ваша семья. Вы думаете, что принадлежите к конкретной группе людей, к семейной ячейке. Они поставили на вас фабричное клеймо, и их обычаи не дают вам расти.

И последнее: все люди одурманены теми или иными привычками. Сегодня они помешаны на деньгах, завтра их сводит с ума любовь, потом слава и так далее — в общем, их то и дело «обрабатывают» привычные действия этой и прошлых жизней. Вот так гипнотизирует человека карма.

Обретение данной Богом свободы

Где же ваша свобода? О, как мало свободы у вас осталось! Куда делась данная вам Богом возможность прикоснуться к Млечному пути и почувствовать свое присутствие в звездах и в цветах? Вы окончательно утратили эту свободу, ведь на ваше поведение влияет столько разных факторов!

Большинство людей с их закостенелыми взглядами и навязанной извне линией поведения подобны антикварной мебели: сядь на нее, и она тут же треснет. Вот почему индийские астрологи говорят, что все мы марионетки. Я, однако, в это не верю. Я верю, что вы можете уничтожить любую карму. Если зашторить все окна и закрыть все двери, в помещении станет темно. Но включите свет — и тьмы как не было. В пещере тьма может царствовать тысячи лет, но внесите туда огонь — и тьма рассеется в один миг. Верите ли вы, что свету нужно сто лет, чтобы уничтожить стародавнюю тьму? Это ведь глупо.

Итак, мы можем иметь карму прошлых жизней, накопленную под влиянием определенной эпохи, национальных обычаев,

---

[1] Из стихотворения "Beauty and Duty" авторства Эллен Стерджис Хупер (1812–1848).

социальной группы и семьи, в которой мы жили, — и все это в дополнение к той карме, что мы накапливаем уже в этой жизни под влиянием современной цивилизации, национальных обычаев, социальной группы и семьи; но, если мы *осознаем*, что мы боги, мы освободимся от всей этой кармы в один момент. Каждый человек сотворен по образу и подобию Бога. Может ли быть карма у того, кто нашел этот образ внутри себя? Будучи властелином Вселенной, Бог не имеет кармы, и, если вы познаете, что вы едины с Богом, у вас тоже не будет кармы.

Яд не оказывает воздействия на ядовитую змею, хоть и находится прямо внутри нее. Верно и то, что *майя*, космическая иллюзия, пронизывает проявленное мироздание Господа и оказывает влияние на нас, но при этом не оказывает никакого влияния на Него. Какая несправедливость, не правда ли? Поэтому-то Он и должен даровать нам спасение. Но оно не придет, если мы не станем об этом настойчиво просить.

Будучи сотворены по образу Бога, мы можем освободиться от своей кармы, если истребуем у Него свое божественное наследие. Однако вы верите в обратное. Верить в карму — значит наделять ее реальной силой. Почему вы должны верить в собственную ограниченность? Вы должны мыслить так: «Я не смертное существо, я — Божье дитя». А затем вырвать карму с корнем.

> Я выше полета фантазий,
> Я формой не стеснен,
> Весь мир пронизан мной.
> Свободы не желаю,
> Оков я не страшусь,
> Ибо волен я
> Как вечное сознание
> И вечное Блаженство.
> Я есть Он, я есть Он —
> Дух Блаженный, я есть Он[2].

Если вы вводите себя в заблуждение мыслью о том, что вы простой смертный, тогда вы поддаетесь влиянию всей своей прошлой кармы.

---

[2] Парафраза известного санскритского песнопения Свами Шанкары.

Эта жизнь — логово воров: все, что оказывает на вас влияние, лишает вас вашего божественного наследия. Если вы будете говорить: «Я не от мира сего» и старательно пытаться вырваться на свободу, вы перестанете быть подневольным существом.

Вызвольте свою свободу из плена с помощью мудрости и проницательности

Вы должны вызволить свою свободу из плена. Способны ли вы претворять принятые вами решения в жизнь? Если нет — вы связаны кармой по рукам и ногам. Если же вы способны сделать то, что запланировали, руководствуясь при этом духовной проницательностью и не попадая под влияние прошлой и текущей кармы или национальной, общественной и семейной обстановки, — это свобода. Смотрите на вещи с позиции мудрости и духовной проницательности. Не отдавайте свои действия во власть привычек и слепого подчинения обычаям общества. Будьте свободны.

Время от времени вы все же можете встретить свободного человека — того, кто не ходит в башмаках мертвеца, того, кто свободен, ибо действия его ведомы исключительно мудростью.

В этом и кроется величие Махатмы Ганди. Когда он отправился в Англию на прием к королю и королеве, он не надел фрак, как это полагается в подобных случаях. Он пришел в простой набедренной повязке и накидке. Он наслаждается великой свободой, потому что следует своим идеалам и не ограничивает себя условностями общества.

Всякий раз, когда вы что-то делаете, спрашивайте себя, что именно вами движет: желание получить одобрение людей или же исполненная мудрости проницательность. Таков критерий всех моих действий. Даже американцы — те, кто рожден в свободной стране — не знают, что такое настоящая свобода. Многие думают, что свобода — это когда можно делать все, что заблагорассудится. Но истинная свобода кроется в умении действовать надлежащим образом в надлежащее время. В противном случае вы невольны. Руководствуйтесь одной лишь мудростью. Если вы не способны этого делать, вы обречены оставаться рабом в течение многих столетий инкарнаций.

Следовать истине — не значит насаждать свои взгляды всем подряд. Делитесь истиной, только когда это приветствуется или когда вас об этом непосредственно просят. В остальное время учитесь сохранять молчание, держите свои советы при себе. Идите наперекор миру, если это необходимо. Галилей утверждал, что Земля вращается вокруг Солнца, а его за это преследовали. Позже выяснилось, что он был прав. Но никогда не исполняйтесь гордыни. Это путь к погибели.

Чтобы поступать мудро, будьте настроены на истинного гуру

В каждом своем действии будьте ведомы мудростью, а не желанием кого-то ранить. Если вы все же ранили кого-то своим правильным поступком, волноваться не стоит: вы ведь отвечаете за свои поступки, а не за чужую реакцию. И даже Бог вам не судья — вы сами себе судья. Если вы поступаете неправильно, вы себя наказываете; если вы поступаете правильно — вас ждет свобода. Закон кармы справедлив. Ни Господь, ни Его ангелы не навязывают вам свою волю, вами управляет закон действия: что посеешь, то и пожнешь. Если с вами произошла беда, не вините в этом Бога. Вина лежит исключительно на вас: это результат ваших действий в прошлом.

Если вам не хватает мудрости, чтобы отделять зерна от плевел, сонастройтесь с мудрым человеком. Часто вы принимаете за мудрость свои желания и кармические наклонности, которые к мудрости не имеют никакого отношения. Именно поэтому вам нужен гуру. Гуру — это тот, кто послан Богом, чтобы освободить вас. Если вы настроены на его мудрость, вы обретете свободу. В противном случае вы останетесь рабом своих прихотей. Чтобы обрести свободу, нужно следовать за теми, кто уже свободен. Когда я встретил моего гуру, Свами Шри Юктешвара, он повелел мне настроить мою волю на его волю. Он сказал, что моя воля сильна, но ею руководят инстинкты; когда же я настроил свою волю на его волю, я обнаружил, что ею стала руководить мудрость.

Никто не может подстрекнуть меня к совершению поступка, который я считаю неправильным. Теперь я ведом мудростью, а потому знаю, что делаю. Я полностью отвечаю за свои действия и не перекладываю ответственность за их последствия на кого-то другого. Я ни на секунду не расстаюсь с той свободой, которую мне даровал мой Мастер.

«Познай это, вручив себя [духовному учителю], вопрошая [гуру и собственное внутреннее восприятие] и служа [гуру]. Мудрецы, познавшие истину, передадут тебе эту мудрость. Осознав полученную от гуру мудрость, ты не впадешь вновь в иллюзию…»[3]. Не так-то и просто заниматься своим духовным развитием в одиночку — зато это проще простого, когда у вас есть истинный гуру, которому вы вручаете всего себя и который заинтересован лишь в одном — в вашем духовном благополучии. Я полностью вручил себя моему Мастеру и обнаружил, что он дал мне все, что только мог дать. Благодаря этому я обрел свободу. Такой свободы жаждет каждая душа. Вот так преодолевается карма.

У гуру есть лишь один интерес: он желает помогать вам развиваться духовно. Если учитель чего-то хочет от ученика, он не является мастером. Мастер хочет лишь отдавать, а не брать. Если же ученик изъявит желание помочь мастеру в его работе, ему это зачтется, ибо он помогает вершить дела Божии.

Мастера воспитывают нескольких учеников — продолжателей их работы. Мастеров интересуют души, а не толпы, — души, которые последуют за ними и которые действительно хотят работать над собой. Истинный ученик — это тот, кто стремится к освобождению, принимая дисциплину своего гуру, тот, кто дисциплинирует себя, следуя мудрым наставлениям гуру. Но большинство учеников почему-то сами хотят быть гуру!

На Западе прихожане церкви хотят, чтобы священник во всем им потакал, он как бы становится их рабом. Я никогда и ничего не прошу у вас для себя. Иной раз я призывал вас помочь нашей организации — но я не нахожусь в рабской зависимости от людей. Даже когда организация переживает серьезные финансовые трудности, я ни перед кем не склоняюсь и не иду на компромисс со своими идеалами. Я далек от всего этого. Если «Маунт-Вашингтон»[4] ускользнет из моих рук — ничего страшного, я это переживу; если же он останется со мной, я с радостью буду заботиться о нем до последнего вздоха. Я живу по такому принципу. Пока Бог удерживает меня здесь, я буду продолжать работать, ибо воля Отца — моя воля.

---

[3] Бхагавад-Гита IV:34–35.

[4] Имеется в виду Главный международный центр Self-Realization Fellowship (*Mother Center*), расположенный на вершине холма Маунт-Вашингтон в Лос-Анджелесе.

Как дисциплина гуру вызволяет ученика из тюрьмы прихотей и привычек

Всю свою жизнь вы были рабами своих прихотей. Помню, в юности я не мог есть определенные продукты; но когда я начал обучаться у Мастера, он разгладил все складки моих прихотей. Перво-наперво он решил выяснить, какую еду я не переношу. Он сказал: «Так-так, значит, тебе не нравится это, не нравится то…» Прошло семь дней, и он спросил, нравятся ли мне блюда, которые я ем в ашраме. Я сказал, что они потрясающи. В ответ он сообщил, что давал мне те самые продукты, которые я до этого отторгал: оказывается, он добавлял их в разные блюда при готовке. Такой вот дисциплиной он помог мне преодолеть мою прихотливость.

Большинство людей на Западе думают только о комфорте. Мастер вообще не заботился о комфортабельности моего ложа, более того, он журил меня всякий раз, когда я хотел устроиться поудобнее. Благодаря конструктивной критике Мастера и его дисциплине я полностью освободил себя от отождествления с едой, одеждой, положением в обществе и собственным телом. Я был несказанно счастлив освободиться из тюрьмы, которую сам же и создал. Наставляя меня, Мастер даровал мне свободу от привычек, плохого настроения и ограничивающих мыслей.

Так что не позволяйте своей воле становиться пленницей привычек и прихотей. Это вовсе не означает, что вы не должны задействовать свою волю. Учитесь подпитывать свою волю проницательностью, и тогда она будет ведома волей Отца.

Учитесь развивать свою проницательность, уподобляя ее мудрой проницательности гуру. Только так можно понять, когда вы правы, а когда нет. Слишком уж часто мы любим выгораживать свои собственные мысли. Мы всегда готовы перерыть целое писание, лишь бы найти аргументы в пользу своей точки зрения. Но если ваша воля уподобится воле мастера, вы точно будете знать, следуете ли вы мудрости или же своим инстинктам и прошлой карме.

Священные писания говорят, что мы должны иметь видимого гуру, то есть того, кто жил на земле. Только следуя совету истинного гуру, мы можем быть уверены в том, что наши действия ведут нас к свободе от кармы. Мудреца не интересует, повинуетесь вы ему или нет, однако, если вы добровольно будете следовать его наставлениям, он, конечно же, будет говорить вам только правду. Он будет говорить вам только то, что идет вам на пользу; и как бы вы ни сомневались, сколько бы раз от него ни уходили, он всегда будет говорить вам правду ради вашего же блага. Его нельзя ничем подкупить; таким был и мой Гуру. В отличие от многих других, он никогда не стеснялся указывать мне на мои недостатки. Он говорил: «Видишь вон ту дверь? Ты волен уйти в любой момент». Многие его покинули — а я остался. Я знал, что он ничего от меня не хотел — это я хотел Нечто от него. Мой Гуру заранее предупредил, что его дисциплина порой будет обжигать, но я пообещал его слушаться. Я должен был сдержать это обещание, и я его сдержал. Здесь, в Америке, учителю дают понять, что он должен обращаться с прихожанами очень деликатно. Но методы моего Гуру были суровыми. Как-то он мне сказал: «Твои методы будут намного мягче моих, но так уж я учу. Либо так, либо никак». Я с радостью принял его дисциплину, и он сделал из меня свободного человека.

Однако никто не сможет освободить вас, если вы сами не приложите к этому усилий. Бог хочет, чтобы вы были свободны. Он дал вам выбор: либо вы следуете пути мудрости, либо вы следуете пути кармы. Старайтесь во всем поступать мудро и, анализируя себя по ночам, задавайтесь вопросом, удалось ли вам в этом преуспеть. Приучайте себя к самодисциплине. Если вы будете следовать наставлениям своего гуру и помнить о них, а также следить за своими поступками, однажды вы обнаружите, что вы свободны. И каждый последующий день вы будете ощущать эту свободу.

Мудрость искореняет все страдания

Только представьте, какое к вам приходит чувство свободы, когда вы освобождаетесь от влияния этого мира, или вашего прошлого, или вашей семьи, соседей, привычек, наконец! Вы осознаете, что вы — чистый Дух. Вы не принадлежите ни к какой социальной группе, у вас нет национальности, семьи, привычек. Карме место в логове воров, там, где живут люди, связанные кармой. Всегда держите в уме эту истину: «Я и Отец — одно. У меня нет кармы, я свободен».

«О Арджуна, как пылающий огонь превращает дрова в пепел, так огонь мудрости превращает в пепел всю карму. Воистину, в этом мире нет ничего, сравнимого по чистоте с мудростью. В должное время ученик, преуспевший в йоге, спонтанно постигнет это в своем истинном „Я"»[5]. Уничтожив саму причину кармы, вы искорените причину и вероятность всех будущих страданий, всей печали. Вы станете истинным чадом Божиим и вновь утвердитесь в своей истинной сущности. И тогда уже будет неважно, что произойдет с телом. Те, кто очищен мудростью, знают: ничто не может их ранить. Иисус знал, что он будет распят, но это ничуть его не задевало. Заново «воздвигнув» храм своего тела, он показал, что не имеет никакой кармы.

Признавать карму — значит воспринимать себя как простого смертного. Не нужно считать себя беспомощным смертным, которым управляет карма. Произносите такую аффирмацию: «Я дитя Господа, я Ему родной». Это истина — так почему же вы не должны ее провозглашать? Стоит вам постичь эту истину, и ваше духовное положение изменится. Но если вы признаете себя смертным, вы сковываете себя цепями бренного существа. Вы Божьи сыны, вы — боги. Может ли карма помыкать вами? Откажитесь от кармических оков. Лишь невежды испокон веков верят, что не могут изменить свою судьбу.

Никогда не называйте себя грешником. Как вы можете быть грешником, если Сам Бог является вашим Отцом? Если бы Он сотворил этот мир потенциально порочным во всех отношениях, вы бы сказали: «Бог, должно быть, и Сам грешник!» Подобным образом я рассуждаю при общении с Богом. Нет ничего плохого в том, чтобы говорить с Ним открыто. Если Бог не затронут всеми проявлениями зла в мироздании, мы тоже можем существовать отдельно от зла. Мы можем быть свободны, подобно Ему. Впредь никогда не отождествляйте себя со злом. Допустим, вы совершили ошибку. Она перестает быть вашей в тот момент, когда вы отказываетесь ее повторять. Уничтожьте свою карму мудростью. Живите в осознании Духа.

Сегодня вы говорите: «Я есмь Дух», а завтра совершаете зло и хотите сдаться. Не признавайте свою слабость. Иисус не сдался, даже когда его распинали. Если вы остаетесь верны

---

[5] Бхагавад-Гита IV:37–38.

своей мудрости даже посреди ужасных мучений и искушений, вы обретете свободу во мгновение ока. Мудрый удерживает в себе эту свободу даже перед лицом смерти, но те, кто духовно невежественен, ретируются, возвращаясь к своим старым смертным привычкам. Если вы сдаетесь и признаете свое поражение, вы фактически читаете себе смертный приговор. Вы сами породили свою хорошую и плохую карму, и в тот момент, когда вы говорите, что надежды нет, вы терпите поражение. Если же вы думаете: «Я свободен, я силен. Да, на меня обрушилась плохая карма, но я все равно не сдамся» — вы узрите плоды хорошей кармы. Какой бы плохой ни была ваша карма, старайтесь анализировать свою жизнь и стремитесь совершать благие поступки. Тогда ваша карма изменится, и вы обнаружите, что плохая карма превратилась в хорошую.

Каждую ночь ведите в своем уме дневник. Проверьте, не разрушают ли вас ваши привычки. Всякий раз, когда человек поступает неправильно и говорит, что ничего не может с этим поделать, он расписывается в собственном невольничестве. Лучше ему признать свою неправоту и постараться исправиться. Если ему случится оступиться вновь, он должен сказать: «На сей раз я приложу больше усилий». Только так можно одержать победу. Не сдавайтесь. Вы не грешник. Грешит лишь тот, кто называет вас грешником.

Истинное предназначение религии

Понимаете ли вы, насколько сильно институт церкви нуждается в реформе? Они там ожидают, что люди будут следовать религии по бумажке. Нет, истиной нужно жить, она должна стать частью человеческого существа. Церкви делают много хорошего, но они должны *преображать* людей — каждого из них. Одна луна дает нам больше света, чем все звезды на небосклоне. Так же и с преображенным человеком. Вот почему я редко организую в наших церквях встречи прихожан: я хочу, чтобы ваши умы были сосредоточены на Боге. С вами я говорю только о мудрости. Я не увожу ваше внимание от истинного предназначения религии — познания Бога.

Self-Realization Fellowship учреждает церкви всех религий[6] с той лишь целью, чтобы люди не чувствовали духовных барьеров и вместе искали Бога. Иисус сказал: «Где двое или трое собраны во имя Мое, там Я посреди них»[7]. Церковь в первую очередь должна вести людей к богопознанию, а не просто строить все больше культовых сооружений и привлекать туда все больше прихожан-неофитов. Улья, в которых отсутствует мед общения с Богом, не представляют никакой ценности. Иисус предупреждал нас, что слепой не может вести слепого. Если вы не обрели Бога, вы не можете дать Его другим. Я говорил моему Гуру, что, пока он не дарует мне непосредственное восприятие Бога, я не буду проповедовать о Боге. Очень важно обрести такое переживание.

Итак, Бог дал нам конкретные методы уничтожения кармы:

- в своих действиях руководствуйтесь мудростью, пусть на вас ничто не оказывает влияния;
- занимайтесь самодисциплиной и следуйте мудрым наставлениям истинного гуру;
- верьте в свою божественность, ибо вы дитя Господа,

---

[6] Парамахансаджи смотрел на храмы Self-Realization Fellowship как на святилища, увековечивающие идеалы живого общения с Богом и всеобщего духовного братства. «Название Self-Realization Fellowship, — объяснял Гуру, — означает союз с Богом через Самореализацию и братскую дружбу со всеми искателями Истины». В своих молитвах он взывает не только к Богу и Гуру-наставникам общества Self-Realization Fellowship, но и к святым всех религий. Именно поэтому основанные им в 1940-х годах храмы SRF в Голливуде и Сан-Диего он называл церквями всех религий.

Употребляя фразы наподобие «единство всех религий» и «объединение всех религий», Парамахансаджи уточнял, что он вовсе не предлагает некий гибрид различных конфессий и религиозных практик — это бы противоречило здравому смыслу и было бы абсолютно ненужным ввиду культурной и ментальной самобытности народов мира. Кроме того, каждая форма поклонения Богу имеет право на существование; это же относится и к обществу Self-Realization Fellowship, которое Йоганандаджи называл особым Божьим промыслом. В своей книге «Религия как наука» (издается обществом Self-Realization Fellowship) он говорит об истинной основе религиозного единства следующее:

«Если под религией понимается *прежде всего* постижение Бога — осознание Бога внутри себя и вовне, — а различные верования, принципы и догмы отодвигаются на второй план, тогда, строго говоря, существует только одна религия, ибо Бог один... Религия может быть универсальной, только если она воспринимается именно в таком ключе, потому что невозможно унифицировать национальные традиции и правила поведения».

[7] Мф. 18:20.

сотворенное по Его образу и подобию;
- общайтесь с хорошей компанией — например, вы можете регулярно посещать этот храм;
- практикуйте техники, которые приведут вас к живому общению с Богом. «Теперь ты должен услышать о мудрости йоги, приобщившись к которой, о Арджуна, ты разорвешь оковы кармы»[8].

Здесь мы показываем, что делать в тишине медитации, и особый акцент делается на практике *Крийя-йоги*, благодаря которой вы можете общаться с Богом наяву. Именно поэтому общество Self-Realization Fellowship уже проникает во все уголки мира. Эти духовные учения были посланы великими мастерами Индии, чтобы наполнить церкви живым духом Христа и продемонстрировать, что истинный смысл религии состоит в том, чтобы познать Бога. Каждый из вас должен стать посланником этого Света, демонстрируя благость на примере собственной жизни.

---

[8] Бхагавад-Гита II:39.

Откройте в себе бессмертие Христа

Середина 1930-х годов

Драма нашей жизни проецируется на экран времени, установленный в мирском Доме кино. Космический Кинорежиссер без конца выпускает многообразные картины о древней, средневековой и современной жизни. Для поддержания интереса публики на протяжении вечности, Он снимает как добрые, так и зловещие фильмы о войне, голоде, нищете, человеческих трагедиях и курьезах. Чтобы хоть как-то насытить неуемный аппетит любителей развлечений, Космический Кинорежиссер старается снимать и показывать огромное количество кинолент.

Земля задумана как место для веселья, как бренный Дом развлечений для бессмертных душ. Позабыв об этом, мы отождествили себя с событиями земной драмы и этим обеспечили себе страдания. Мы должны помнить, что наш истинный дом находится в обители неизменного, всегда нового, блаженного, вездесущего Бессмертия.

Неблагоразумные души, опьяненные земными желаниями и иллюзиями, растрачивают свое время в мирском Доме кино, эмоционально переживая радость и горе, здоровье и болезнь, жизнь и смерть.

Мироздание берет начало в простом желании Духа. Господу не с кем было поделиться Своей радостью, поэтому Он и возжелал воплотить Свое блаженство во многих формах. Он послал на землю Свои индивидуализированные бессмертные образы, дабы они смотрели непродолжительные и постоянно меняющиеся сюжеты о жизни и смерти. Однако пока бессмертные души наслаждались своей индивидуальностью, они попали в ловушку двойственности. Отождествив себя с персонажами мирского кинофильма, богоподобные бессмертные души стали жертвой заблуждения — переменчивого смертного сознания[1].

Подобно тому как богатый принц, которому случилось напиться в трущобах, вообразил себя нищенствующим попрошайкой, так и бессмертные души, опьяненные иллюзией переменчивости преходящего спектакля этого мира, воображают себе, что они больны или здоровы, живы или мертвы, счастливы или несчастны. Я лично предпочел бы скучать от своего бессмертия, чем проходить через кошмары привидевшейся земной смерти от какой-нибудь ужасной болезни.

Неблагоразумные бессмертные существа, играющие в земном спектакле, отождествляют себя со своей временной ролью и принимают ее всерьез: они начинают сетовать на то, что им приходится играть роль умирающего нищего. Глуп тот бессмертный, который всерьез полагает, что теряет сознание и умирает от привидевшегося пулевого ранения в этом привидевшемся спектакле. Одурманенные бессмертные души подвергают себя стольким несуразным психологическим мучениям!

Иной раз богачи, умирающие от привидевшегося нервного расстройства, говорят: «Ах, была бы у меня возможность пожить на этой земле в здоровом теле, я был бы рад жить и без денег». И вот они рождаются вновь: в здоровом теле, но без денег. Умирая от голода, они говорят: «Вот бы мне и здоровье, и деньги! Я был бы таким счастливым!» Когда же они возвращаются на землю в здоровом теле и при деньгах, им недостает счастья. На смертном одре

---

[1] Здесь говорится об индуистских концепциях *майи*, космической иллюзии, а также *авидьи*, неведения. В «Автобиографии йога» Парамаханса Йогананда пишет: «Люди, цепляющиеся за космическую иллюзию, вынуждены принимать лежащий в ее основе закон полярности — прилив и отлив, подъем и падение, день и ночь, добро и зло, рождение и смерть… Иллюзорная *майя* проявляется в человеке как *авидья*, буквально „незнание", невежество. *Майю* или *авидью* невозможно разрушить интеллектуальным постижением или анализом, но только через достижение внутреннего состояния *нирвикальпа-самадхи*».

«Душа произошла от вездесущего Духа, — сказал однажды Парамахансаджи, — и отождествила себя с ограничениями бренного тела и его чувственным сознанием… Хоть душа и заключена в оболочку тела, сама она остается по сути нетронутой и неизменной. Но под влиянием *майи*, космической иллюзии, она субъективно отождествляет себя с переменами и смертностью, до тех пор пока сознание человека не эволюционирует до состояния Самореализации и не пробудится в бессмертном состоянии своей души». (См. *майя* в глоссарии.)

они размышляют: «Ах, вот если бы я был счастлив, мне бы точно не нужны были здоровье и деньги». В следующей инкарнации они возвращаются на землю очень счастливыми, правда, теперь им не хватает здоровья и денег. Рождается очередная потребность, и этот цикл продолжается.

Вот так бессмертные души то и дело наказывают себя, ибо в миру невозможно обрести полную удовлетворенность. Оставлять этот иллюзорный мир с разбитым сердцем и неудовлетворенными желаниями в высшей степени безрассудно, потому что мирской спектакль не может дать человеку совершенное счастье Духа.

Одни люди умирают с желанием познать совершенную человеческую любовь, другие — с мечтой найти счастье в богатстве и славе; но все они обманывают себя, потому что даже мировое господство и всенародная любовь не сравнятся с тем сокровищем, которое человек теряет, продолжая оставаться блудным смертным. Войти в контакт с Вездесущностью — значит обладать целым космосом, купаться в удовольствии и бессмертии, которое никогда не приедается. Мировое господство — ничто, ибо мир полон печали, и в час смерти ложная мысль о том, что этот мир у вас отбирают, принесет вашей душе огромные страдания.

Материальными вещами нельзя по-настоящему обладать, потому что в час смерти их придется оставить и передать другим. Предметы этого мира даются нам лишь во временное пользование. Поэтому глупо становиться собственностью своей материальной собственности. Просто молитесь о том, чтобы вам была дана возможность пользоваться тем, что вам необходимо, а также о том, чтобы развить в себе способность привлекать такие вещи усилием воли.

Смерть вынудит нас оставить все, даже миллионеры умирают бедными. Лучше всего уподобиться Иисусу: он не обладал материальными богатствами, зато обладал богатством Господним. В жизни у него не было ничего материального, но, имея Бога, он имел все, в том числе в жизни посмертной. Богачи-материалисты при жизни имеют все, после смерти — ничего.

Помните: кем бы вы ни были и в каком бы положении ни находились, не думайте, будто ваши проблемы — самые серьезные. Даже если ваша роль отмечена нищетой или болезнями, знайте, что всегда найдутся люди, которые играют куда менее приятную роль. На самом деле, в этой земной драме нет никакой разницы между ролью бедняка и миллионера — о, если бы вы только это *осознали!* Если вы видите себя актером в этом земном спектакле, вам надобно помнить лишь об одном: играйте свою большую или маленькую роль хорошо и с энтузиазмом. Вот и все.

Неважно, приятна ваша роль или нет, — исполняя ее, не культивируйте в себе желания играть чужую роль. Выполните свое собственное предназначение в жизни, иначе вам придется провести целую бесконечность в исполнении несовершенных человеческих ролей, меняя их согласно своим переменчивым желаниям. Выбирайтесь из этой ловушки. Избежать разочарования, присущего эфемерности богатства, славы и земного счастья, вы сможете лишь в том случае, если не будете сожалеть, когда вам отказывают в исполнении вашего желания. Вы, конечно, можете сказать: «Наши желания обуславливаются нашими потребностями. Нам хочется есть, потому что нам дано чувство голода». С этим я согласен, но я говорю о большей свободе — свободе ума и души. Когда вы ее обретете, ни изношенная одежда, ни даже голодная смерть не смогут лишить вас внутреннего счастья.

Пребывая в осознании Бога, вы будете иметь абсолютно все — даже если у вас нет никакой материальной собственности. Те, кто установил личный контакт с Богом, никогда не чувствуют себя бедными или покинутыми, и они не считают богатых людей более удачливыми. Все ровно наоборот: человек, опьяненный Божьей радостью, сострадает всем тем, у кого ее нет.

Когда Иисус говорил: «Лисицы имеют норы, и птицы небесные — гнезда; а Сын Человеческий не имеет, где приклонить голову»[2], он вовсе не жаловался на свою бедность. Напротив, этим высказыванием он дал понять, что является хозяином всего космоса, что он един с Вездесущностью. По этой причине он никак не мог оставаться в клетке земного бытия, которая так полюбилась существам этого мира.

У Иисуса не было счета в банке, и он не призывал людей стремиться прежде всего к материальному процветанию, как это делают некоторые современные религиозные организации,

---

[2] Лк. 9:58.

обучающие своих прихожан молиться Богу или погружаться в тишину, фокусируя оба своих глаза на исполнении материальных желаний. Иисус предупреждал: «Не ищите, что вам есть, или что пить… Этого ищут люди мира сего [духовно близорукие, любящие все материальное]… Ищите же прежде Царствия Божиего, и это все [процветание, мудрость, счастье, богатство] приложится вам». Об этом даже не нужно будет молиться.

Человек, обретающий Бога, овладевает целым космосом, а значит, и всем, что в нем находится. Поскольку Иисус всецело познал свое единство с Отцом, он мог делать то, что заблудшим смертным не под силу. Он воскрешал мертвых. Он воссоздал свое изувеченное тело. Сравните умирающего миллионера, который против своей воли расстается со своим домом и всеми своими деньгами, и Иисуса Христа, который посмертно завладел Царством Вездесущности. Забудьте о желании стать миллионером: материальные желания вводят вас в заблуждение и заставляют впустую растрачивать свое время. Лучше возжелайте уподобиться Христу, стремитесь быть, как он. «Инвестируйте» свое время в ежедневную медитацию — все более глубокую и продолжительную: это самый быстрый способ уподобиться Христу.

Даже если вы стали миллионером, что с того? Вам определенно захочется большего, и в попытке заработать второй миллион вы можете умереть от сердечной недостаточности. Стремление же обрести контакт с Богом в медитации несет чистую радость. Медитация сделает вас счастливым человеком, но наивысшее счастье вы обретете, когда встретитесь с Богом в самом конце этого пути. Вы станете Королем неувядающей радости.

В течение своего непродолжительного пребывания на земле вы должны помнить, что вы здесь лишь актер. Вас могут попросить исполнить любую роль — как трагическую, так и комическую. И вы должны сыграть ее хорошо. Проанализировав свою трагическую роль, скажите: «Это был трагический спектакль, и я добросовестно исполнил свою роль». Аналогично этому, если вы сможете сказать: «Господи, рождаясь и умирая, я добросовестно исполнил все свои роли: я хорошо сыграл как грустные, так и веселые роли, и все они принесли мне огромное удовлетворение и радость. И еще, Господи: мне очень понравились Твои поразительные мирские кинофильмы, но у меня больше нет желания играть новые роли», тогда Он, возможно, ответит: «Хорошо, тебе больше не нужно оставаться в этой земной киностудии, возвращайся ко Мне, в Мой Дом Бессмертности, в Мой Дом Неувядающей Радости».

Каждому заблудшему бессмертному Господь говорит: «Сын Мой, знай: послушен ты или нет, ты всегда был и будешь Моим дитя, на земле и на небесах. Но когда ты забываешь, что твой истинный дом — в Царстве Моем, когда все твое внимание поглощено Моими мирскими спектаклями, ты делаешь себя несчастным. Когда ты осознаешь, что ты бессмертен и что ты сотворен по Моему блаженному образу, ты сможешь оставаться на земле и наслаждаться земными спектаклями в качестве бессмертного существа, или же ты можешь вернуться Домой и найти упоение в неизбывной, непреходящей радости Моей нескончаемой Блаженной Природы».

Покончите со всеми своими желаниями сейчас, но при этом исполняйте свои земные обязанности с возрастающим стремлением порадовать Бога и сделать других счастливыми. И когда откроются врата смерти, ваш дух будет кружиться в радостном танце, восклицая: «Прямо сейчас, через эти врата, я помчусь в свой Дом Непреходящего Блаженства». Отбросьте все свои привязанности, чтобы они не тянули вас обратно на землю; сбросьте с себя кандалы и вернитесь в свою обитель в Боге.

Все земные вещи быстро надоедают, и быстрее всего вы устаете, когда заполучаете все, что вам доводилось желать. Но есть нечто такое, от чего вы никогда не устанете — ни сейчас, ни в жизни вечной, и это — неувядающая радость, обретаемая при контакте с Богом. Монотонная радость может вам надоесть, а вот Божья радость всегда нова и нескончаема, она будет приносить вам удовольствие вечно. Такую радость можно обрести только в глубокой медитации.

Бессмертные души, павшие жертвой иллюзии, проходят через многочисленные коридоры инкарнаций, в которых они то и дело спотыкаются и падают, поднимаются и верят, торжествуют и плачут. Природа не устает развлекать тех, кто жаждет острых ощущений, предлагая им широкое разнообразие страданий и наслаждений. Христоподобные же души упиваются всегда новой, нескончаемой и неизменной Радостью Господа — колыбели всего сущего.

Христос, единый с вездесущим Сознанием Господа, пребывает в каждом дуновении ветра; смех его раздается в веселых брызгах ручьев; он мерцает во всех звездах и румянится в закате; его благоухание нежно улыбается нам в цветах. Христос кружится в танце на волнах людских эмоций и мыслей. Христос есть радость, наполняющая все сердца и все сущее. Те, чьи глаза мудрости закрыты, видят лишь темные качества страданий, смерти, болезни, печали и мимолетной радости. Глаза же Христа открыты, и он не видит ничего, кроме света, улыбок и красоты. И он молится, чтобы к этому пришли все мирские души — те, кто исполнится преданности и откроет наконец свои всевидящие глаза мудрости, пробудившись в своем блаженном бессмертии.

Как развить свой магнетизм

*Первый храм Self-Realization Fellowship
в Энсинитасе, Калифорния, 28 июля 1940 года*

Мысль не имеет границ. Если вы сосредоточитесь на конкретном предмете исследования — и неважно, какую сферу знаний вы бороздите, — ваша мысль получит возможность расширяться до бесконечности. Та мудрость и та информация, которые вы можете почерпнуть, безграничны. Знаете ли вы, что каждый из вас по-разному интерпретирует то, что я сейчас говорю? Мыслительный процесс каждого человека уникален. И что вообще представляет собой мыслительный процесс?

Допустим, кто-то вас ущипнул. Сперва вы ощущаете это физически. Внешний раздражитель порождает восприятие. Затем ваш ум, воспринявший это ощущение, вырабатывает мысль: «Меня ущипнули». Это — осмысление. Процесс *ощущение — восприятие — осмысление* представляет собой индивидуальную реакцию человека. Поскольку наше внутреннее существо своеобразно, его конечная реакция на любое переживание уникальна. Все, что составляет вашу внутреннюю сущность, а именно ваши мысли, чувства, реакции и устремления, определяет качество вашего магнетизма, вашу притягательную силу.

Магнетизм — это мощнейшая сила, которая притягивает к вам друзей и добрую волю окружающих. Все мы любим, когда нас замечают; никто не хочет, чтобы его игнорировали или забывали. Даже ребенок будет намеренно шалить, чтобы вы обратили на него внимание. Мы также хотим, чтобы о нас хорошо думали, мы хотим нравиться окружающим. Но многие ли из нас оказывают другим столько же внимания, сколько хотели бы получить? Мы проявляем сострадание к собственным слабостям и даже прощаем себя за них, но при этом мы всегда готовы критиковать и осуждать других людей за их недостатки. Можем ли мы открыто поведать окружающим обо всех ошибках, которые совершили с самого детства? Нет. Пока мы сами не научимся вести себя правильно, нам не удастся научить этому других людей. По этой причине мы не имеем права проявлять нетерпимость к чужим недостаткам. В мире полно людей, которые хотят изменить всех, но только не себя. Если мы не научимся критиковать себя в конструктивном ключе, годы будут сменять друг друга, а мы будем оставаться все теми же. Важнее всего преобразить себя: если нам удастся это сделать, мы сможем преобразить тысячи людей через посредство личного примера. Личный пример нагляднее любых слов.

Начните с доброты

Как же воцариться в сердцах всех людей и стать всеобщим любимчиком? Дабы занять трон любви в сердцах окружающих, вы должны стать святоподобным. Начните с доброты. Бессердечность — это духовная болезнь. Если вы не отказываете себе в свершении плохих дел и в проявлении недобрых чувств, вы делаете себя несчастным и разрушаете свою нервную систему. Каждый раз, когда вы видите чей-то бессердечный поступок, вы должны исполняться большей решимости стать добрее. Я постоянно практикую такой подход. Как бы плохо со мной ни обращались, я никогда не отвечаю грубостью. Чем больше бессердечности мне выказывают, тем больше понимания я дарю в ответ. Иной раз я говорю жестко с теми, кто приходит ко мне для духовного обучения, но делаю я это лишь тогда, когда нужно преподать некий важный урок. При этом я никогда не злюсь и не бываю бессердечным. Те, кого я дисциплинирую таким образом, знают, что, когда я журю особенно сильно и кажется, что я абсолютно недоволен, я могу прервать свою пламенную речь и заговорить вдруг очень ласково. Такой самоконтроль несет в себе огромную силу. Пусть ваша речь никогда не отдает злобой или желанием кого-то ранить в ответ. Будьте цветочком, обрастающим лепестками доброты всякий раз, когда окружающие пытаются вас рассердить или ополчаются на вас своими недобрыми качествами. Благодаря самоконтролю и примерному поведению вы в конце концов осознаете, что вы частица Вечной Добродетели, что вы более не способны избрать ложный путь ошибочных поступков.

Ваша внутренняя сущность также нуждается в развитии

Если вы хотите стать поистине привлекательным, вы должны быть привлекательны умственно и духовно, а также физически. Нынешнее поколение полагает, что привлекательность можно заполучить в модных магазинах и салонах красоты. Однако красота должна быть не только внешней. Ваш взор может запечатлеть самого симпатичного мужчину и самую красивую женщину в мире, но под их привлекательной наружностью вы все же можете обнаружить скрытую безобразность. Они могут быть подобны великолепным саркофагам из гробниц Древнего Египта: как прекрасны, как совершенны высеченные на них образы! Но когда вы поднимаете крышку, вы отнюдь не находите такой же красоты в мертвом теле. Если духовные качества нашей истинной сущности — души — мертвы, тогда привлекательное физическое тело немногим лучше гроба, в котором покоится усохшее сознание.

Это, конечно, хорошо, когда физическая привлекательность скрывает от нас безобразность костей, сухожилий и внутренних органов. Но зачем же из года в год тратить столько времени на украшение только лишь внешней своей оболочки? Америка производит впечатление страны, где люди сосредотачиваются на поддержании своей внешней привлекательности, чтобы скрыть свой реальный возраст. Я встречал многих людей, которые выглядят на сорок, в то время как им уже шестьдесят. И это хорошо — почему бы не сохранить жизнеспособность и привлекательность тела? Вы можете сделать свое тело, каким захотите, зачем себя запускать? Следите за своим весом. Если ваше тело становится непропорциональным, чаще всего это результат лени или переедания. Некоторые люди сегодня голодают, а завтра «наверстывают упущенное». Занимайтесь физкультурой и будьте более разборчивы в еде.

И все же потенциал жизни безграничен: вы можете многому научиться и многое сделать; но, если вы будете заниматься главным образом своим телом, у вас не останется времени на внутреннее самосовершенствование. Нет ничего предосудительного в том, чтобы прихорашиваться перед зеркалом или красить лицо и волосы, чтобы быть более заметной на работе или в обществе, но это не поможет вам усовершенствовать свою внутреннюю личность, внутреннюю сущность. Я лишь хочу сказать, что, помимо всего прочего, вы должны уделять какое-то время развитию внутренней сущности.

На Востоке люди заботятся преимущественно о внутренней привлекательности, на Западе же большее значение придается привлекательности физической. Оба подхода должны быть сбалансированы. Мы должны научиться упрощать внешнюю сторону жизни и посвящать какое-то время совершенствованию своей внутренней сущности. Так развивается истинный магнетизм.

Вы можете встретить неприглядного человека и начать формировать свои представления о нем на основании его внешности, а спустя некоторое время осознать, что его внутренняя личность очень привлекательна и притягательна. Таким был Сократ. И таким был Линкольн. Они обладали магнетизмом, исходящим от их прекрасных внутренних качеств, которые располагали к ним людей. Если в человеке есть божественная притягательность, физические черты не играют такой уж большой роли.

Ваш физический облик — особенно ваши глаза — так или иначе демонстрирует, каким вы были в предыдущей жизни — настолько глубоко отпечатывается ваша внутренняя сущность в вашей внешней оболочке. Глаза — наиболее важный элемент вашей наружности, они должны стать красивыми. Как к этому прийти? Глаза четко отражают ваше нутро, а значит, есть только один способ вдохнуть жизнь в ваши глаза и сделать их привлекательными: культивировать прекрасные мысли и чувства.

Иные глаза жестоки, другие отражают низость и эгоистичность. Какими бы мягкими ни были слова или действия человека, по выражению его глаз вы можете определить его истинную натуру. Он не сможет спрятаться за этими отрытыми окнами. Поэтому порождайте лишь здоровые, конструктивные мысли. Как существо, удостоенное быть сотворенным по Божьему образу и подобию, вы не имеете права обезображивать свою внутреннюю жизнь.

Если вы взрастите в себе покой и миролюбие, внутреннюю силу и божественную любовь, ваши глаза будут лучиться этими качествами. Только так вы сможете развить в себе внутреннюю привлекательность, которая превзойдет любые ограничения физической внешности.

Из всех трудных ситуаций выходите триумфатором

Никогда не поздно себя улучшить. Следите за своими мыслями, чувствами и действиями и направляйте их в правильное русло. По окончании каждого дня занимайтесь самоанализом, спрашивая себя: «Как я провел сегодняшний день?» Жить по-настоящему — значит постоянно стремиться улучшить себя — физически, умственно, нравственно и духовно. Магнетизм развивает тот, кто не впадает в застой и продолжает менять себя к лучшему изо дня в день, из года в год.

Используйте каждое жизненное испытание как возможность себя улучшить. Сталкиваясь с трудностями, вы, как правило, внутренне восстаете: «Ну почему это случилось именно со мной?» Вместо этого думайте о каждом жизненном испытании как о киркомотыге, которая поможет вам «разрыхлить» ваше сознание и отыскать сокрытый в нем родник духовной силы. Каждая трудность должна пробуждать внутри вас ту силу, которой вы уже наделены, будучи Божьим дитя, сотворенным по образу и подобию Отца. Испытания созданы вовсе не для того, чтобы нас уничтожить. Только трусливые люди, а также те, кто не признает существования совершенного образа Бога внутри себя, поддаются панике и падают духом перед лицом испытаний, словно те представляют собой какие-то непреодолимые разрушительные силы. Если вы так относитесь к испытаниям, вы попросту несправедливы по отношению к своему человеческому потенциалу. Каждое испытание должно быть стимулом к укреплению вашей внутренней сущности. Если борец не соревнуется с более сильным соперником, он не станет сильнее. Посему, когда вы встречаете все трудности с отвагой и духовной стойкостью, вы становитесь еще сильнее, еще могущественнее. Выйдя победителем из всех сложных ситуаций, вы сумеете возродить в себе утерянный образ Отца и обрести сознательное единение с Ним. Поэтому мы не должны забывать использовать данную нам Богом силу, чтобы превозмочь испытания и укрепить свою внутреннюю сущность. Эта божественная внутренняя сила и есть источник нашего магнетизма.

Значимость хорошего окружения и сосредоточенного внимания

Еще одно вспомогательное средство в развитии личного магнетизма — это сосредоточенное внимание. Благодаря этой силе вы можете заряжаться магнетизмом других людей. Учитесь делать все сосредоточенно. Когда вы с кем-то общаетесь, будьте хорошим слушателем. Сосредоточенное внимание позволит вам сонастроиться с людьми, обладающими теми привлекательными качествами, которые вы хотели бы взрастить в себе. Если вы хотите стать сильным, общайтесь с сильными людьми. Если вы хотите развить в себе деловую хватку, общайтесь с бизнесменами. Если вы хотите развить всесильный божественный магнетизм, общайтесь с теми, кто любит Бога. Таким образом вы разовьетесь куда быстрее, чем если будете просто читать книги по этим предметам.

Святые, а также те, кто многого достиг в миру, обладают огромным магнетизмом. Глубоко размышляя о великих людях, вы можете принимать их вибрации. Обычно мы обретаем знания через посредство зрения и слуха, то есть читая книги или слушая лекции. Но лучше всего войти в прямой контакт с мудрым человеком. Благодаря такому общению вы обретете необходимое знание намного быстрее. Даже если этот великий человек живет в десяти тысячах миль от вас, вы можете принять его вибрации, если глубоко на нем сосредоточитесь. Вы станете получать нечто такое, что превыше любых слов: через мысленный канал к вам потечет магнетизм другого человека.

Кришна, Будда, Иисус — все эти великие души проявляли наивысший магнетизм. Всякий раз, когда я вижу их образы или думаю о них, я получаю их вибрации. Когда я контактирую с Иисусом, я осознаю Бога в аспекте Отца. Когда я думаю о Рампрасаде[1], я чувствую вибрации Бога в Его материнском аспекте. Мимолетная мысль о великих душах не способна принести вам такую сонастроенность с ними. Вы начнете получать духовные вибрации великого святого только в том случае, если станете ежедневно на него медитировать.

---

[1] Рампрасад (1718–1775) — бенгальский святой, сложивший множество песен, восхваляющих богиню Кали, которая представляет собой один из аспектов Божественной Матери.

Также очень полезно посещать места, где жили великие святые. Ассизи, родина святого Франциска, Бодхгайя, где на Будду снизошло просветление, Иерусалим, в котором проповедовал Иисус, — все эти места навечно пропитаны вибрациями великих душ, которые ступали по тем землям. Эти вибрации будут оставаться там до скончания жизненного цикла Земли. В тех местах, где души общались с Богом, ваше собственное общение с Ним будет более плодотворным. Часто такие паломничества коренным образом меняют жизнь человека к лучшему.

Прямое общение с познавшим Бога мудрецом возможно либо при личной встрече, либо в глубокой медитации. Самое важное — настроить свое сознание на его сознание. Если вы сонастроены с великой душой, которая любит Бога, со временем это преобразит вашу жизнь самым чудесным образом. Ваша воля уже не будет порабощаться — она расправит крылья. В этом и состоит разница между сонастроенностью с эгоцентричным человеком и сонастроенностью с истинным гуру. Магнетизм познавшей Бога души сонастроит вас с магнетизмом Самого Господа.

Бог — величайшая магнетическая сила

Иисус сказал: «Ищите же прежде Царства Божия… и это все приложится вам». Бог — Величайшая Сила, стоящая за всеми силами; Величайшая Любовь, стоящая за всеми разновидностями любви; Величайший Художник, стоящий за всеми формами искусства. Сосредотачиваясь на Величайшей Магнетической Силе, на Боге, вы заряжаете себя божественным магнетизмом и притягиваете к себе все, что вам нужно. Если вы думаете о Боге в глубокой медитации; если вы любите Бога всем сердцем и душой; если вы чувствуете в Его присутствии неизменный покой и не желаете ничего другого, тогда верховный магнетизм Господа притянет к вам все, о чем вы когда-либо мечтали, и даже гораздо больше. Я продемонстрировал эту истину в каждой сфере моей жизни. Если вы любите Бога без всякой задней мысли — не потому, что хотели бы что-то от Него получить — и если вас притягивает сила Его верховного магнетизма, тогда эта сила низойдет в ваши сердце и ум и вы сможете притягивать к себе объекты ваших желаний одним лишь усилием мысли. Если вы любите Бога безусловно, окружающие вас люди станут инструментами исполнения ваших желаний — даже безмолвных, — ибо Он будет закладывать в их умы нужные мысли.

Так что божественный магнетизм, благодаря которому вы можете притягивать к себе все желаемое, и есть та привлекательность, которую вам хотелось бы в себе развить. Порождайте лишь добрые, благородные, чистые желания, и тогда, будучи возвышенным человеком, источающим Божий магнетизм, вы непременно сможете притягивать к себе все, что только пожелаете.

Глубоко медитируйте и всей душой взывайте к Богу: «Господи, Ты должен войти в мой телесный храм. Пусть даже он будет разрушен болезнью, старостью или каким-то другим изъяном, я всегда буду верить, что Ты войдешь в него, как только поймешь, что я искренне Тебя люблю, и как только я и сам пойму, что Ты любишь меня».

Когда к вам придет такое осознание, ваше тело, которым вы так дорожили, больше не будет иметь для вас такого уж большого значения: ваша внутренняя жизнь станет для вас важнее пустых материальных устремлений. Божественный человек, любящий Бога больше, чем себя самого, обнаруживает, что привлекательность внутри него есть Сам Бог; тогда он утрачивает привязанность к своему бренному телу и говорит: «О Господь, ходит ли мое тело по земным тропам с мыслью о Тебе, спит ли оно в океане смерти, я навеки с Тобой. Жизнь и смерть могут петь свои песни, но я един с Песнью Вечности. Я не могу умереть, ибо я — Дыхание Вечной Жизни».

А теперь давайте помолимся вместе: «Отец Небесный, я отбросил все свои негативные мысли. Я был закован в цепи материализма, но Твое магнетическое присутствие преобразило меня, и теперь я осознаю, что я сотворен по Твоему образу и подобию. Я — божественный магнит. Твоя магнетическая сила проходит через мои руки; магнетизм Твоей мудрости проходит через мой мозг, магнетизм Твоей любви проходит через мое сердце; магнетизм Твоей радости проходит через мою душу. *Аум*. Мир и покой. Аминь».

Подготовка к следующей инкарнации

Храм Self-Realization Fellowship в Сан-Диего, Калифорния, 11 июня 1944 года

Сегодняшняя тема поможет вам понять, почему вы родились на этой земле, а также как вы можете избавиться от вынужденной реинкарнации. Все зависит от ваших собственных усилий.

Жизнь — это большая школа. За каждым событием стоит некий урок, который необходимо усвоить. С большинством людей происходит то же самое, что и с непослушными школьниками, которые без конца проказничают, отвлекают одноклассников и не принимают во внимание слова учителя: они остаются на второй год. Такие «второгодники» в школе жизни сталкиваются с серьезными проблемами, потому что они не слушают учителя. Жизнь все время вас чему-то учит, но, если вы не обращаете на это никакого внимания, вы остаетесь на второй год. Поразмышляйте над этим. Таков лейтмотив моей сегодняшней лекции.

Второгодникам, не сдавшим свои экзамены, приходится возвращаться сюда снова и снова и со стыдом браться за те же самые уроки. Хорошие же ученики становятся мудрецами. Христос, Кришна, Будда и все просветленные души окончили свою учебу с отличием и возвратились к Богу. Они уже не должны возвращаться в эту школу жизни, если только сами не пожелают вернуться в качестве учителей, «спасителей», чтобы помочь другим.

Сам факт реинкарнации говорит о том, что вы не закончили свое обучение, вам еще предстоит окончить все классы школы физического, психологического и духовного воспитания. Только после этого вы получите аттестат о достижении совершенства и свободы. В чем же кроется причина неуспеваемости в школе жизни?

Важно понять, почему мы здесь

Главная наша проблема в том, что мы не понимаем, почему мы здесь. Большинство людей думает, будто жизнь дана нам лишь для того, чтобы приобретать желаемое и необходимое, искать наслаждений и человеческой любви и наконец сойти в могилу. Люди приходят в этот мир с уже заложенными в них склонностями и неисполненными желаниями из прошлых жизней. Остатки своей свободной воли они используют для того, чтобы имитировать желания и действия друг друга. Если они общаются с бизнесменами, они хотят быть бизнесменами; если они водятся в кругу художников, искусство занимает все их мысли. Бог определенно хочет, чтобы мы были практичны в этом мире, иначе Он бы не сотворил голод, который необходимо удовлетворять; однако думать только о пище, жилье, деньгах и собственности — значит позабыть об истинном Источнике счастья. Удовлетворяйте свои потребности, преследуйте стоящие цели в жизни, но прежде всего вручите себя Богу. Тогда обучение в школе жизни будет проходить под Его мудрым и любящим руководством. Он ведает о накопившейся у вас карме и знает, что для вас лучше. Не сопротивляйтесь Ему.

Неисполненные желания являются главной причиной реинкарнации. Вам вовсе не нужно становиться королем, чтобы обрести полную удовлетворенность. С другой стороны, если вы отдадите все, что имеете, и сделаетесь бездомным, вы тоже не покончите со своими желаниями. Вы сами сотворили свою судьбу и все уроки, которые вам предстоит выучить, и вы должны сыграть свою роль хорошо. Для этого вы и были посланы на эту землю.

Если каждый актер захочет играть роль короля или королевы, никакого спектакля не получится. И в то же время даже самая незначительная роль может испортить весь спектакль, если сыграна она плохо. Каждая роль по-своему важна, все актеры должны гармонично взаимодействовать друг с другом, чтобы спектакль имел успех. Господь прилагает все усилия к тому, чтобы Его мироздание превратилось в прекрасный спектакль, но к сожалению, большинство актеров все портят своей плохой игрой.

В идеале нужно делать все, что в наших силах, но при этом ни к чему не привязываться, быть как бы сторонним наблюдателем.

Обращайте особое внимание на уроки, которые пытается преподать вам жизнь. Не играйте свою роль как попало и не порождайте новых желаний: они бесконечны. Священные писания Индии говорят, что нам необходимо было пройти через восемь миллионов инкарнаций [поэтапного эволюционного развития], прежде чем мы получили право стать человеком. И сейчас, когда вы уже обрели человеческую форму, как вы можете тратить свое драгоценное время на бесплодные занятия? Время дорогого стоит. Ваша душа наконец обладает инструментом, который способен в полной мере выразить ее божественность, проявить тот самый «образ Божий», по которому вы сотворены.

Каждое утро спрашивайте себя: «Чего я хочу?» И отвечайте: «Ничего, кроме Тебя, Господи. Если Ты вдруг захочешь забрать меня отсюда, я всегда буду к этому готов». Таким должен быть ваш подход. Но придерживаться его не так-то и просто: на вашем пути встанут тысячи искушений. Они и покажут, действительно ли вы покончили со своими желаниями.

Однажды я беседовал со знаменитой оперной певицей Амелитой Галли-Курчи, чей голос подобен пению ангелов. В процессе нашего разговора я задал ей вопрос:

— Покончили ли вы со своими желаниями?

— Ну разумеется!

Я сменил тему, а потом как бы между делом спросил:

— А что вы чувствуете по отношению к музыке?

— О, я ее очень люблю, — ответила она. — Я и на небесах хотела бы петь!

— В таком случае вам придется вернуться на землю, — отметил я. — Желание еще не изжито.

И тогда она все поняла.

Когда я еще только начинал интересоваться Богом, моя семья пыталась пробудить во мне интерес к чему-нибудь другому. Мне предложили один важный пост, и я обратился к Богу за руководством. Он сказал: «И что тебе это даст? Сперва найди высшее счастье». В конечном счете эта работа досталась моему двоюродному брату (*Прабхасу Чандре Гхошу.* — Прим. изд.), он же женился на девушке, которую прочили мне в жены. И вот так, по милости Божией, я стал свободным человеком!

Удерживайте свой ум на Боге, и вы обретете свободу

Когда вас посещают желания, руководствуйтесь мудростью, а не прихотью или упрямством. Контролируйте свои чувства, удерживайте свой ум на Боге, и вы обретете свободу. Когда настанет ваш час покинуть эту землю, чтобы вернуться к Небесному Отцу, вам могут явиться ангелы и спросить: «А вам нравится слоеный торт с клубникой?» «О, ням-ням!» — ответите вы, на что непременно услышите: «Что же, тогда вам придется вернуться в Америку». Может состояться и такой диалог: «Любите ли вы карри?» — «Господи, конечно!» — «Тогда возвращайтесь в Индию. Вы не можете оставаться у Отца, ибо еще не покончили со своими земными желаниями».

Божий человек наслаждается всем, но при этом ни к чему не привязывается. Он ценит те предметы, что даются ему в пользование в этом Божьем мире, но, когда они становятся ему не нужны, он ставит на этом точку. Не храните в себе следов былых желаний. Живите в этом мире только для того, чтобы исполнять Божью волю. Говорите Ему: «Я не просил Тебя об этом теле, но Ты все же дал мне его, поэтому я буду заботиться о нем и использовать его лишь для того, чтобы служить Тебе в этом мире». Если вы смотрите на свое тело отчужденно, вы становитесь ближе к Богу. Я хочу, чтобы каждый из вас достиг такого состояния. Его невозможно добиться чтением книг, не достичь его и в том случае, если вы растрачиваете свое время на пустые развлечения. Медитируйте. С головой погружайтесь в медитацию. Утром я даже не мог вспомнить, спал ли я этой ночью; едва я возвел свои глаза, как застыл в состоянии *самадхи*. Весь мир переливался во мне, словно океан. Я чувствовал в себе трепет всего мироздания.

Осознайте, что вы не мужчина и не женщина, но душа, сотворенная по образу Божиему. А иначе Господь будет посылать вас на землю снова и снова, дабы вы покончили со своим невежеством и осознали свое истинное «Я». Пропитайте свой ум Господом, чтобы у вас не осталось никаких сомнений в том, что Он — единственная Реальность. Чем больше вы медитируете, тем глубже укореняется в вас эта мысль. В будущем мир уже не сможет отобрать у вас это осознание, как бы он ни старался.

Когда я только начинал свои поиски Бога, я отгородился от всего, что могло бы отвлечь меня от Него, словно это был яд. Я даже избегал контакта с людьми, не разделявшими моего решительного духовного настроя, с тем чтобы они не смогли на меня повлиять. Молоко не может плавать на поверхности воды: оно попросту с ней смешается. А вот полученное из молока масло будет плавать на поверхности воды. Так же и с серьезным богоискателем: укорените свое сознание в Боге. Сначала освободите себя. Тогда никто не сможет оказать на вас дурного влияния — это вы будете преображать людей. Если же ваша воля слаба и кто-то предложит вам нечто соблазнительное, вы тут же побежите вослед. Однако если вы уже убеждены, что истинное счастье находится внутри вас — в ваших взаимоотношениях с Богом, тогда никто не сможет вас искусить, даже напротив: другие будут следовать вашему примеру.

Бог открыт для каждого, кто Его ищет. Посвящайте свои ночи Богу. День принадлежит дьяволу, потому что он погружает нас в суетную относительность и иллюзорность бытия. Но если вы будете посвящать ночное время Богу, а днем стремиться помнить о Нем во время исполнения своих обязанностей, тогда вы будете опьянены Им все время. Божий человек всегда опьянен Господом. Работа не уводит мое сознание от Него, она стала для меня величайшим наслаждением. Все эти дни я практически не сплю: в душе моей поет великая радость, великое блаженство Господне. Для этого я и живу. Я хочу пребывать в Нем и исполнять все Его желания. Вся моя жизнь вращается вокруг этих двух устремлений.

Выполнение обязанностей перед Богом и человеком

Материалист, занятый конструктивной деятельностью, намного лучше «духовного» бездельника. Тот, кто ленится трудиться в миру, оставлен и Богом, и человеком. А тот, кто исполняет свои обязанности перед человеком, но не перед Богом, подобен ослу, несущему на себе мешок с золотом: осел знает лишь его вес, но не ценность. Действия, совершаемые без мысли о Боге, обременяют и ограничивают человека, в то время как действия, совершаемые с мыслью о Боге, несут освобождение. Отказ от материальных обязанностей ради служения Богу допустим, потому что именно Богу мы должны быть верны в первую очередь: ни одна обязанность не может быть исполнена без силы, заимствованной у Него.

Бог прощает грехи, связанные с неисполнением менее значимых обязанностей, если человек оставляет все ради Него одного[1]. Отречься от всего — значит поставить Бога на первое место в жизни, и неважно, монах вы или мирянин.

Мой брат говорил: «Сначала деньги — потом Бог». Он умер, так и не успев пуститься на поиски Бога или воспользоваться своими деньгами. Помните слова Христа: «Ищите же прежде Царства Божия и правды Его, и это все приложится вам»[2]. Все к вам придет, когда вы обретете Бога. Держась за Него, вы точно не упадете. Все ваши ошибки будут исправлены, все ваши заблуждения преобразятся в мудрость. Это то, в чем я убедился лично.

Правильное отношение к страданиям

Богоискатели бывают двух типов: одни подобны обезьянке, другие — котенку. Обезьянка крепко держится за свою мать, но, когда та прыгает с ветки на ветку, детеныш может свалиться. Котенка же носит сама мать, и он всем доволен, ибо полностью доверяет своей матери. Я больше отношу себя ко второму типу искателей: я полностью вручаю себя Божественной Матери. Такой подход, однако, требует огромной силы воли. Вы должны быть непоколебимы в любых обстоятельствах, и неважно, болеете вы или здоровы, богаты или бедны, светит ли солнце или на улице пасмурно. Даже если вы попали в самое пекло страданий, вы не должны задаваться вопросом, почему Божественная Мать вас туда заслала. Верьте, что Ей виднее. Порой то, что кажется несчастьем, оборачивается великим благом. К потере Храма Золотого Лотоса[3] я поначалу относился как к настоящей катастрофе, но в итоге случившееся побудило меня к созданию новых монашеских центров и храмов.

Уныние — это не что иное, как тень руки Божественной Матери, простертой для объятия. Не забывайте об этом. Когда

---

[1] «Оставив все другие *дхармы* [обязанности], помни обо Мне одном; Я освобожу тебя от всех грехов [последствий неисполнения этих несущественных обязанностей]» (Бхагавад-Гита XVIII:66).

[2] Мф. 6:33.

[3] Первый храм SRF на территории ашрама в Энсинитасе, построенный в 1938 году на утесе, выходящем на Тихий океан. В результате эрозии береговой линии храм обрушился. Позже в Энсинитасе был построен другой храм SRF.

Божественная Мать хочет нас приласкать, Ее рука прежде отбрасывает тень. Поэтому, когда вы сталкиваетесь с какими-либо трудностями, не думайте, будто Она вас наказывает. Она простирает руку, чтобы притянуть вас к Себе; Ее рука, отбрасывающая на вас тень, несет вам какое-то благо.

Страдание — хороший учитель для тех, кто готов быстро выучить свои уроки. А для тех, кто сопротивляется и обижается, оно становится тираном. Страдание может научить вас почти всему. Его уроки побуждают вас развивать здравомыслие, самоконтроль, непривязанность, нравственность и трансцендентное духовное сознание. Например, боль в животе учит вас следить за своим питанием и не переедать. Страдания, сопровождающие потерю собственности и близких людей, напоминают вам о преходящей природе вещей в этом иллюзорном мире. Последствия неправильных действий пробуждают в вас здравый смысл. Так почему бы не последовать пути мудрости? Тогда вам не придется отдавать себя в руки жесткого наставника по имени Страдание и подвергать себя совсем не обязательному наказанию болью.

За человеческой любовью зрите Божественную любовь

Страдание присуще даже тому удовольствию, которого ищут в человеческой любви. Человеческая привязанность лишена качеств божественной любви, потому она ведет нас в тупик, ограничивает нас. Я четко осознал это, когда смерть лишила меня моей матери. О, как сильно разочаровались все те, кто думал, что человеческая любовь — это единственное, ради чего им стоило жить! Они обманули себя, поступили несправедливо по отношению к себе. Где все те, кого они любили и потеряли? И какой урок мы должны извлечь из всего этого? Нам необходимо научиться любить ту Любовь, которая стоит за человеческой любовью.

Кто ваш родитель, как не Божественный Родитель, обретший человеческую форму, чтобы любить вас и заботиться о вас? Почему отец другого человека не любит вас так же, как ваш собственный отец? Потому что Всевышний проявил к вам личный интерес и внушил это чувство конкретному индивидууму, с которым вы кармически связаны. Бог также стал матерью, дабы любить вас безусловно.

Любовь матери слепа, если она не пропитана божественным сознанием. Любовь отца умерена рассудком и строгостью.

Библия учит: «Почитай отца твоего и мать твою…»[4], но при этом также предписывает: «Люби Господа, Бога твоего, всем сердцем твоим, и всею душею твоею и всеми силами твоими»[5]. С годами слова «отец» и «мать» приобрели для меня совершенно новое значение. Я осознал, что за моими родителями все это время скрывался единый Родитель, который любил меня через посредство их родительской любви.

Если бы вы вдруг вспомнили всех своих матерей и отцов во всех своих прошлых инкарнациях, вы бы не знали, кого из них любить как своих родных. Вы думаете, что принадлежите своей текущей семье. Но если бы вы сейчас умерли и родились в соседнем доме, ваши текущие родители уже не любили бы вас так сильно. Кто, как не Бог, любит вас по-настоящему? Это Его вы должны искать. Однажды мне было видение, в котором я осознал, что это Божественная Мать принимала обличья моих матерей во многих моих инкарнациях, чтобы любить и направлять меня. Сейчас я созерцаю материнское качество Божественной Матери в каждой женщине. Мы должны научиться зреть Божественную Мать во всех матерях, Божественного Отца — во всех отцах и Божественного Друга — во всех друзьях.

Дружба — самая чистая форма любви

Дружба — самая чистая форма любви, потому что друзей выбирают сердцем и это чувство не навязывается семейным инстинктом. Настоящие друзья никогда не расстаются, ничто не может расстроить их братские отношения. Я никогда не терял настоящих друзей. Хотя двое людей, которых я искренне любил, стали относиться ко мне враждебно, я все равно испытываю к ним дружеские чувства. Вы научитесь дарить истинную, безусловную дружбу только тогда, когда ваша любовь укоренится в Божьей любви. Ваши отношения с Богом являют собой вдохновение, питающее истинную божественную дружбу со всеми. Настоящие

---

[4] Исх. 20:12.
[5] Втор. 6:5.

друзья помогают друг другу расти и развиваться.

Отношения между гуру и учеником являются наивысшим выражением дружбы, ибо основаны они на безусловной божественной любви и мудрости. Нет более священных и возвышенных взаимоотношений. Христос и его ученики были едины в духе, и такие же отношения связывают меня с моим Мастером [Свами Шри Юктешваром] и с теми, кто со мной сонастроен. Всех нас объединяет неземная любовь Господа. Испивать любви из чаши искренних сердец — значит совершать связующий ритуал таких отношений.

В человеческих отношениях следует избегать фамильярности, иначе через некоторое время друзья могут начать пользоваться друг другом. В божественной же дружбе всегда наличествует всевозрастающее уважение, каждый думает только о наивысшем благе своего друга. Такова природа божественной дружбы между гуру и учеником. Тот, кто состоит в таких отношениях, находится на пути к мудрости и свободе.

Всякий раз, когда я выступаю перед людьми, как, например, на этих собраниях, мне является образ моего Гуру. Он оказал решающее влияние на мою жизнь. Несмотря на то, что его давно уже нет на этом земном плане, он по-прежнему всегда со мной.

Духовные идеалы для успешного брака

Если вы ищете Единого Друга, стоящего за всеми друзьями, настоящая дружба может иметь место в любых отношениях: семейных, братских, супружеских и духовных.

Дружба жизненно необходима в супружеских отношениях. Секс сам по себе не сблизит пару, даже наоборот: если в браке не доминирует высший инстинкт истинной любви и дружбы, секс разобщит супругов довольно скоро. Когда в супружеских отношениях секс ставится во главу угла, пара теряет интерес друг к другу, как только спадает первый румянец чувственного наслаждения. Те, кто не видит разницы между любовью и чувственным влечением, раз за разом остаются у разбитого корыта.

Люди, желающие вступить в брак, сначала должны обрести контроль над своими эмоциями. Без такого обучения два человека, оставленные на арене супружества, дерутся более ожесточенно, чем противники в мировой войне. Войны когда-нибудь да заканчиваются, но сражения некоторых супругов длятся всю жизнь. Может показаться, что в цивилизованном обществе люди умеют ладить друг с другом, но в действительности лишь немногие владеют этим искусством. Брак нужно взращивать на высоких идеалах и подпитывать вином Божьего вдохновения. Тогда это будет счастливый и обоюдно благоприятный союз.

Однажды в Бостоне меня пригласили на серебряную свадьбу идеально счастливой — по крайней мере, так все думали — пары. Как только я вошел в дом, я сразу же почувствовал негативные вибрации. Я попросил двух моих близких учеников незаметно понаблюдать за парой. Позже они мне сообщили, что на людях муж и жена улыбались и ласково говорили друг другу: «Да, моя дорогая», «Конечно, мой милый», но, когда они оставались наедине на кухне или в кладовой, они устраивали целые словесные побоища.

Я решил с ними поговорить. «Почему вы так себя ведете? В вашем доме чувствуется сильная дисгармония, — сказал я. — Свадьба хоть и серебряная, а тяжела она, как чугун». Первая их реакция — обида. Тем не менее я продолжил: «Какая вам польза от этих постоянных ссор?» Я высказал им все как есть. Позже они подошли ко мне и попросили у меня прощения. Я им сказал: «Вы живете вместе только потому, что все вас считают идеальной парой, а я хочу, чтобы вы жили так не на словах, а на деле — ради вашего же счастья».

Идеалы человека должны воплощаться в его поведении, в его мыслях и речи. Если двое людей с плохим характером устанавливают близкие отношения, они становятся неискренними друг с другом. И когда в отношения вкрадывается обман, брак «садится на мель». Зачем лицемерить? Такие ошибки следует предупреждать с самого начала.

Равновесие между женскими и мужскими качествами

Такое ощущение, что мужчина и женщина соперничают друг с другом испокон веков. Но они равны, один не выше другого. Гордитесь тем, кто вы есть в этой жизни. Вы — душа, которая во многих прошлых инкарнациях была как в мужском, так и в женском теле. Если вы женщина, но при этом завидуете мужчинам, вам придется родиться вновь в мужском обличье. Если же вы мужчина, чувствующий себя выше женщин, имейте в виду: вполне возможно, что вам придется родиться женщиной. Мужчина считает, что женщина эмоциональна и не умеет мыслить логически, а женщина жалуется на бесчувственность мужчины. Оба неправы. Женщина умеет мыслить логически, просто в ее природе преобладают чувства и эмоции; мужчина способен проявлять глубокие чувства, однако в его природе преобладает логическое мышление. В идеале нужно сбалансировать в себе рассудок и чувства. Тому, кто проявляет излишнюю женственность, не найти свободы души; не найти ее и тому, кто демонстрирует излишнюю мужественность. Представители обоих полов должны стремиться к равновесию, учась друг у друга посредством дружбы и понимания.

Великие святые являют собой идеальный пример сочетания мужских и женских качеств. Таким был Иисус, и такими были все духовные мастера. Достигнуть совершенного равновесия между рассудком и чувством — значит выучить один из главных уроков, ради которых вы были сюда посланы.

Главная цель жизни — богопознание. Не живите односторонне, материалистически. Обретите самоконтроль, станьте хозяином своих чувств и поступайте мудро; подчините себе свою жизнь и обретите свободу. Средняя продолжительность жизни — семьдесят лет учебы. Если вы не успеете окончить школу жизни, вам придется в нее возвращаться до тех пор, пока вы не найдете Бога, пока вы не впитаете всю Его мудрость и не выразите в своей жизни все Его благословения.

Решительно встаньте на этот путь духовного обучения. Пропитайте себя Богом с самого начала. Любите Его больше Его даров. У Него есть все, кроме вашей любви. Он сотворил нас с мыслью о том, что мы, быть может, все же воспользуемся дарованной Им свободой выбора для того, чтобы искать Его. Мы пришли на землю только по одной причине: чтобы найти Бога и вернуться к Нему. В первую очередь вы должны любить именно Бога. Сделайте свое тело Божьим храмом. Делайте все свои дела с мыслью о Нем. Ищите Высшей Радости и делитесь Ею с другими. Усовершенствуйте свою любовь посредством Божьей любви и научитесь любить все человечество.

Если у вас есть дети, обучайте их правильным идеалам: так вы поможете им вернуться к Богу. Каждому из вас предстоит огромный труд: направить людей к Богу посредством собственного духовного примера. Помочь человеку найти Бога — значит подарить ему наилучший подарок из всех возможных.

Так что помните: Бог должен стоять у вас на первом месте. Начать вы должны не завтра, а прямо сейчас. «И если соблазняет тебя рука твоя, отсеки ее»[6]. Для достижения духовного успеха вам нужно задействовать силу воли и следовать мудрым наставлениям. Прилагайте волю, ведомую мудростью вашего гуру, и вы преодолеете все препятствия на своем пути.

Покончите с этой школой проблем

Не надейтесь найти здесь совершенство и нерушимое счастье — вы их точно не найдете. Этот мир всегда будет полон проблем. К чему вам эта дисциплинарная комиссия? Выучите свои уроки навсегда, чтобы вас больше не посылали сюда вопреки вашей воле. Покончите с этой школой проблем. Возьмите верх над этой жизнью. Живите для Бога, работайте для Бога, думайте и действуйте только для Него. Ум, тело, душа, воля, чувства — все должно быть пропитано Богом. Только тогда вы сможете обрести свободу и направиться Домой. И вам больше не придется возвращаться к проблемам, трудностям и войнам этого мира.

Когда вы окончите свою учебу и настанет пора покинуть этот мир, люди будут вас оплакивать — вы же возрадуетесь и скажете: «Возлюбленный мой, прямо сейчас Госпожа Смерть открывает мне врата к свободе. Полно меня обучать! Я буду столпом в храме Твоем, и я уже не выйду вон[7] — если только Ты не повелишь мне это сделать. Если Тебе будет угодно, я буду возвращаться на землю снова и снова, чтобы помогать моим собратьям на их пути к свободе».

Я воплотился здесь по своей воле. Я уже окончил школу жизни, но я не хочу возвращаться к Богу до тех пор, пока не освободятся все остальные. Всякий раз, когда я буду видеть, как один

---

[6] Мк. 9:43.

[7] Откр. 3:12.

из моих собратьев плачет где-то на обочине, я буду возвращаться, чтобы утирать его слезы и направляться с ним вместе к Богу.

Многие люди ранят и разрушают себя из-за неведения и ложных желаний. Я пришел сюда, чтобы помочь им, чтобы наставить их и переправить на тот Бесконечный Берег, откуда нет возврата по принуждению. Как это прекрасно — выучить все уроки жизни, а затем помочь своему ближнему! И не будет больше страха или раскаяния на смертном одре. Как сказал умирающий божественный юноша: «Не плачьте обо мне! Это я должен о вас плакать — ведь вы остаетесь на этом пустынном берегу скорбеть и горевать. В сияющей колеснице смерти мой Возлюбленный прибыл сюда, дабы забрать меня в Царство Бессмертия и отвезти в Свой дворец Блаженных Снов. Возрадуйтесь же, дорогие мои!»[8]

---

[8] Фрагмент стихотворения «Божественный ответ умирающего юноши» из книги Парамахансы Йогананды *Songs of the Soul* (издается обществом Self-Realization Fellowship).

Истинные признаки прогресса в медитации

Приблизительно 1930 год

Идя по дороге жизни, человек рано или поздно проникает в самую суть души и осознает, что главная задача бытия заключается в том, чтобы выяснить, кто же мы на самом деле и по какой причине мы пришли на эту землю. Животные не способны анализировать свое состояние и свое окружение, только человек обладает способностью рассуждать. Посему человеку предназначено воспользоваться этой способностью, чтобы улучшить себя и извлечь из этой жизни максимум пользы. Более совершенный разум дан человеку вовсе не для того, чтобы механически поедать свой завтрак, обед и ужин, жениться и производить детей. Разум дан ему для того, чтобы он смог понять смысл жизни и обрести свободу души.

Среди всех написанных книг самой сложной для понимания является Книга Природы, написанная Самим Господом. Однако вы сможете прочесть ее целиком и постичь все тайны мироздания и людского бытия только тогда, когда Бог станет вашим учителем. Индия показала человечеству путь к божественному общению с Господом посредством действенных техник медитации. Чтобы войти в контакт с Богом, необходимо научиться приводить свой ум в состояние покоя посредством медитации. Человек не может медитировать, если его мысли разбегаются в разные стороны. Ум, который не подчинен человеку и всецело сосредоточен на органах чувств, не способен настроиться на Бога и привлечь Его внимание. Где ваше сердце, там и ваш ум. Только взяв под контроль свои чувства и ощущения, вы сможете по-настоящему сосредоточиться на Боге[1]. Обретя Бога, вы обретете и все остальное. Вот почему Иисус сказал: «Ищите же прежде Царства Божия и правды Его, и это все приложится вам»[2].

Общаясь с Богом в медитации, вы однажды возродите себя в Его сущности. Только лишь Он может исправить все зло в мире и в человеке. Однако вам нужно будет приложить усилие, чтобы обрести это Божественное Сознание и проявить в себе безграничную Божью благость. Тот, кто устремляется к Богу всей душой, знает, что добродетель привлекательнее порока и что совершать действия под влиянием хороших привычек приятнее, чем под влиянием плохих — тех, что обещают благо, а несут зло. Хорошие привычки порождают радость, плохие порождают печаль. Привычка покоряться страстям влечет за собой страдания. Привычка следовать заведенным шаблонам мирской повседневности делает жизнь монотонной и сеет в человеке равнодушие, недовольство, беспокойство, страх, отвращение и разочарование.

Привычка посещать церковь и слушать проповеди дарует порывистое вдохновение и мимолетную жажду по Богу, однако привычка к вдохновенной медитации и концентрации приводит человека к богопознанию.

Привычку медитировать сформировать крайне сложно, так как у начинающего ученика возникает множество ложных мыслей о скором достижении результатов. Медитация приносит результаты медленно, но верно. Многие новички жаждут своего рода духовного «увеселения». Некоторые из них полагают, что их усилия будут немедленно вознаграждены и они увидят свет, святых и различных божеств, но такие ожидания преждевременны. Настоящие видения приходят в результате продолжительных и упорных духовных усилий. Необыкновенные переживания неофитов в большинстве своем являются галлюцинациями. Чтобы избежать вторжения ложных видений со стороны подсознания,

---

[1] Путь *Крийя-йоги*, который составляет суть *Уроков SRF (Self-Realization Fellowship Lessons)*, разработанных Парамахансой Йоганандой, включает в себя научные техники самоуглубления и освобождения ума от внешних отвлекающих факторов. Благодаря этим техникам человек обретает способность всецело погружаться в состояние внутреннего общения с Богом.

[2] Мф. 6:33.

во время медитации нужно держать свои глаза полуоткрытыми и фокусировать взгляд на точке между бровями — центре концентрации и сверхсознательного восприятия. И самое главное: не ставьте любовь к видениям выше любви к Богу.

Вот истинные признаки прогресса в медитации:

- возрастающее чувство покоя;
- сознательное ощущение внутреннего покоя, переходящее в блаженство;
- углубляющееся понимание сути вещей, получение ответов на свои вопросы посредством интуитивного восприятия;
- растущая умственная и физическая продуктивность в повседневной жизни;
- любовь к медитации и желание удерживать чувство покоя и радости, обретенное в медитативном состоянии, пересиливают влечение ко всему мирскому;
- нарастающее чувство безусловной любви ко всем людям, а не только к своим родным и близким;
- живой контакт с Богом, желание поклоняться Ему как неувядающему Блаженству, найденному в медитации, а также в Его бесконечных проявлениях в миру и за его пределами.

Как направить силу своего внимания на достижение успеха

Главный международный центр Self-Realization Fellowship, Лос-Анджелес, Калифорния, 11 июля 1940 года

Успех неразрывно связан с удовлетворенностью души в любых жизненных обстоятельствах, он приходит в результате деятельности, основанной на идеалах истины. Неотъемлемой частью такого успеха являются счастье и благополучие других людей. Руководствуйтесь этой истиной в своей материальной, психологической, нравственной и духовной жизни, и вы поймете, что такое полный, всеобъемлющий успех.

У каждого человека свое представление об успехе — все зависит от конкретных жизненных целей. Этот термин употребляют даже применительно к воровству, когда говорят: «Он был успешным вором!» Это наглядно демонстрирует, что не все виды успеха заслуживают одобрения. Наш успех не должен причинять вреда другим людям. Еще один критерий успеха — результат, который благоприятен не только для нас, но и для других людей. Допустим, некая женщина подолгу практикует молчание в рамках своей духовной дисциплины, отказываясь при этом говорить даже с мужем и детьми. Она может научиться жить в тишине и даже обрести внутренний покой, тем не менее ее поведение эгоистично и вредит семейному счастью. Ее нельзя назвать успешной, если ее добрые намерения не приносят благо людям, перед которыми у нее есть обязанности.

То же касается и материального успеха. Мы не должны наслаждаться своим процветанием в одиночку: у нас есть моральная обязанность помогать и другим людям, чтобы они тоже имели возможность повысить качество своей жизни. Каждый, у кого есть голова на плечах, способен зарабатывать деньги. И если в сердце такого человека живет любовь, он никогда не будет тратить эти деньги только на себя, он всегда поделится с другими. Для скупых деньги становятся проклятием, для добросердечных — благословением.

Генри Форд, к примеру, зарабатывает большие деньги, и в то же время он не верит в ту благотворительность, которая питает в людях лень. Его помощь заключается в том, что он дает людям работу, а вместе с ней и средства к существованию. Генри Форд — по-настоящему успешный человек, так как он делает деньги, даруя людям процветание. Он многое сделал для народа, американская нация ему многим обязана.

Даже величайшие из святых не обретают полного освобождения, если они не делятся ни с кем плодами своего успеха — своим опытом богопознания; если они не помогают людям достичь этого состояния. Вот почему их главная жизненная задача — нести понимание тем, кто его не имеет.

Итак, если идея достижения такого успеха приносит вам радость и удовольствие, вы гарантируете прочное счастье не только себе, но и другим людям.

Восток и Запад: критерии успеха

Хотя критерии успеха на Востоке и Западе разнятся, Восток без промедления имитирует худшее из того, что он видит в западных кинофильмах. Сказочный идеал счастья, который рисуют в кино, тешит душу, однако в реальной жизни достичь успеха не так-то и просто. Жизнь зачастую жестока. Вам приходится бороться даже за выживание. Только подумайте, сколько всего вам нужно делать только лишь для того, чтобы кормить свое тело и поддерживать в нем силы и здоровье. Даже если вы успешно справляетесь с этой задачей, такой успех имеет лишь временную природу, так как в итоге тело все равно отправится в могилу. Для успешного существования вам приходится бороться со многими силами, внутренними и внешними, которые хотят лишить вас стоящих достижений.

Запад сосредотачивается на частичном, временном успехе, который стеснен рамками одной жизни; Восток же сосредотачивается на полноценном успехе, который не угаснет на протяжении вечности. Людей, достигших вечного успеха, мы называем *сиддхами*[1], то есть теми, кто успешен в глазах Повелителя Вселенной. Такой человек идеально счастлив на физическом, умственном и духовном плане. Да, собственности у него может быть немного — ее вообще может не быть, — но при этом он обладает совершенным богатством — внутренней удовлетворенностью и духовным пониманием взаимосвязи души и Духа, тела и Космической Жизни. Вот так выглядит истинный успех. На Востоке в умах детей взращивают и лелеют жажду достижения именно такого успеха. На Западе вы дарите ребенку копилку и внушаете ему, что деньги принесут ему удовлетворенность. В стремлении жить в достатке нет ничего плохого, но детям также необходимо говорить о ценности того успеха, который никогда их не покинет. Богатство души не иссякнет вовек, ибо хранится в банке вечности, куда можно зайти за очередной порцией счастья в любое время.

И все же даже духовный успех можно назвать односторонним, если вы не исполняете своих мирских обязанностей. Только великий йог, над которым уже не властны законы природы, может себе позволить оставить мирские дела. На Востоке всегда взращивалась идея достижения духовного счастья, а идее материальной обеспеченности не придавалось особого значения. На Западе у вас много физических удобств, но очень мало внутреннего счастья. Нужно сбалансировать эти две крайности. Если в жизни вы стремитесь только к чему-то одному — и неважно, что это, — вы становитесь односторонним. Например, если художник сосредоточивается только на своем искусстве и игнорирует другие важные обязанности, он становится нервным и несчастным; но если он сочетает искусство с поиском Бога — это просто прекрасно! Бизнес и Бог, наука и Бог, служение и Бог — такие сочетания приносят всесторонний успех и счастье.

У богатства, болезней и трудностей есть множество разных аспектов. Красота Запада — в чистоплотности. Здесь комары и клопы не имеют больших шансов на выживание, в то время как на Востоке их пруд пруди. Но не радуйтесь такому превосходству раньше времени: у вас есть вещи и похуже. Взять, к примеру, неоплаченные счета и вашу систему покупки товаров в рассрочку

---

[1] Санскр. «тот, кто успешен»; тот, кто достиг Самореализации — единства с Богом.

— все это заставляет вас беспокоиться по поводу своего финансового положения и лишает вас покоя.

Не влачите поверхностное существование

Бог сотворил этот мир не для того, чтобы мы просто ели, спали и умирали, но для того, чтобы мы поняли, с какой целью Он это сделал. Лишь немногим мудрецам удалось узреть Божий замысел, большинство людей слепы и не способны его разглядеть. Земля становится камерой пыток для тех, кто живет в неведении относительно Божьего плана. Но если вы относитесь к своему жизненному опыту как к учителю, который преподносит вам знания об истинной сути мироздания и вашей роли в нем, тогда ваш опыт становится ценным путеводителем на дороге к вечной удовлетворенности и счастью.

Сотворенная Господом иллюзия очень сильна. Эта жизнь — сплошной бедлам. Вы думаете, что деньги эквивалентны счастью, но когда вы их заполучаете, то понимаете, что для счастья этого все равно недостаточно. Вы можете иметь деньги и не иметь здоровья, или иметь здоровье, но не иметь денег, или иметь деньги и здоровье, но при этом не ладить с людьми. Вы делаете людям добро, а в ответ они выказывают вам одну лишь ненависть. Если вы не обрели Бога, ничто в этом мире не принесет вам удовлетворения. Важно помнить, что это Сам Бог пытается увести нас от Него материальными соблазнами: Он хочет проверить, жаждем ли мы Подателя всех благ или только Его даров.

Если бы Бог хотел, чтобы наше бытие замыкалось на мирском сознании, нас бы полностью удовлетворяли вещи этого мира и мирской путь в целом. Доводилось ли вам наблюдать за стадом овец? Когда скачет одна овечка, все остальные скачут следом за ней. Большинство людей делают то же самое. Сначала у человека появляется какая-то причуда или он начинает вести себя определенным образом, а потом все начинают за ним повторять. Так было всегда. У каждой нации есть свои обычаи, и нельзя сказать, что все они совершенны. Но кому судить о нелепости той или иной традиции? Прежде всего надо помнить, что обычаи появились не на пустом месте. Если вы видите, что причина, по которой народ придерживается обычая, по-прежнему веская, тогда он действительно несет практический смысл; но глупо придерживаться какого-то обычая слепо. Мы должны понять, в чем заключается истина и что именно приносит подлинное счастье, а затем придерживаться этого.

Упростите свою жизнь

Если вы беспристрастно проанализируете отличительные особенности человеческого поведения, вы увидите, насколько комичны некоторые из наших привычек и обычаев. Сколько же у вас в Америке правил! Одеваетесь вы именно так, как полагается, и никак иначе: смокинг на обед, вечерний пиджак для выхода в свет, спортивная куртка для досуга — я даже видел рекламу пиджаков для курения! А жены еще удивляются, почему их мужья на праздники любят выезжать за город, где не нужно носить ни носков, ни галстуков! Время от времени полезно отойти от заведенных правил и упростить свой распорядок дня. Систематичность и максимальная продуктивность достойны одобрения, но если человек чрезмерно организованный, это вредит его счастью.

В Индии все проще — и с бытом, и с одеждой; здесь же жизнь сложна. В своих неустанных попытках следовать определенному порядку вы лишаетесь счастья. Зачем усложнять себе жизнь и настаивать на том, чтобы стол был накрыт именно так, а не иначе, чтобы в доме все было именно так, а не иначе? Когда мы приглашаем гостей в Индии, все танцуют от радости. Мы с нетерпением ждем их прихода. В Америке же вы приглашаете гостей, а потом часами готовитесь к их приему в дикой суете, заботясь о том, чтобы все было как надо. К тому времени, когда гости приходят, вам уже не терпится, чтобы они ушли!

Жить нужно проще, одеваться нужно проще, есть нужно проще. Раньше я думал, что есть в ресторанах неэкономично, но иногда это экономит время. Вы не можете позволить себе проводить на кухне слишком много времени, иначе у вас его не останется на более важные дела. Когда я ездил по стране и обучал людей, я всегда упрощал свое питание и держал на подоконнике бутылку молока и немного салата и сыра — настолько все было просто.

Рай внутри нас, а не в вещах

Наше обучение в ашраме в Индии было очень жестким. Мы учились обуздывать свои желания, не потакать своим прихотям и не иметь пристрастий и предубеждений. Мы были благодарны за все, что к нам приходило. Даже при всем том изобилии, что у вас здесь имеется, многие из вас несчастны ровно в той же степени, в какой были бы несчастны и без собственности. Вашим желаниям нет конца. Утром, побрившись и одевшись, муж первым делом хочет завтракать. За столом он хочет, чтобы жена подавала ему каждый раз что-то новое, а жена хочет, чтобы их тарелки и ложки были получше. День за днем их желания продолжают расти — до тех пор, пока их перестает удовлетворять вообще все — даже их брак и дети. Счастливыми их не назовешь. И поскольку они недовольны, они начинают отыгрываться на своих близких. Жена упрекает мужа, муж кричит на детей, дети не хотят повиноваться и ввязываются в неприятности, водясь с плохой компанией. Обладать собственностью как таковой не плохо — плохо, когда собственность обладает вами. Вы должны освободиться от чувства привязанности.

Мой рай — внутри меня. Вот почему, когда я нахожусь в таком прекрасном месте, как Энсинитас, мой внутренний рай делает это место еще большим раем. Без внутренней удовлетворенности даже рай на земле может показаться адом[2]. Если бы не моя внутренняя радость, мне бы уже давно захотелось убежать отсюда куда подальше, ибо проблемы, связанные с огромной ответственностью, которую я на себя взял, сделали бы меня очень несчастным. Злейший враг счастья в этой стране — счета! Мне многое нравится в Америке, особенно ее люди, но вот ваша убежденность в том, что счастье дают вещи, — заблуждение. Даже когда вы получаете желаемое, вы все равно несчастливы! К чему эта погоня за мимолетным материальным счастьем? Живите проще. Не имейте столько вещей, это порождает множество забот. Покупая что-то новое, вы испытываете положительные эмоции, однако чувство новизны вскоре уходит, и вот у вас уже нет времени на эту вещь или вы вообще о ней забываете и хотите чего-то еще. Но счета о вас не забывают!

Обретите контроль над своей жизнью, упростите ее, насколько возможно. Пусть на вашем банковском счете всегда будут какие-то средства для ваших нужд и непредвиденных случаев. Откладывать

---

[2] «У несобранного [того, кто не утвердился в своем „Я"] нет мудрости, и он не способен медитировать. Для немедитирующего нет умиротворения. Как может прийти счастье к неумиротворенному?» (Бхагавад-Гита II:66).

вы должны больше, чем тратить на ненужные «необходимости». Кроме того, всегда делитесь своим счастьем с другими. Если вы делаете людям добро, вы никогда не будете брошены на произвол судьбы. Я точно знаю, что, если бы мне пришлось уйти отсюда прямо сейчас, я бы даже не скучал об этом месте. И я бы никогда не голодал: мне было бы дано все, в чем я нуждаюсь. Это вовсе не бахвальство, я видел, как работает эта сила в моей жизни. Я знаю, что Бог всегда со мной и ничто не может меня тронуть — и неважно, плаваю ли я на поверхности жизни или тону в морских глубинах. Это осознание принесло мне наивысшую радость. Если бы индийское учение не дало мне то понимание и тот духовный опыт, который я имею сегодня, я был бы сейчас самым несчастным человеком. Хоть я и заработал много денег, я не позволил им поработить меня. Я никогда не позволял деньгам связывать меня. Все средства я отдал на благо дел Божиих, дабы помочь другим. Самая ценная моя собственность — мое внутреннее счастье. Короли даже и представить себе не могут, насколько прекрасно это богатство.

Успех измеряется вашими внутренними достижениями

Не думайте, что если перед вашим взором предстают массы несчастных людей, не достигших успеха, то жизнь должна быть именно такой. Вы можете сделать себя таким, каким вы хотите быть. Успех определяется вашими внутренними достижениями. Если внутри у вас ничего нет, тогда и счастья у вас тоже нет. Если у вас нет собственности, а внутренне вы счастливы, вы все же по-настоящему успешны. Вы не можете судить о людях по каким-то внешним признакам. Всегда есть шанс встретить в безликой толпе духовно возвышенного человека, достигшего истинного душевного покоя и внутреннего счастья.

Именно поэтому духовный успех — свержение диктатуры порочных привычек и импульсов — приносит большее счастье, нежели успех материальный. Духовный успех предполагает наличие психологического счастья, которое не способны отобрать никакие внешние условия. Вы можете тратить все свое время на зарабатывание денег, но это не принесет вам долговечного утешения и чувства защищенности. Напротив, это принесет вам еще больше страданий, ибо счастье и покой не в вещах, а в уме. Если вы не дисциплинируете свой ум, никакое материальное процветание не принесет вам удовлетворенности. Самодисциплина не пытка — вы просто обучаете свое сознание порождать те мысли и предпринимать те действия, которые ведут к счастью.

Счастье — это и есть ваш успех, и вы не должны позволять окружающим лишать вас его. Оградите себя от тех, кто пытается сделать вас несчастным. В юности я терпеть не мог, когда кто-то говорил обо мне неправду; с течением времени я, однако, обнаружил, что куда лучше иметь чистую совесть, чем одобрение окружающих. Совесть — это интуитивный мыслительный процесс, говорящий правду о вас и ваших мотивах. Когда ваша совесть чиста, когда вы знаете, что поступаете правильно, вы ничего не боитесь. Чистая совесть отражает одобрение Самого Господа. Будьте чисты перед трибуналом своей совести, и тогда вы заполучите счастье и Божье благословение.

Если вам не удается зарабатывать, это все потому, что вы недостаточно сосредоточиваетесь на решении этой проблемы. Аналогичным образом, если вы несчастливы, то потому, что вы еще не сосредоточились на желании быть счастливым. Осел, везущий на себе мешок с золотом, не знает цену этого золота; вот и человек, взваливший на себя бремя жизненных забот, не осознает, что внутри себя он носит вечное блаженство души. Поскольку он ищет счастья в вещах, ему неведома ценность внутреннего счастья, которым он уже обладает.

Правильно расставляйте приоритеты при выполнении своих обязанностей

Учение йоги отнюдь не советует вам избегать выполнения своих обязанностей в этом мире. Оно говорит, что вы должны пропитать себя мыслью о Боге и, куда бы Он вас ни направил, исполнять свою мирскую роль, думая о Нем.

Если вы хотите жить в уединении в лесу или в горах, полагая, что, освободившись от обязанностей, вы найдете Бога, сперва убедитесь в том, что вы готовы сидеть целыми днями в медитации. Такие усилия, конечно, похвальны, но еще лучше быть в миру, но не от мира сего: выполнять свои обязанности на благо людей, удерживая свой ум на Боге. «Посредством отказа от работы человек не обретет совершенства… О Арджуна, оставаясь погруженным в йогу, совершай все действия, отбросив привязанность [к их плодам]»[3].

Рассматривайте свои большие и малые обязанности в должной перспективе и не позволяйте одной обязанности противоречить другой. Священные санскритские тексты говорят о божественном законе — одном из самых прекрасных законов, данных человечеству: «Если одна обязанность противоречит другой — это не истинная обязанность». Если вы стремитесь к финансовому успеху, но при этом наносите ущерб своему здоровью, тогда вы не выполняете своей обязанности по отношению к телу. Если вы так сильно увлеклись религией, что стали пренебрегать своими земными обязанностями, значит, вы не сбалансированны: вы позволяете одной обязанности противоречить другой, ведь у вас также есть обязанности по отношению к своему телу и своей семье. Если же вы забываете о своей обязанности перед Богом из-за семейной суеты, последнее никак нельзя назвать обязанностью.

Многие спрашивают: «Должны ли мы прежде достичь материального успеха, который позволит нам исполнять наши земные обязанности, или же сначала нужно обрести Бога, а потом уже устремляться к материальному успеху?» Конечно же, на первом месте должен стоять Бог. Каждый свой день начинайте с общения с Богом в глубокой медитации. Помните: мы не можем исполнять свои обязанности без той силы, что заимствуем у Бога. В первую очередь нужно быть верным Ему. Если вы исполняете свои обязанности, но забываете о Боге, Ему это совсем не нравится. В идеале нужно исполнять все свои обязанности с одним-единственным желанием: порадовать Бога.

Если вы ищете и Бога, и материальной удовлетворенности, это не так уж и плохо; но, если вы не отводите время на регулярные и глубокие медитации, благодаря которым вы можете укорениться в Боге, мирские дела будут поглощать все ваше внимание и у вас не останется времени на Бога. Если вы не ощущаете присутствие Бога внутри себя, ваши земные обязанности, как правило, превращаются в орудие пытки. Но если Господь всегда с вами и вы исполняете все свои обязанности с мыслью о Нем, вы

---

[3] Бхагавад-Гита III:4 и II:48.

становитесь самым счастливым человеком на свете. «Думающие обо Мне, посвятившие Мне свои жизни, просвещающие друг друга, всегда беседующие обо Мне, Мои *бхакты* удовлетворены и радостны»[4]. Если бы я не прошёл обучение у моего Гуру, Свами Шри Юктешвара, который дал мне такое божественное сознание, я бы уже давно упал духом, помогая людям и строя эту организацию, — ведь порой вместо содействия я получаю пощёчину.

Я часто затевал с Гуруджи споры, настаивая на том, что организации — это осиные гнезда. Каждый хочет, чтобы вы угождали именно ему. Но я убедился в том, что если на первом месте стоит Бог, то духовная организация становится ульем, а Господь — мёдом, насыщающим людей божественным покоем и любовью. Если вы господствуете над людьми, считая себя королем, они вас обязательно свергнут. Но если вы искренне и с любовью направляете их, вы становитесь королем сердец. Конечно, на вашу любовь будут откликаться в основном искренние сердца, и, если вы любите всех беспристрастно, вы увидите, кто именно восприимчив к вашей любви. Иисус дал об этом понять, когда выразил признательность женщине, помазавшей его голову драгоценным маслом[5], а также Марии — за ту «благую часть», которую она избрала, когда молча села у его ног, вместо того чтобы помогать своей сестре Марфе обслуживать остальных гостей[6].

Непревзойдённая божественная любовь

Если бы вы только знали, какой чудесный роман может разгореться между Богом и верующим! Ни одно переживание на свете не может сравниться с радостью этого чувства. Я знал одного святого, который так любил Бога, что все его лицо источало Божественный свет. Я спросил его о его семье. Он сказал: «Все это в прошлом. Сейчас я живу в Боге, я не знаю другой жизни». Я рассказал ему о моем отце и о том, как много тот для меня сделал. Святой сказал: «Ты неблагодарный. Ты забыл о том, что это Небесный Отец дал тебе твоего благочестивого земного отца. Когда

---

[4] Бхагавад-Гита X:9.

[5] Мф. 26:7–13.

[6] Лк. 10:39–42.

я почувствовал зов Господа, я стал размышлять: „Кто позаботится о моей семье, если я вдруг умру? Тот, Кто дал мне саму жизнь. Я знал, что Он это сделает"». И Бог действительно ему помогал, ибо тот посвятил Господу всю свою жизнь[7].

«Я помню о том, кто всегда помнит обо Мне; он никогда не теряет из виду Меня, и Я не теряю из виду его»[8]. В каждом закоулке природы мой Возлюбленный играет со мною в прятки: Он прячется в цветах и выглядывает из сверкающего оконца луны. Он всегда присматривает за мной, скрываясь за ширмой природы, под покровом иллюзии.

Никогда не забывайте о Едином Возлюбленном, который скрывается за всеми, кто любит. Пусть сердце ваше живет не мирскими эмоциями, но трепетом божественной любви. Она непревзойденна. В тот момент, когда божественная любовь овладевает вашим сердцем, все ваше тело застывает в блаженстве, изрекая: «Когда Повелитель Вселенной ступил в мой телесный храм, мое сердце забыло, что оно должно биться, и клетки тела моего забыли обо всех своих делах. Все они замерли, услышав глас Бессмертной Жизни, глас единственного Возлюбленного и единственной Жизни. Мое сердце, мой мозг, все клетки моего тела наэлектризовались, обессмертив себя в Его Присутствии». Такова любовь Господа.

Печаль, порождаемая ненавистью и войнами, показывает нам, что духовность и доброта есть наивысшие силы. Ненависть разрушительна, любовь же — величайшая созидательная сила. Поэтому, дорогие друзья, осознайте бессмысленность ненависти и сумасшедших войн и учитесь любить Бога. Ничто в мире не способно принести вам то всеудовлетворяющее чувство успеха, которое приносит Его любовь. Только любовь даст этому миру удовлетворенность. Если бы все нации любили друг друга и с энтузиазмом стремились оказывать друг другу помощь — не силой

---

[7] Тому верующему, который освободил свою душу от всех земных желаний и привязанностей и укрепился в наивысшей любви к Богу, Господь говорит: «Оставив все другие *дхармы* [обязанности], помни обо Мне одном; Я освобожу тебя от всех грехов [последствий неисполнения этих несущественных обязанностей]» (Бхагавад-Гита XVIII:66).

[8] Парамахансаджи часто перефразировал эти стихи Бхагавад-Гиты (VI:30), дал он им и буквальный перевод: «Кто видит Меня везде и все видит во Мне, тот никогда не теряет Меня из виду, и Я не теряю из виду его».

и коварством, но любовью и добротой, — все они добились бы истинного успеха.

Подумайте о миллиардах, потраченных на войны и убиение себе подобных! Стыд и позор человечеству! Чем это закончится, как не страданиями и разрухой? Одна лишь любовь может положить этому несчастью конец. Стоит одной стране создать новое оборонительное оружие, как другие начинают заниматься разработкой еще более совершенных методов обороны; из-за этого люди живут в постоянном страхе. Почему бы всем странам не культивировать любовь и понимание, вместо того чтобы разжигать ненависть и войны?

Только универсальная религия любви может быть реальным решением всех проблем. *Любовь* делает нас завоевателями. Иисус был величайшим завоевателем, не правда ли? Он был завоевателем сердец.

Сила, стоящая за всеми силами

Прежде всего вы должны достичь успеха в общении с Повелителем Вселенной. Вы всецело поглощены земными делами и потому говорите, что у вас нет времени на Бога. А что, если Бог скажет: «У меня нет времени на то, чтобы биться в твоем сердце и думать в твоем мозге»? Что тогда с вами будет? Он есть Любовь, стоящая за всей любовью, Воля, стоящая за всей волей, Разум, стоящий за всяким разумом, Успех, стоящий за любым успехом, Сила, стоящая за всеми силами. Он есть кровь в наших жилах, дыхание, порождающее нашу речь. Забери Он сейчас Свою Силу, и мой голос утихнет, я не смогу говорить. Если бы Его сила не выражала себя в нашем сердце и мозге, мы бы лежали пластом до скончания времен. Поэтому помните: главнейшая ваша обязанность — это обязанность перед Богом.

Практический аспект поисков Бога

Все священные писания учат: «Ищите же прежде Царства Божия»[9]. Несмотря на это, люди продолжают строить заградительный барьер между своей повседневной жизнью и духовными наставлениями, о которых они читают или слышат в церкви. Если вы будете

---

[9] Мф. 6:33.

жить принципами истины, вы узрите практичность всех духовных, психологических и физических законов. Если вы читаете священные писания поверхностно, они не принесут вам никакой пользы. Но если вы будете читать о духовных истинах сосредоточенно, а также верить в них, эти истины будут работать на вас. Быть может, вы лишь *хотите* верить или просто *думаете*, что верите; но, когда вы *по-настоящему* поверите, результат будет мгновенным.

Вера бывает разная. Кто-то вообще не верит, кому-то хотелось бы верить, иные верят слабо; есть и такие, кто верит до тех пор, пока их вера не подвергнется испытанию. Мы уверены в своих убеждениях, если им ничто не противоречит; когда же мы с этим сталкиваемся, мы теряемся и нас начинают одолевать сомнения. Истинная вера — это интуитивная убеждённость, знание души, которое не может пошатнуться даже при наличии противоречий.

В библейском наставлении «прежде всего ищите Бога» есть практический аспект: когда вы найдёте Бога, Его сила позволит вам обретать вещи, которые вам необходимы с точки зрения здравого смысла. Верьте в этот закон. В сонастроенности с Богом лежит ключ к истинному успеху — равновесию в духовных, умственных и материальных свершениях.

Взлелейте в себе такую мысль: я *должен* найти Бога. Пусть эта мысль доминирует в вашем сознании — особенно в перерывах между вашими повседневными обязанностями. Сосредотачивайтесь лишь на важных жизненных вопросах. Слишком много времени растрачивается на поверхностные интересы. Всякий раз, когда я вижусь со своими учениками, я направляю их внимание на Бога. Если они говорят: «Как прекрасен океан!» или «Как прелестны ваши сады»[10], я отвечаю: «Пребывайте в молчании. Необязательно всё время говорить. Погружайтесь внутрь себя, и вы узрите Прелесть, питающую всю эту красоту».

Большинство людей сродни бабочкам: они бесцельно порхают по жизни — не летят в каком-то определённом направлении

---

[10] Здесь говорится об ашраме SRF, расположенном на берегу Тихого океана в городе Энсинитас, Калифорния. Территория этого ашрама, так же как и территория административного центра Self-Realization Fellowship в Лос-Анджелесе, украшена прекрасными садами, которые красноречиво свидетельствуют о присутствии Бога в природе.

и в то же время не могут остановиться более чем на мгновение. Их постоянно увлекает что-то новое. Пчела всегда работает, она запасается медом впрок. Бабочка живет только сегодняшним днем. Когда наступает зима, бабочка погибает, а пчела живет за счет своих запасов. Мы должны научиться собирать мед Божьего покоя и Божьей силы и запасаться им впрок.

Непоседливые человеческие бабочки сосредотачиваются на фильмах и бесполезных занятиях. Если вы уже обрели Бога, ходить в кино время от времени дозволительно, но в основном это пустая трата времени. На ранних этапах своего духовного развития вы должны искать тихие места, где можно уединиться и посвятить себя мыслям о Боге. Когда вы пребываете с людьми, отдавайте им всего себя, дарите им свою любовь и внимание. Но обязательно находите время, чтобы побыть наедине с Богом. Я редко вижусь с людьми по утрам: в это время я уединяюсь. Не нужно подолгу пребывать в кругу людей. Это не принесет вам счастья. Тщательно выбирайте себе компанию. Общайтесь с мудрыми и благочестивыми людьми, которые могут пробудить в вас духовные мысли. Займитесь поисками Бога всерьез.

Медитация сносит внутренние барьеры

Куда лучше читать стоящие книги, чем тратить время на глупости. Но еще лучше — медитировать. Направьте свое внимание внутрь себя, и вы почувствуете обновленную уверенность, прилив сил и покой тела, ума и духа. Главная проблема вашей медитации в том, что вы хотите получить результат, но не прилагаете усилия в течение продолжительного времени. Именно поэтому вы еще не знаете, что такое сила сконцентрированного ума. Если налить в стакан мутную воду и не трогать его какое-то время, грязь осядет на дно и вода станет прозрачной. Когда вы медитируете и «грязь» ваших беспокойных мыслей оседает, в чистых водах вашего сознания начинает отражаться сила Господа.

Знаете, почему некоторые люди никак не могут поправить свое здоровье или улучшить свое финансовое положение, несмотря на все их старания? Прежде всего, большинство людей делает все без особого энтузиазма. Они используют лишь десятую долю своего внимания — потому и не способны добиться успеха.

Вдобавок к этому хронический неуспех может быть обусловлен кармой, последствиями их действий в прошлом. Не признавайте никаких кармических ограничений. Не верьте в свою неспособность что-либо сделать. Зачастую вы не можете чего-то добиться по той причине, что внушаете себе, будто это вам не под силу. Если вы обретете уверенность в своих умственных способностях, все у вас получится. Общаясь с Богом, вы измените свой жизненный статус: из смертного существа вы превратитесь в существо бессмертное, и тогда все сковывающие вас цепи падут. Это великий закон, о котором всегда нужно помнить. Сосредоточьте свое внимание, и к вам придет Сила всех сил, благодаря которой вы сможете добиться духовного, умственного и материального успеха. Я постоянно задействую эту силу в своей жизни, и вы тоже можете это делать. Я знаю, что Божья сила никогда никого не подводит. Тот незначительный успех, что обретается посредством любой другой силы, недолговечен. Если же удерживать свое внимание на Господе, оно станет пылать неугасимым пламенем, который явит вам присутствие Бога.

Всякий раз, когда вы сталкиваетесь с непреодолимыми трудностями, когда вы не можете найти решение проблемы или того, кто мог бы вам помочь, погружайтесь в медитацию. Медитируйте до тех пор, пока не найдете решение проблемы. Оно обязательно придет. Я удостоверялся в этом сотни раз и знаю, что сила сконцентрированного внимания никогда не подводит. В этом и заключается секрет успеха. Сосредотачивайтесь до тех пор, пока не добьетесь стопроцентной концентрации, затем предпринимайте все необходимые действия для осуществления задуманного. Как смертное существо вы ограниченны, но как Божье дитя вы безграничны. Соедините свою концентрацию с Господом. Концентрация — это все. В первую очередь погружайтесь внутрь себя, учитесь фокусировать свой ум и чувствовать Божью силу, и лишь после этого направляйтесь к материальному успеху. Если вы желаете выздороветь, перво-наперво идите к Богу, соедините себя с той Жизнью, что питает все жизни, а затем уже следуйте законам здоровья. Вы увидите, что, если полагаться только на врачей, такого результата не будет. Войдите в контакт с Богом, после чего делайте все, что в ваших силах, чтобы обрести здоровье или деньги или же найти спутника жизни.

Чтобы получить ответ от Самого Господа, медитировать нужно глубоко. С каждым днем ваша медитация должна становиться все глубже. Благодаря этому вы обнаружите, что ваша сосредоточенность во мгновение ока сжигает все умственные изъяны, и вы почувствуете нисходящую на вас силу Господа. Эта сила способна уничтожить все семена неудач.

Не переставайте сосредотачиваться

Когда я только встал на этот духовный путь, я был не слишком усидчив в медитации, но по прошествии определенного времени я смог погрузиться в медитацию на сорок восемь часов: я был полностью поглощен Божьим экстазом. Представляете, какая это сила?! Концентрируйтесь на этой силе.

Берегите свое время. Не тратьте его впустую. Иной раз вы изъявляете желание по-быстрому съездить в город, чтобы купить предмет первой необходимости, но на вашем пути встает множество отвлекающих факторов. Ваш выход в город затягивается на многие часы еще до того, как вы успеваете это осознать. В конце дня вы обнаруживаете, что ваше внимание рассеянно, оно утратило силу доводить начатое до конца. Ум подобен мешочку с семенами горчицы. Если вы рассыплете эти семена на пол, собрать их будет непросто. Ваше внимание должно быть эдаким пылесосом, быстро собирающим просыпанные семена мыслей.

Заканчивая выполнять свои повседневные обязанности, уединяйтесь и пребывайте в тишине. Берите в руки хорошую книгу и читайте ее вдумчиво, после чего долго и глубоко медитируйте. Это даст вам куда больше покоя и счастья, чем беспокойные занятия, из-за которых ваши мысли разбегаются во все стороны. Если вы думаете, что медитируете, в то время как в голове у вас мелькают разные мысли, вы себя просто обманываете. Когда вы научитесь концентрироваться, вы поймете, что с Богом ничто не может сравниться. Убедитесь в этом лично. Сходите на пикник, съездите в город, пообщайтесь с друзьями — в конце дня вы будете нервным и неусидчивым. Если же вы выработаете в себе привычку проводить время дома, в медитации, на вас низойдут великий покой и великая сила. Они будут с вами как в медитации, так и в повседневной жизни. Уединение — плата за величие.

Сосредоточенность на Божьей силе гарантирует успех во всех начинаниях

Великие люди всегда и во всем задействуют силу своего внимания. Полностью раскрыть потенциал этой силы можно только посредством медитации. Задействовав Божью силу концентрации, вы сможете добиться успеха в любом начинании. Используйте эту силу для развития тела, ума и души.

Вот почему закончить, друзья мои, мне хотелось бы следующими словами: сосредоточьте свое внимание на Боге, и вы обретете всю силу, необходимую для достижения успеха в любом начинании. Если вы будете регулярно практиковать научные техники концентрации и медитации общества Self-Realization Fellowship, вы увидите, что нет на свете более быстрого и надежного метода воссоединения с Богом.

Как ускорить эволюцию человека

Буффало, штат Нью-Йорк, 29 мая 1927 года[1]

Задумываетесь ли вы о том, как вы живете? Невелико число тех, кто знает, как много можно вложить в жизнь и как много можно от нее получить, если использовать свои дни мудро и практично. Прежде всего, мы должны беречь свое время: многие жизни угасают еще до того, как мы просыпаемся, и потому мы не осознаем исключительной ценности времени, данного нам Богом. Слишком много времени тратится на суету, на дорогу в никуда. Мы должны остановиться, задуматься и постараться понять, что может предложить нам жизнь. Большинство людей вообще не мыслят глубоко, они просто едят, спят, работают и умирают.

Средняя продолжительность жизни человека — шестьдесят лет, но знаете ли вы, сколько из них вы проживаете по-настоящему? Большинство людей спят от шести до десяти часов в день — треть своей жизни, то есть двадцать — двадцать пять лет человек проводит в бессознательном состоянии. Поэтому остается только сорок или даже тридцать пять лет жизни. Около пяти или десяти лет уходит на сплетни или разговоры ни о чем, а также на развлечения. Остается тридцать лет — и чем же вы в это время занимаетесь? Едите, бездельничаете, ну и, конечно, ходите на работу. Работа необходима вам для того, чтобы содержать это телесное животное, отнимающее у вас бо́льшую часть вашего времени. Только вдумайтесь: остается всего каких-то десять лет или даже меньше!

---

[1] Этот материал был размещен в журнале *Self-Realization* на заре его существования. Пересмотренные под руководством Парамахансаджи выдержки впоследствии были опубликованы в других печатных материалах SRF, включая поздние издания этого журнала и *Уроки SRF (Self-Realization Fellowship Lessons)*. Здесь приводятся все эти выдержки. — Прим. изд.

Утром большинство из вас просыпается с мыслью о кофе и тостах; вы подбадриваете себя мыслями о завтраке, после чего бежите на работу. А вот мыслей о Боге и ободрении духа у вас даже не возникает. День проходит в атмосфере спешки и беспокойства, приправленной полуденными пончиками и кофе (вы ведь даже не питаетесь нормально!), а вечером у вас кино и танцы. Вы приходите домой поздно ночью, ложитесь спать, а с утра опять начинаете свой день с мысли о завтраке. Вот так вы проводите свою жизнь.

Цель жизни — обрести понимание и мудрость

В течение этих шестидесяти лет вам приходится делать многое, чтобы поддерживать свое тело в рабочем состоянии; но это не единственное, для чего человеку дается жизнь. Вам не нужны миллионы, чтобы быть одетым и сытым, вам вовсе не обязательно усложнять себе жизнь, чтобы кормить и беречь это телесное животное. Жизнь дана нам для большего. Этот мир — огромная школа, в которой мы должны неустанно стремиться к обретению понимания и мудрости.

Спросите себя, сколько хороших книг вы прочитали в этой жизни. В Америке каждый день печатается около двух десятков книг об этике, музыке, литературе, ботанике, логике, научных открытиях, священных писаниях, бессмертных истинах и так далее; и как вы можете набить свою голову всеми этими знаниями за десять лет жизни? Опять же, надо понимать, что далеко не каждый удачлив настолько, что доживает до шестидесяти лет. Где гарантия, что на вас не навалится болезнь, которая укоротит вашу жизнь? А вы еще продолжаете бездельничать и играть в бридж на вечеринках. Я не возражаю, если у вас есть на то особая причина. Но неужели вы будете прожигать свою жизнь, стоя на тротуаре и наблюдая за проходящими мимо вас толпами или разглядывая витрины магазинов с кучей ненужных вещей, которые вы желаете прикупить? Неужели вы хотите растратить свое время на обочине жизни?

Каким образом вы научитесь всему, чему хотели бы научиться? Не для того ли бьется ваше сердце, чтобы узнать обо всем самом интересном, что происходит в мире? Как обычный человек может впитать в себя всю мудрость? Где вы возьмете время, чтобы почитать об Иисусе, об Аристотеле, обо всех великих поэтах? Когда вы размышляете о таких вещах, жизнь кажется безнадежно короткой. Вы прочитали лишь несколько книг и уже думаете, что все знаете. В ваших городах есть замечательные библиотеки, но лишь немногие туда ходят. Подумайте о всех тех знаниях и той мудрости, которые человечество уже почерпнуло в школе жизни; как же за эти несколько лет вы сможете «упаковать» все это в свой мозг? Разве такое возможно? Пока вы живете на этой земле, пока ваши глаза способны различать звезды на небосклоне, пока вы радуетесь Божьему солнцу и вдыхаете Божий воздух, вы будете жаждать знаний.

Большинство людей идут по жизни с пустой головой. Они утверждают, что там есть мозг, вот только в голове все равно пусто. «О да, дома у меня прекрасная библиотека, — говорят они. — Пойдем, я тебе ее покажу». Замечательные книги! Жаль только, их даже не открывали. Музыка, поэзия, наука — там есть все. Вы хотите иметь много знаний, но при этом не желаете тратить свое время. Вас часто одолевает уныние, потому что ваш мозг не занят стоящим делом. Только подумайте о Платоне, Шекспире, Метерлинке, Господе Шанкаре и их произведениях! У вас есть уникальная возможность общаться с ними через их замечательные книги. Но вместо этого вы занимаете свою голову мыслями о том, какое бы шоу вам посмотреть![2]

Время от времени неплохо и развлечься, но если вы растрачиваете свою жизнь на бесполезные занятия и сплетни, интересуясь чужими недостатками, вместо того чтобы признать свои собственные, тогда вы оказываетесь в проигрыше. Вам не мешало бы сперва «прибраться» у себя «дома».

Круг ваших интересов очень ограничен. Вы как тот портной, который после смерти первым делом стал искать свою швейную машинку. Его привычка была по-прежнему при нем, хотя на небесах он в одежде не нуждался, ибо был облачен в одежды из света. Вы тратите драгоценное время на несущественные вещи, в то время как сокровищница Господа находится прямо перед вами.

---

[2] В более поздних своих лекциях Парамахансаджи неодобрительно высказывался о набиравших тогда популярность развлекательных телепрограммах, узурпировавших время и умы телезрителей.

Когда во врата вашего ума стучится мудрость и вежливо спрашивает: «Можно войти?», из-за ворот ни ответа ни привета. Дешевые чувственные романы хрипло зазывают вас своей вульгарностью, и ваши мысли мчатся что есть силы, чтобы принять их с распростертыми объятиями. Вот так вы развиваете вкус к низкопробным вещам. Если вы взрастите в себе привычку есть испорченный сыр, вы утратите вкус к свежему сыру. Развивая вкус к низкопробным вещам, вы теряете вкус к чему-то большему, при этом из-за порабощающей природы вредных привычек вы думаете, что не способны измениться. Развивайте в себе хорошую привычку — привычку использовать эту жизнь для обретения более полезных, стоящих интересов.

Распланируйте свою жизнь. Читайте только лучшие книги, не читайте все без разбору. Читайте о медицине, астрономии, научных открытиях, священных писаниях. Но прежде всего вы должны найти свое призвание в жизни. Если вы будете контактировать с Космической Вибрацией в медитации[3], вы придете к правильной цели, к той деятельности, которая вам действительно подходит. Сконцентрируйтесь на совершенствовании своих навыков в этой деятельности. Многие люди берутся то за одну работу, то за другую, то за третью, но ни в чем при этом не разбираются. Будучи новичком в области саморазвития, вы не можете разом усвоить все. Узнавайте немного обо всем и все — о чем-то одном.

Эволюцию можно ускорить

Сфера знаний и духовной мудрости обширна. Земля лишь маленькая пылинка во Вселенной, но нам она кажется огромной. Как бы то ни было, с развитием человеческого прогресса мир с каждым днем становится все теснее, ведь транспортные средства совершенствуются. Скоро нам придется отправляться на другие планеты, чтобы хоть как-то разнообразить свой приключенческий опыт! Электричество распространяется повсюду за доли секунды, почему мы думаем, что и нам это не под силу? Ведь наши тела по сути

---

[3] Имеется в виду представленная в *Уроках Self-Realization Fellowship* техника медитации на Бога как на вибрацию *Аум*. Неотъемлемой частью этой вибрации является Христово Сознание, Вселенский Разум; именно поэтому общение с *Аум* способствует контакту практикующего с Бесконечным Источником мудрости и божественного руководства.

своей электромагнитные волны. Мы совершенствуем многие сферы нашей жизни, и это позволяет нам справляться с повседневными делами быстрее. Использование новых технологий в бизнесе и на транспорте, а также массовое производство машинного оборудования значительно ускорили мировую эволюцию. Подумайте, сколько времени когда-то уходило на то, чтобы вручную изготовить кусок ткани! Современная техника сэкономила нам это время.

Итак, развитие общества ускоряется благодаря внедрению новых технологий. Так почему бы и нам не ускорить свою человеческую эволюцию, почему бы нам не научиться ткать полотно всестороннего успеха в минимальные сроки? Каким образом человеческий мозг может вобрать в себя все знания и всю мудрость за одну жизнь? Именно на этом я постараюсь акцентировать сегодня свое внимание.

Когда я встретил Лютера Бербанка, он показал мне грецкий орех и сказал: «Я сократил период его роста на сто лет. У меня это дерево выросло за двенадцать лет». И я лично видел на нем орехи!

Если грецкий орех может достичь взрослого состояния за двенадцать лет вместо ста пятидесяти, то и у человека есть шанс на подобный рывок. За шестьдесят лет своего существования на этой земле человек может развиться настолько, что он станет вместилищем всех знаний. Именно эту мысль я хочу донести до вашего сознания. Как я уже говорил, машины ускорили развитие нашего мира. Но откуда пришли эти машины? С заводского конвейера человеческих умов. Если человек смог ускорить развитие общества и бизнеса, подобным же образом он может ускорить эволюцию во всех сферах собственной жизни, включая свою внутреннюю жизнь.

Бербанку также удалось сделать скорлупу миндаля мягкой, кроме того, он вывел новый сорт томата, ромашку Шаста из луковицы и кактус без колючек. В первобытные времена некоторые животные имели обыкновение поедать кактус, поэтому он развил в себе колючки. Когда одна форма жизни угрожает другой, та развивает в себе защитные механизмы. Бербанк мне рассказывал, что, когда он проделывал эксперименты по выведению бесколючкового кактуса, он каждый день приходил в сад и говорил с этими колючими растениями: «Милые кактусы, меня зовут Лютер Бербанк, я ваш друг. Я не причиню вам вреда — зачем же вам тогда колючки?» Вот так появились на свет кактусы без колючек. Задействуя слова, внимание, силу мысли и знание законов природы, вы можете напитывать протоплазму определенными вибрациями и таким образом сознательно руководить процессом эволюции и ускорять его.

Как повысить восприимчивость мозга

Профессор Джеймс из Гарвардского университета завил, что большинство наших привычек передаются по наследству. Наука утверждает, что слабоумие неизлечимо. Ученые производят всевозможные измерения и крепко верят в наследственность. Им еще только предстоит открыть, что путем пробуждения спящих мозговых клеток человек может ускорить свою эволюцию. Восприимчивость мозговых клеток можно повысить настолько, что в течение одной жизни человек сможет вобрать в себя любое количество знаний.

В индийской и западной системах образования учителя используют совершенно разные методы. На Западе они вкачивают идеи в детский мозг. «Сколько книг ты прочитал? Сколько у тебя учителей?» Один молодой человек вышел из университета доктором наук. Он был сведущ в деле получения сахара из разных фруктов. Когда его спросили, как получить сахар из гуавы, он глубоко задумался и ответил: «А мы этого не проходили. Этого не было в нашей программе». Здравый смысл был явно ему не знаком.

Мудрость обретается вовсе не путем накопления знаний из внешних источников. Объем истинного знания, которое вы способны усвоить, а также скорость его усвоения зависят от степени вашей внутренней восприимчивости. Восприимчивый человек схватывает все на лету, невосприимчивые же люди могут проходить через один и тот же опыт и выслушивать одну и ту же информацию много раз, но при этом не понимать, что все это означает. Разумный человек сильно опережает глупца в развитии. Проходя через разные жизненные переживания, вы накапливаете мудрость согласно степени своей восприимчивости.

Концентрация обостряет вашу восприимчивость к мудрости

Чтобы повысить свою восприимчивость и тем самым ускорить свою эволюцию, необходимо научиться «сгущать» свой жизненный опыт посредством силы концентрации. Сконцентрироваться

— значит направить все свое внимание на что-то одно; сгустить свой жизненный опыт — значит задействовать свою сосредоточенность и сделать быстро то, что обычно занимает долгое время. Путем сосредоточения своего внимания вы можете сгущать каждый полученный опыт и извлекать из него мудрость, которую вам предназначено усвоить. Сгущая отдельно взятые жизненные переживания, вы сможете обобщить весь свой жизненный опыт и содержащуюся в нем мудрость за короткий период времени. Таким образом, вы сможете получить от этого опыта куда больше пользы, чем если будете идти по жизни вслепую.

Я расскажу вам об одном таком опыте. Один мой друг сказал мне, что в духовных делах я неплох, а вот в бизнесе я никогда не преуспею. На это я ответил: «Я заработаю для тебя пять тысяч долларов за две недели». Он сказал: «Докажи мне — я из Миссури»[4].

Я не спешил вкладывать деньги наобум. Я использовал концентрацию: увел свой ум от всех отвлечений и направил свое внимание внутрь себя. У большинства из вас прожектор внимания направлен наружу; направьте его внутрь себя, и вы узрите Божественный Источник. (Мы живем на внешней стороне Вселенной, но внутренняя ее сторона более ощутима и реальна, потому что там действуют едва уловимые законы, скрывающиеся за всеми внешними феноменами. Каждое изменение в планетной системе, физическом теле и человеческой активности остается в архивах той сферы.) Зачастую люди вообще не сосредотачиваются: их умы беспокойны, а беспокойный ум делает поспешные выводы и пускается в погоню за тем, что по праву ему не принадлежит. Вы должны следовать божественному закону. Помните: сперва концентрируйтесь, а затем уже испрашивайте помощи у Божественной Силы.

Так вот, стоило мне войти в контакт с этим Божественным Источником, как перед моим взором предстало множество домов. Я не сидел на месте и не говорил: «Вот сейчас небеса разверзнутся и Всевышний бросит мне пять тысяч долларов прямо на колени» — я купил воскресную газету и принялся изучать объявления о продаже недвижимости. Выбрав несколько домов, я посоветовал

---

[4] Выражение «Я из Миссури», зачастую дополняемое просьбой подкрепить слова делом, встречается в бытовой речи американцев и свидетельствует о чьем-либо скептическом настрое. — Прим. перев.

моему другу вложить в них деньги. «Все это выглядит довольно ненадежно», — засомневался он. «Не волнуйся, Фома неверующий, — ответил я, — сомнения твои — препятствие успеху».

Через две недели случился бум на рынке недвижимости и цены резко пошли вверх. Мой друг продал эти дома и выручил ровно пять тысяч долларов. Я успешно продемонстрировал ему, что Божья сила работает через посредство человеческого ума, если прибегать к ее помощи с верой в своем сердце.

Концентрация, ведомая Божественной Силой, не даст вам ошибиться при вложении денег. Это прямой путь к успеху. Если силу мысли можно задействовать в бизнесе, значит, ее можно задействовать и в других сферах, например, в музыке и сочинительстве. Первым делом я всегда погружаюсь внутрь себя, чтобы почерпнуть знание оттуда. Я не вбираю знание извне. Именно так я научился играть на музыкальных инструментах. Кто знает, может, я был слишком горд, чтобы ходить к педагогу. Я подумал: «А ведь у самого первого человека, принявшегося писать музыку, не было учителя — почему бы и мне не последовать его примеру?» (В этом конкретном случае говорить так допустимо, однако если вы будете сидеть на месте и изобретать в уме трамвай, вы не скоро доберетесь до своего пункта назначения!)

Все вопросы, которые я задавал, были отвечены; Бог отвечает мне напрямую и так быстро, как только может. Начните изнутри — не снаружи. Вот так человек может обрести опыт многих лет жизни за короткое время. Вам вовсе не нужно читать все книги в библиотеке и черпать всевозможные знания у педагогов в учебных заведениях. Поэзия, музыка — все знания в безграничном объеме доступны во внутреннем источнике, в душе. Человеческая жизнь очень коротка — как же вы сможете разгадать все тайны нашего тела, все тайны необъятной божественной мудрости, если не раскроете свой всеведущий внутренний источник?

Как невежественный верующий обнаружил, что Бога нужно искать внутри себя

Жил-был в Индии один верующий, который никак не мог определиться, какие священные писания ему читать и какому божеству поклоняться. (Статуэтки божеств помогают индийцам концентрироваться на конкретном аспекте бесформенного Духа; они бережно хранятся в храмах, чтобы птицы и погода не могли их разрушить.) Верующий спрашивал себя: «Какому божеству мне поклоняться?» Купил он одну статуэтку, а потом стал опасаться, что другие божества будут на него сердиться. Тогда он купил другую. И набралось у него два больших сундука священных писаний и статуэток, которые он носил у себя за спиной в подвешенном на шесте мешке. Каждый день кто-то ему советовал очередное божество для поклонения и очередное писание для изучения, так что сундуки его становились все тяжелее. Вскоре он понял, что пора бы ему обзавестись и третьим сундуком. Тогда его голову посетила мысль: «Но ведь носить с собой три сундука невозможно». Сел он у пруда и стал причитать: «О Бесконечный Дух, скажи, какое писание мне изучать и какому божеству поклоняться! Когда я почитаю какое-то одно божество, мне все время кажется, что остальным это не по нраву!»

Как раз в тот момент мимо него проходил один святой. Увидев эту сцену, он остановился и спросил:

— Сынок, ты почему плачешь?

— О святой, я понятия не имею, какую из книг мне читать — да и посмотри на сотни этих статуэток! Какому из божеств я должен угождать?

— Закрой глаза и выбери любую из книг, — ответил святой, — а затем следуй ее наставлениям до конца жизни. Статуэтки же высыпь на камни и разбивай их по одной. Поклоняйся тому божеству, статуэтка которого не разобьется.

И выбрал себе верующий одну книгу. Что до статуэток, то почти все они разбились, поскольку были глиняными; уцелела лишь та, что была сделана из камня.

Неожиданно святой вернулся и добавил: «Я забыл тебе сказать еще кое-что. Вот нашел ты своего бога, а теперь иди домой. И если вдруг найдешь бога более могущественного, чем этот, поклоняйся ему. Всегда поклоняйся более могущественному богу».

И вот пришел этот верующий домой, поставил на свой маленький алтарь каменное божество и стал ему поклоняться и подносить фрукты. Заметив, что каждый день фрукты исчезали, он подумал: «Святой явно был прав насчет божества. Если оно ест все фрукты, оно определенно живое!»

Однажды, пылая любопытством, он решил подсмотреть, как божество ест. Читая молитву, он приоткрыл глаза и увидел огромную мышь, поедавшую его фрукты. Тогда он сказал: «Только посмотри на эту каменную статуэтку! Оказывается, она не может есть фрукты, как это делает мышь. Вот я и нашел более могущественного бога». Он поймал мышь за хвост и привязал ее к алтарю. Увидев это, жена сказала: «Да ты с ума сошел!» — «Нет, дорогая, я не сошел с ума. Я всего лишь выполняю инструкции святого. Он наказал мне поклоняться самому могущественному богу». Итак, он убрал каменную статуэтку и начал поклоняться мышке.

Однажды во время медитации этот верующий услышал громкий шум. Открыв глаза, он увидел кота: тот смаковал его мышь. Верующий подумал: «Хм, интересно. Кот могущественнее мыши. Значит, я должен поклоняться коту». Он поймал кота и разместил его на алтаре со всеми удобствами. Коту больше не нужно было ловить мышей: ежедневно он получал приношение в виде молока, так что от любой работы он был освобожден. День ото дня медитация верующего становилась все глубже, а кот — все толще.

После каждой медитации верующий имел обыкновение выпивать чашку молока, которую его жена заблаговременно перед ним ставила. Со временем кошка заинтересовалась и этим молоком, так как собственная порция ее уже не удовлетворяла. Однажды она выпила молоко из этой чашки и как ни в чем ни бывало уселась на алтаре. Увидев, что молока уже нет, а на алтаре сидит «невинная» кошка, жена верующего пошла за метлой — вот почему на сей раз его медитацию прервал шум падающей метлы и истошный вой кота. Увидев, как жена сводит счеты с кошкой, он подумал: «Вот это да! Моя жена сильнее кошки, значит она — более могущественный бог». Он уговорил жену сесть на алтарь и каждый день на нее медитировал.

Конечно, жена по-прежнему готовила для своего мужа еду, которую он съедал после очередного акта поклонения ей. Как-то раз, пережевывая рис, он обнаружил в нем кусочек угля и закричал:

— Зачем ты положила в рис уголь? Зачем ты это сделала?

— Мастер, — извиняющимся тоном ответила она, — уголь оказался в рисе случайно. Простите меня, вашу слугу!

— Интересно, интересно. Значит, ты моя слуга, тебе нравится служить мне. Получается, я могущественнее тебя. Я — самый могущественный бог. Бог во мне! Теперь-то я Его нашел — внутри себя!

Мораль: вы нигде не найдете Бога, если прежде не найдете Его внутри себя. Найдите Его внутри, и вы найдете Его вовне — везде и всюду. Если вы найдете Его в храме своей души, вы найдете Его во всех храмах и церквях и во всех душах.

Крийя-йога: научный метод ускорения человеческой эволюции

Вы не сможете прочитать все Веды и все священные писания и следовать всем учениям одновременно, желая стать богоподобным. Как же вы тогда достигнете цели своей эволюции? Искать вы должны внутри себя — совсем как верующий в вышеупомянутой истории.

Вы не можете обрести всю мудрость, если ваш мозг не развит соответственно. Все зависит от восприимчивости вашего ума, ваших мозговых клеток и тонких астральных центров жизни и сознания в позвоночнике. Тело меняется каждые двенадцать лет, вот почему значительные изменения происходят в возрасте двенадцати, двадцати четырех и тридцати шести лет. Если на вашем духовном пути нет никаких препятствий в виде болезней или иных кармических последствий нарушения законов природы, тогда с течением времени меняется не только ваше тело, но и ваше сознание. Болезни и неправильный образ жизни сдерживают эволюцию, но при нормальных условиях ваш мозг развивается так, что вы замечаете небольшие изменения в мышлении.

Если в рамках естественной эволюции человек демонстрирует небольшие изменения в своем образе мышления лишь за двенадцать лет роста и изменения тканей, может сложиться ощущение, что для того, чтобы сделать мозг восприимчивым ко всей мудрости, потребуется целая вечность. Однако выдающиеся умы Индии разработали метод ускорения естественной эволюции, посредством которого человек может обращать определенные жизненные токи вокруг позвоночника и мозга. Практикуя этот метод — обращая поток жизненной энергии вокруг шести (а с учетом полярности — двенадцати) астральных спинномозговых центров, — вы за полминуты преодолеваете год физической эволюции. Именно поэтому многие святые так скоро усваивают духовное знание — намного быстрее, чем богословы. На усваивание тех вещей, что святые воспринимают в одно мгновение, обычному человеку требуются многие годы учебы и накопления опыта. Вращение жизненного потока вокруг центров божественной жизни и сознания в позвоночнике и мозге повышает их восприимчивость. Один год такой практики — даже если на нее у вас уходит лишь двадцать минут в день — равнозначен многим годам естественной эволюции. Иисус Христос не учился в институте, но ни один из величайших ученых не знает законы Бога и природы так, как знал их он[5].

Эмпирический метод познания опирается на данные, полученные от органов чувств, однако те преподносят лишь знания о феноменах — поверхностных формах истинной субстанции. Благодаря концентрации и практике вышеупомянутого метода, все позвоночные и мозговые клетки сонастраиваются с космическим источником и намагничиваются, заряжаясь божественной разумной силой.

Некоторые люди утверждают, что при рождении наши

---

[5] Техника, о которой идет речь, называется *Крийя-йогой*. Вот что Парамахансаджи пишет о ней в своей «Автобиографии йога»:

«…Это возрождение той же науки, что Кришна тысячи лет назад передал Арджуне. Позже ее знали Патанджали и Христос, а также святой Иоанн, святой Павел и другие ученики Иисуса…

Риши древности открыли, что земная и небесная среда человека влечет его по некоему естественному пути духовного развития, который проходит через череду двенадцатилетних циклов. Писания утверждают, что для полного развития мозга и обретения Космического Сознания человеку требуется миллион лет нормальной здоровой эволюции при благоприятных условиях… [Крийя-йог] избавляется от пути в миллион лет целенаправленного соблюдения природных законов, ведущего к цели за счет косвенных воздействий: правильного питания, солнечного света, гармоничных мыслей. Лишь для незначительного усовершенствования структуры мозга требуется двенадцать лет нормальной здоровой жизни. Для того же, чтобы очистить мозг до такой степени, когда в нем сможет проявиться Космическое Сознание, Земля должна обернуться вокруг Солнца миллион раз.

Крийя-йог мысленно направляет свою жизненную энергию вверх-вниз по шести позвоночным центрам (продолговатый мозг, шейный, дорсальный, поясничный, крестцовый и копчиковый центры), которые соответствуют двенадцати астральным знакам зодиака — символическому Космическому Человеку. Полминуты циркуляции энергии вокруг чувствительного позвоночника уже приводят к легкому продвижению в его эволюции. Эти полминуты *Крийи* равноценны году естественного духовного развития».

мозговые клетки уже несут на себе отпечатки определенных черт, которые невозможно изменить. Это неправда. Поскольку Бог сотворил нас по Своему образу и подобию, мы не можем иметь ограничений. Если мы достаточно глубоко погрузимся внутрь себя, мы познаем, что это действительно так. Даже слабоумный человек обладает той же Божьей силой, которую имеет в своем распоряжении величайший из людей. Солнечные лучи падают как на уголь, так и на алмаз, однако уголь не отражает солнечный свет, и виноват в этом лишь он сам. Все врожденные ограничения являют собой последствия нарушения человеком того или иного закона в одной из его прошлых инкарнаций; как бы то ни было, все навязанные узлы можно развязать. Если пробудить мозговые клетки слабоумного человека посредством концентрации, направленной внутрь с помощью описанного выше метода, можно восстановить утраченные когда-то умственные способности.

Ваше тело состоит из двадцати семи триллионов клеток. Каждая клетка подобна разумному существу[6]. Чтобы вобрать в себя все знания, необходимо пробудить спящий разум в каждой из клеток. Вы никогда не занимались этими клетками, именно поэтому вы полны уныния и мимолетных мечтаний и страдаете от недостатка понимания.

Величайший научный метод умственного и духовного развития заключается в намагничивании клеток посредством обращения потока жизненной энергии вокруг мозга и позвоночника: так вы за полминуты преодолеваете этап эволюционного развития, равнозначный году здоровой, гармоничной жизни. Двадцать минут ежедневной практики этого метода значительно повысят ваши умственные способности. Когда вы оживотворите мозговые клетки и их коснется божественная сила магнетизма, каждая из них станет своеобразным мозгом; вы обнаружите внутри себя мириады таких пробужденных мозгов, готовых усвоить каждую крупицу знания. Эти пробужденные мозги разбудят легионы клеточных умов во всем теле, что позволит вам впитать в себя все

---

[6] Спустя несколько десятилетий после того, как Парамаханса Йогананда прочитал эту лекцию, биологи открыли структуру молекулы ДНК, которая содержится в ядре каждой клетки. Опыты показали, что ДНК всех клеток содержат в себе информацию и разум, с помощью которых можно вырастить новое тело и мозг.

знания. Вы будете изучать книги Природы и Истины двадцатью семью триллионами пробужденных и одухотворенных микроскопических мозгов, микроскопических вместилищ разума. Почему вы должны довольствоваться лишь частичным просвещением своего мозга?

Вы способны объять все знания и достичь любого успеха уже в этой жизни

Всякий раз, когда вы изъявляете желание усвоить какое-либо знание, не начинайте с информации — погружайтесь внутрь себя и концентрируйтесь. Ищите руководства внутри себя. Когда ваш ум станет восприимчивым, можно начинать работать с информацией, разбираться со своими делами и внутренними проблемами. Не падайте духом и не говорите, что вы чего-то не можете.

Каждый человек — держатель Безграничной Силы. Вы должны задействовать эту Силу во всем, что вы делаете. Намереваясь создать что-то новое, не ограничивайте себя внешними ресурсами — погружайтесь внутрь себя и ищите Безграничный Источник. Все методы достижения успеха в бизнесе, все изобретения, все звуковые колебания музыки, все вдохновенные мысли и слова записаны в архивах Бога.

Прежде всего, наметьте себе цель и попросите Господа направить ваши действия таким образом, чтобы вы смогли достичь своей цели; затем погрузитесь в медитацию. После медитации действуйте согласно внутреннему руководству, и вы получите желаемый результат. Как быстро, четко и легко вы все воспринимаете, когда ваш ум спокоен! Применяя правильный метод, вы можете достичь любого успеха за короткий период времени и узреть действенность Космической Силы.

Ученый, бизнесмен — любой человек, желающий достичь успеха, будет способен на большее, если он сосредоточится на повышении восприимчивости своих мозговых клеток, а не только на книгах и учебных материалах. Мир начинает с книг и внешних методов, вы же должны начинать с повышения восприимчивости своей интуиции. Неиссякаемый источник всего знания таится прямо внутри вас. Спокойствие, концентрация и сгущение опыта путем интуитивного восприятия сделают вас обладателем всех знаний. Никогда не делайте что-либо наобум, все свои дела выполняйте максимально сосредоточенно. Не пытайтесь делать несколько дел одновременно, отдавайте приоритет только самым важным делам и выполняйте их с энтузиазмом и предельно внимательно. Не вбирайте в себя бессмысленные идеи — будьте разборчивы. И почему вы должны быть в позиции догоняющего? Не будьте ходячим граммофоном, повторяющим непроверенные мнения других людей.

Где вы ищете, друзья мои? Молитвы Богу воздавались, но Бог на них не ответил. Пробудив свои мозговые клетки — разумные существа, которые ранее дремали в состоянии неведения — и зарядив их радостью Господа, вы сможете обрести все знания уже в этой жизни и познать Вечность здесь и сейчас. Пробудитесь!

Доказательство Божьего присутствия

Написано приблизительно в 1940 году

— Не могли бы вы дать мне разумное объяснение существованию Бога, чтобы я смог наконец в Него поверить? — спросили меня однажды.

— Могу, — ответил я. — Как можно охарактеризовать разум, существование которого очевидно, — разум, на котором зиждется все мироздание — от отдельного атома до такого сложного организма, как человек?

Далее я приступил, собственно, к разъяснению.

Вот стол, на нем стоит кувшин с водой; вот комната, наполненная пригодным для дыхания воздухом; снаружи — дерево, небо, солнце, что лучится теплом. Все эти вещи различны по своей форме. Но все они суть проявления единой вибрации.

Каким образом единая вибрационная космическая энергия становится твердыми веществами, жидкостями или газами? Что за таинственный процесс стоит в основе колебаний разных частот, благодаря которым становится возможной человеческая жизнь? Очевидно, что за всеми проявлениями скрывается некая Разумная Сила, которая управляет всеми процессами и является первопричиной всего сущего.

Мы живем на этой маленькой планете, которая вращается по орбите вокруг Солнца где-то посреди космического пространства, в далеком уголке нашей Вселенной. Без солнечного света и тепла жизнь на Земле была бы невозможна. У нас есть чувство голода, и Природа обеспечивает нашу потребность в пище, а какая-то неведомая Сила превращает поедаемую нами пищу в энергию и ткани. Все чудеса жизни, которые мы воспринимаем как нечто само собой разумеющееся, являют собой доказательство существования вездесущего Божественного Разума, стоящего за каждым процессом, протекающим в природе.

Глядя на то, как распускаются земные цветы, и созерцая звездные соцветия на бескрайних полях небосклона, мы не можем не задаваться вопросами: «А не стоит ли за всеми этими предельными образами некая скрытая Красота? И не стоит ли за человеческим разумом некий высший Разум?» Цветы жизни в саду земного бытия прелестны. Но существует еще более очаровательный источник Красоты и Разума, который породил нас и в который мы должны вернуться.

Все во Вселенной взаимосвязано. Используя дарованный нам Господом человеческий разум, мы начинаем понимать, что все сущее тесно переплетено с единым Высшим Разумом. Порой нам кажется, что мы марионетки судьбы; но, когда мы выведем свой разум за пределы ограниченных иллюзорных форм и изучим все сферы нашего сознания и умственного восприятия, мы поймем, что внутри нас таится искра Божественной Силы, Которая творит и поддерживает все живое, — Силы, Которая ждет своего часа.

Священные писания всех истинных религий говорят нам, что Бог всемогущ, безграничен и вечен. Через оконца этих писаний мы мельком зрим Божественную Силу, из Которой берет свое начало все сущее. Но наш ограниченный ум, попавший под влияние закона причины и следствия, не может объять вечность, потому мы и не покидаем узкие рамки нашего интеллекта. Всемогущий Бог пронизывает наш разум и в то же время находится за его пределами.

В Бхагавад-Гите говорится: «Некоторые смотрят на душу в изумлении. Другие описывают ее как нечто поразительное. Иные слушают о душе как о чуде. И есть еще такие, которые, даже услышав о душе все, совершенно не понимают ее»[1].

Рассуждать о том, что Бог является причиной всего сущего, можно бесконечно. Но одни лишь умозаключения не могут служить доказательством существования Бога. Если мы хотим *познать* Бога

---

[1] II:29. Высшее «Я» — это Дух, проявленный в человеке как бессмертная индивидуализированная душа, совершенное отражение Бога. Внутреннее осознание своего истинного «Я» знаменует первую встречу с Духом, Господом, Который одновременно имманентен (то есть пронизывает все мироздание) и трансцендентен (в ипостаси Блаженного Абсолюта).

— а это является единственным смыслом нашего существования, — мы должны научиться выходить за рамки привычного мышления, потому что сущность Бога лежит за гранью нашего понимания. Его нельзя постичь умом, который постоянно занят желаниями и эмоциональными встрясками — наслаждениями и страданиями.

Чтобы достичь наивысшего состояния сознания и божественного восприятия, необходимо отключить ум от непрестанной беспокойной активности посредством медитации. Когда человек погружается внутрь себя, в нем пробуждается духовная восприимчивость, то есть интуиция. Интуиция — это унаследованная от Духа способность души, которая позволяет воспринимать истину напрямую, без посредников. Подобно тому как обширный океан невозможно уместить в маленькую чашку, так и беспредельную мудрость нельзя уместить в узкие рамки человеческого разума. Если человек желает впитать в себя безграничный океан истины, ему надобно расширить свое сознание.

Доказательство существования Бога может быть получено в медитации

Вода, заточенная в четырех стенах, разливается во все стороны, когда эти стены рушатся. Таким же свободным становится сознание человека, когда он сносит стены предубеждений, эгоцентризма и беспокойства. Благодаря медитации сознание расширяется и сливается с блаженным вездесущим сознанием Духа.

Цель медитации — успокоить ум, чтобы в нем начала отражаться неискаженная Вездесущность. Чувство покоя в медитации свидетельствует о достижении первой стадии расширения сознания; последняя же стадия являет собой блаженное единение с Богом.

Убедительное доказательство существования Бога вы получите в медитации. Найдя Его в храме безмолвной медитации, в глубинах своей души, вы найдете Его везде и всюду.

Сомнение, убеждение и вера

Ранние 1930-е годы

Каждый предмет в Божьем мироздании имеет свое предназначение. Все материальные проявления, какими бы незначительными они ни казались, несут определенную функцию и оказывают на мир определенное воздействие. Это также относится к мыслям и чувствам, которые рождаются и исчезают в нашем сознании. Мы плохо осведомлены о воздействии, которое они на нас оказывают, о том, в чем заключается их предназначение и по какой причине они в нас зарождаются. Если вы думаете о куске меди, вы знаете, какую пользу можно из него извлечь. Но в чем предназначение отдельно взятой мысли? Подумайте над этим. Подобно тому как мир состоит из атомов и молекул, так и внутреннее существо человека, его личность, состоит из «атомов и молекул» мыслей. Если вы хотите проверить качество своего внутреннего света, проследите за возникновением каждой мысли и на весах своей проницательности взвесьте ее относительную ценность.

Сегодня мы будем «взвешивать» сомнение, убеждение и веру, поскольку именно они порождают основные разногласия в религии. Великие духовные учителя призывали людей верить в Бога и в слова священных писаний, но при этом предупреждали нас о разрушительной силе сомнения. Чтобы понять смысл их наставления, нужно задействовать проницательность.

Поскольку ничто в этом мире не было создано просто так, я не могу согласиться с позицией религиозных моралистов, которые при малейшем упоминании о сомнении задирают свои носы. Давайте лучше выясним, почему сомнение вообще существует и в каких случаях оно человеку вредит — ну, или идет на пользу. Пока мы не проанализируем психологию сомнения, убеждения и веры, мы не сможем уверенно сказать, что они благотворны или разрушительны, и на основании этого принять их или же отвергнуть.

Если мы проанализируем саму концепцию сомнения, мы обнаружим, что оно может быть конструктивным либо деструктивным — в зависимости от того, в какое русло его направить. Нет необходимости подробно останавливаться на его деструктивном аспекте, потому что разрушительный эффект такого сомнения общеизвестен. Из-за потенциального вреда деструктивного сомнения некоторые религиозные люди — особенно те, которые слепо придерживаются догматических верований — призывают отбрасывать все сомнения и принимать все на веру. Однако отказываться от сомнений — значит вообще не думать.

Деструктивное сомнение парализует. Оно подавляет конструктивные мысли и силу воли. Оно блокирует восприимчивость к благотворному воздействию высших сил, законов Вселенной и милости Господа, Который всегда готов прийти нам на помощь. Деструктивное сомнение порождает внутреннее беспокойство и чувство безысходности. Оно противится прогрессу и отвергает новые идеи, следуя прихотям невежества, предубеждений и эмоций.

А теперь давайте рассмотрим конструктивный аспект сомнения.

Если человек не сомневается, он не прогрессирует

Обилие материи, простирающейся перед нашими глазами в форме существ и предметов, не позволяет нам воспринимать истину во всей ее полноте. Именно сомнение в превосходстве материи порождает идею существования Бога. Если материя как скопление атомов — это единственное, что существует, каким же тогда образом эти невидимые частицы созывают парламент и осуществляют работу по управлению Вселенной, в которой все так замечательно упорядочено? Не может быть, чтобы неодушевленные атомы, группируясь, порождали разумных существ! Таким образом, идея о Боге как о Разумном Сознании и творце этого мира вылилась из материализма благодаря конструктивному аспекту сомнения. Этот конструктивный аспект — научный поток мысли, которая побуждает нас задавать вопросы, чтобы удостовериться в истинности чего-либо. Если бы человек не имел сомнений и принимал все на веру, он уподобился бы животному. Некоторые древние цивилизации считали солнце, луну и звезды божествами, правящими людскими жизнями. Человек давно перерос это верование, а все благодаря мыслительному процессу сомнения. Именно благодаря конструктивному сомнению человек обнаружил, что такое верование несостоятельно. Если бы человек не сомневался, он бы не смог прогрессировать и мир погряз бы в трясине невежества. Мы не смогли бы отличить теорию или ложные доводы от истины, если бы не задавали вопросы. Поэтому так важно следовать законам здравомыслия.

Сомнение решает судьбу любой гипотезы. Все предположения ученые изучают на пару с бдительным надзирателем по имени Сомнение. Ничто не принимается на веру. Каждое суждение тщательно рассматривается, на основании чего делается вывод о его состоятельности или несостоятельности. Если суждение несостоятельно, его откладывают в сторону или пересматривают. Если бы ученых удовлетворяли только текущие познания, человечество не смогло бы развиваться. Это важно понимать.

В отношении религии ученые должны задействовать тот же конструктивный аспект сомнения, который они используют в своих научных исследованиях. Слишком уж долго наука замыкалась на деструктивном аспекте сомнения, не принимая религию, которую она считала набором суеверий и догм, всерьез. Если бы строительные компании сносили все проблемные здания, не реконструируя их и не возводя на их месте новые постройки, это было бы бедствием. То же относится и к тем, кто, покончив с религией и нравственностью, лишил себя «здания» божественных принципов, которые — и это доказуемо — ценны для человеческого счастья и благополучия. Конечно, избавить нас от стародавних ошибок иной раз может и деструктивный аспект сомнения, но если при этом уничтожается и истина, тогда это вредит человечеству.

Конструктивное сомнение приближает нас к истине

Сомнение — это динамическая энергия, которую нужно направить в правильное русло: тогда оно поспособствует свершению прогрессивных действий. Даже если наше конструктивное сомнение разрушит некоторые из взлелеянных нами теорий, это все равно будет лучше, чем слепо придерживаться чужих взглядов, ведь «если слепой ведет слепого, то оба упадут в яму». Конструктивное сомнение в области духовных вопросов приведет нас к истине намного быстрее, чем догматическое верование. Последнее лишает нас ясности ума, без которой невозможно увидеть истину такой, какой ее уже дал нам Господь. Догматизм парализует нашу способность постигать смысл истин, которым учили великие души, например, Иисус в Новом Завете и Кришна в Бхагавад-Гите. Религиозные положения, так же как и научные идеи, необходимо подвергать проверке. Именно таким образом обретали свою мудрость познавшие Бога провидцы древности — *риши*. Они искали, находили и лично удостоверялись в истинности тех неизменных принципов, что служат доказательством существования Вечной Реальности.

Да, великие мастера призывают нас иметь веру, но они вовсе не говорят, что мы не должны задействовать конструктивное сомнение и задавать вопросы. Допустим, вследствие типографской ошибки библейская заповедь «не кради» лишилась частицы «не» и превратилась в заповедь «кради». Слепо следовать тексту — значит автоматически принимать ошибки, которые время от времени случаются, — например, описки автора или оплошности наборщика.

Взвешивайте всю информацию на весах своего рассудка. Если вы умеете анализировать идеи непредвзято и проницательно, вам будет нетрудно отличить правду от вымысла. Бог наделил вас даром понимания, вам остается лишь использовать инструменты своего разума, руководствуясь при этом Его законами. Относитесь к религии как к науке. Если вы не будете сомневаться и экспериментировать, многие из вас не узнают правды. Правильно поставленные вопросы разрушат шаткое основание догматического фанатизма и помогут вам заложить прочный фундамент убеждения, способный выдержать надстройку веры.

Вера начинается с конструктивного убеждения

Понятия «убеждение» и «вера» зачастую употребляются как синонимы, что неправильно. Вера — это нечто большее, чем простое убеждение, и скоро вы поймете, почему.

Убеждение, подобно сомнению, содержит в себе как конструктивный, так и деструктивный аспекты. Постижение возможно в том случае, если задействуется конструктивный подход к обоснованным убеждениям. Умопостигаемые истины не поддаются восприятию чувств. Благодаря данным, полученным от органов чувств, ум может осмыслить феномен, но не его суть, не ноумен, лежащий в его основе. Для этого требуется внутреннее понимание. Поэтому учитель, обретший духовное знание, говорит несведущему ученику: «Пока сам не станешь понимать, имей веру и следуй за мной». В данном случае это не слепое принятие. Конструктивное убеждение имеет внутреннюю основу. Разум и чувство подтверждают, что за всяким обоснованным убеждением стоит некая истина. Человек, которому удаётся получить доступ к своей врождённой проницательности, может прийти к этой истине — к внутреннему пониманию истины, которое становится доступно благодаря духовному развитию интуитивного восприятия души. Пока же оно не развито, возможны противоречия между логикой ученика и духовным пониманием мастера. Поэтому истинные мастера вынуждены просить своих учеников иметь веру и принимать некоторые концепции такими, какие они есть, но при этом иметь в виду, что со временем те сами осознают эти истины. Таков принцип любого исследования.

Если профессор по математике объясняет вам интегральное исчисление, а вы, не понимая предмета, упираетесь и говорите, что вы ему не верите, тогда он не сможет вас ничему научить. Для начала вам нужно взять в руки карандаш и бумагу и следовать его инструкциям. Если в будущем вы не получите обещанных результатов, у вас появится причина для сомнения. Но вы не должны торопиться с выводами: сначала убедитесь в том, что вы не допустили ошибок при решении задачи. А начинать нужно с убеждения.

Основы убеждения

Убеждение — это особый умственный настрой, привычка верить в надёжность того или иного человека, предмета, учения или же системы религиозных взглядов. Убеждение — это ощущение истинности, неподдельности того, во что вы верите.

Убеждение содержит в себе следующие компоненты: принятие, доверие, уверенность, ощущение надёжности, воззрение, непоколебимость и вера.

Убеждение, вера, воззрение, непоколебимость — все они — вместе или же по отдельности — характеризуют принятие чего-либо. Убеждение и вера отличаются друг от друга в основном тем, что убеждение, как правило, представляет собой нечто большее, чем принятие чего-то в своем уме, в то время как вера подразумевает абсолютную уверенность. Воззрение человека может со временем перерасти в веру.

Воззрение — это точка зрения, в истинности которой человек убедил себя сам. Он, к примеру, может сказать: «Я уверен в непорядочности той особы». Такая уверенность зиждется не на фактах и свидетельствах, а на чувствах и желаниях человека.

Непоколебимость подразумевает наличие укоренившегося убеждения, ее можно охарактеризовать как воззрение, обретшее прочную основу.

Доверие — это то, что придает убеждению ощутимость: чтобы принять что-то за истину, нужно поверить в правдоподобность своего убеждения.

Убеждение также опирается на ощущение надежности; такая уверенность основана на полученных доказательствах.

Неотъемлемой частью убеждения являются желание и воображение. Человек не станет во что-то верить, если у него нет такого желания. И поскольку убеждение являет собой невоплощенную надежду достичь результата, в нем также наличествует элемент воображения. Если Джон вообразил, что добьется успеха в производстве джута, значит, он убежден в своей идее. Желание и воля делают убеждение могучей силой, которую применяют в делах добрых и не очень.

Неблагоразумное убеждение — пустая трата ценной энергии

Если человек убежден в порядочности мошенника, в жизнеспособности прогоревшего бизнеса или же в истинности ложного учения, тогда он впустую тратит ценную энергию, поток ее направляется не в то русло. Едва ли такое неблагоразумное убеждение принесет ему что-то кроме неприятностей. Двуличный товарищ может долгое время пользоваться нашим доверием, а заведомо провальный бизнес может казаться нам стоящим, но рано или поздно факты докажут нам несостоятельность нашего убеждения. Из этого следует, что в отношении чего-то материального неблагоразумные убеждения не всегда так страшны, поскольку наши умы устремлены к ощутимым результатам. В духовных же делах наше понимание часто размыто. Учителя и вероучения заклинают нас иметь веру, но при этом не объясняют в полной мере, в чем же ее суть и как ее обрести. Для большинства последователей слепое принятие остается единственным вариантом, оно расценивается ими как правило. Многим неясен смысл убеждения и веры в религиозной жизни. Их динамическая сила кажется чем-то таинственным. Большинство религиозных людей думает, что этой силой обладают лишь немногие счастливчики, на которых снизошла милость Божья, и верят в духовные законы слепо, потому что для них дела Духа окутаны мистикой, они за гранью человеческого понимания.

Если ложное убеждение не подвергается анализу, оно перерастает в закоренелый фанатизм. Развеянное убеждение превращается из догматизма в неверие. Если же человек верит в истинное учение и следует ему непоколебимо, его убеждение постепенно кристаллизуется в веру. Исходя из этого, мы видим: верит ли человек во что-то истинное или же во что-то ложное, его убеждение само по себе временно, потому что оно превращается либо в догматизм или неверие, либо в веру.

Рудиментарное, то есть незрелое, убеждение, не соответствующее действительному положению вещей, бывает трех видов:

1. Слепое убеждение, порожденное эмоциональностью. Оно начинается с высокопарного провозглашения «веры» («Я буду следовать вашим учениям до самой смерти!») и при первом же противоречии или критике заканчивается бурным осуждением.

2. Слепое убеждение, подкрепленное упорством. Человек умирает с теми же убеждениями, с какими и жил, даже если они были полностью ошибочны. Такой вариант лишь немногим лучше пустого существования, которым правит суеверия.

3. Убеждение, с которым человеку комфортно: оно начинается с любопытства и им же заканчивается. Когда индивидуум обнаруживает, что любознательность привела его на ложный путь, он тут же меняет курс и пробует что-то новое.

В отдельную категорию стоит выделить пытливое убеждение. Оно основывается на логике. У него всегда открыты глаза и уши, оно всегда задает вопросы о том, что его интересует. Однако такой вид убеждения может легко перерасти в хроническое непостоянство, из-за чего возможен отказ не только от ложных, но и от истинных идей.

Зарождение веры

Нам необходимо сочетать пытливое убеждение с искренностью и чувством почтения, а также следовать истинным убеждениям или, по крайней мере, тем, что неизменно приносят ощутимый результат. Тогда в колбу терпения капля за каплей вольется химический раствор истины, в котором частички убеждения образуют кристаллы веры. Если же убеждение не основано на истине, оно не будет питать ту непоколебимость, благодаря которой и взращивается вера.

Если человеческие воззрения пронизаны духом истины, вера сможет проявить себя во многих сферах убеждения, таких как:

- уверенность в надежности человека, вещи, учения или идеи — сюда также можно отнести веру в Бога или веру в медицину;
- признание верховенства духовной реальности и нравственных принципов;
- историческая вера — вера в подлинность и авторитетность священных писаний и духовных учений или же принимаемая умом, чувством и волей вера в Божье благоволение, проявляющееся через Божьих же посланников;
- следование системе религиозных взглядов, установленных, например, христианской верой или Ведами.

Вера наделяет человека неизменными качествами преданности и почтения.

Имейте бесстрашную веру, несмотря на непредсказуемость жизни

Жизнь, ее цель и суть — это одна большая загадка, загадка очень сложная, но все же разрешимая. Благодаря прогрессивному мышлению мы каждый день разгадываем некоторые из ее секретов. Высокоточные устройства современной эпохи, несомненно, впечатляют. Многочисленные открытия в области физики проливают свет на то, как именно мы можем улучшить свою жизнь, что делает им большую честь. Но все наши устройства, стратегии и изобретения, очевидно, не избавляют нас от образа игрушек в руках судьбы. Нам еще предстоит пройти долгий путь, прежде чем мы сможем освободиться от всевластия природы.

Оставаться во власти природы — значит не иметь никакой свободы. Наши энергичные умы чувствуют себя беспомощными, когда нас атакуют наводнения, смерчи и землетрясения или когда болезни и несчастные случаи неожиданно лишают нас дорогих нам людей. В такие моменты мы понимаем, что победы наши не так уж и велики. Как бы мы ни старались подстроить жизнь под себя, на этой планете всегда будут существовать неподвластные нам обстоятельства, управляемые неким неведомым Разумом, действующим без нашей санкции, и обстоятельств этих бесчисленное множество. Максимум, что мы можем, — это работать и производить незначительные изменения. Мы сеем пшеницу и получаем из нее муку, но кто сотворил само зерно пшеницы? Мы едим хлеб, изготовленный из муки, но кто сделал так, что мы способны его переваривать и усваивать?

Несмотря на все имеющиеся в нашем распоряжении средства, в каждой сфере жизни мы словно зависимы от неких Высших Сил, и мы не можем избежать этой зависимости. Мы чувствуем какую-то определенность, но при этом вынуждены вести неопределенное существование, ведь мы не знаем, когда остановится наше сердце. Именно поэтому необходимо отбросить все страхи и положиться на свое бессмертное «Я» и на Всевышнего, по образу Которого это «Я» сотворено; необходимо обрести веру, свободную от эгоцентризма, и идти по жизни, не зная страха и скованности.

Практикуйте абсолютную, бесстрашную веру в эту Высшую Силу. И не переживайте, если сегодня вы решите стать свободным и неуязвимым, а завтра подхватите простуду. Не сдавайтесь! Прикажите своему сознанию не терять веры. Ваше высшее «Я» не подвержено болезням. Телесные недомогания приходят к вам в результате действия закона обретенных привычек нездоровья, заложенных в вашем подсознании. Подобные кармические проявления не ослабляют действенность веры и ее динамическую силу.

Крепко держитесь за штурвал веры и не обращайте внимания на бушующие ветра внешних обстоятельств. Будьте сильнее руки судьбы и свирепее любой опасности! Чем мощнее динамическая сила обретенной вами веры, тем скорее вы перестанете быть рабом перед лицом собственной слабости.

Без Божьего веления ни одна кровяная клетка не сдвинется с места внутри вас, ни одна молекула кислорода не войдет в ваши ноздри. Именно поэтому так важно всецело вручить себя в руки Господа. Это критерий веры. Это не то же самое, что быть ленивым и думать, что Бог все сделает за вас, — с вашей стороны тоже требуется максимальное усилие для достижения желаемого результата. Это, скорее, вручение себя Богу из любви к Нему и преклонения перед Его могуществом. Какими бы ни были препятствия на моем пути, я буду работать до последнего издыхания, всецело вручив себя Богу, — но я никогда не пойду на такой шаг из-за трусости или боязни потерпеть неудачу.

Вера ведет к прямому и точному восприятию истины

Вера не только исцеляет и приносит успех, она также показывает нам, как работают духовные законы, лежащие в основе всего того, что обычно называют чудесами.

«Вера же есть осуществление ожидаемого и уверенность в невидимом»[1]. Осуществление всего, что кажется невозможным, достигается благодаря способности верить, несмотря ни на что.

Вера есть само осознание. В ней нет деструктивного аспекта, присущего убеждению. Убеждение может сойти на нет, если у человека появляется сомнение или он сталкивается с опровержением, а вот вера незыблема, ибо это прямое восприятие истины. Когда-то Землю считали плоской, но по мере развития науки было доказано, что она круглая; убеждение было развеяно. А вот вере чужды противоречия, ибо она являет собой внутреннее проявление безошибочной интуиции, которая ставит нас лицом к лицу с невиданными доселе реальностями. Поэтому будет правильно говорить не «слепая вера», а «слепое убеждение».

---

[1] Евр. 11:1.

Осознание душой истины передается нам через интуицию, а проистекающее из этого *знание* представляет собой, собственно, веру. На стадии интуитивного осознания убеждение стремительным порывом превращается в прямое восприятие истины, лежащей в его основе. Для этого даже не нужны доказательства, полученные от рассудка или органов чувств.

Например, откуда вы знаете, что вы существуете? Вы это просто знаете, вы в этом не сомневаетесь. Ничто в этом мире не сможет заставить вас думать иначе. Даже если бы вы были парализованы и не могли себя видеть, вы все равно *ощущали* бы свое существование через душевное восприятие.

Вера — это «букварь» интуиции, глубокое чувство *знания* чего-либо. Многие из вас хоть раз сталкивались с предчувствием, которое в итоге находило свое подтверждение. Такое предчувствие является стихийным проявлением развивающейся интуиции. Ум, направленный на внешний мир, интерпретирует феномен; вера, направленная внутрь, интерпретирует интуитивное ви́дение души через посредство своего контакта с ноуменом. Вера может пролить свет на все жизненные вопросы.

Когда ум спокоен, интуиция порождает веру

На санскрите слово «вера» звучит очень выразительно — «висвас». Буквально это слово переводится как «легко дышать, доверять, быть свободным от страха», но это не передает его полного значения. Санскритское слово «свас» обозначает движение дыхания, подразумевая тем самым непосредственно жизнь и чувства. «Ви» — «противоположный, лишенный чего-то». Все вместе это означает, что тот, чьи чувства, дыхание и жизненная энергия пребывают в покое, может обрести веру, порожденную интуицией. Беспокойные люди такой верой обладать не могут. Развитие интуитивного спокойствия требует раскрытия внутреннего мира. Когда интуиция достаточно развита, она приносит мгновенное осознание истины. Путь к такому осознанию — медитация.

Медитируйте терпеливо и настойчиво. В нарастающем спокойствии вы сможете войти в сферу интуиции души. Все, кто на протяжении веков достигал просветления, погружались в этот внутренний мир единения с Богом. Иисус говорил: «Ты же, когда молишься, войди в комнату твою и, затворив дверь твою, помолись Отцу твоему, Который втайне; и Отец твой, видящий тайное, воздаст тебе явно»[2]. Погружайтесь в свое истинное «Я», закрывая двери чувств и их связи с беспокойным миром, и тогда Бог откроет вам все Свои чудеса и секреты.

Внутреннее общение души с Богом ведет к тому, что интуиция начинает раскрываться естественным образом. Вначале требуется своего рода предварительное доверие. Знайте: Бог всегда с вами, вы Его дети, сотворенные по Его образу и подобию. Вручите себя Богу, любите Его. Со временем интуиция превратит эту убежденность в веру. Интуиция лежит за пределами ощущений и рассудка и проявляется в спокойном сознании как чувство, воспринимаемое сердцем. Когда вы медитируете и к вам приходит это чувство, вы ощущаете непоколебимую уверенность и точно знаете, что нужно делать. Со временем вы научитесь распознавать этот голос души и следовать ему. Это вовсе не значит, что вам не нужно размышлять. Мышление, исполненное спокойствия и непредвзятости, тоже может привести вас к интуиции. Руководствуйтесь здравым смыслом, но помните, что мышление, в котором присутствует элемент гордыни или эмоции, ведет вас к ложным выводам и ошибкам.

Откажитесь от деструктивного аспекта сомнения и убеждения и задействуйте лишь их конструктивный аспект. Решительно продвигайтесь к царству веры. Таков путь духовного развития. Только в тишине медитации ваше сознание сможет концентрироваться на истине и понимании. Так развивается вера. Через растущую интуицию вы обретаете «уверенность в невидимом».

---

[2] Мф. 6:6.

Ви́дение Индии: раскрытие своего высшего «Я»

Лейтмотивом работы Парамахансы Йогананды в течение всей его жизни был идеал культурного и духовного объединения Востока и Запада «путем обмена их наилучшими чертами». Ниже приведена одна из ранних статей Парамахансаджи об Индии, где он восхваляет свою духовную родину и размышляет о том, что Индия может предложить Западу и чем Запад может быть полезен Индии. Минувшие с тех пор десятилетия принесли изменения в условия существования Индии и всего мира в целом, но, несмотря на это, основная мысль, которая красной нитью проходит через эту статью 1920-х годов, не теряет своей актуальности и сегодня. Вторая часть статьи посвящена центральной теме духовного послания Индии миру — необходимости раскрытия своего высшего «Я».

Индия — это целый мир в миниатюре: это земля многообразных климатических зон и религий, земля коммерции и искусства, обитель многих народов, ландшафтов, языков и культур.

История Индии уходит корнями в глубокую древность. Ее великие провидцы, пророки и правители оставили после себя письменные свидетельства исключительной древности арийской цивилизации в Индии[1].

---

[1] Древнее название Индии — *Арьяварта* (букв. «обитель ариев»). Санскритский корень «арья» означает «достойный, праведный, благородный». Со временем слово «арийский» стали употреблять для обозначения не духовных, а физических качеств человека, что, по мнению некоторых этнологов, включая знаменитого востоковеда Макса Мюллера, является ложной интерпретацией первоначального значения этого слова. В своей «Автобиографии йога» Парамаханса Йогананда пишет:
«Ни в литературе, ни в традициях Индии нет никаких подтверждений бытующей на Западе исторической теории о том, что древние арии „завоевали“ Индию, вторгшись сюда из какой-то другой части Азии или из Европы. Ученые даже не могут определить для себя исходный пункт этого воображаемого нашествия. При этом имеются весьма внушительные ведические свидетельства того, что Индия была обителью индусов с незапамятных времен, и эти свидетельства представлены в увлекательной книге Абинаша Чандры Даса „Индия Ригведы“, выпущенной в 1921 году издательством Калькуттского университета».

Видение Индии: раскрытие своего высшего «Я»

Многие западные люди посещают Индию и, видя, уличных кудесников, глотателей шпаг или заклинателей змей, думают, что это все, что Индия может предложить. Но эти люди не являются представителями истинной Индии. Истинный дух и жизнестойкость Индии отражает ее многовековая духовная культура, сделавшая ее колыбелью религий. Индия может многому научиться у Запада, например, способам улучшения санитарных условий, а также методам ведения бизнеса и освоения природных ресурсов; кроме того, Индия нуждается в «деловых миссионерах», таких как Генри Форд и Томас Эдисон. Западные же страны жаждут — сознательно или бессознательно — перенять практическую духовность Индии, ведь именно на этом она специализируется вот уже множество столетий.

В западных городах настолько хорошо развита наука, что физический человек может полноценно ухаживать за собой, у него есть пища, одежда и кров. И все же физического и материального комфорта недостаточно, если ум и душа не знают покоя. Индия является духовным эталоном всех религий, она стала неофициальным реформатором и вдохновителем человеческих умов и душ. Величайшим ее даром человечеству стали научные методы духовного обогащения человека, передававшиеся из поколения в поколение ее святыми и провидцами.

Индия — земля, хранящая великую тайну, но открывается эта тайна лишь благожелательному искателю и исследователю. Индия — родина самых высоких и величественных гор в мире — Гималаев. Северный город Дарджилинг можно по праву назвать индийской Швейцарией. Уникальные по своей ценности руины древних замков и масштабные дворцы принцев в Дели; обширные воды Ганга, уже давно ставшие священными — ведь на его берегах веками медитировали познавшие Бога святые; золоченые солнцем вершины гималайских хребтов; древние места паломничества и пещеры, где мудрость Бога сжигала дотла духовное неведение медитирующих йогов; Тадж-Махал в Агре, искуснейшее мраморное воплощение архитектурных грез, символ идеальной человеческой любви; темные леса и джунгли, в которых бродят царственные тигры; синева небес и пылающее ярким пламенем солнце; роскошное обилие восточных фруктов и овощей; многообразные типы людей — все это Индия, такая разная, такая обворожительная, такая романтичная и незабываемая!

Земля великих контрастов

Индия — земля великих контрастов: невиданных богатств и предельной нищеты; наивысшей чистоты мышления и серости существования; Роллс-Ройсов и воловьих повозок; слонов, укрытых нарядными попонами, и лошадей, запряженных в причудливые телеги.

На севере мы встречаем голубоглазых и светловолосых индийцев, а на жарком юге преобладают темные оттенки кожи, обласканной тропическим солнцем. Вся Индия, от края до края, является собой страну неожиданностей, противоположностей, крайностей. Жизнь становится пресной, когда в ней слишком много дел и скучных шаблонов, а в Индии жизнь ощущается как сплошное приключение, полное тайн и неожиданностей.

Может, Индия и не лишена недостатков (как, впрочем, и любая другая страна) и там нет физических небоскребов и всех тех удобств современной жизни, которые зачастую притупляют духовное желание, зато она располагает многими «духовными небоскребами» — скромными христоподобными душами, способными научить своих западных братьев и сестер изыскивать глубокую духовную радость в любых жизненных обстоятельствах. Этим ученым мистикам и провидцам чужды непроверенные убеждения: они прилагают усилия и познаю́т Истину на собственном опыте. Вот почему они способны показать людям, как те могут развить свою интуицию и найти источник покоя и удовлетворенности в подземных водах таинств. Несмотря на то, что я имел честь получить западное образование, именно в Индии я нашел истинную разгадку всех тайн жизни, — разгадку, которую не может дать ни одна другая страна.

Ви́дение живительной индийской философии

С незапамятных времен величайшие умы Индии сосредотачиваются на поиске понимания смысла жизни. Что является целью жизни — служение людям или себялюбие? Этот философский вопрос не раз становился предметом споров. Однажды я долго полемизировал с одним европейцем, который механически повторял, что целью жизни является служение; я же утверждал, что необходимо «расширенное себялюбие». Вновь и вновь я просил его привести доводы в пользу его убеждения, но, вместо того чтобы удовлетворить мой запрос, он лишь продолжал повторять: «Цель жизни — служение другим. Сомневаться в этом — святотатство».

Увидев, как он догматичен, я спросил его:

— Является ли служение целью жизни лишь потому, что об этом говорит Библия?

— Да, — отрезал он.

— Вы и вправду буквально понимаете все, что написано в Библии? То есть вы думаете, что Иона вышел из поглотившего его кита через несколько дней живым и невредимым? Вы можете это как-то объяснить?

— Нет. Я не понимаю, как он смог это сделать, — ответил мой друг.

В том-то и дело. Чтобы познать истину, заключенную в библейских притчах, и узреть разницу между ложным и достоверным, между тем, что сказано буквально, а что — иносказательно, человек должен задействовать здравый смысл, проницательность и развитую посредством медитации способность к интуитивному распознанию.

Многие люди полагают, что если книга вышла в печать, значит, в ней просто не может быть ошибок. Особенно это касается религиозных людей, которые верят в то, что любая фраза, облаченная в мантию авторитетности священного текста, не поддается ни малейшему обсуждению. Но внешнее одеяние никого не делает безупречным. Те, кто писал священные тексты, тоже могли совершать ошибки или же по традиции прятать истины под покровы аллегорий, метафор или притч. Чтобы понять, достоверно ли то или иное учение, мы должны опробовать его лично — сделать его частью своей жизни. Давайте вырвемся за пределы догматизма и сравним наши религиозные убеждения с религиозным опытом и знанием истинных учителей. Давайте взбунтуемся против собственных ошибок, от которых нам всем нужно избавиться. Мы не должны носить в себе «непереваренную» теологическую массу и страдать из-за этого «несварением теологии».

Идеал служения глазами индийских мудрецов

Закон служения проистекает из закона своекорыстия, или самосохранения, который вполне можно назвать себялюбием.

Никто в здравом уме не совершит какое-либо действие беспричинно. Религиозные доктрины и наставления могут основываться либо на иррациональной вере, либо на реальном религиозном опыте. Почему Библия говорит служить своим братьям и любить ближнего, как самого себя? Потому что закон служения распространяется на всех, кто желает расширить границы своего «я».

Ни один человеческий поступок не лишен сознательного или же бессознательного эгоизма. Если мы хотим, чтобы нам кто-то был полезен, мы сами должны быть полезны другим. Служить людям, оказывая им финансовую, психологическую и моральную помощь — значит обрести удовлетворенность. Если бы человек точно знал, что, служа ближнему, он потеряет душу, разве он стал бы этим заниматься? Если бы Христос знал, что его самопожертвование во имя спасения людей от духовного невежества будет неугодно Богу, разве он пошел бы на такой шаг? Нет! Он знал, что, принеся свое тело в жертву, он совершит угодный Отцу поступок и обретет освобождающую радость души. Такие бессмертные сыны Господа, наряду со святыми и великомучениками, совершают самую выгодную «инвестицию»: они расстаются со своим ничтожным бренным телом, чтобы обрести бессмертную жизнь. За все стоящее приходится платить.

Таким образом, ни одно действие человека не обходится без мысли о себе, даже самопожертвование как акт служения людям не обходится без мысли о себе. Поэтому логично заключить, что главной мотивирующей силой в жизни является расширенное себялюбие, предполагающее, что человек совершает действия на благо своего высшего «Я», а не просто бездумно служит ближнему.

Каждый индивидуум знает, что ему нужно помогать другим, иначе ему просто не удастся заслужить ответной помощи. Все люди в какой-то степени зависят друг от друга. Если бы фермеры перестали заниматься сельским хозяйством, а предприниматели — доставкой и распределением фермерской продукции, тогда даже отшельник не смог бы себя прокормить. В наши дни уже даже леса поделены между людьми, и причиной тому является рост населения и общего благосостояния людей. Теперь леса принадлежат крупным землевладельцам, которые увешивают деревья табличками, гласящими, что вторжение на частную территорию карается законом. Из этого следует, что отшельник не может сказать: «Я не буду работать и зарабатывать себе на жизнь — меня лес прокормит». Он должен выполнять какую-то работу, чтобы иметь средства к существованию. Следовательно, любой вид служения людям, любая работа, любая помощь соотносится с целью порочного или же расширенного себялюбия — и неважно, материальная это помощь бизнесмена или же духовная помощь отшельника[2].

Три вида себялюбия: порочное, благое и духовное

Мы должны четко различать три вида себялюбия: порочное, благое и духовное. Порочное себялюбие побуждает человека искать себе удобств за счет причинения неудобств другим. Наживаться на людях, лишая их средств к существованию, грешно, это идет вразрез с интересами высшего «Я» того, кто проявляет такое себялюбие. Нещадно критиковать людей, а потом радоваться, что их чувства задеты, — значит проявлять все то же порочное себялюбие; такие злодеяния никогда не принесут долговечного счастья. Истинное, благое себялюбие мотивирует человека не просто стремиться к материальному комфорту, процветанию и счастью, но и делать при этом богатыми и счастливыми других. Порочное себялюбие прячет свои клыки неизбежного страдания за невинными обещаниями временного комфорта. Порочное себялюбие ограничивает человека и отгораживает его от всех остальных. Благое же себялюбие включает в свой круг братства каждого. Благое себялюбие приносит богатый урожай в виде ответной помощи, расширения сознания, божественного сочувствия, прочного счастья и Самореализации.

Благое себялюбие должен проявлять бизнесмен, который своими искренними, благотворными и конструктивными усилиями и действиями приносит пользу себе и своей семье, а заодно и оказывает помощь другим людям. Такой бизнесмен намного лучше того, кто думает только о себе и работает только для себя, не заботясь о тех, кого он обслуживает, или о тех, кто зависит от него

---

[2] «Чтобы укорениться в высшем „Я", требуется уединение, но со временем мастера возвращаются в мир, чтобы служить ему. Даже святые, не занятые никакой внешней работой, своими мыслями и духовной аурой оказывают миру куда большую услугу, чем могла бы оказать даже самая активная гуманитарная деятельность непросветленных людей». — Парамаханса Йогананда. Автобиография йога.

материально. Деятельность последнего противоречит его же интересам, ибо, согласно закону причины и следствия, со временем он навлечет на себя страдания. Богатство многих скупцов зачастую наследуется их родственниками, которые просто растрачивают все деньги на потакание своим капризам. Такое себялюбие в конечном итоге не приносит пользы ни дающему, ни принимающему.

Во избежание попадания в яму порочного себялюбия человек должен сначала укрепиться в благом себялюбии и думать о своей семье и о всех тех, кому он служит как частичке самого себя. Только после этого он сможет приступить к практике духовного себялюбия (или бескорыстия, если использовать традиционную терминологию), наделяющего его способностью чувствовать единство со всей Вселенной.

Духовное себялюбие

Сопереживать чужому горю и избавлять людей от дальнейших страданий; радоваться чужому счастью, заботиться о нуждах все большего числа людей — значит проявлять духовное себялюбие. Человек, проявляющий такое себялюбие, расценивает свои земные потери как пожертвования, совершенные на благо чужого и своего счастья. Он живет, чтобы любить своих собратьев, ибо знает, что все они — дети единого Бога. Себялюбие такого человека духовно, ибо всякий раз, когда он думает о себе, он думает не о своем бренном теле и ограниченном уме, а о потребностях всех тел и умов, которые находятся в пределах его благотворного влияния. Его маленькое «я» становится высшим «Я», включающим в себя всех и вся. Он становится умом и чувствами всех существ. Поэтому, когда он делает что-то для себя, он совершает лишь те действия, которые приносят пользу всем. Тот, кто знает, что его тело объемлет собой все человечество и всех живых существ, видит себя частью Всепронизывающего Духа[3]. Он совершает благо, не ожидая ничего взамен; руководствуясь здравым смыслом и интуицией, он продолжает помогать множеству людей как себе

---

[3] «Кто видит Всевышнего Господа, равно пребывающего во всех созданиях, Непреходящего в преходящем, тот воистину видит... Когда человек видит, что все различные существа пребывают в Едином, проявившемся во множественности, тогда он погружается в Брахман» (Бхагавад-Гита XIII:27, 30).

самому и заботится об их здоровье, пропитании, работе, успехе и духовном освобождении.

Если человек проявляет благое и духовное себялюбие, он соединяется с Господом, пребывающим на алтаре растущей добродетели. Тот, кто это осознает, работает добросовестно и лишь для того, чтобы порадовать Господа мира и покоя, направляющего все его действия.

Чудеса Раджа-йоги

Выдержки из одноименной лекции и одноименной статьи (приблизительно 1926–1927 годы), дополненные отрывками из «Автобиографии йога»

> «Обычно считается, что чудо — это событие, не подчиняющееся законам природы, выходящее за их пределы. Но все события и процессы в нашей тщательно выверенной Вселенной происходят в соответствии с этими законами и могут быть объяснены через них. Так называемые чудесные силы Великих Мастеров — естественное следствие постижения ими тонких законов, действующих во внутреннем космосе сознания.
>
> Ничто нельзя назвать „чудом", разве что в более глубоком смысле, имея в виду, что все в мире — чудо. Разве то, что каждый из нас заключен в сложнейший механизм тела и отправлен на Землю, несущуюся сквозь межзвездное пространство, — это так банально? Или это все-таки чудо?».
>
> — «Автобиография йога»

Раджа-йога, «царская йога», — это наука постижения Бога, *метод* поэтапного воссоединения души с Духом, человека с его Творцом. Этот проверенный временем метод, приносящий неизменные результаты, был разработан *риши* древней Индии и мастерски систематизирован великим мудрецом Патанджали в его «Йога-сутрах». *Раджа-йога* сочетает в себе все самое лучшее из различных йогических дисциплин: преданность, праведные деяния, обретение контроля над телом и умом, а также общение с Богом посредством научных техник концентрации и медитации. Благодаря постижению Бога все невозможное становится возможным, ибо этот путь показывает, как обратить свою смертность в бессмертность.

Запад преуспел в естественных науках, дарующих нам изобретения и знания о материальном мире. Восток преуспел в духовной науке, настраивающей душу на Бесконечность. Я нахожу, что люди в Америке все еще не освоили азы духовной науки и подлинных истин Востока. Неверная трактовка здесь повсеместна.

Настоящий духовный провидец — не уличный кудесник и не предсказатель судьбы

Как-то раз в Сиэтле я посетил отдел иммиграции — мне нужна была виза для поездки в Ванкувер, что в Британской Колумбии. Это был тот случай, когда мой охровый тюрбан настолько «очаровал» сотрудника иммиграционной службы, что тот позволил себе немного сарказма.

Я стоял и ждал, а человек за стойкой все никак не выражал желания меня обслужить или хотя бы обратить на меня внимание. Тогда я постучал пальцами по стойке. Это сработало: он с неохотой поднялся из-за стола и поинтересовался причинами моего визита. Бросив на меня пренебрежительный взгляд, он, не сводя глаз с моего тюрбана, спросил: «Вы, полагаю, смотрите в магические кристаллы, предсказываете судьбы, глотаете кинжалы? А может, вы заклинатель змей?»

Я заверил его, что нахожусь в Америке не для того, чтобы предсказывать судьбы или околдовывать змей: я не уличный кудесник. А сюда я пришел лишь для того, чтобы оформить визу для поездки в Ванкувер. Он велел мне прийти завтра.

На следующий день я, не сказав ни слова, преподнес ему свою книгу и несколько копий своих стихотворений. Немало удивившись, он любезно согласился прочитать несколько строк. В его глазах появилось раскаяние, вызванное, очевидно, его поспешными суждениями. Улыбнувшись, я сказал ему: «Уважаемый визовый офицер, знаете ли вы, что у индийцев никогда не было заводов по производству хрустальных шаров, придуманных, к слову, на Западе? Посему для меня это новость, что индийцы смотрят в магические кристаллы. А что касается гадальщиков, здесь, в Америке, их не меньше, чем в Индии. Но разве вы задаете каждому встречному американцу вопрос: „А вы, часом, не гадальщик?"»

Индийцы в основной своей массе не являются никакими гадальщиками. Они не верят в то, что, предсказывая судьбу незамужней женщине, ей нужно льстить и говорить, что у нее будет богатый покладистый муж, да еще и просить за это вымышленное предсказание три-четыре доллара. Мудрые индийцы могут показать вам, как справиться со своими жизненными проблемами и этим изменить свою «судьбу». Бедность и богатство, болезнь и здоровье — все это результат ваших прошлых действий, так что ваша текущая жизнь, ваши текущие действия определяют ваше будущее. Духовные провидцы используют научные методы, чтобы проанализировать действия человека в свете закона причины и следствия. Они не верят в фатум — в события, которые ни с того ни с сего оказываются предопределены. Они не морочат людям голову выдуманными предсказаниями, двусмысленными фразами или откровенной ложью. Работая с причинно-следственным законом, управляющим человеческими действиями, настоящие индийские астрологи применяют научный подход. И они не просто говорят вам о вашем прошлом и будущем — они учат вас искусству предупреждения нежелательных событий и активизации благоприятных событий, которые должны произойти в вашей жизни как результат ваших плохих или хороших действий в прошлом. Хорошие астрологи говорят своим ученикам только то, что пойдет тем на пользу, а не то, что удовлетворит их праздное любопытство. Они знают: нет никакого смысла рассказывать человеку о будущих событиях, если ему не знаком метод управления судьбой, которую он сам же и сотворил. Как говорится, иногда неведение — благо.

— Сэр, — продолжил я свою мысль, — я никогда не подвергал себя таким опасным занятиям, как глотание кинжалов и заклинание змей, что часто делают перед завороженными толпами уличные кудесники. Да, может, некоторые из них и обладают необыкновенными способностями, но главным фактором их успеха является ловкость рук. Их фокусы становятся возможными благодаря обману зрения. В этом восточные фокусники, несомненно, превосходят своих западных собратьев по ремеслу.

Затем я шутливым тоном бросил ему перчатку дискуссии:

— Я не раз встречал на Западе лицемеров, носящих шляпы и костюмы, но при этом шляпы не ассоциируются у меня с лицемерием. Как же так получилось, что мой тюрбан у вас ассоциируется с заклинанием змей?

К тому моменту у сотрудника иммиграционной службы уже окончательно разгладились морщинки внутренних предрассудков, и он дружелюбно ответил:

— Простите меня. Уверен, многим порядочным индийцам в тюрбанах приходится страдать из-за нашей недоброжелательности. А все из-за того, что некоторые индийцы в тюрбанах зарекомендовали себя здесь не с лучшей стороны.

— Но нельзя же ожидать, что все индийцы перестанут носить тюрбаны только потому, что некоторые из их соотечественников далеки от совершенства. Я ведь не ожидаю, что мои западные собратья перестанут носить шляпы лишь потому, что некоторые из джентльменов, носящих шляпы, лицемерят. Посетив Индию и увидев там скудно одетых носильщиков и дающих представления уличных кудесников и факиров, западные туристы могут подумать, что цивилизованности индийцам прибавят костюмы-тройки и галстуки. Обычаи и манеры напрямую связаны с климатическими условиями, посему они второстепенны по своей значимости. Истинное развитие человека предполагает развитие силы его ума.

Вот почему американские туристы, посещающие Индию, должны следить за тем, чтобы у них не сформировалось ложное представление о настоящих йогах Индии, которые сильно отличаются от артистов: уличных кудесников, глотателей кинжалов и волшебников, выращивающих манговое дерево на глазах у публики. Настоящие йоги — это великие души, их трудно распознать в связи с их исключительной простотой и скромностью, но при этом они владеют божественным знанием и чудесными способностями — теми же, что были у Христа. Как сказал сам Иисус: «Если не обратитесь и не будете как дети, не войдете в Царство Небесное; итак, кто умалится... тот и больше в Царстве Небесном»[1]. Только через божественную простоту и кротость человек может обрести великую власть и безграничную мудрость.

Физические и умственные чудеса

«Всем мирозданием управляет Закон. Доступные анализу ученых принципы, которые действуют во внешней вселенной, называются законами природы. Но есть и более тонкие законы, управляющие скрытыми духовными уровнями и внутренними пространствами сознания. Эти принципы можно постигнуть через науку йоги. Не физик, а полностью реализовавший себя

---

[1] Мф. 18:3, 4.

> *Мастер понимает истинную природу материи. Именно благодаря такому знанию Христос сумел вернуть рабу ухо, отрубленное тому одним из его учеников[2]».*
>
> — Свами Шри Юктешвар в «Автобиографии йога»

Нет никакой разницы между физическими законами и высшими законами, «чудесами», совершаемыми теми, кому известен механизм работы человеческого мозга. Американцы являют чудеса, применяя законы физики; продвинутые йоги совершают чудеса силой своей мысли. Для многих индийцев принципы работы радио и фотоаппарата до сих пор остаются загадкой; американцы, в свою очередь, не ведают о чудесных способностях ума, которые так часто демонстрируют индийские йоги. В нашу эпоху многообразных изобретений американцы поступили бы очень мудро, если бы занялись исследованием духовных чудес, совершаемых их индийскими собратьями. Чудеса — это не что иное, как проявление сверхсознательного и космического законов. Иисус и духовные ученые Индии осведомлены о том, как можно использовать эти законы в своей жизни. Обычным людям такие вещи кажутся чудесами, но в действительности они являют собой естественный результат действия скрытых законов высшего порядка.

Йога соединяет силу ума с космической силой. Принципы концентрации *Раджа-йоги* легко практиковались даже раджами — царственными особами Индии, которые были обременены обязанностями по управлению своими княжествами. Эти методы даруют человеку господство над его судьбой и могут превратить неудачу материального, морального, социального или же духовного характера в успех; на эти методы вполне могут найти время занятые «раджи» и «махараджи» Запада — американские миллионеры и миллиардеры.

Все люди по природе своей одинаковы. Американец нуждается в равновесии и духовной силе ничуть не меньше, чем индиец. Американец заставляет машину выполнять всю тяжелую работу за него, а индиец зарабатывает на жизнь, выполняя свою работу вручную. Поэтому в теории у американского бизнесмена остается

---

[2] «И один из них ударил раба первосвященникова, и отсек ему правое ухо. Тогда Иисус сказал: оставьте, довольно. И, коснувшись уха его, исцелил его» (Лк. 22:50, 51).

больше времени на развитие чудесных умственных способностей, чем у духовного индийца.

Превосходство обретения чудесных способностей ума над обретением деловых качеств состоит в том, что ум не ведает границ. Рядовой бизнесмен, даже если он очень умен, может быть сломлен суровой конкуренцией. Когда его деловые навыки становятся бессильны перед сложившейся ситуацией, он с треском проваливается. Индийский же провидец утверждает: нет никакой нужды сдаваться, если ресурсы ума вдруг оказываются истощены. Он способен задействовать свои необыкновенные способности, чтобы материализовать желаемое. Бог всемогущ, и человек, обретающий сознательное единство с Богом посредством *Раджа-йоги*, также становится всемогущим.

Физические способы лечения болезней, достижения успеха и обретения душевного покоя несут в себе определенные ограничения. Всем и вся управляет закон причины и следствия. Если после многократных попыток вы так и не смогли вылечить свою физическую или психическую болезнь, вы должны понять, какие ограничения стоят на вашем пути. Почему вы должны надеяться на ограниченную силу и ожидать от нее какого-то результата? Отворите внутренние врата знаний и обретите чудодейственные способности, с помощью которых можно установить контроль над своей жизнью. В противном случае вы так и будете азартничать с судьбой, которую сами же и сотворили.

Посмотрите, в каком состоянии пребывают умы многих людей. Они думают, что поступают мудро, бросая все свои силы на зарабатывание денег ради удовлетворения своих потребностей в удовольствиях и материальной обеспеченности. Их жизнь уподобляется поезду, мчащемуся к одной-единственной цели — деньги, деньги, деньги. Не удосужившись поразмышлять над тем, куда их может завести такой маршрут, они играют со своими материальными амбициями до тех пор, пока не покинут эту землю с пустыми руками. Жить подобным образом — значит влачить пресное, бесцельное существование. В чем же смысл нашей жизни в этом мире и за его пределами? Великие мастера демонстрируют метод, посредством которого все люди могут научиться жить полной жизнью на физическом, умственном и духовном плане. Это относится и к материально успешным людям, окружившим себя роскошью, комфортом и разнообразными развлечениями.

Овладейте собой. Будьте ведомы не привычками, но свободной волей и мудростью, которые приходят к вам с познанием Бога. У вас есть право выбора, у вас есть возможность окружить себя раем прямо здесь и сейчас; вы имеете для этого все необходимое. Бог одарил вас возможностью познать Его, Он дал вам *Раджа-йогу* — науку, которая учит вас устремляться к Нему всем умом, науку молитвы, посредством которой вы можете установить контакт с Богом и общаться с Ним.

Чудеса, вошедшие в историю

Позвольте рассказать вам о некоторых достижениях индийских йогов, которые показывают, насколько сильно те опережали свое время. Они совершали чудеса, которые по сей день находятся за гранью понимания материальной науки. События эти подлинны и исторически достоверны.

Около семидесяти лет назад священный город Варанаси горячо обсуждал чудеса Трайланги Свами[3]. Ему было двести пятьдесят лет. Говорят, он мог по два-три дня сидеть на поверхности Ганга и столько же времени проводить под водой; кроме того, он с легкостью читал мысли людей и безо всякого вреда для здоровья черпаками пил смертельные яды. Судя по всему, он совершал все виды чудес, продемонстрированных Иисусом Христом. Однажды он не посчитался с городскими законами, и его посадили в тюрьму. Не прошло и минуты, как его заметили разгуливающим по крыше этой самой тюрьмы. Он обладал многими сверхъестественными способностями. Может ли наука поведать нам о другом таком долгожителе?

Другое чудо *Раджа-йоги* было явлено Садху Харидасом, который согласился быть погребенным заживо на целых шесть недель. Это необыкновенное событие, имевшее место в XIX веке при дворе махараджи Пенджаба, Ранджита Сингха, было задокументировано французскими и английскими врачами. После того как тело Харидаса обмазали воском, поместили в мешок и заключили в каменный сундук, махараджа погрузил *садху* в землю на глубину

---

[3] См. «Автобиографию йога», гл. 31.

несколько футов во внутреннем дворике своего дворца. Днями и ночами бдительная стража не сводила глаз с этого места. Прошло шесть недель; миллионы людей с нетерпением ждали новостей о результатах выкапывания *садху*. Когда каменный сундук был открыт и *садху* извлекли из мешка и очистили от воска, французские и английские врачи, обследовавшие тело, объявили *садху* мертвым. Но спустя всего несколько минут веки Харидаса вздрогнули: он вернулся к жизни. Ба-бах! И вот уже гремели пушки императорского форта в Лахоре (Пенджаб, Индия), торжественно возвещая о том, что святой Харидас живее всех живых. Этот случай упоминается в любом серьезном учебнике по индийской истории.

В Индии и сегодня живут святые, которые время от времени публично демонстрируют свои сверхъестественные способности. Моя мать лично видела Лахири Махасайю — он был учителем моего учителя — в экстатическом состоянии, когда ему случилось надолго приостановить все жизненные процессы в своем теле[4]. Однако великие йоги не афишируют и не демонстрируют такие способности лишь ради удовлетворения чьего-либо праздного любопытства: они расценивают это как кощунство и духовную деградацию. Хоть я и был в тесном контакте со своим Гуру, Свами Шри Юктешваром, я далеко не сразу обнаружил, что он обладает сверхъестественными способностями.

Мой Гуру продемонстрировал мне непобедимую силу Бога

«Вел себя Шри Юктешвар сдержанно и сухо. В нем ничего не было от рассеянного или чудаковатого мечтателя. Учитель твердо стоял ногами на земле, пребывая головой в небесах небес... Шри Юктешвар очень неохотно говорил о надфизических мирах. Единственной его „чудесной" аурой была совершенная простота. В беседах гуру избегал говорить о необычном, зато совершенно свободно выражал себя в действиях. Многие

---

[4] «К благоговейному удивлению всех, кто видел Лахири Махасайю, он почти все время пребывал в совершенно непостижимом сверхчеловеческом состоянии: гуру не дышал, не спал, у него не прощупывался пульс и не билось сердце, глаза не моргали на протяжении многих часов, и при этом его окружал необычайный ореол покоя. Никто не уходил от учителя, не испытав духовного подъема. Каждый понимал, что получил безмолвное благословение истинного Божьего человека». — «Автобиография йога».

> *учителя говорили о чудесах, но не могли явить ни единого. Шри Юктешвар редко говорил о тонких законах, — он просто, без всякой показухи, пользовался ими в жизни.*
>
> *„Познавший Бога человек не являет чуда до тех пор, пока не получит внутреннюю санкцию на это, — объяснял Учитель. — Бог не хочет, чтобы тайны Его мироздания раскрывались перед кем попало. Кроме того, каждый человек в мире наделен неотъемлемым правом на свободное изъявление воли. И святой не должен посягать на эту свободу"».*
>
> — «Автобиография йога»

Я лицезрел множество чудес, совершенных моим Гуру, и величайшее его чудо, о котором я хотел бы возвестить миру, — это получение мною диплома бакалавра гуманитарных наук.

Когда я учился в колледже, я ежедневно посещал ашрам моего Гуру и оставался там допоздна. Усиленно занимаясь практикой медитации, я погружался в мудрость его присутствия. Я настолько забросил свою учебу, что даже не знал, где мои учебники. За пять дней до выпускных экзаменов я сообщил Мастеру, что не собираюсь на них идти. «Тогда наши с тобой отношения прекращаются прямо сейчас, — его лицо вдруг стало суровым. — Я прошу у тебя только одного: *появись* на экзаменах». Он меня заверил, что я все сдам, даже несмотря на то, что я толком и не учился. Я неохотно согласился, решив, что *буквально* исполню свое обещание «появиться», а все страницы экзаменационных бумаг сплошь испишу его учениями.

Затем он дважды — сперва мягким, а потом и строгим тоном — повелел мне попросить помощи у одного моего друга, Ромеша Чандры Датта, круглого отличника. Я каждый день задавал Ромешу все вопросы, какие только приходили мне на ум, и запоминал его ответы. Ромеш поднатаскал меня по нескольким предметам и ответил на все мои вопросы.

В каком-то отношении получить диплом бакалавра в Калькуттском университете даже сложнее, чем в Гарварде: экзамены сопряжены с огромным количеством трудностей и несправедливостей. Как бы то ни было, я выполнил указание Мастера. Невероятно, но факт: я обнаружил в билетах те самые вопросы, которые Ромеш интуитивно выбрал, чтобы подготовить меня к экзамену. По окончании первого дня сессии я уверенно возвестил миру, что пройду испытание, и, когда я получил диплом бакалавра, отец и друзья, которые уже было разуверились в моем успехе, сказали, что я совершил чудо. Вот почему на всех моих книгах и статьях после моего имени стоит аббревиатура *А. В. (Сокращение от англ. Bachelor of Arts — «Бакалавр гуманитарных наук». — Прим. перев.)*: это своеобразное напоминание об уникальном опыте и благословении, полученном от моего Гуру, обладающего божественной силой[5]. Когда я спросил у Мастера, как такое стало возможным, он сказал, что вера, усилия и знание высших умственных законов творят чудеса там, где физические усилия не приносят результата.

Помнится, один мой друг, увидев, как я предан моему Гуру и нерадив в учебе, посмеялся надо мной и сказал: «Мне очень жаль, но вынужден тебе сообщить, что твой Гуру и Бог не помогут тебе сдать экзамены». Моя вера, наряду с моим нежеланием соглашаться, побудили меня ответить: «А почему бы и нет?» На тот момент я даже и представить себе не мог, что мое допущение материализуется таким эффектным образом.

Мой Гуру все еще здравствует в Индии, и, боюсь, я даже не осмелюсь рассказать вам обо всех явленных им чудесах[6]. Но одно я вам точно скажу: во всем западном мире я не встречал подобного ему человека. Я бы с удовольствием променял все американские удобства на нищету, голод и неблагоустроенность индийской жизни, лишь бы только сидеть у ног человека, подобного моему Мастеру. Простого прикосновения к руке или к стопам познавшего Бога мастера уже достаточно, чтобы восприимчивый ученик опьянился великим Божьим духом.

---

[5] Вскоре после прочтения этой неформальной лекции Парамахансаджи стал постепенно отказываться от упоминания своей академической степени, почувствовав, что эта практика уже исполнила свое предназначение — позволила ему завоевать доверие скептичной западной публики. «Однажды ты отправишься на Запад, — сказал Шри Юктешвар. — Тамошний народ будет более восприимчив к мудрости Индии, если в кармане у чужеземного учителя-индуса будет лежать университетский диплом».

[6] Свами Шри Юктешвар вошел в *махасамадхи* (окончательный сознательный выход из тела, совершаемый продвинутым йогом) 9 марта 1936 года.

В 1927 году Запад был еще не готов слушать вдохновенные повествования о тайнах христоподобных йогов Индии. Эти откровения были явлены читателю лишь через двадцать лет, когда вышла в печать книга Парамахансы Йогананды «Автобиография йога».

Прямое познание законов Истины

«Мерилом духовных достижений являются вовсе не внешние силы, но глубина блаженства при медитациях…

Как скоро мы устаем от земных удовольствий! Страсть к материальным вещам бесконечна, человек никогда не бывает удовлетворен полностью, он преследует одну цель за другой. Ему всегда хочется «чего-то еще», а именно Господа, Который один может дать нескончаемую радость…

Когда Крийя-йога освобождает разум от телесных ощущений, медитация дает нам двойное доказательство Бога. Первое подтверждение Его существования (и оно убедительно не только для разума, но для самих атомов нашего тела) — это ощущение вечно новой радости. Второе подтверждение состоит в том, что в медитации человек обретает Его немедленное водительство, адекватный ответ в любых жизненных невзгодах».

— Свами Шри Юктешвар в «Автобиографии йога»

Американцы — хорошие слушатели и ценители истинного прогресса. Вот почему они не должны довольствоваться простым выслушиванием философских посылов индийской духовной науки. Им нужно обучиться определенной технике, дающей человеку понимание того, как задействовать сверхспособности своего ума и применять в жизни высшие законы, ведущие к материальному и любому другому успеху.

Думать и знать — это разные вещи. Если вы будете практиковать *Раджа-йогу*, которой обучает Йогода[7], вы обретете то, чего у вас еще никогда не было, — способность воспринимать истину прямо и непосредственно. Я знаю, что могу воспринимать истину именно благодаря тому, что следую учениям моих *Гуру* и *Парамгуру*[8], и я знаю, что это лучше, чем страдать от «духовного несварения», вызванного бездумным проглатыванием чьих-либо убеждений и попытками логически их осмыслить. Вы не сможете долго придерживаться убеждения, основанного на догме или сухом знании, если оно противоречит фактам. Если же ваше

---

[7] Индийское название общества, основанного Парамахансаджи, — Yogoda Satsanga Society (см. глоссарий). В ранние годы своего пребывания в Америке Парамахансаджи активно использовал термин «Йогода» в отношении своих учений.

[8] *Парамгуру* — гуру чьего-либо гуру (см. глоссарий).

убеждение порождено прямым осознанием, тогда даже горы препятствий не смогут преградить вам путь и вы продемонстрируете истину, которой учили Христос и Великие Мастера[9]. Если вы позволяете себе быть обманутым, виноваты в этом вы сами. Устремитесь же к мудрости!

Нельзя просто сидеть и ждать — сделайте кое-что действительно стоящее. Так наставлял меня мой Мастер. Лишь одного он хотел: помочь нам установить контакт с Богом. Люди разменивают свое счастье на всякие пустышки. Бог заведует кладовой всей Вселенной; найдите Его, и вы получите доступ к этой кладовой. Попасть туда можно лишь путем прямого контакта с Богом, путем самоличного постижения Истины.

Внутренняя дверь к Божественной силе и блаженству

«Как удалось Христу воскресить свое распятое тело? Каким образом совершали свои чудеса Лахири Махасайя и Шри Юктешвар? У современной науки пока нет ответов на эти вопросы, хотя с наступлением атомной эры границы человеческого разума значительно расширились. Слово „невозможно" занимает в словаре человека все меньше места».

— *«Автобиография йога»*

Успех, богатство, излечение хронической болезни, обретение контроля над своими привычками — все это достижимо. Если вы уже испробовали все мыслимые и немыслимые материальные средства, нет больше смысла беспомощно прибегать к таким маломощным ресурсам. Отворите внутренние врата, и вас захлестнет волна животворящей духовной силы. Слабость и неудачи исчезнут без следа. Почему бы вам не прибегнуть к Божьей помощи? Обретите спокойствие, порожденное концентрацией на Духе. Медитативное спокойствие — это безбрежное море божественной силы.

У Бога нет любимчиков. Вы найдете Его, если будете следовать определенному методу. Найдя Его внутри себя, я нашел Его повсюду. Я тосковал по Богу, будучи еще совсем маленьким.

---

[9] «Если будете иметь веру и не усомнитесь... если и горе сей скажете: поднимись и ввергнись в море, — будет» (Мф. 21:21).

Однажды я даже написал Ему письмо. Я не шучу! В качестве получателя на конверте значился «Бог, сущий на небесах». Естественно, посылая письмо, вы ждете какого-то ответа. Мое ожидание вылилось в реки слез; но ответ в конечном итоге пришел — не в словах на бумаге, а в видении ослепительного света. О, как это было прекрасно! Вы тоже можете получить от Него ответ, если проявите настойчивость и не будете сдаваться. Продумайте свои вопросы, прочувствуйте их изнутри и «посылайте» их Богу в своих глубоких медитациях — тогда вы непременно получите от Него ответ.

Бога можно привлечь лишь посредством точных методов и преданной любви, Его можно привлечь, общаясь с Ним внутри и тоскуя по Нему неослабно, — тоскуя до тех пор, пока Он наконец не отзовется. Когда научные техники медитации снесут внешнюю стену неведения, Бог укажет вам на дверь, ведущую к Его присутствию. Стучите громко и настойчиво, и тогда эта дверь отворится. Безграничная сила и блаженство Господа будут в вашем распоряжении.

Давайте вместе произнесем аффирмацию: «Я и Отец — одно; Он во мне, я — в Нем. Покой, блаженство, всемогущество царствуют во мне — в Боге, живущем во мне».

Возрождение: обновление и преображение тела, ума и души

Лекция, прочитанная Парамахансаджи ученикам центра SRF в Вашингтоне, округ Колумбия, 7 апреля 1929 года[1]

Мысль не имеет границ. Каждое слово являет собой мысль, облаченную в форму самой Бесконечностью, ибо за каждым словом и за каждой мыслью стоит проявление Духа. Многие волны мыслей танцуют на волнах сознания, за которым скрывается безбрежный Океан Истины. Наши мысли — волны в этом океане познания.

Что такое возрождение? Это новая жизнь, воскресение в обновленной жизни. Но что именно воскресает и как это происходит? Мы должны понять суть возрождения и что представляет собой обновленная жизнь.

Каждый существующий объект претерпевает изменения, которые могут быть для него разрушительны или же благотворны. Например, если я возьму грязный стакан и брошу его на пол, он изменится, не так ли? Но изменение это не будет для него благотворным. Если же я помою стакан и натру его до блеска, такое изменение станет для него благотворным. Любое благотворное изменение в предмете или в человеке можно назвать возрождением.

Вы можете возродить старую мебель в мастерской краснодеревщика. Вы можете возродить свой дом, прибегнув к помощи архитектора. Сегодня, однако, мы будем говорить о возрождении человеческого тела. В контексте нашей темы возрождение подразумевает любое изменение, возвышающее человека. Вы просто не можете стоять на месте. Вы либо двигаетесь вперед, либо пятитесь

---

[1] Согласно указаниям Парамахансы Йогананды, фрагменты этой и других его ранних лекций и статей были включены в Уроки SRF (*Self-Realization Fellowship Lessons*).

назад. Эта великая истина несет большое вдохновение. Вы должны определить для себя, что именно вам вредит, а что идет на пользу.

Каждый человек является проявлением бескрайнего необъятного Духа. Разве это не чудо, что человек исправно функционирует без каких-либо моторов и проводов, не подзаряжаясь при этом от внешних источников энергии? Человеческая машина просыпается, завтракает, идет на работу, обедает, возвращается к работе, ест ужин, идет в кино (или предается иным развлечениям у себя дома), ложится спать, а затем просыпается и начинает все по новой — и так каждый день. Нами как смертными существами управляет нечто такое, что по принципу действия напоминает радио, — разумная активная энергия жизни, которую Бог высвобождает через созидательные законы Природы[2]. Некоторыми судами можно управлять по радиосвязи; аналогичным образом, человеком управляют законы Природы, сотворенные вездесущим безграничным Духом.

Нужно, однако, помнить, что мы не роботы. Наша душа — отражение Духа. Подобно тому как солнечный свет, падающий на поверхность движущейся воды, переливается мириадами огоньков, так и Дух, освещающий вибрационное мироздание, отражается в каждом человеческом теле и уме как индивидуализированная душа. Есть лишь одно «но»: хоть душа и является отражением Духа, она отождествила себя с телом, а значит, и с телесными и умственными ограничениями. В процессе эволюции душа постоянно пытается пробудить себя от ложного представления, навязанного ей диктатурой тела и ума. Но на деле все не так просто, правда ведь? Возродить индивидуализированный образ Духа — значит отделить душу от беспокойного телесного сознания, порождающего ложное представление, и воссоединить ее со всепроникающим Светом Духа, которому не ведомы искажения.

Теория и практика

Расскажу вам анекдот. Попал как-то один харизматичный священник[3] на небеса и сказал Богу:

---

[2] *Пракрити*, активное проявление Духа как Творца.

[3] Евангелист Билли Сандей (Уильям Эшли Сандей, 1862–1935), упомянутый в сатирическом эссе Чарльза Эрскина Скотта Вуда *Heavenly Discourse*.

— Отец, Ты меня узнаешь? Я говорил о Тебе огромным толпам и посылал их в рай целыми вагонами.

А Бог ему отвечает:

— Посылать-то ты их посылал, вот только никто не доехал!

Порой, вознося механическую молитву, мы думаем, что избавляемся от своих недостатков и духовно возрождаемся. Это не более чем игра воображения, ведь наши слова и поступки говорят об обратном. Возродите свое высшее «Я». Такое возрождение должно иметь место не в теории, а на практике. В теории и механическая молитва чего-то да стоит, но иногда она вредна для практического понимания.

Давайте для начала выясним, что же такое возрождение ума. На заре жизни душа начинает играться со своим телесным инструментом; со временем она становится его рабыней. Именно поэтому мы должны возвыситься над физическим планом существования. Умственное развитие проявляется как результат физического развития, то есть эволюции. Мы видим, что в ходе естественной эволюции душа ступает на благодатную почву интеллекта, проявляя уникальные качества человека, после чего воспаряет в сферу духовного осознания, придающего реальный смысл плодотворному развитию и свершениям человеческого ума. Свершения, произведенные на умственном плане, как и любые другие благие свершения, несомненно, полезны. Со временем мы начинаем понимать, что мы способны возродиться в Духе путем одухотворения тела и ума. Так мы становимся инструментами выражения Духа.

Возродиться — значит выпустить душу из клетки неведения, возвысить и освободить ее от кандалов смертного сознания. Человеческая жизнь порой прекрасна, однако тот, кто к ней привязан, подобен райской птице в клетке: из-за своей привязанности и привычки она может не захотеть покинуть клетку, когда вы отворите дверцу. Разве это не печально, что птица не желает обрести безграничную свободу, которой она когда-то наслаждалась? Она боится. То же и с нами: теряя осознание тела в глубокой медитации, мы можем подумать: «А что, если я „сорвусь" в Бесконечность и никогда уже не вернусь?» Мы страшимся высот безграничного сознания. Мы слишком долго отождествляли себя с телом, посему теперь мы не хотим ступать в нашу необъятную вездесущность, мы боимся воскресить всемогущество и всеведение нашей души. Возродить свою врожденную мудрость, избавившись от телесного рабства, — значит пережить самое настоящее духовное возрождение.

Свобода тела не есть настоящая свобода

Теперь давайте поговорим о телесном возрождении, о том, как произвести в теле благотворные изменения. Но прежде — пару слов о «живых мертвецах», которые ходят по улицам. Многие люди полагают, что они свободны, раз уж они могут думать и говорить, шевелить руками и ногами, а также идти, куда им хочется. Но они отнюдь не свободны. Они связаны по рукам и ногам, окованы Природой и своими подсознательными привычками, совсем как лунатики. Есть много видов физической порабощенности. Если, к примеру, вы не смогли воскресить себя от болезни, значит, вы все еще окружены тюремной решеткой материи. Крайне важно воскресить себя от болезни, ведя правильный образ жизни. Я в течение многих лет внимательно изучал этот вопрос, и в итоге мною был разработан простой способ улучшения здоровья — путем контакта с Космической Энергией[4].

Мы также должны осознавать ценность правильного питания. Мясо вредно для нашего организма, то же можно сказать и про неправильно приготовленное вегетарианское блюдо, в котором убиты все витамины. Воскресите свой ум от дурных привычек неправильного питания.

Витамины абсолютно необходимы организму для гармоничного физического развития. Витамины — это «мозг» пищи. Витамины распределяются по всему организму и придают телу жизнеспособность. Они — искры, воспламеняющие порох химических реакций в организме.

Не обработанные серой изюм и инжир — сладости, произведенные самой природой. Обычно изюм и инжир — это мумии. Их обрабатывают таким образом, что они совсем не портятся; однако в них нет жизни. Их можно кому-нибудь завещать и передавать из поколения в поколение как семейную реликвию! Высушенный

---

[4] *Прана* — разумная энергия, по своей структуре более тонкая, чем атомная — питает жизнью весь физический космос. Практика техник общества Self-Realization Fellowship, в частности Энергизирующих упражнений, позволяет человеку заряжать свое тело космической энергией, то есть вездесущей *праной* (см. глоссарий).

на солнце инжир испортится уже через три месяца. В «мумифицированном» его варианте все витамины уже разрушены парами серы. Разве это правильно — продлевать фрукту жизнь ценой уничтожения его пользы?

Яйца лучше варить вкрутую, потому что они могут содержать инфекции больных куриц.

Если вы будете помнить основные правила и употреблять много свежих овощей и фруктов, не испорченных неправильным приготовлением или хранением, а также орехи, цельные злаки и немного молочных продуктов, вы не будете нарушать законов природы[5]. Придерживаясь такой диеты на протяжении многих лет, я убедился в ее эффективности. И об этом я буду говорить всем. Перед природой оправдываться бесполезно: ее не волнует, по какой причине вы годами нарушали ее законы здоровья. Если же вы питаетесь разумно, вы можете время от времени нарушать законы здоровья, это вам особо не навредит.

Сегодня я чувствую себя лучше, чем когда-либо. И хотя в юности я был хилым, сейчас у меня крепкие мышцы. Конечно, в этом мне помогла не только диета, но и техники Йогоды (*Self-Realization Fellowship.* — Прим. изд.).

Важность правильного питания

Недавно я познакомился с одним интересным человеком, которого все называют дядюшкой Билли Райсом. Ему семьдесят девять лет, и на своей совершенно лысой голове он нарастил целую шевелюру. Он мне рассказывал, что годами не мог избавиться от своего огромного живота, и уже в возрасте двадцати пяти лет он был на грани смерти. Но ему удалось себя воскресить. Он стал размышлять: «Если Бог и существует, Он совершенно точно не ответственен за мою болезнь», после чего пришел к выводу, что он сам сделал себя больным. Он принялся воскрешать себя от

---

[5] Советуя включать в свой ежедневный рацион питания большое количество сырых овощей и фруктов, Парамахансаджи отмечал: «Если ваше питание состоит в основном из вареной пищи, сырые продукты следует вводить в него постепенно, чтобы организм мог к ним привыкнуть. В отношении вареных овощей знайте: лучше варить их не в кастрюле, а на пару. Овощи, сваренные в кастрюле, нужно употреблять вместе с отваром, в котором они варились».

Административное здание Главного международного центра Self-Realization Fellowship на холме Маунт-Вашингтон, 1996 год. Именно этот центр, территория которого занимает восемнадцать акров, отвечает за всемирное распространение учения о *Крийя-йоге*, представленного Западу Парамахансой Йоганандой.

Ашрам Self-Realization Fellowship в Энсинитасе, штат Калифорния. Этот ашрам был основан Шри Йоганандой в 1936 году. Именно здесь, в своей уединенной обители, окна которой выходят на океан, он написал «Автобиографию йога» и некоторые другие свои книги. Сегодня сюда приезжают люди со всего мира, чтобы провести несколько дней в уединении или же просто насладиться тишиной и покоем местных садов для медитации.

болезни, которую сам же к себе и притянул. Он понял, что его тело нуждается в шестнадцати элементах, посему изменил свое питание и через какое-то время вернул себе утраченное здоровье. Сейчас он в прекрасной физической форме, и мы с ним даже померились силами. Мы стали хорошими друзьями. От него я узнал много ценного о здоровом образе жизни.

Вы в любом случае должны что-то есть, так почему бы вам не питаться правильно? Если вы наелись, это еще не значит, что вы поели! Белый хлеб, сахар, пироги — все это, конечно, утолит ваш голод, но через несколько месяцев сведет вас в могилу. Поэтому воскресите себя от привычки неправильно питаться. Гремучая змея не нападет, не подав вам знака, а вот густой соус и белая мука вам ничего не скажут — они такие аппетитные и вкусные! Все белое — рафинированная мука, сахар, крупы — зачастую вредно; иногда бывают полезны коричневые продукты: цельные, неочищенные злаки и натуральный сахар во фруктах и меде. Когда-то мы питались необработанными злаками, потом появились мельницы и стали очищать и перерабатывать зерна, лишая их самого полезного. Белый хлеб отравляет кишечник. Не доводите себя до запора — это непозволительно. Прекрасное средство для улучшения пищеварения — упражнение Йогоды, предназначенное для желудка[6].

Польза голодания

И еще одно: раз в неделю полезно голодать на апельсиновом соке, чтобы дать отдых внутренним органам. Вы не умрете — вы *оживете*! Раз в месяц голодайте два-три дня подряд, употребляя только апельсиновый сок[7]. Ваша привязанность к материи так сильна, что вам даже страшно пропустить прием пищи. Мы явно живем не Божьим Духом, хотя Иисус Христос говорил, что нужно жить словом Божьим: «Не хлебом одним будет жить человек,

---

[6] Одно из Энергизирующих упражнений, представленных в Уроках SRF (*Self-Realization Fellowship Lessons*).

[7] Здоровым людям будет несложно голодать два-три дня подряд; более длительные голодания должны предприниматься под наблюдением врача. Людям, страдающим хроническими заболеваниями или врожденными недугами, необходимо посоветоваться с врачом, прежде чем следовать рекомендациям, изложенным в этой статье.

(*Слева*) Парамаханса Йогананда с президентом Мексики Эмилио Портесом Хилем, Мехико, 1929 год. Президент был восторженным поклонником Парамахансаджи и его учений. (*Справа*) Парамаханса Йогананда приветствует посла Индии в США Биная Р. Сена с супругой и генерального консула Индии но всяким словом, исходящим из уст Божиих»[8]. Исцелите себя от привычки переедать и быть рабом своих вкусовых рецепторов. Когда вы голодаете на апельсиновом соке, он очищает каждую клеточку вашего тела. Вы должны проводить «генеральную уборку» в своем теле посредством голодания хотя бы раз в месяц. Не позволяйте токсинам накапливаться в вашем организме. Когда вы вдруг заболеваете, вы, конечно же, спешите к Богу за помощью. Не позволяйте себе заболевать. Самый лучший и простой способ поддерживать здоровье в своем теле — голодать на апельсиновом соке раз в неделю и два-три дня подряд раз в месяц. Воскресите свою душу от гипноза плохих привычек в питании.

Чтобы обрести Бога, вы должны возродиться во многих аспектах. Вы сможете одухотворить свое тело только в том случае, если будете правильно питаться, проявлять во всем умеренность, а также принимать солнечные ванны и упражняться.

Пробудитесь от осознания болезни

Следующий пункт: вам необходимо пробудить себя от *осознания* болезни. Такой метод исцеления даже более эффективен, чем медитация и физические средства. Эксперименты немецких ученых показали, что многие люди выздоравливают быстрее, если не анализируют свое физическое состояние и не падают духом из-за имеющихся у них недугов. Существует тесная связь между умом и телом, поэтому крайне необходимо избавиться от *осознания* болезни. Много раз наши болезни покидали нас, а возвращались из-за наших мыслей о них.

Однажды некий святой, медитируя поздно ночью, узрел, как в его деревню входит призрак ужасной болезни, оспы.

— Остановитесь, мистер Призрак! — вскричал он. — Уходите. Вы не должны учинять боль деревне, в которой я воспеваю Бога.

— Я заберу лишь троих, — ответил призрак, — в соответствии с моей высокой кармической миссией.

Святой лишь грустно кивнул в знак молчаливого согласия.

На следующий день три человека умерли от оспы. Однако через день скончались еще несколько человек. И каждый последующий

---

[8] Мф. 4:4.

день от этой страшной болезни умирало все больше и больше жителей деревни. Посчитав, что его вероломно обманули, святой погрузился в глубокую медитацию и призвал призрака оспы. Когда тот явился, святой отчитал его:

— Мистер Призрак, вы обманули меня. Вы говорили неправду, когда обещали, что заберете только троих.

Но призрак ответил:

— Именем Великого Духа, я говорил правду.

Святой настаивал:

— Вы обещали взять лишь троих, но от болезни умерло огромное количество людей!

— Я и в самом деле забрал только троих, — ответил призрак, — всех остальных убил их собственный страх.

Вы должны воскресить свой ум от осознания болезни, от мыслей о ней. Вы — неуязвимый Дух, но сейчас вашим умом управляет тело, хотя должно быть наоборот: это ум должен управлять телом. Тогда тело откажется следовать диктатам внешних условий или наследственности. Неправильный образ жизни на физическом плане достался людям по наследству от праотцов рода человеческого, поддавшихся смертной иллюзии. Зачастую болезни появляются только потому, что вы зачинаете в себе мысль о болезни, унаследованную от ваших предков, и этим укрепляете свою уязвимость к ней. Вы всегда должны помнить, что, если бы Дух перестал излучать разумную энергию, активизирующую все мироздание, вы бы тут же пали как подстреленная птица. Вам бы не помогли ни ваши деньги, ни ваше положение в обществе. Помните: вы всем обязаны Богу, вы живете Его силой. Пробудитесь от осознания физической болезни. Болезни создал не Бог. Избавьте себя от мысли о болезни, мысли, которая досталась вам от ваших предков. Не бойтесь трудностей, будьте бесстрашны. В Индии эти истины проповедуются с древнейших времен. Только такие истины вас и освободят.

Теперь поговорим об избавлении себя от привычек умственного характера. Как известно, гусеница тутового шелкопряда плетет вокруг себя кокон из шелковой нити. Однако прежде чем у нее сформируются крылья и она сможет вырваться из кокона, она оказывается в руках производителя шелка и встречает свою смерть в созданной ею же тюрьме. В подобной западне оказываемся и мы. Так и не нарастив крылья духовности, мы по собственной глупости плетём вокруг себя кокон из нитей страха, беспокойства и неведения; после приходят болезни и смерть и уничтожают нас. Мы самолично порождаем своё рабство. Но что наиболее губительно? Наши ошибочные мысли, наш неправильный образ жизни, — ведь ложные мысли дают толчок ложным деяниям. Мы должны избавить себя от злобных мыслей, убивающих нашу духовность, от мыслей, питающих эгоизм, от хаоса негармоничной жизни.

«Предоставь мёртвым погребать своих мертвецов»

Многие люди думают, что они пробуждены, но это не так. В основной своей массе они «ходячие мертвецы». Вы наверняка слышали о людях, которые ходят во сне и кричат: «Пожар! Пожар!» или читают нотации. Собственно, почти все люди такие. Это не относится к ученикам Йогоды и ко всем тем, кто живёт истиной. Иисус сказал: «Предоставь мёртвым погребать своих мертвецов»[9]. Некоему человеку надлежало быть погребённым другим человеком, который, однако, сам лежал в могиле духовного неведения. Вам нужно воскресить тех, кто похоронил себя заживо своим неправильным образом жизни. Но прежде должна засиять улыбка *вашей* воскрешённой души. Не стоит расплываться в напускной улыбке, говоря: «Я та-а-ак рад вас видеть!» Когда вы улыбаетесь — когда Господь улыбается в вашем сердце, а сердце улыбается в ваших глазах, — тогда сам Принц Улыбка восседает под балдахином вашего чела. Никогда не позволяйте наглому притворству нарушать эту идиллию. Улыбайтесь даже посреди штормов испытаний.

Бог знает, что вас сотрясают волны испытаний и вы не видите вездесущий, всепронизывающий Дух лишь потому, что ваши глаза покрыты пеленой вами же сотворённого духовного неведения. Он знает, что парусник вашей жизни уклонился от взятого курса под влиянием штормовых ветров. И всё же Он понимает, что вы движетесь по направлению к Нему. Когда к вам подступают испытания, молитесь: «Я спустил свою лодку в тёмное море, но я по-прежнему слышу Твой зов. Я знаю: Ты ведаешь о том, что я плыву к Тебе». Вы должны неустанно сражаться; даже когда вам

---

[9] Лк. 9:60.

кажется, что ваши руки сломлены, не сдавайтесь, продолжайте сражаться. Однажды тучи разойдутся и вы вернетесь к счастливой и благодатной жизни, позабыв о всех своих испытаниях.

Испытания приходят не для того, чтобы уничтожить вас, они учат вас больше ценить Бога. И это не Бог посылает их вам — вы сами их сотворили. Они есть результат осознанных и неосознанных действий, совершенных вами где-то и когда-то в прошлом. Так что винить в своих бедах вы должны себя самого. Это, однако, не повод развивать в себе комплекс неполноценности. Все, что вам нужно сделать, чтобы преодолеть свои испытания, — это воскресить свое сознание от духовного невежества. Непрестанно молитесь: «Отец Небесный, я знаю, что Ты идешь мне на помощь, и в душе моей не гаснет луч надежды. Ты — маяк, несущий спасение моим мыслям, терпящим бедствие в бурном море испытаний».

Чего вы боитесь? Вы бессмертны. Вы не мужчина и не женщина, как вам может показаться, вы — душа, блаженная и вечная. Не отождествляйте свою бессмертность с человеческими привычками, ибо они ваши смертельные враги. Иисус проходил через тяжелейшие испытания, и все же он проявил любовь к своим врагам и сказал: «Отче! прости им, ибо не знают, что делают». Вы тоже должны быть способны прощать своих обидчиков даже посреди суровых испытаний, чтобы в итоге сказать: «Душа моя воскресла. Я сильнее всех своих испытаний, ибо я дитя Божие». Познавшие Бога люди — это те, кто развил свои умственные способности путем применения духовных законов. Когда вы расширите способности своего ума, чаша вашего познания увеличится настолько, что сможет вобрать в себя весь Океан Знания. Вот тогда вы возродитесь по-настоящему.

Отдавайте и забывайте

На прошлой неделе мы праздновали Воскресение Христово, вспоминая того, чья жизнь стала великим примером для всех. Люди, которым вы делаете добро, могут от вас отвернуться или даже дать вам пощечину. Ожидать вознаграждения за свои добрые дела — низко. Отдавайте и забывайте. Если вас кто-то ударил, просто скажите себе: «Он не знает, что делает» — но не говорите этого вслух. Избавляйтесь от мелочности, не думайте о незначительных вещах, не дающих вам покоя.

Случалось ли вам думать, что обстоятельства полностью выбили вас из колеи, что вы встревожены, разбиты, повержены, бессильны? Гоните прочь такие мысли! Вы обладаете огромной силой, просто вы ее не используете. Вся эта сила находится в вашем распоряжении. Нет ничего могущественнее силы мысли. Очистите свой ум от ничтожных привычек, которые вас постоянно заземляют. Пусть ваш лик светится неугасимой улыбкой — улыбкой Господа. Засияйте улыбкой осторожного безрассудства, улыбкой на миллион, которую никто не сможет у вас отнять.

Несколько лет назад, когда я ехал в Лос-Анджелес, я встретил в поезде бизнесмена, внешность и манеры которого сразу же привлекли мое внимание. Он был хорошо одет и всем своим видом демонстрировал состоятельность. Внешне все указывало на то, что жизнь одарила его всевозможными благами, всем необходимым для счастливой жизни. Несмотря на это, я проникся к нему жалостью, ибо от него исходило чувство глубокой подавленности. Я сказал себе: «Что с ним не так? Похоже, его привычка пребывать в унынии похоронила его заживо. Я должен его воскресить». Посмотрев ему прямо в глаза, я спросил:

— Вы можете назвать себя счастливым человеком?

Он попытался отпугнуть меня своим суровым взглядом, но «ответ» был зеркальным. Я поразмыслил: судя по его пронзительному взгляду, в своем уме он меня уже уничтожил, так что во второй раз он меня точно не убьет.

Спустя какое-то время он наконец среагировал:

— А вас, что, это касается?

— Да, — ответил я. — Я воскрешаю ходячих мертвецов.

— Да, я счастлив, — отрезал он.

— Вот уж не думаю, — настаивал я. — Ваши мысли говорят об обратном.

— А почему это я не должен быть счастлив? — возразил он. — Я каждый месяц кладу на свой банковский счет от пятидесяти до шестидесяти тысяч долларов.

«Вот бедняга! — подумал я. — Он действительно полагает, что счастье — это когда ты пополняешь свой счет большими суммами денег».

— Завтра вас вообще может не стать, и у вас не останется ни цента. А удалось ли вам открыть счет в банке Господа?

Позже он пригласил меня на ужин, но внутренне он по-прежнему был настроен враждебно. После очередной нашей беседы он стал проявлять благоразумие.

— Не полагайтесь на деньги, — посоветовал я ему. — Вы можете умереть в любой момент, даже не успев составить завещание. Все эти материальные богатства вам не принадлежат. Вам необходимо открыть свой счет в банке Господа.

Мои доводы пробудили в нем интерес, и он предложил мне встретиться в Бостоне. В ответ я предложил ему встретиться в Лос-Анджелесе. Но у него не было времени туда съездить. Позднее, находясь в Бостоне, я зашел в отель, где, как он сам рассказывал, он обычно останавливается. Когда я спросил, как его можно найти, менеджер отеля сказал мне:

— А вы разве не знаете, что с ним приключилось? Его сбил грузовик, когда он возвращался с хоккейного матча. Он умер, так и не придя в сознание.

Я чувствовал себя ужасно. Он пробудился немного. Но недостаточно.

На лоне бессмертия

Сонастроившись с Бесконечностью, вы осознаете следующую истину: даже если природа разрушит ваше тело, вы по-прежнему будете пребывать на лоне бессмертия. Поэтому воскресите себя от человеческих привычек и приземленных мыслей. Каждую секунду проживайте в осознании своих отношений с Бесконечностью. Им никогда не настанет конец, это единственное, что пребудет с вами вечно. Я говорю вам это не для того, чтобы вас напугать, а чтобы пробудить ваше понимание и ваши усилия, дабы вы не погребали свою душу под грудой ложной удовлетворенности.

Откройте свой счет в банке Господа, и вы никогда не потеряете своих сбережений. Они будут доступны вам во всех ваших путешествиях — сегодня и в вечности, будь вы в аэроплане или же на астральном плане. Скажите себе: «Я буду перелетать с одной звезды на другую, на этой стороне вечности или на той; я буду качаться на волнах жизни, путешествовать от атома к атому, летать наперегонки с космическими огнями, кружиться со звездами и человеческими жизнями. Я бессмертен. Я изгнал из себя мысли о смерти и возродил себя в новой жизни!»

Избавьте себя от злобы, меланхолии и неудачи. Достигнув в этом успеха, вы познаете, что вы дитя Божие. Успех не ограничивается духовными делами. Успех должен быть всесторонним. Освободите себя от осознания болезни, от умственных привычек и слабосилия. Излучайте уверенную улыбку, которая никогда не дрогнет перед лицом испытаний.

Духовное возрождение

Существует также и духовное возрождение. Духовное возрождение — это метафизическая «разрядка» — отстранение своего сознания от цепкой привычки отождествлять себя с телом. В медитации вы освобождаетесь от отождествления с ментальным телом через посредство успокоения беспокойного чувственного ума. Подобным же образом вы должны высвободить жизненную энергию из внутренних органов и тем самым отстраниться от осознания своего тела. Отдыхая от телесного сознания, вы становитесь свободным: вам открывается природа вашей души и вы познаете, что вы можете жить без тела, пусть даже таковым и обладаете, — оно существует отдельно от вас. Возрождение — это преображение, которое происходит отнюдь не только после смерти. Вы должны возродить себя сейчас, пока вы еще живете в этом теле. Вы делаете это каждую ночь, во сне, но это лишь бессознательное возрождение. Вы должны научиться делать это в медитации — вот тогда это будет сознательное возрождение. Известно, что некоторые индийские святые входили в состояние бездыханности, после чего их погребали на несколько дней, а когда выкапывали, они приходили в сознание и возвращались к жизни. Они доказали, что телесное возрождение возможно[10]. Святой Павел, святой Иоанн и другие ученики Христа также знали духовные методы сознательного высвобождения жизненной энергии из тела в медитации, именно поэтому святой Павел сказал: «Я каждый день умираю»[11]. Если человек может жить без пищи, это тоже говорит о том, что он пережил сознательное возрождение.

---

[10] См. историю о Садху Харидасе на стр. 344.
[11] 1Кор. 15:31.

И все же воскресение Иисуса Христа — это нечто другое. Это высший тип возрождения. Такое возрождение доступно тому, кто ведает тайны мироздания, кто знает, как освободить душу от рабства духовного невежества, то есть труднопреодолимой иллюзорной силы *майи*.

Физически мы не существуем — разве что во вселенском масштабе. Тело, которое вы видите, есть не что иное, как материализованная энергия. Как энергия может болеть? Болезнь — иллюзия. Однако недостаточно просто говорить, что это иллюзия. Если во сне вы ударитесь приснившейся головой о приснившуюся стену, вы получите приснившийся перелом черепа. Пробудитесь ото сна, и вы будете целы и невредимы. Йогода учит, что только посредством общения с Богом человек может познать, что Бог стал мирозданием и человеческое тело и все сущее есть не что иное, как масса сконденсированной энергии, которая, в свою очередь, является «замороженным» Космическим Сознанием, то есть Богом. Мы не должны называть его умом. Ум — это нечто другое. Говорить, что все есть ум, неправильно. Это Космическое Сознание побуждает нас воспринимать разные вещи, осознавать так называемую материю и Сам Дух.

В «Научных целительных аффирмациях»[12] я объяснил, почему мы не зрим Дух в материи. Иисус Христос обладал способностью Его видеть. Возрождение — не просто воскресение тела и души в иной сфере существования, через которое прошел Иисус, а преображение самих атомов тела, наряду с их освобождением и одухотворением. То же касается и ума. Кожа, волосы, глаза — все это не что иное, как замороженная энергия и замороженное сознание Бога. Когда Петр отсек ухо рабу первосвященника, Иисус того исцелил. Каким образом? Атомы ему повиновались, потому что он знал, что атомы управляются сознанием Бога. Они не повинуются вам, потому что вы не сонастроены с ведущей силой Космического Сознания, которая удерживает форму, например, этого цветка. Иллюзорная материя представляется вам конечной реальностью. Посредством медитации вы научитесь отделять душу от иллюзии плотного тела. Вы узнаете, что золотая космическая нить, связующая атомы, есть

---

[12] Книга, издаваемая обществом Self-Realization Fellowship.

живое сознание Духа. Именно этой нитью Он сплетает атомы в цветок или в человеческое тело. Подобно ребенку, лепящему фигурки из глины, Он формирует звезды и целые вселенные, разбрасывая мириады электронов по необъятному пространству. Представляете, какими маленькими мы Ему кажемся? Думаю, в Его глазах мы не более чем бактерии. На вид мы крохотные, зато наши души, сотворенные по Его образу, колоссальны!

Маленькая история — о большом. Мы полагаем, что наши достижения велики, но для Бога они совсем уж незначительны. Как-то раз я наблюдал за муравьем, который взбирался по припорошенной снегом куче песка. Я подумал: «Для муравья это, наверное, целые Гималаи». Муравью та куча песка казалась громадной — но не мне. Аналогично этому, для Божьего разума миллионы наших световых лет — просто пшик. Мы должны научиться мыслить масштабно, категориями вечности и необъятности.

Распятие самонадеянности

И последнее: воскресите себя от формальной веры — от убеждений, которые в прошлом могли приносить вам какое-то удовлетворение, но из которых вы уже выросли; отстранитесь от религий, которыми вы жили, думая, что что-то понимаете, в то время как на самом деле ничего не понимаете. Самое болезненное душевное распятие — это распятие, свершенное горделивой самонадеянностью эго, которая побуждает нас думать, какие мы великие и мудрые. Необходимо освободить свою душу из темницы мелочности, ограниченности тела и страданий, которым оно подвержено. Когда вы встречаетесь лицом к лицу с болезнью или бедствием, вы думаете о том, как Бог несправедлив. Вместо этого познайте: вы бессмертны, и вы пришли сюда не для того, чтобы вас стерли в порошок земные испытания, а чтобы проявить свое бессмертие с улыбкой на устах. Скажите себе: «Я бессмертное существо, отправленное в смертную школу, чтобы вновь обрести свое бессмертие. Да, мне приходится проходить через очистительный огонь земных испытаний, однако я душа, а значит, ничто не может меня уничтожить. Огонь не может меня сжечь, вода не может меня поглотить, ветер не может меня иссушить, атомы не могут меня расщепить. Я бессмертное существо, которому лишь снятся уроки бессмертия. Они предназначены не для того, чтобы меня сломить, а чтобы меня развлечь».

В царстве снов нет разницы между болезнью и здоровьем, неудачей и процветанием: все это лишь привидевшиеся явления. Конечно, сон о процветании лучше, чем сон о неудаче. Поэтому, если уж вам приходится грезить, почему бы вам не созерцать лишь хорошие сны? Если вам будут сниться только кошмары, вы то и дело будете плакать и у вас даже не будет времени осознать, что это лишь сон. Лучше видеть сны о здоровье, процветании и мудрости.

Никогда не признавайте поражения

Воскресите свою душу от привидевшейся немощности. Воскресите свою душу в царстве вечной мудрости. Для этого необходим метод, который включает в себя самоконтроль, правильное питание, невозмутимость, непоколебимую решимость, а также отстранение ума от тела посредством регулярной, ежедневной практики научных техник концентрации и медитации. Откажитесь сдаваться. Признать свое поражение — значит потерпеть еще большее поражение. Вы располагаете безграничной силой — вам нужно лишь развить ее, вот и все.

Медитация — величайший метод освобождения души от кандалов тела и всех испытаний. Медитируйте у стоп Бесконечности. Пропитайте себя осознанием Бога. Ваши испытания могут быть тяжелыми и даже суровыми, однако ваш злейший враг — это вы сами. Вы бессмертны — ваши испытания смертны. Они меняются — вы неизменны. Вы можете задействовать безграничные силы и разнести свои земные испытания в пух и прах.

Расскажу вам одну притчу. Однажды две лягушки, большая и маленькая, упали в бадью с молоком. Стенки бадьи были крутыми и скользкими, и лягушки все никак не могли из нее выбраться. Они неустанно боролись за свою жизнь, периодически выныривая из молока и хватая своими ртами воздух. Барахтались они и барахтались, пока большая лягушка не сдалась и не утонула. Но маленькая сказала себе: «Жизнь слишком сладка. Я не хочу умирать. Я не перестану бултыхаться, даже если у меня отвалятся лапки!»

Прошло несколько часов; лягушка, плававшая кругами, по-прежнему не сдавалась. Вдруг она почувствовала под своими лапками что-то твердое... Молоко превратилось в масло! И лягушка выпрыгнула из бадьи.

Точно так же и в жизни. Если вы сражаетесь с трудностями недостаточно упорно и легко сдаетесь, как та большая лягушка, вы становитесь жертвой собственных проблем. Если же вы полны решимости продолжать борьбу, Бесконечность непременно придет вам на помощь и вы благополучно выпрыгнете из бадьи своих проблем. Уподобьтесь той маленькой лягушке: продолжайте бороться, несмотря ни на что. Только решительность, только отвага! Воскресите себя от слабости, болезни, духовного невежества, мыслей о недугах и — самое главное — от смертных привычек, осаждающих вашу жизнь.

Единство в Бесконечном Христе

Главный международный центр Self-Realization Fellowship, Лос-Анджелес, Калифорния, 25 декабря 1934 года

Эволюция предполагает поступенное развитие, переход из одного состояния в другое. В своем развитии душа последовательно облекается во все более совершенные формы Природы до тех пор, пока не проявит все свои качества в духовно пробужденном, божественном человеке. Эта естественная эволюция подвергается циклическому[1] влиянию космоса. Восходящая дуга цикла начинается с материального развития, далее идет интеллектуальное развитие, которое, в свою очередь, сменяется духовным развитием. После этого общий ход жизни возвращается сначала на интеллектуальный, а затем и на материальный план. Вот так развивается Божье мироздание. Мы, актеры разных рас, снова и снова разыгрываем спектакль жизни на подмостках времени. Нам необходимо понять смысл всего этого. Мы здесь для того, чтобы хорошо сыграть свою роль, но при этом не отождествлять себя с ней.

Искаженное восприятие жизни у нас оттого, что мы смотрим на нее глазами узости и самолюбия. Если бы мы только взглянули на нее глазами Бога! Когда мы открываем внутреннее око душевной мудрости, мы зрим лишь вездесущий Свет Господа. Этот свет пропитан сознанием Христа, «Сына», или чистого отражения Господа, пронизывающего все мироздание. Это Христово Сознание, Бесконечный Христос, есть Божий разум и Божья любовь, которые стучатся в закрытые глаза нашей души и говорят нам: все, что нам нужно — это отыскать сей Свет внутри себя, и тогда неведение и идея о многообразии всего сущего исчезнут. Тот, кто открывает

---

[1] Здесь речь идет о мировых циклах, или *югах* (см. глоссарий).

свое внутреннее око[2], зрит все сущее как Единое Целое. Именно это всеобъемлющее сознание имел в виду Иисус, когда говорил: «Я и Отец — одно»[3]. Кришна также говорил о состоянии божественного единения: «Я — источник всего; из Меня исходит весь мир… Узри в Моем Космическом Теле все миры… Но ты не можешь видеть Меня этими своими глазами. Поэтому Я даю тебе божественное зрение»[4].

Чтобы выбраться из ловушки иллюзорных материальных переживаний, необходимо узреть Бога как основополагающую Реальность. Звезды, планеты, растения, животные и люди предоставлены сами себе на этой прекрасной космической сцене, где каждый исполняет предназначенную ему роль. Лишь немногие понимают смысл этого спектакля, ибо люди не хотят сделать паузу и задуматься над этим всерьез. Непросветленным космическая драма зачастую кажется хаотичной и несправедливой. Но Бог намеренно не делает всех людей бедными или богатыми: если бы мы были одинаковыми, спектакль бы попросту не состоялся. Разнообразие — сама суть Природы, и саморазвитие — один и способов поддержать это разнообразие. Будучи зависимы от закона причины и следствия, действия и противодействия, мы делаем себя такими, какие мы есть сегодня и какими будем завтра. То, что представляется нам космической драмой, есть результат этого разнообразия. Однако Бог не хочет, чтобы различия между людьми становились причиной их страданий. Он хочет, чтобы мы знали: неважно, какую роль мы играем — короля или слуги, — мы должны делать это прилежно, при этом ни на секунду не забывая, что как душа, сотворенная по Божьему образу и подобию, мы исполняем лишь временную роль.

Кем бы мы ни были — уборщиками или же лидерами великих наций, — до тех пор, пока мы не познаем, что мы просто играем роль на подмостках времени, мы будем страдать от проявлений двойственности, так как наше сознание отождествляет себя с различными обстоятельствами и условиями жизни. Актеры не

---

[2] «Чистое», или духовное, око интуиции; интуитивное всеведение души. «Светильник для тела есть око. Итак, если око твое будет чисто, то все тело твое будет светло» (Мф. 6:22). (См. *духовное око* в глоссарии.)

[3] Ин. 10:30.

[4] Бхагавад-Гита X:8, XI:7, 8.

оплакивают своих персонажей, они просто старательно играют данные им роли, помня о временной природе спектакля. Понимаете, о чем речь? Мы страдаем только тогда, когда принимаем жизнь слишком всерьез.

Осознайте, что все сущее пронизывает Единая Жизнь

Пусть мы и признаем относительность всех различий, тем не менее мы должны познать — не только умом, но и душой — тот факт, что все сущее пронизывает Единая Жизнь. За всеми религиями стоит единая религия — Единый Бог, Единая Истина. Трудно прийти к такому всеобъемлющему пониманию, если человек еще не достиг Самореализации и не познал, что все мы — души и что все души — часть Единого Бога. Все волны — малые и большие — вздымаются из одного океана. Если мы духовно отстранимся от действительности и будем смотреть на каждого человека и на каждую религию беспристрастно, мы увидим, что все сотворено из Господа.

Пока мы не начнем смотреть на все волны мироздания под таким углом, мы во всем будем зреть различия, проходя через разного рода трудности и неприятности. Ни мирскому человеку, ни пророку не под силу устранить неравенство и раздоры на этой земле. Но когда вы пробудитесь в сознании Бога, все эти различия исчезнут и вы сможете сказать:

> О, жизнь сладка, а смерть — просто сон,
> Ведь струится во мне Твой зов;
> И радость сладка, а грусть — просто сон,
> Ведь струится во мне Твой зов;
> И здравье — сласть, а боль — просто сон,
> Ведь струится во мне Твой зов.
> Хвала сладка, а брань — просто сон,
> Ведь струится во мне Твой зов[5].

Такова высшая философия. Ничего не бойтесь. Даже если вас швыряют штормовые волны, вы все равно на груди океана. Пусть вас никогда не оставляет подспудное ощущение Божьего

---

[5] Духовное песнопение "When Thy Song Flows Through Me" из сборника Парамахансы Йогананды *Cosmic Chants* (издается обществом Self-Realization Fellowship).

присутствия. Будьте невозмутимы и говорите: «Я бесстрашен; я сотворен из Божественной субстанции. Я — искра, рожденная от Огня Духа. Я — атом Космического Пламени. Я — клеточка огромного вселенского тела Отца. Я и Отец — одно».

Старайтесь жить, как Христос

Осознайте титаническую духовную силу и красоту жизни Христа. Старайтесь жить, как он. У Христа не было национальности. Людей всех рас он любил как Божьих детей. Постарайтесь пробудить в себе братские чувства к людям всех национальностей. Истинное братство людей воцарится лишь тогда, когда мы ощутим его в своем сердце. К этому можно прийти только через достижение Самореализации и личного контакта с Богом в своем сердце.

Все предаст вас, если вы предали забвению Бога. Именно поэтому пора осознать свое единство со всем сущим путем единения с Богом. Практикуйте это чувство единства со всем сущим в безбрежности своего расширенного сознания в медитации. Будьте решительны. Отгородитесь от мира в тишине медитации, чтобы никакие мелочи Божьего творения не отвлекали вас от Него. Не впускайте в свой внутренний храм посторонних гостей. В святилище вашего сердца должна жить лишь одна сила, лишь одна радость, лишь один покой — Бог. Осознав это, вы обнаружите, что Бесконечный Христос «крестил» ваше сознание в безбрежных водах единения с Господом.

Ваша внешняя жизнь тоже должна быть чиста. Это относится как к вашей речи, так и к вашим мыслям и поступкам. Будьте добры ко всем; даже если к вам пришел величайший из грешников, примите его, как своего брата родного — пусть даже брат этот еще не пробужден. Никого не обижайте и никого не судите, кроме себя самого. Покончите со своим плохим настроением, сотрите его в порошок.

Учитесь направлять свои действия внутренней волей совести

Мастер [Свами Шри Юктешвар] часто говорил мне: «Научись вести себя правильно». А это самое трудное дело. Ваши действия должны управляться не инстинктами и эмоциями, а внутренней волей вашей совести, настроенной на волю Бога. Когда я только встретил моего Гуру, он мне сказал: «Позволь мне дисциплинировать тебя». Это не означало, что он собирался превратить меня в марионетку или заставить меня слепо следовать его учениям. Напротив, он сказал: «Я дам тебе божественное зрение». Сонастроив свою волю с волей Мастера, я обнаружил, что моя воля укрепилась его мудростью и стала ведома ею.

Божья воля ведома мудростью и справедливостью. Те, кто сонастроен с Господом, не порабощены диктатами прихотей и привычек. Они живут в Божьей свободе, их воля управляется Божьей мудростью и справедливостью. Поэтому для неофита крайне важно настроить свою волю на тех, кто сонастроен с Богом. Такое повиновение не есть отказ от собственной воли. Чтобы настроиться на мудрость, нужна огромная сила воли. Я задействовал всю свою силу самоконтроля, чтобы следовать указаниям моего Гуру и не повиноваться ранее обретенным привычкам и инстинктам. Мастер никогда ничего не требовал от своих учеников: каждый получал столько, сколько готов был принять. Добросовестно следуя его наставлениям, я обрел полный контроль над собой, это была свобода, которую я никогда бы не нашел в одиночку.

Ни Бог, ни Сатана, ни кто-либо еще не могут воздействовать на вас, если только вы сами не позволите своей воле свершать правильные или ошибочные поступки. Используйте данную вам Богом свободу выбора, чтобы искать Его. Тогда вы непременно обретете свободу. И помните: очень важно водиться с хорошей компанией, которая будет вдохновлять вас и укреплять вашу проницательность и силу воли.

Мухи не видят разницы между грязью и медом, они просто перелетают с одного на другое. Пчелу же привлекает только сладость меда. И так же с людьми. Неразборчивые люди, словно мухи, тяготеют к материальным желаниям, какими бы нечистыми те ни были. Некоторые из них время от времени чувствуют тягу к Богу и медитации, но, как только появляется какой-нибудь соблазн, они снова увлекаются материальной жизнью. Преданный Богу человек подобен пчеле. Такие люди любят все чистое и прекрасное. Они видят, слышат, обоняют и осязают только то, что благостно. Они желают лишь хорошего, чувствуют лишь хорошее и неустанно ищут сладкий нектар Божьего присутствия в медитации.

И самое главное: с Богом нужно быть искренним. Будьте смиренны в своих попытках стать восприимчивым и услышать все истины из Божьих уст. Выбросьте из своей жизни все, что отделяет вас от Бога. «И если соблазняет тебя рука твоя, отсеки ее»[6]. Очистите свой путь от всех преград, от всего, что препятствует вашему духовному развитию.

Пока еще есть время, медитируйте!

Я надеюсь, что каждый из вас приложит максимум усилий в медитации. Поиск Бога не может ждать. Пусть все остальное подождет — но только не Бог. Не медлите, ибо вы глазом не успеете моргнуть, как старость или болезнь покончат с вами. Пока еще есть время и возможность, медитируйте!

Я даю вам живое свидетельство Христа, которое я ощущаю в радости его присутствия со вчерашнего вечера, когда он явился мне во время нашей медитации[7]. Я всегда думал, что у него были карие глаза, ведь он пришел с Востока; я отвергал традиционное для Запада представление о том, что он был голубоглазым. Но странное дело: на сей раз я созерцал его с голубыми глазами. Они были так прекрасны! Никогда прежде я не видел таких глаз! Пока я в них вглядывался, они чудесным образом сменили цвет и стали темными; раздался голос Христа: «Почему ты так хочешь видеть меня в форме? Узри меня как Бесконечность!»

Все святые, воссоединившиеся с Богом, способны вновь обрести физическую форму, в которой они некогда жили на земле. Лишь немногие ведают о скрытом присутствии ангелов и великих мастеров. Настроив радио на ту или иную волну, мы можем услышать льющиеся из эфира песни, и точно так же мы можем настроиться на святых, которые пребывают за эфирной завесой пространства — если только мы будем медитировать.

Всякий раз, когда землю посещает великий учитель, он излучает духовную силу и вдохновение, наполняя своих учеников

---

[6] Мк. 9:43.

[7] Имеется в виду восьмичасовая Рождественская медитация. Впервые Парамахансаджи провел ее в Главном международном центре Self-Realization Fellowship в 1931 году, и в течение многих лет он вел ее лично. В наши дни эта духовная традиция продолжается учениками SRF во всех уголках планеты.

безграничной радостью. Однако если ученики лишены собственной мотивирующей духовной силы, после ухода учителя они могут почувствовать себя одинокими и растерянными. Медитация и сонастроенность с Богом — вот те средства, с помощью которых богоискатель может перезаряжать себя вдохновением и радостью. Все чудеса Господни открываются человеку в экстатическом общении с Богом в глубокой медитации.

Контакт с Богом не ведет к утрате сознания. Напротив, религиозный экстаз — это пробуждение сознания, выход его за пределы тела в безбрежную Вечность, откуда вы наблюдаете пузырик жизни, танцующий в Океане Бесконечности.

Я знаю, что я лишь персонаж в привидевшейся киноленте Господа, — так же, как и вы. Однажды мы перестанем быть актерами в этом кинофильме жизни, и тогда мы познаем, что наши физические формы есть не что иное, как тени, произведенные игрой света Божьей вездесущности, и что во всем проявленном мироздании реально только одно — свет Бесконечного Христа. Давайте же направим эту мысль тем, кто ищет счастье то там, то здесь, даже не подозревая, что объектом их поиска в действительности является Бог.

Лучшее, что я могу подарить вам на Рождество, — это пожелание радости, которую чувствовал в своей душе Христос. Пусть в наступающем году эта неувядающая радость Христа сопровождает вас каждый день.

Снова и снова молитесь в своей душе: «О Христос, о Господь, приди ко мне, стряхни с меня все равнодушие. О Бесконечный Христос, наполни мое сознание Своим Божественным Сознанием!»

* * *

«Боже, какая радость!»

По завершении Рождественской медитации 1934 года Парамахансаджи излил свою душу в молитве к Богу. Его слова были стенографированы Шри Дайя Матой. Расшифровывая свои записи, она вспоминала: «Услышав эту волнующую молитву, все присутствовавшие на медитации люди залились слезами тоски по Богу».

О возлюбленный Дух! О Верховная Божественная Любовь!

Мы живем на лоне Твоей любви, озаренной вездесущим светом и радостью Бесконечного Христа. Пред Твоей любовью моя любовь мала, ибо она заимствована у Твоей любви. О Христос, наши сердца, омытые экстатическим счастьем, слились воедино в безбрежный алтарь, над которым воссияло Твое присутствие.

Отец Небесный, Божественная Мать, Друг, Возлюбленный Господь, Ты можешь отобрать у меня все — даже это тело. Для меня главное, чтобы Ты был со мной — Твое сознание, Твой дух, Твоя любовь. Довольно славы, довольно имени, довольно организации! Я жажду лишь Твоего вечного присутствия. Да будет Твоя любовь вечно сиять в моем сердце, и да сумею я пробудить Твою любовь во всех сердцах. Лишь этого я желаю.

Отец Небесный, да будем мы всегда ощущать Твою радость. О Божественный Океан, трепещущий под волной моего сознания! Крохотную волну моей жизни беспрестанно швыряли штормовые ветры неведения. Ныне каждой клеточкой своего существа я ощущаю живительное присутствие Твоего безбрежного океана радости.

Боже, какая радость, какой покой, какое блаженство несет Твое Бытие! Радость Твоя бьет ключом в наших душах, смывая само осознание времени. Радость! Радость! Радость! Мы окунаемся в воды Твоего счастья, в блаженство Твоего Присутствия.

О Небесный Отец, Божественная Мать, Друг, Возлюбленный Господь! Я говорю это от чистого сердца. Забери у меня все, если на то будет Твоя воля. Позволь мне понежиться в радости и собрать пыль с Твоих стоп. Я хочу вещать лишь о Твоей любви. Сделай так, чтобы я вещал лишь о ней. Не хочу я читать никаких проповедей! Не чарующими словами я хочу притягивать людей, а пылающим огнем моей любви к Тебе. Посылай мне души, что любят Тебя. Ничего другого я не хочу.

О Вечное Блаженство, нет радости Твоей предела! Дыхание мое замирает в этой нескончаемой, вечной радости. Как же мне говорить, о благостное Присутствие?

О священный Господь, Отец, Мать, Возлюбленный, только Ты реален, только Ты. Воцарись в наших сердцах. Никогда не отпускай нас, не позволяй нам отдаляться от Тебя. О Божественная Мать, прижми нас к Своей теплой груди, дай нам испить млека Твоего бессмертия, Твоего сострадания, Твоей защиты.

О Божественная Мать, не оставь нас в бездне искушений, укрепи наше желание жаждать лишь Тебя, лишь Твоей любви. Боже, какая радость, какое счастье! О Божественный Дух, Родимый, Возлюбленный, в святости верховный! Благословляй же нас, где бы мы ни пребывали. Научи нас пить нектар святого имени Твоего в божественном общении. Все проповеди, все книги ввергаю я в пламя Твоего Присутствия. Посылай мне лишь тех, кто жаждет испивать вместе со мной нектара Твоего.

Любовь моя идет к Тебе тропою золотой. Ты ближе всех, но вместе с тем Ты столь далек! Я искал Тебя повсюду — лишь для того, чтобы внезапно найти Тебя в глубинах моего сердца, где Ты жил всегда. Я преподношу Тебе свою любовь — в нутре своем, вовне, повсюду и везде. О Божественный Дух, я склоняюсь пред Тобой, я лишь пыль у ног Твоих.

Отец, Мать, Друг, Возлюбленный Господь, родной, завладей же моим сердцем. Не позволяй мне растрачивать время на что-то другое. Куда бы я ни пошел, где бы я ни находился, одаряй меня радостной возможностью вкушать Твое имя вместе с другими. Об этом я Тебя прошу. Забери у меня все — но не любовь мою к Тебе. О Дух, мой родной и желанный, освяти нас всех Своей любовью, дабы мы воистину почувствовали Твою любовь.

О Господь, Христос и Гуру, какими же словами отблагодарить мне Вас за эту радость? Она пьянит меня! О Вечный Экстаз, вновь и вновь я склоняюсь пред Тобой. Каждая моя мысль пропитана Тобой. О живая радость, безмерное счастье! О Отец, о Христос неувядаемой радости!

Я кланяюсь всем вам — Бесконечному Христу, пребывающему в вас. О Христос, одари нас блаженством своей радости, дабы она была с нами ежедневно, каждый час, каждую минуту. О Радость, радость, радость!

Будьте едины
с Христовым Сознанием

24 декабря 1938 года

Ежегодная восьмичасовая Рождественская медитация в Главном международном центре Self-Realization Fellowship — событие, отмеченное особым благословением. Парамаханса Йогананда заложил эту традицию в 1931 году, и каждый последующий год он проводил Рождественскую медитацию лично. Порой во время этих медитаций он гласно выражал свою пылкую любовь к Богу или же обращался к Нему от имени одного или всех собравшихся; иногда он спонтанно давал ученикам вдохновенное духовное руководство, почерпнутое в глубоком общении с Богом.

Каждый должен прислушиваться к зову жизни и смерти, однако наибольшее значение имеет зов Господа. Концентрируйтесь на Боге всем сердцем и душой. Забудьте о времени. Именно сегодня, а не в какой-нибудь другой день, вы должны задействовать всю силу своей души и показать Богу, что любите Его больше, чем что-либо другое. Любите Подателя всех благ больше даруемых Им благ. Если вы будете думать о Нём непрестанно, с благоговением и нарастающей любовью, вы почувствуете Божье присутствие как никогда раньше.

Давайте забудем о времени и пространстве и расширим сознание своего внутреннего существа. Наполните себя радостью и покоем. Радость — это доказательство Божьего присутствия. Медитируйте неустанно, и вашу душу наполнит глубокая радость. Почувствуйте эту радость. Почувствуйте, что ваша душа расширяется в духе Христа. Мы собрались здесь для того, чтобы поклоняться Христу, который был в Иисусе, и Иисусу как человеку, проявившему Христово Сознание, а также Великим Душам, обретшим единство в этом Сознании. Господь и Христос — одно. Все освобождённые мастера едины с Богом, ибо они обрели совершенное единство с Сыном, Христовым Сознанием. Вот почему вы должны проявить решимость в своем стремлении почувствовать Сознание Вездесущего Христа.

Разрыхляя каменистую почву беспокойства киркомотыгой концентрации, вы сможете отыскать драгоценный камень Христова Сознания. Кто знает, может именно сегодня вы достигнете своей цели. Этот день может стать поворотным пунктом в вашем путешествии от сферы материи к радости и свободе в Боге. Давайте же духовно объединим наши силы и души, нашу любовь, дабы все мы нашли свободу в Боге. Приложите сложенные ладони к груди и произнесите: «*Пранам*»[1]. А теперь давайте помолимся:

«Всевышнему наш поклон. Иисус Христос, Бхагаван Кришна, Махаватар Бабаджи, Лахири Махасайя, Шри Юктешвар, [Гуру-наставник], святые всех религий, мы кланяемся Христову Сознанию, живущему в каждом из вас. *Аум. Аум. Аум.* Отец Небесный, заряди наши тела Христовым Сознанием, заряди наши умы Христовым Сознанием, заряди наши души Христовым Сознанием. Мы молимся о том, чтобы каждый год мир праздновал рождение Христа так, как делаем это мы, — в общении с Христовым Сознанием. Да будем мы всегда и везде говорить об этом дне, дабы перед светским Рождеством, что празднуется двадцать пятого декабря, мир отмечал Рождество духовное. Христос — от Бога, празднества — от мира; посему медитацией мы почитаем Христа в духе, торжествами — в теле. *Аум.* Мир и покой. *Аум*».

Медитация не должна быть блужданием по мыслям: во время сосредоточенной медитации вы должны испытывать нарастающее чувство преданной любви к Богу, глубокую радость, рожденную в контакте с Духом. Вновь и вновь молите Его явить Себя в храме вашей внутренней тишины, делайте это с тем же чувством, что вы испытывали, когда чего-то горячо жаждали. Именно с этим чувством вы должны молиться и говорить Ему, что вы хотите Его. Даже если ваши мысли разбегаются во все стороны, не оставляйте попыток, вновь устремляйтесь умом к Богу, безостановочно молясь: «Яви Себя, приди ко мне, приди ко мне! Откройся мне, как Ты открылся Христу. Яви Себя. Приди ко мне». Концентрация

---

[1] От санскр. *пра* («полный, завершенный») и *нам* («приветствие» или «поклон»). Такое приветствие со сложенными в молитвенном жесте руками представляет собой проявление любви и почтения к Богу или к тому, в ком Он проявлен.

вашего ума должна уподобиться бурному потоку, что нарастает по мере своего приближения к океану Божьего присутствия. Снова и снова раздувайте свое внутреннее пламя. О Дух, мы кланяемся пред неувядающими лотосами Твоих стоп. Яви Себя!

> [*За этими словами следует период медитации. Спустя какое-то время Парамахансаджи рассказывает следующую историю:*]

Как-то раз один врач-материалист загорелся желанием проучить некоего святого. «Вот встречу я его, — подумал он, приближаясь к хижине отшельника, — выкручу ему ухо и покажу, что мир реален, а Бог нереален».

Пока врач обдумывал свой план, к нему подбежал ученик этого святого и сказал:

— Мой мастер желает видеть врача, который выкрутил бы ему ухо и показал бы, что Бог нереален.

От изумления врач чуть было не упал в обморок. Завидев сидящего под деревом святого, он подошел к нему и сказал:

— Впервые в жизни я раскаиваюсь. Я чувствую, что это Бог рассказал вам обо мне. Будьте добры, скажите, встречу ли я когда-нибудь этого самого Бога, Который с Вами разговаривает?

— В своей жизни ты встретишь Его дважды, — ответил святой, — но только если будешь день и ночь искренне молиться.

— Но ведь мысли разбегаются! — запротестовал врач.

— Неважно, сколько раз это произойдет, — ответил святой. — Если ты будешь молиться Богу снова и снова, Он отзовется.

Спустя месяц после этого разговора тяжело заболела невестка врача. Она лечилась у натуропата, и тот сказал, что выздороветь ей поможет только свежий виноград. Но для винограда был еще не сезон. Когда врач, ее деверь, узнал об этом, он вспомнил слова святого, заверившего его, что Бог услышит его молитвы. И он шепнул своему брату: «Я достану свежий виноград».

Врач наказал слуге пройтись по магазинам, но ни в одном из них винограда не оказалось. Тогда врач стал молиться о том, чтобы нашелся хоть какой-то способ раздобыть сей драгоценный фрукт. Так прошел целый день; и вот в полночь раздался стук в дверь. На пороге стоял незнакомец, державший в руках корзину винограда. Изумленный врач осыпал его вопросами.

— Этот виноград послал вам мой работодатель, — сказал нежданный гость.

На следующее утро позвонил сам работодатель этого незнакомца и рассказал подробности:

— Вчера, часов в десять вечера, когда я ложился спать, перед моим внутренним взором предстали вы. Вы истово просили винограда. Мы с женой как раз недавно вернулись с севера, где сейчас растет виноград, так что мы прихватили с собой немного. Я неоднократно пытался уснуть, но безуспешно: вновь и вновь вы являлись моему внутреннему взору и просили винограда. В конце концов я узрел ослепительный Свет и услышал Голос: «Отнеси этот виноград доктору N». Я уже было собрался встать с постели, но на ум пришла мысль, что это просто игра воображения, и я принялся спать дальше. Однако тот Свет и тот Голос продолжали донимать меня во сне. Через некоторое время меня разбудил шум: проснулась моя жена. Она сказала, что увидела ослепительный Свет и услышала Голос, велевший ей немедленно отнести виноград врачу. И тогда я послал к вам моего слугу.

Врач понял, что это Сам Бог послал ему виноград. Он отнес фрукт жене брата, и та быстро поправилась.

Сию историю я услышал из уст этого самого врача. Этот опыт в корне изменил его жизнь.

Однако человек должен искать Бога не ради подобного опыта. Бог не придет к вам, пока вы жаждете необычных переживаний. Пусть никто не знает, что вы чувствуете в своем сердце и в душе. Внутренне вы должны неустанно молиться о Его присутствии. Он обязательно отзовется. Сегодня вы должны приложить особое усилие и постараться принять Его в своем сердце. Забудьте минувшее. Этот день может стать величайшим днем в вашей жизни — если только вы приложите усилия. Сколько времени растрачивается на мысли о мирских удовольствиях! Молитесь всем сердцем, ибо сегодня у вас есть редчайшая возможность преподнести Богу свою преданную любовь.

Часто Господь являет мне Себя, когда я меньше всего этого ожидаю. Много раз такое случалось во время моих прогулок по берегу океана в Энсинитасе. Мне являлся святой Франциск, мне являлись Великие Души. Даже сейчас все они находятся рядом с вами. Астральный рай скрывается прямо за грубыми вибрациями этого мира. Вчера ночью дух нашей дорогой Сэвы Дэви[2] явился мне в совершенной астральной форме и сказал: «Я свободна. Завтра я буду с вами на Рождественской медитации». Я безмерно счастлив, ведь она пребывает с нами в духе истины и почтения. Я вижу ее так же ясно, как вижу каждого из вас.

Нам предназначено разгадать великие тайны жизни и смерти, те тайны, что побуждают нас всей душой искать нашего вечного Возлюбленного, Бога, до тех пор, пока мы Его не найдем.

Знаю, всем нам сегодня не хватает нашего любимого святого Линна[3]. Вопреки своему желанию быть здесь, он должен был остаться в Канзас-Сити. Но он сейчас с нами в духе.

Я желаю, чтобы каждый день вашей жизни был отмечен общением с Богом. Сердце мое исполнено благодарности, я глубоко тронут добротой нашего Господа. Он дал мне все, чего я хотел в жизни, но главное — Он даровал мне Себя Самого. Как я Ему за это благодарен! Когда-то Он играл со мной в прятки прямо в моем сердце, но теперь Он всегда со мной. Он прячется за всеми Своими дерзновенными проявлениями, которые кажутся нам такими реальными. Он там, Он ждет вас. Вам вовсе не обязательно проходить через страдания, чтобы достичь Его. Устремитесь к Нему. Верховный Возлюбленный ждет вас с распростертыми объятиями. Он хочет принять вас и одухотворить вас, дабы даровать вам бессмертие. Химеры смерти и болезней преследуют вас лишь во сне неведения.

Будьте верны своей совести. Не выставляйте напоказ свою любовь к Богу. Будьте искренни, сосредоточенны и непоколебимы в своих медитативных усилиях. Всевышний — с нами.

Отец Небесный, Божественная Мать, Друг, Возлюбленный Господь, мы благодарим Тебя от всего сердца за то, что мы отказались от легкомысленных забав и собрались здесь, чтобы восславить имя Твое и выразить Тебе свою благодарность.

[*За этими словами следует период медитации.*]

О Господь! Голос сердца есть Твой голос. Он отзывается эхом в нашей преданной любви. Мы просим Тебя не оправдывать

---

[2] Преданная ученица Парамахансаджи, которой он дал индийское имя. Она скончалась от тяжелой болезни за месяц до этой рождественской медитации.

[3] См. *Раджарси Джанакананда* в глоссарии.

Свое отсутствие нашей прошлой кармой или беспокойством ума. Приди к нам! Какими бы мы ни были, мы все же Твои дети. Мы требуем Твоего присутствия! Пусть этот день, проведенный в общении с Тобой, станет для нас светочем на дороге жизни, пусть ведет он нас к Твоей предвечной жизни. Господи Боже, Небесный Отец, укрась наш день венцом Своего лучезарного присутствия, дабы этот день, прожитый с Тобою, ярко выделялся на фоне остальных трехсот шестидесяти четырех дней, проведенных в глубинах материальности.

Господи, благослови нас, дабы мы ежедневно опьянялись любовью к Тебе, дабы в те дни, когда мы становимся беспокойными в миру, мы чувствовали отвращение к такому состоянию ума.

О Божественный Дух, благослови нас, чтобы каждый день мы проживали в осознании Тебя. Сделай так, чтобы мы тосковали по Тебе, когда впадаем в материализм. Обрати вспять поток наших мыслей, дабы привычки не смогли удержать наше внимание на материальном, а наши умы летели к Тебе как на крыльях. Мы беспокойны, когда думаем о материальном мире, и мы спокойны, когда мы с Тобою. В экстатическом общении мы соединяемся с Тобою. Ты наша жизнь и наша любовь, Ты та нежность, что нам нужна. Мы кланяемся Тебе всем сердцем. Ты Господин наших сердец. Ты можешь всецело вручить Себя нам, лишь если Сам того пожелаешь. И хотя нашего поклонения недостаточно, Ты все же должен откликнуться на нашу преданную любовь и решимость. Яви нам Себя!

«Да будет Твоя любовь вечно сиять над святилищем нашей преданности, и да сумеем мы пробудить Твою любовь во всех сердцах. Отец Небесный, не оставь нас в омуте искушений, в который мы попали, злоупотребив дарованным Тобою разумом».

Погружайтесь в себя все глубже и глубже. Вновь и вновь омывайтесь в небесной радости этого драгоценного момента, пусть вся ваша жизнь станет одним сплошным переживанием этого божественного опыта.

«О Небесный Христос, в этот особый день мы взываем к тебе, к твоему сознанию; пусть любовь твоя воссияет над святилищем нашей преданности. Отец Небесный, да исполнимся мы Твоего сознания, дабы мы уподобились Христу и Великим Душам и смогли вознестись к Тебе сознанием своим на веки вечные. *Аум. Аум. Аум*».

[*Далее следует период медитации.*]

Учение Self-Realization Fellowship было послано миру великим Бабаджи, объединившим свои усилия с Христом. Христос пришел на землю, дабы передать людям свое состояние сознания, и его глубоко печалит, что человечество перестало почитать его в духе. Вы *можете* почувствовать сострадательную любовь Христа ко всем людям, вы *можете* с ним общаться, однако эти истины мало что значат для большинства людей, ибо истинный дух Рождества затерялся в кутерьме материального празднования. Единственное, что действительно стоит праздновать, — это рождение Христова Сознания внутри себя. Только подумайте! Совершенно неправильно забывать о поклонении Христу в духе, ведь в этом и заключается смысл Рождества. Многие люди в этой стране уже соблюдают духовное празднование Рождества, и я надеюсь, что со временем каждая церковь и каждая семья, почитающая Христа, станут соблюдать этот предрождественский день тишины и медитации.

Тишина — алтарь Господень. Мы должны не только успокоить наши мысли, но и общаться с Христом. Христос пронизывает собою все, он внутри вас и вовне, он есть лучезарный свет. Младенец Иисус рождается в колыбели нашей любви. Подумайте об этом сегодня. Пусть каждый день вашей жизни станет днем рождения Христова Сознания. Распространяйте это послание повсюду. Я надеюсь, что каждый из вас будет проповедовать эту идею в своей семье, равно как и в других семьях.

Вы недооцениваете свои силы. Пробуждайте души, которые закрыли глаза на Бога. Божье всеведение пребывает как в мудреце, так и в том, кто живет во тьме. Вы сможете увидеть свет внутри себя в глубоком и продолжительном общении с Богом, если будете неустанно проявлять чувство любви ко Всевышнему.

Когда мы смотрим интересный кинофильм, мы легко забываем обо всем остальном; аналогично этому, тот, кто любит Бога, забывает обо всем, кроме своего Возлюбленного. Обыкновенный человек не ощущает Божьего присутствия потому, что ему не достает любви и преданности, а также потому, что он чаще думает о мирском, нежели о Господнем. Если фильмы, секс и мирские удовольствия могут часами удерживать внимание человека, подумайте, насколько увлекательнее должно быть общение с Богом, ведь Он — самое интересное, что есть во Вселенной! Проблема лишь в том, что большинство людей *не прилагают усилий* к познанию Бога. Познав Его, вы часами напролет будете пребывать в величайшем божественном опьянении. Ни одно занятие не приносит мне радости, если со мной нет Бога. И когда этот мир кажется мне совсем уж отвратительным, я закрываю дверцы чувств и общаюсь с Богом. Ничто на свете не может сравниться с тем счастьем, которое посещает человека, когда он закрывает глаза на мир и уверенно шагает к блаженному Божьему Царству.

Мне все это представляется простым, вам же это кажется сложным — но лишь потому, что вы думаете, будто за закрытыми глазами нет разнообразия и развлечений. Вы не находите внутреннего разнообразия потому, что не ждете достаточно долго. Стоит вам переступить порог подсознания, и вы начнете чувствовать великую сверхсознательную радость, которая опьяняет ум, тело и душу. Истинный богоискатель способен пребывать в этом состоянии часами напролет, даже не осознавая существования мира.

Многие носят на лице улыбку для других людей, но она быстро теряет свой лоск, если за ней не стоит улыбка Самого Господа. Я вижу, чем заканчиваются все людские удовольствия: они ведут в тупик. Бог не хочет Себя навязывать — вы сами должны пуститься на Его поиски. Это Он дал вам любовь, которую вы чувствуете в своем сердце, но вы злоупотребляете ею, присваивая себе тех или иных людей. Привязываясь к своей маленькой семье, вы забываете, что она будет у вас отобрана. В действительности вы любите не членов своей семьи, а Бога, пребывающего в них, и точно так же Бог любит вас через этих людей. Человек, не любящий свою семью и друзей, не способен любить Бога; в то же время тот, кто с головой погружается в человеческую любовь, теряет Бога. Именно Бог любит нас через наших отцов, матерей, детей и друзей. Забывая о смысле всего этого спектакля, мы наказываем себя своим неведением. Не позвольте мирским целям затуманить ваш ум иллюзиями. Я работаю на благо нашей организации с большим энтузиазмом, и все же в сердце своем я свободен, ибо знаю, что эта драма разыгрывается по Божьей воле.

Я знаю, что Он меня любит и что я люблю Его. Я люблю Его больше всего на свете. Ничто другое не способно увлечь меня. Я нахожу Бога привлекательнее всех мирских соблазнов.

«День и ночь в своем сердце я жажду лишь одного, о Господь! Позволь мне делать то, чего желаешь Ты, а не то, к чему меня склоняют мои собственные желания и амбиции. Научи меня поступать согласно Твоей воле, дабы я постарался сделать эту землю совершенной. Пусть в моих мыслях звучит лишь имя Твое, пусть все мои дела напоминают людям о Тебе».

Посему, дорогие мои, вы должны медитировать утром и вечером. Не растрачивайте свое время впустую. Иногда вы можете давать волю своим мыслям — но не формируйте привязанностей. Уединяйтесь и медитируйте. На первых порах ум не захочет подчиняться вашей воле, но, если вы будете настойчивы, вы обнаружите: ничто не приносит такой удовлетворенности, какую дарует медитация. Когда я закрываю глаза, я ощущаю такую свободу! Мною овладевает радость Господня. Она реальна в моем сердце. Разве существует в мире большее чудо, чем сотворенные Богом человеческое тело и космическое тело Природы? «Батарея» человеческого тела «подзаряжается» вовсе не пищей, а каждым словом (волной космической энергии) Творца, входящим в продолговатый мозг, головной мозг и сердце. Направьтесь к истоку своего бытия и почувствуйте Бога, отыщите внутри себя этот кипучий Родник радости и жизни.

Я некогда познакомился с одним индийским святым, который нашел Бога, просидев в медитации восемнадцать лет. Но только подумайте, что он обрел! Он обрел Бога — на все времена, на веки вечные! Каждый день отстраняйтесь от всего и медитируйте, находите на это время. Ночь — самое благоприятное время для встречи с Богом. Никогда не ложитесь спать, не пообщавшись с Ним. И что бы ни происходило, неустанно говорите Ему: «Господи, я жажду Тебя больше всего на свете. Ты можешь всячески искушать Меня, но я нуждаюсь лишь в Твоем присутствии».

Если эти слова идут прямо из вашего сердца, Бог обязательно отзовется. И тогда вы поймете, как глупо было копаться в своих и чужих недостатках. Как бы Сатана ни пытался меня увлечь — а он пытается, даже после стольких лет на духовном пути, — я, тем не менее, вижу, что Бог всегда со мной. Он всегда в моем сердце. Какими бы ни были мои ошибки, все они тонут в моей любви к Богу. В своем сердце я полностью свободен: там меня не поджидают никакие желания. Я люблю Бога больше всего на свете. Я готов даже полы мыть, чтобы выразить Ему свою любовь — если таковым будет Его желание.

«Я преподношу Тебе, о Господь, свое тело, свое сердце, свой ум и свою душу. Распоряжайся моим телом так, как Тебе угодно. То недолгое время, что я здесь, я весь Твой. Пусть каждая моя мышца сокращается в порыве Твоей радости, пусть каждое мое кровяное тельце сияет Твоим светом. Вкус материи подобен яду во рту — я пью лишь Твой нектар. И ничто не может с ним сравниться, о Господь! Свою жизнь, свои мысли, свои желания я посвящаю Тебе одному. Я обнаружил, что мои собственные желания — лишь темные закоулки, ведущие меня к нескончаемым разочарованиям. Но я усвоил важный урок: я удовлетворен лишь тогда, когда желаю того, чего желаешь для меня Ты. Пусть все люди почувствуют Твое присутствие так, как чувствую Тебя я, и даже больше — ибо Ты бесконечен в Своем многообразии. Отзовись на зов каждого, кто Тебя ищет.

Мы собрались здесь не только для того, чтобы молиться и петь, о Господь! Мы здесь не для того, чтобы механически праздновать день рождения Иисуса. Мы здесь для того, чтобы сознательно возложить цветы нашей любви к стопам Твоей вездесущности. Прими же благоухающую радость наших сердец. Да, подарок сей скромен, но все наши радости и вся наша любовь к Тебе, растущие в саду наших сердец, принадлежат Тебе. Прими то, что принадлежит Тебе. Послушны мы или нет, мы все же Твои дети. Ты связан этой любовью, а посему не можешь не проявить и выразить Себя в нас. Ты должен прийти к нам. Вся наша свобода — в Тебе.

Танец полярного сияния, горы, пылающий огонь солнца и других светил — все это проявления Твоей милости и вездесущности. О Дух, любовь к Тебе теснит наши сердца, тоска по Тебе вздымает твердь земли, и наши души, заточенные в клеть тела, мчатся к берегам Твоей вечности. Зачем же Ты прячешься от нас, коли Ты нам родной? Благослови нас, дабы мы затворили дверцы чувств и любили Тебя там, где Ты так любишь пребывать, — на омытом слезами алтаре души. Отец Небесный, Божественная Мать, Друг, Возлюбленный Господь! Послушные мы или нет, мы все же Твои дети, и мы хотим Тебя. Все наши трудности, все наши слабости, все наши плохие привычки уже не смогут запугать нас, ибо наша любовь к Тебе куда сильнее их. Уничтожь привой наших привычек на древе Твоей вечной жизни. Мы срываем орхидеи земных удовольствий с древа нашей жизни и складываем их у Твоих стоп. Ты единственная радость, которую мы ищем во всех наших земных занятиях. Мы жаждем узреть сияние Твоей славы, свечение Твоего бытия».

[Далее следует период медитации.]

«Отец Небесный, мы воздаем Тебе свою благодарность. Пусть этот день сияет в нашей жизни светочем Твоей милости и славы, ибо Ты не забываешь освещать наш путь во тьме этой инкарнации. Отец Небесный, да будет Твой свет проливаться на нас денно и нощно, в этой жизни и во всех грядущих — ежели нам суждено вернуться в этот мир. Отец Небесный, Божественная Мать, Друг, Возлюбленный Господь, внемли пылу наших душ. Внемли чистой любви и преданности наших душ. Наши уста могут говорить лишь о любви к Тебе. Прояви в нас сознание Твое, как проявил Ты его во Христе. Мы благодарны Тебе за радость и Христово Сознание, что Ты нам даровал. Мы будем вечно воздавать Тебе свою благодарность».

Примите новые решения: станьте таким, каким вы хотите быть

Главный международный центр Self-Realization Fellowship, Лос-Анджелес, Калифорния, 31 декабря 1934 года

«Отец Небесный, да узрим мы Твою славу и Твои идеалы в наступающем году. Да пребудет с нами Твоя сила, Твоя жизненность и Твое руководство, дабы мы с готовностью следовали прямым путем, ведущим к Тебе, — путем праведных деяний».

Определите для себя, что вы будете делать и каким вы будете в наступающем году. Составьте план действий и следуйте ему: это сделает вас куда счастливее. Убедитесь в этом сами. Если вы не способны следовать своему плану, значит, ваша воля парализована. Ваш лучший друг и ваш злейший враг — это вы сами. Станьте себе другом, и вы добьетесь успеха[1]. Не существует Божьего закона, который бы запрещал вам быть таким, каким вы хотите быть, и достичь того, чего вы хотите достичь. Ни одно неблагоприятное событие не способно выбить вас из колеи — если только вы сами не позволите ему это сделать.

Только ваша сила воли решает, чего вы способны достичь, и ничто другое: ни ваши прошлые привычки, ни ваша прошлая карма, ни ваш гороскоп. Если вы принимаете во внимание натальные карты, это лишь укрепляет вашу прошлую карму и придает ей авторитетность. Это ослабляет вашу волю. Бог — ваша воля. Вы не должны позволить предрассудкам, сомнениям или же унынию встать между вашей силой воли и вашей жизнью. Сомнение — это бедствие. Оно парализует движущую силу надежды и разрушает

---

[1] «Пусть человек возвысит свое „я" [эго] с помощью „Я"; пусть душа не деградирует. Несомненно, „Я" — друг человеческого „я", но „Я" — и враг „я"» (Бхагавад-Гита VI:5).

волю. Если ваша воля утратила свою силу, это означает, что вы лишились важного инструмента всех ваших свершений. Вера созидает — сомнение разрушает. Ни при никаких обстоятельствах не позволяйте себе становиться жертвой сомнения.

Пусть ничто не ослабит вашу убежденность в том, что вы можете быть таким, каким вы хотите быть. Никто не способен вам помешать, кроме вас самих. Мой мастер, Свами Шри Юктешварджи, говорил мне об этом много-много раз, но поначалу мне было трудно в это поверить. Не переставая, однако, использовать в своей жизни дарованную мне Богом силу воли, я со временем обнаружил, что она мой спаситель. Не использовать свою силу воли — значит быть инертным, как камень, как неодушевленный предмет; это значит быть слабосильным человеком.

Сила мысли

Многие люди ленивы не только физически, но и умственно. Конструктивная мысль подобна огромному потайному прожектору: она непременно покажет вам дорогу к успеху. Дорогу эту можно найти всегда — нужно лишь хорошенько подумать. Люди, которые быстро сдаются, затуманивают силу мысли. Чтобы достичь своей цели, вы должны усердно работать над мыслью. Тогда она воссияет ярким пламенем и укажет вам путь к вашей цели.

Самовнушение — могучая сила. Способность добиваться чего бы то ни было лежит в вашем уме. Даже ваше тело в буквальном смысле поддерживается силой мысли. Роль пищи второстепенна: главная сила, которая вас питает, — это ваш ум, ваше сознание. Именно мысль снабжает тело энергией. Если мысль парализована, тело теряет силу и начинает изнашиваться.

Божья мысль лежит в основе всего сущего. Она неизменно активна, она бесконечна. Все сотворенное берет начало в Беспредельной Бесконечности. Сперва Бог извлекает из Своего сознания мысль, и эта мысль становится живым существом. Затем Он извлекает еще одну мысль и наказывает ей стать цветком — и вот она уже начинает цвести. Другие Его мысли становятся горами, драгоценными камнями, звездами и так далее.

Отбросьте все свои страхи и негативные мысли. Помните: как Божье дитя вы наделены тем же потенциалом, что и выдающиеся люди. Как души все мы равны. Настройте свою волю на мудрость Бога, как это сделали мудрецы. Если ваша воля находится в одной упряжке с мудростью, вы можете достичь всего. Страх препятствует развитию. Внутренне будьте готовы к любым событиям, к любым переменам, и не опускайте руки перед лицом страданий.

Вас не должна пугать перспектива встречи со смертью. Смешно бояться смерти: пока вы живы — вы не мертвы, а когда мертвы — беспокоиться уже попросту не о чем! Всем нам придется через это пройти, посему это не может быть ужасным. Мы лишь волны на груди океана, и после смерти наше сознание погружается в пучины Бесконечного Единства, из которого мы все пришли. Сожалеть об этом не стоит, воспринимайте это как отдых от жизненных трудностей, как выход на пенсию, как шаг к большей свободе[2].

Сохраняйте равновесие ума в любых обстоятельствах. В любой ситуации будьте спокойно активны и активно спокойны. Сотрите из памяти все разочарования, вызванные страданиями и утратами. Все это ограничивает вашу силу мысли и волю, вы должны избавиться от этого раз и навсегда. Ваши испытания приходят не для того, чтобы наказать вас, но для того, чтобы вас пробудить — заставить вас осознать, что вы — часть Духа и что за искрой вашей жизни горит Пламя Бесконечности, за мерцанием ваших мыслей — Великий Свет Бога, за вашей проницательностью — всеведение Духа, за любовью вашей — всеудовлетворяющая любовь Бога. Если бы вы только это осознали! Не разрывайте свою связь с Богом. Он не ставит одного человека выше другого. Все мы сотворены по Его образу и подобию, просто не все отражают Его Божественный Свет из-за своих желаний и плохих привычек. Вы найдете удовлетворение не в достижении желаемого, а в развитии тех душевных качеств, которые вы обретаете, пока прилагаете усилия к достижению стоящих целей. Ничто не мешает вам почувствовать эту великую Силу в своей жизни, кроме ваших плохих привычек.

Плохие привычки — ваши злейшие враги

Плохие привычки — ваши злейшие враги, ваше наказание. Они заставляют вас делать то, чего вы не хотите делать, и

---

[2] См. *астральный мир* в глоссарии.

обрекают вас на страдания. Вы должны выбросить их из своей жизни и двигаться вперед, оставив их в прошлом. Каждый день должен быть переходным периодом от плохих привычек к хорошим. В наступающем году примите решение оставить при себе только те привычки, которые идут вам на благо.

Чтобы избавиться от нежелательных склонностей, лучше всего не думать о них, не признавать их. Никогда не позволяйте привычкам поработить вас. Скажите себе: «Кто может заставить меня делать то, чего я не хочу делать?» Эта мысль поможет вам идти вперед даже тогда, когда привычки будут тянуть вас назад. Ваш сознательный ум привык думать, что он загипнотизирован плохими привычками. Когда у вас возникает мысль о том, что вы курите или переедаете, вы сразу же чувствуете желание курить или есть. Но когда вы отказываетесь признавать привычку, ей приходит конец. Вы должны развить привычку говорить «нет». И держитесь подальше от всего, что стимулирует плохие привычки. Не испытывайте себя искушением.

Плохие привычки постоянно нашептывают вам, что вам их не победить. Но вы можете это сделать. Отрекитесь от порочных привычек. Настройте свой ум на победу. Последнее слово всегда за ним, а он может все. Ум способен властвовать над жизнью и смертью.

Так что пусть этот Новый год станет праздником принятия новых решений. Мы не имеем права приносить труху прошлого года в новый год. Вы — Божье дитя. Забудьте о прошлых ошибках. Вы пробуждены, и ничто не может вас остановить — если только вы сами этого не позволите. Вы хозяин своей судьбы. Вы счастливчик, ибо Бог беспристрастен: Он любит вас так же, как любит Иисуса и всех великих святых. Он есть Безусловная Любовь, потому что Он присутствует во всем. Где Он, там и Его преданная любовь. Уподобьтесь тем, кто отражает Его ярче других. Как только вы разовьете в себе кристально чистую восприимчивость, Бог станет светиться и в вас.

Жизнь смеется над самонавязанными обязанностями

Не будьте скованы земными узами. Земля являет собой лишь театральные подмостки, на которых вы исполняете свою роль. Не

Парамаханса Йогананда, Нью-Йорк, 1926 год.

придавайте ей излишнего значения. Если вы сбалансируете свои земные и духовные обязанности, это принесет вам наивысшую радость. Устремитесь к Богу: это поможет вам сыграть вашу роль хорошо. Если бы Бог не хотел, чтобы вы мыслили и рассуждали, Он бы попросту не наделил вас мозгом; если бы Он не хотел, чтобы вы задействовали в своей жизни волю, ее Он бы вам тоже не дал. Однако помните: исполняя свои обязанности на земле, не создавайте новых желаний. Станьте совершенным актером: стремитесь лишь к тому, чтобы исполнять Его желания. Вы получите право вернуться в Обитель Господню только в том случае, если отточите свое актерское мастерство, играя в Божественном спектакле.

Жизнь жестока: она смеется над обязанностями, которые вы сами себе навязываете. Все ваши дела и устремления к объектам ваших желаний — пусть даже стоящих — немедленно аннулируются в момент смерти. Зачем же тогда придавать жизни столько значения? Конечно, вы должны заниматься своими делами, но при этом не забывайте, что жизнь лишь спектакль. Вы должны играть свою роль хорошо, но с мыслью о Боге. Выполняйте свои обязанности лишь для того, чтобы порадовать Бога. Вы не обретете спасения, убегая от своих обязанностей, потому что это не входит в Божий план. Господь и Сам вечно занят, управляя Своей Вселенной для нашего же блага. Ничто не было бы создано или достигнуто в этом мире, если бы соответствующая идея не появилась прежде в Божьем сознании. Мы лишь инструменты, способные совершенствовать и видоизменять то, что идет на благо нам и другим. Используйте в своей жизни творческую способность, дарованную вам Господом. Именно так достигается успех. Постарайтесь усовершенствовать то, что уже было создано. Творческий человек — один из наилучших инструментов в руках Господа. Он совершенствует не только себя, но и все то, что эволюция подставляет в его земное окружение. Бог всегда действует через таких новаторов-энтузиастов.

Будьте активны и задействуйте свою силу воли и свой разум, неизменно помня, что за вашей жизнью стоит Божья жизнь и за вашей силой воли стоит Божья воля. Используйте свой разум, чтобы понять, чего Он от вас ждет, — не сидите и не ждите, что все случится само собой. Прилагайте волю, но при этом испрашивайте у Бога водительства, доверьтесь Ему. Тогда вы увидите, что

Йогода-Мат на берегу Ганга в Дакшинешваре. В величественном здании ашрама, приобретенном Парамахансой Йоганандой в 1939 году, располагается главный офис индийского филиала SRF, Yogoda Satsanga Society of India.

Озерная святыня SRF (*Self-Realization Fellowship Lake Shrine*), Лос-Анджелес. Основана Парамахансой Йоганандой в 1950 году. Это духовное святилище, раскинувшееся на территории в десять акров и увенчанное в 1996 году храмом на вершине холма, ежегодно посещают десятки тысяч человек. Слева от увенчанных лотосами башен располагается Мемориал мира Махатмы Ганди — единственное место вне Индии, где хранится часть праха великого Ганди.

Он сознательно ведет вас во всем. Вам не придется ни о чем беспокоиться. Какую бы роль вам ни дали, самое главное — играть ее как можно лучше.

В Божественном спектакле важны все роли

Будьте довольны той ролью, которая вам досталась. Не жалуйтесь на судьбу. Каждый думает, будто его проблемы — самые серьезные. Не желайте быть на месте другого человека, полагая, будто ему живется легче. Лучше вообще ничего не желать, но просить Господа дать вам то, что будет вам во благо. Вы часть Божьего мироздания, Бог нуждается в каждом человеке, играющем в этом спектакле. Никогда не сравнивайте себя с другими людьми. Вы такой, какой вы есть, и вы ни на кого не похожи. Никто не может сыграть вашу роль так, как играете ее вы. Кроме того, не пытайтесь играть чужую роль. Самое важное — исполнять волю Того, Кто вас сюда послал. Вам нужно только это. Исполняя свою роль, думайте о том, что это Бог работает через вас.

Не стесняйте себя узостью своего эгоизма. Включите других людей в сферу вашего счастья и ваших достижений, и тогда вы сможете исполнять Божью волю. Всякий раз, когда вы думаете о себе, думайте также и о других людях. Когда вы думаете о покое, думайте и о тех, кто нуждается в покое. Если вы делаете все, чтобы осчастливить других, вы доставляете радость Самому Небесному Отцу.

Жить в гармонии, иметь сильную волю, а также исполнять волю Того, Кто вас сюда послал, — лишь этого вы должны хотеть. Никогда не теряйте мужества и всегда улыбайтесь. Пусть улыбка на вашем лице гармонирует с улыбкой вашего сердца. Если ваши тело, ум и душа отражают улыбку, исходящую от внутреннего осознания Бога, вы будете способны дарить улыбку всем и всегда.

Радость медитации — ваш лучший благоприятель

Всегда будьте в компании людей, которые даруют вам вдохновение, окружайте себя людьми, которые вас воодушевляют. Не допускайте того, чтобы ваши благие решения и позитивное мышление были отравлены ядом плохой компании. Даже если вам не удалось найти хорошую компанию, которая могла бы вас вдохновить, вы непременно найдете ее в медитации. Радость медитации

— ваш лучший благоприятель. Вы не находите сложности в том, чтобы спать по шесть — восемь часов, вам это нравится, потому что во сне вы ощущаете толику внутреннего покоя и радости. Но когда вы медитируете, вы чувствуете эту радость в полной мере. Она столь велика, что вы не замечаете, как проходят часы. До этого царства радости рукой подать: оно находится прямо за подсознательным царством сновидений. В этом состоянии вы осознаете: «Я не есть эго; я располагаю чувствами, но я не есть чувства; я могу размышлять, но я не есть интеллект; у меня есть тело, но сам я — Дух».

Ваша преданная любовь, подобно грузилу, должна погружать вас в море божественного восприятия все глубже. Те, кто сможет открыть глаза своего внутреннего восприятия в медитации, узрят Божье присутствие в своем сердце. Пока в храме вашего тела пляшут демоны желаний и беспокойств, Отец будет держаться в стороне. Но когда там зазвучит протяжный голос преданной любви к Нему, Он придет, как приходит мать на настойчивый зов своего младенца. Сперва Он будет посещать храм вашей тишины как покой. Когда вы погрузитесь достаточно глубоко и войдете в храм *самадхи*, Единения, вы встретите Его Самого, вы коснетесь Его и почувствуете внутри себя Его вездесущее блаженство. Трудно любить Бога, не познав Его; когда же Наивысшее Счастье пропитает ваши мысли и все ваше существо, вы просто не сможете не любить Его.

Жизнь наполнена незримым Божьим присутствием

Чаша вашей жизни — внутренней и внешней — наполнена Божественным Присутствием, но из-за недостатка концентрации вы не чувствуете Божьей имманентности. Вы сможете воспринять Дух, если настроитесь на Него, подобно тому как вы настраиваетесь на нужную вам радиостанцию. Если вы наполните бутылку морской водой, а затем закупорите ее и бросите в океан, ее содержимое не смешается с океаническими водами. Раскупорьте эту бутылку, и вода, что была внутри, сольется с океаном. Нам надлежит вытащить пробку своего неведения, прежде чем мы сможем войти в контакт с Духом.

Наш Дом — в Бесконечности. Мы лишь ненадолго остановились в караван-сарае этого тела. Те, кто опьянен иллюзией, позабыли о тропе, ведущей к Богу. Попав однажды в объятия Всевышнего в медитации, вы больше не будете тратить свое время впустую.

Войдите во врата Нового года с новой надеждой. Помните: вы — Божье дитя. Вы сами решаете, каким вам быть. Гордитесь тем, что вы Божье дитя. Чего вам бояться? Что бы ни случилось, верьте: все происходит с Божьего дозволения. Вы должны успешно преодолеть все свои трудности, это залог вашей победы. Исполняйте Его волю, и тогда ничто не сможет вас ранить. Он любит вас вечной любовью. Думайте об этом. Верьте в это. *Знайте* это. И в один прекрасный день вы обнаружите, что обрели бессмертие в Боге.

Больше медитируйте и в любых обстоятельствах непоколебимо верьте, что Бог всегда с вами. Тогда покров иллюзии будет сорван и вы станете единым с Тем, Кто есть Бог. Именно так я обрел свое величайшее счастье. Я уже ничего не ищу, потому что в Нем я имею все. Я никогда не захочу расстаться с Тем, Кто есть самое драгоценное из всех сокровищ.

Таково мое новогоднее послание для вас.

«Мне потребна лишь любовь Твоя»: вечер божественного общения

Четверговая вечерняя служба, проведенная Парамахансаджи в Главном международном центре Self-Realization Fellowship по его возвращении из длительной поездки в Индию. Лос-Анджелес, Калифорния, 6 декабря 1936 года

«Возлюбленный Господь, великие Гуру, излейте Свое милосердие на общество Self-Realization Fellowship, дабы оно всегда было таким, каким я хочу его видеть, — ведомым лишь Вами.

Отец Небесный, благослови дитя моего сердца, святого Линна. Я благодарю Тебя за то, что Ты послал мне родную душу, которая столь явственно отражает Тебя и Твою истину. Я благодарю Тебя за все прекрасные души, пришедшие сюда с той лишь целью, чтобы посвятить свои жизни поискам Тебя; благодарю я Тебя и за тех, кто придет сюда в будущем. Прояви Свою жизнь в их жизнях. Благослови нас, дабы своей любовью к Тебе мы сделали Центр „Маунт-Вашингтон" раем на земле, дабы, служа Тебе, мы жаждали не собственной славы, но Твоей, о Небесный Отец! Пусть каждый, кто приходит сюда искать Тебя, носит в своем сердце маленький рай. Центр „Маунт-Вашингтон" освящен сердцами тех, кого Ты приютил. Пусть это место порождает тех, кто любит Тебя.

О Всевышний Дух, Отец, Мать, Друг, Возлюбленный Господь, Тебе мы преподносим свою безусловную преданность. Да возлюбим мы Тебя любовью всех святых. Ты есть Родник, что брызжет каплями всего: Силы, созидающей звезды; Жизни, питающей мироздание и все сущее в нем; Красоты, делающей мир приглядным; Любви, пробуждающей светлое чувство в сердце каждого. Ты есть Источник неувядающей радости, что льется бурным потоком и искрится в храмах верных Тебе душ в медитации. Всем своим сердцем, всей своей душой, всем своим разумением, всей свой преданностью я взываю к Тебе и настойчиво прошу Тебя быть с нами. Ничто другое не удовлетворит наши сердца.

Никогда еще не был я так счастлив, о Господь, ибо к Тебе взывает столько душ! Я не ищу власти, я не ищу учеников, я ищу лишь Твоей любви, о Дух! Ничто другое не способно завладеть моим сердцем. Нет там места ни для чего другого. Я больше не молюсь словами — я молюсь своей любовью, своим сердцем, своей душой.

О Божественная Мать, вчера ночью Ты спросила меня, чего я хочу. Я жажду лишь Твоей любви в моем сердце и Твоей любви в сердцах тех, кто любит меня и ищет Тебя. Это все, чего я хочу.

Божественный Дух, да светится Царствие Твое, что сокрыто внутри нас. Мы взываем к Тебе своей преданной любовью. Да проявится в нас Твое сознание. Не оставь нас в яме соблазнов, в которую мы угодили, злоупотребив дарованной Тобою силой разума. Ежели Ты изволишь испытать нас, когда мы станем сильнее, сделай Себя, о Отец, привлекательнее всех соблазнов. Чаша весов моего разума всегда склоняется в пользу Тебя: Ты бесконечно более привлекателен и очарователен, чем все остальное. Ничто не может сравниться с Твоей непостижимой красотой, перед ней меркнут все соблазны.

О Принц-очарователь, яви Себя нам! Какой бы жизненный путь мы ни избрали, благослови нас, преданных Тебе искателей, дабы мы ни на секунду не возжелали чего-то меньшего, чем Твоя любовь. Ты наш истинный Возлюбленный. Боже, какая радость, какое блаженство, счастье неземное! Где наши желания, где наша с Тобой разлука? Они растаяли под светом Твоей неувядающей радости.

О Дух, что может сравниться с Твоей любовью? Любовь сердца моего, Верховный Повелитель, Отец, Мать, Друг, Возлюбленный Господь, слава Твоя велика. Я отвергаю все, что не напоминает о Тебе; я принимаю все, что отражает Тебя. О Божественный Дух, это Ты привел сюда тех, кто ищет Тебя. Я не стану читать им никаких проповедей, но от всего сердца преподнесу им букет своей любви.

Божественный Дух, пропитай наши сердца Своей Славой, наполни наши души Своим Духом. Укоренись в нас навеки. Только Ты, о Дух, только Ты. Вновь и вновь мы склоняемся пред Тобой и возлагаем свою любовь к Твоим пречистым стопам. О Дух, пусть радость Твоя поглотит все наше внимание. Затопи Своей неземной радостью все телесные ощущения, что нас отвлекают. Пусть это малое тело не ввергнет нас в омут заблуждения, ибо Твоя радость ждет нас прямо за покровом тишины. Лишь с Твоей помощью мы сможем сорвать сей покров. Пусть Твоя космическая иллюзия более не вводит нас в заблуждение. Наполни нас Своей любовью, дабы мы осознали, что Ты Тот Единственный, Которого мы ищем.

О Всевышний, все свои устремления я складываю к Твоим стопам. Мне потребна лишь любовь Твоя. Ты можешь забрать у меня все, даже мою жизнь, если на То будет воля Твоя. Ничто, кроме Тебя, мне не нужно. Я буду общаться с Тобою сердцами тех, кто предан Тебе. Я не буду растрачивать свое время — я буду использовать каждое мгновение, чтобы находить радость в имени Твоем, что отпечатано в сознании всех любящих Тебя сердец. Тебя лишь я хочу, предвечное Сокровище небес. Могу ли я желать чего-то большего, чем славы Духа Твоего?

О Божественный Дух, всей жизнью своей, всем разумом своим, всей мудростью своей и ви́дением духовным, полученным от Тебя и моего возлюбленного Гуру, я вновь и вновь повторяю в своем сердце священную клятву верности Тебе и любви к искателям, что любят лишь Тебя. Будь же с нами, о Дух! Будь с нами. О, какая радость, Духа благодать! Исполнена ею слава Твоя. Лишь о любви Твоей я жажду говорить. Наполни наши сердца Своей любовью. Это все, чего я хочу.

О Необъятный Господь, Ты есть бескрайнее небо, а я лишь капелька в нем. (*Далее Парамахансаджи напевает несколько строк из своего песнопения. — Прим. изд.*) „Я — небеса, о Мать, я — небеса… Капелька малая на небесах заледенелых"»[1].

Небеса бесконечны: они не могут быть чем-то ограничены или уязвлены, а мы лишь капельки этой Бесконечности, гнездышки, обрамленные вездесущим Духом.

> [В этот момент Парамахансаджи входит в блаженное состояние *самадхи*. Некоторое время спустя он вновь обращается к собравшимся.]

Никогда не произносите имя Господа всуе. Когда вы Ему поете, чувствуйте то, что вы поете, а затем пойте то, что вы

---

[1] Из духовного песнопения "I Am the Sky", полный текст которого приведен в сборнике Парамахансы Йогананды *Cosmic Chants*.

чувствуете. Свою нетленную преданность мы преподносим Вечному Господу — Владыке небес, облаков и светил, Владыке всех владык, Владыке миллионов душ, что приходят и уходят, Владыке всех искателей истины. Зачем же говорить о Нем сухими словами и ограниченными мыслями? Мы должны почувствовать Его в храме медитации, где Он тоскует по нам.

Морская волна — часть океана, телесная волна — частица океана Духа. Во сне вы перестаете быть телом, у вас его нет. По пробуждении вы принимаете на себя ограничения иллюзорного тела; когда же вы закрываете глаза, вы начинаете ощущать безграничность своего сознания.

Это тело представляется мне заледенелым небом; когда я медитирую, тело становится бескрайним небосводом, простирающимся в бесконечности Господа. «Заледенелые небеса» — это застывший плод фантазии, привидевшийся образ. Во сне вы видите, как люди рождаются, смеются, умирают, но, когда вы просыпаетесь, все узренное вами бесследно исчезает. Аналогично этому, сие тело есть не что иное, как застывшая безбрежность пространства, однако вам оно таковым не видится. Когда вы бодрствуете в обычном состоянии сознания, тело и его ограничения кажутся вам реальными, но в действительности вам лишь снится сон. Развеяв свой сон-заблуждение в медитации, несущей истинное пробуждение, вы осознаете, что ваши земные переживания суть замороженные мысли Бога. Сновидения, которые мы созерцаем в подсознательном сне, — это наши собственные застывшие мысли, сами же мы являемся привидевшимися мыслями Господа. Чтобы вырваться из объятий этого сна, вы должны пробудиться в Нем. Только тогда вы будете по-настоящему бодрствовать. Я осознаю это ежеминутно, ежесекундно, и это осознание никогда меня не покидает.

Я описываю вам все эти вещи так, как вижу их изнутри. Я больше не хочу читать никаких лекций. Божественная Мать говорит мне: «Ты лишь вкушай Мою любовь вместе с другими искателями истины». Это все, что я хочу делать. У меня нет других желаний. Именно с таким умонастроением будут приходить ко мне люди.

Некоторые из величайших учителей Индии были весьма немногословны. Они лишь наказали своим последователям погружаться внутрь себя, а затем спрашивали, что те почувствовали. Однако современная религия делает акцент на эмоциях или же на поиске рациональных объяснений; все это не дает духовному искателю реального восприятия Бога. Жажду по Богу может утолить лишь Сам Бог.

В этом ненадежном, постоянно изменяющемся мире вы часто чувствуете себя одиноко. Только Бог вас никогда не разочарует. Радость, которую дают вам материальные вещи, со временем приедается, поэтому вы постоянно хотите чего-то еще. Но стоит вам почувствовать Бога, и вы будете хотеть Его все больше и больше.

Единственная стоящая проповедь — это прикосновение Самого Бога, Его силы, которая столь отчетливо ощущается в этом зале. Она священна. Вот почему я так не хочу завлекать своими речами любопытствующих. Я хочу делиться Его любовью лишь с теми, кто Его жаждет, и неважно, где они живут. Славу великих мастеров следовало бы возродить. Они общались с Богом во глубине лесов; они не тратили время на беседы, не стремились привлечь последователей, но при этом были окружены искренними душами, притянутыми магнетизмом их любви к Богу. В лесах и посреди полей — вот где обитает Божий свет. Представьте, какая там царит радость, какая благодать! Именно таким местом — местом для общения с Богом — станет Центр «Маунт-Вашингтон». День и ночь мы должны вкушать Его имя. Вот так нужно искать Его, чувствовать Его, говорить о Нем, чтобы, покидая это место, наши гости пели о Боге, ощущали Бога, говорили о Боге.

Божественная Мать была здесь с нами. Я сказал Ей: «О Божественная Мать, я не желаю ничего, кроме общения с Твоим сознанием, Твоею славою, Твоею силою. Благослови нас, каждого из нас, дабы мы смогли почувствовать Тебя в своей душе и говорить о Тебе, помогая другим душам выбраться из сетей Сатаны».

«Отец Небесный, Божественная Мать, Друг, Возлюбленный Господь, пробуди во всех душах любовь, что чувствую я. Да не будет у нас иных желаний и устремлений, кроме желания почувствовать и выразить Твою радость, Твою мудрость, Твою нетленную красу. Мы живем и движемся, здравствуем в Тебе. Лишь в том случае сия бренная плоть чего-то стоит, если в почву тела, ума и души мы зароняем семена Твоей любви и собираем урожай Твоего блаженства.

Неустанно благословляй святого Линна, дабы он смог продолжить мое дело, когда меня не станет. Никогда еще я не встречал столь честную, искреннюю и кроткую душу. Пусть он всегда будет таким. Куда бы он ни пошел, он будет защищен. Пусть он живет любовью Божественного Духа. Пусть его жизнь отражает мою жизнь.

О Божественная Мать, то зло, что совершается в мире, лишь ненадолго заслонило свет Твоей любви. Нам надлежит проявить Твою любовь, дабы ее лучезарность навеки развеяла тьму. Я чувствую Твою великую силу. О Божественная Мать, мы могли бы уничтожить все мировое зло пушками Твоей силы, и все же величайшая из Твоих сил — любовь. Именно этой силой мы должны искоренить все войны и проблемы, осаждающие мир. Я чувствую муки этого мира; вновь и вновь я буду приходить на эту землю, чтобы спасать Твоих детей.

Благослови нас, Возлюбленный Господь, дабы мы, Твои преданные посланники, восславляли имя Твое и величие Твое во всем мире, ища не человеческого признания, но Твоего, о Дух.

Я хочу быть лишь с теми, кто любит Тебя. Я хочу вкушать Твое имя вместе с теми, кто предан Тебе. Приди ко мне, о мой Возлюбленный! Ты единственная любовь моего сердца. Пусть каждый почувствует Твою любовь и Твою славу и оставит все, все свои красивые мечты, чтобы лишь наполниться любовью Твоей. Я не могу говорить ни о чем, кроме Твоей любви и радости Твоей! Пробуди в нас — прямо сейчас — нескончаемое восприятие Твоей любви, а также жажду общения с Тобой. Покажи нам, как отбросить все, что отделяет нас от Тебя.

Лишь Ты один бессмертен, лишь Ты один реален. Вся жизнь, вся сила исходят от Тебя. Ты моя пища, мой сон, моя сила, моя радость! Даруй всем ту свободу, что мне Ты даровал! Велика Твоя слава и радость, дарованная мне!»

А теперь давайте помолимся вместе. Вложите в эти слова всю жажду своей души:

«Отец Небесный, Божественная Мать, Друг, Возлюбленный Господь, к Тебе взывает моя душа. Прости, что я так долго блуждал по земле материи. Будь со мной сейчас и вовеки веков, дабы я неизменно чувствовал Твое блаженное присутствие. Я не должен Тебя обретать, ибо Ты и так со мною вечно — вечно был и будешь. Благослови меня: оживи во мне память о Твоем присутствии, о том, что Ты всегда будешь моим. *Аум. Аум.* Аминь».

Быть завоевателем сердец

Неформальная беседа с жителями ашрама и другими членами SRF, Главный международный центр Self-Realization Fellowship, Лос-Анджелес, Калифорния, 3 ноября 1938 года

Если мы будем смотреть на жизнь отстраненно, она станет для нас прекрасным спектаклем, мизансцены которого сменяют друг друга ежедневно. Нам не хотелось бы наблюдать одну и ту же сцену снова и снова: это бы нам быстро наскучило. Если бы в жизни не было взлетов и падений, побед и набитых шишек, едва ли она имела бы смысл. Однако не нужно принимать ее слишком уж всерьез, ибо тогда она станет крайне безрадостной. Если вы хотите достичь сферы Духа, неизменно пребывающего в невозмутимости, всегда будьте уравновешенны. «О Арджуна, здесь теми побеждены относительности существования, кто утвердился в равновесии ума. Тем самым они, несомненно, воцаряются в Духе — безупречном, совершенно уравновешенном Духе»[1].

Личные желания подобны кислоте: они разъедают наш душевный покой. Когда у нас в жизни все идет гладко, мы думаем, что этот мир и наше место в нем нас вполне устраивают. Но приходит время, когда нам кажется, что все идет против нас. Такой поворот событий учит нас быть сильнее и подталкивает нас к осознанию своей внутренней силы. Однако если что-то противоречит нашим желаниям, мы гневаемся. Когда наши желания не исполняются и нас охватывает чувство гнева, разум затуманивается и мы перестаем думать о сложившейся ситуации, мы теряем свою проницательность; действуя наобум, мы порождаем ошибки и страдания[2]. Если

---

[1] Бхагавад-Гита V:19.

[2] «Мысли об объектах чувств порождают привязанность к ним. Привязанность порождает вожделение; из вожделения возникает гнев. Из гнева возникает заблуждение; от заблуждения — потеря памяти [о „Я"]. Потеря памяти приводит к невозможности распознать истину. За невозможностью распознать истину следует разрушение [духовной жизни] (Бхагавад-Гита II:62, 63).

вы никогда не гневаетесь из-за жизненных неудач и не сердитесь на их «зачинщиков», вы ясно видите выход из проблемной ситуации.

Поэтому самое важное — беречь свое спокойствие. Если вы способны сохранять внутреннее спокойствие, вы — победитель. Какой бы тяжелой ни была ваша жизненная ситуация, ничто не может служить оправданием для потери спокойствия. Лишаясь его, вы утрачиваете способность ясно мыслить и проигрываете битву жизни. Если вы никогда не будете терять своего спокойствия, вы сможете выходить победителем из любой проблемной ситуации. Только так одерживается победа над жизнью. Вам нечего бояться. Резонно бояться лишь себя самого. Делайте все искренне и с любовью в своем сердце, и тогда никто и ничто не сможет вас устрашить. Добравшись до вместилища душевного покоя, вы обнаружите, что жизненные неурядицы досаждают вам все меньше и меньше.

Тот, кто любит Бога, живет душой, своим истинным «Я». Все, что он делает, он делает не для себя, но для Бога. Он любит всех, ибо смотрит на мир как на космический спектакль Господа. Никто и ничто не может заставить его сказать или сделать что-либо в порыве гнева или же поступить эгоистично. Таким должен быть ваш подход к жизни. Здесь нет места притворству. Вы станете таким лишь тогда, когда начнете зреть Бога в каждом человеке и сделаете любовь к людям частью своей любви к Богу.

Каждый из тех, ради кого я тружусь, дорог мне в той же степени, в какой дороги вам члены вашей семьи. Я ощущаю единство со всем человечеством, подобное чувство вы испытываете в отношении своих близких. Это чувство невозможно описать словами. Когда оно посетит ваше сердце, вы воистину начнете понимать смысл и красоту жизни.

Любите людей — но не их недостатки

Если вы любите Бога и, как следствие, всех людей, это вовсе не означает, что вы любите их недостатки. Любовь к Богу побуждает вас стойко придерживаться Его принципов. Когда я удостоверился, что работаю только для Бога, меня покинули страхи и сомнения относительно правильности моих убеждений. Если мне случится ошибиться, я с радостью приму любую критику; но если я уверен в своей правоте, это внутреннее чувство меня не покидает. Оно порождается не эмоциями, но истиной, вот почему я твердо стою на своем.

Нерушимое счастье в Боге — прочный фундамент для любой деятельности. Тот, кто хочет получить нетленное знание от Самого Бога, должен быть способен припасть к стопам любого человека, но при этом не отклоняться истины, укоренившись в счастье и поддержке Господа.

В храме души вы найдете совершеннейшее Божье присутствие. Тот, кто самозабвенно любит Бога, кто купается в Божьей любви, чудесным образом зрит Его во всех, в то же самое время осознавая духовную слепоту тех, чьи глаза закрыты в неведении. Таким образом, тот, кто любит Бога, видит как темные, так и светлые стороны людей. Если вы взглянете на прекрасный храм с открытыми глазами, вы разглядите его красоту, но, если вы будете стоять перед ним с закрытыми глазами, вы узрите лишь тьму. Великие души созерцают лучезарное Божье присутствие во всех храмах людских душ, но вместе с тем они распознают оступившихся во тьме, тех, чьи глаза закрыты.

Я никогда не хотел быть учителем. Я заметил, что люди, примеряющие на себя подобную роль, зачастую уверены в том, что они много знают, хотя в действительности они знают очень мало. Лишь после того, как мой Мастер [Свами Шри Юктешвар] сказал мне: «Ты бы не обрел эту мудрость, если бы я тебе ее не дал», я посвятил свою жизнь духовному наставничеству. Сперва Мастер дал мне истину, а затем воодушевил меня бескорыстно делиться ею с другими.

Если вы хотите быть учителем, вы должны быть искренни. Все ваши слова должны исходить из глубин вашего сердца. Когда вы честны и праведны, ничто не способно подвигнуть вашу душу отклониться от Божьих принципов; вы не можете быть недоброжелательны к людям, потому что вами не помыкают злоба и эгоизм; вы делаете все со стопроцентной искренностью. Ведите себя именно таким образом, и неважно, читаете вы лекции с кафедры или учите людей примером своей жизни. Тогда вы увидите, как изменится ваша жизнь, а также жизнь тех, кому вы хотите помочь. С этого самого момента будьте искренни и бесстрашны в истине. Куда бы вы ни пошли, пусть Бог, а не эго, говорит вашими устами. Не нужно демонстрировать людям свою сообразительность, вместо этого вы должны быть чистосердечны. Если вы чистосердечны, всякий искренний человек будет пребывать с вами в гармонии, и вы сможете чувствовать его искренность. Если вы искренне любите людей и не смотрите на них свысока, а также не проявляете к ним злобы, тогда едва ли найдутся люди, которые не будут вас понимать. Бог поможет тем, кто понимает все превратно, ибо своими действиями они ставят себя в неудобное положение.

Если у того, кто любит Отца всех людей, вдруг возникает мысль о мести или желание кого-то наказать, он сразу же отдаляется от Бога на миллионы миль. Любящий Бога человек не осмелится подумать о причинении кому-либо вреда. Конечно, нельзя слепо одобрять тот или иной поступок, однако непринятие чужого злодеяния не должно порождать жестокого желания причинить кому-либо вред. Один философ как-то сказал: «Наилучший вид мести — не быть таким, как тот, кто нанес рану». Если мы хотим, чтобы другие уважали наше мнение, мы сами должны уважать мнение других. Тут не может быть никакой раздражительности. Неважно, соглашаемся мы с человеком или нет, — мы всегда должны быть вежливы.

Вы такой, каким предстаете перед Богом и своей совестью

Заливаться соловьем может каждый, а вот жить в ладу с людьми способен лишь тот, кто обладает колоссальной внутренней силой. У каждого свои критерии оценки людей. Много лет назад мы отправились в лекционный тур от Восточного побережья к Лос-Анджелесу. Нас сопровождал один юноша, который не упускал возможности критиковать всех и вся. Перед каждой лекцией я имел обыкновение расчесывать свои длинные волосы. Это неизменно вызывало у него повышенный интерес, но он не знал, что я тоже навел на него свою внутреннюю кинокамеру. По прошествии двух недель я наконец обратился к нему:

— Мне бы хотелось с тобой поговорить. Что ты там пишешь обо мне в своих письмах?

Он посмотрел на меня испуганными глазами и сказал:

— Должно быть, кто-то читал мои письма.

— Значит, ты это не отрицаешь. Поскольку я знал, что ты

этим занимаешься, я специально подолгу стоял перед зеркалом и медленно расчесывал свои волосы, чтобы тебе было о чем писать.

Ему стало стыдно.

Вы такой, каким предстаете перед Богом и своей совестью. Даже если весь мир вас не понимает, вы ничего не теряете: вы такой, какой вы есть. Один из самых эффективных способов себя улучшить — научиться принимать критику. Критиковать других куда легче, чем признавать собственные недостатки, и все же наша первостепенная задача — исправить *себя*. Когда меня подвергают критике, я тщательно себя анализирую. Я научился этому у Мастера. Если мне удается обнаружить в себе недостаток, я его исправляю, а если нет — просто улыбаюсь.

Убежденность в истине — наиглавнейший фактор душевной удовлетворенности; никогда не сдавайтесь и не идите на компромисс с истиной. Если кто-то подвергает вас критике или спорит с вами лишь для того, чтобы удовлетворить свое эгоистическое желание быть выше вас, это неправильно. Разумным людям несложно прийти к консенсусу, потому что им свойственна благожелательность. Я очень любил полемизировать с Мастером, поскольку он обладал необычайной мудростью. Если в моем понимании находился изъян, он твердо отстаивал свою точку зрения. Спустя какое-то время я сознавал свою ошибку. Когда ваше ви́дение ведомо Божественной Силой, вы не отклоняетесь от истины. Вы чувствуете, что вас ведет Сам Дух. Именно такая сонастроенность с Духом вам и нужна. Будьте бесстрашны, искренни и доброжелательны, тогда вы сможете уверенно смотреть людям в глаза, зная, что делаете все искренне и в меру своих сил. Если вы хотите доказать человеку свою искренность, пусть за вас говорят ваши поступки.

Бог посылает вам лишь те жизненные переживания, в которых вы нуждаетесь, которые несут вам благо. Если вы избегаете уроков, которые вам надлежит усвоить, вам все равно придется через них пройти, но уже в другое время и в другом месте. Каждое жизненное переживание может стать для вас хорошим учителем, если только вы готовы усвоить кроющийся в нем урок; но если вы грубо пренебрегаете такой возможностью и демонстрируете лишь негодование и непонимание, тогда такие переживания станут для вас тиранами. Правильное умонастроение — залог простой и бестягостной жизни.

Прочны лишь духовные узы

Я надеюсь, что каждый из вас внемлет моим словам. Я вручил Богу всего себя без остатка, и все, что Он мне говорит, я передаю вам. Я верю: Бог дает мне лишь то, что имеет практическую ценность и будет полезно всем, кто мне близок и дорог. Как я уже говорил, у меня нет родственников. Каждый, кто любит Бога, мне родной. Семейные узы иллюзорны, потому что чувство родственной связи навязано нам природой; духовные же узы прочны, ибо Бог наш Отец, а мы дети Его. Если ребенок, которого мать так сильно любит, умрет и переродится в соседнем доме, она уже не будет относиться к нему с такой теплотой. Наиболее прочны духовные узы, ибо они не ослабевают жизнь за жизнью.

В конце концов, все мы дети Единого Бога, посему нам следует научиться искренне и беспристрастно любить каждого человека на земле. Помнится, Мастер меня как-то спросил: «Любишь ли ты всех одинаково?» Я ответил: «Да». А он сказал: «Все еще нет, все еще нет». Когда мой младший брат пришел учиться в нашу школу в Ранчи[3], в моем сознании проступили семейные чувства. И тогда я понял, почему мой Гуру сказал: «Все еще нет». Со временем это воззрение себя изжило, и я осознал, что мой брат — часть любимого мною человечества. Такое отношение нельзя назвать черствым и негуманным. Вы просто любите всех одинаково — совсем как Бог. Это побуждает вас делать для других то, что вы сделали бы для себя. По прошествии определенного времени Мастер вновь задал мне вопрос: «Любишь ли ты весь мир?» Я ответил: «Да, люблю». Он улыбнулся и сказал: «Дело сделано».

Посетив Индию в 1935–1936 годах, я с величайшим удовлетворением обнаружил, что моя любовь не ограничена лишь отчизной: ту же любовь я испытываю ко всем нациям. За много лет до этого, когда я принял решение оставить родной дом и встать на этот путь, мой отец, который после смерти матери стал для меня самым близким человеком, сказал: «Кто же будет ухаживать за твоими братьями и сестрами, когда я умру?» Я ответил: «Отец, я люблю тебя больше всего на свете, но величайшую любовь я

---

[3] Школа Йогода Сатсанга Видьялайя (*Yogoda Satsanga Vidyalaya*), основанная Парамахансой Йоганандой в 1918 году. (См. *Школа в Ранчи* в глоссарии.)

испытываю к Тому, Кто дал мне Тебя. Если бы Бога не было, мы бы не смогли ценить друг друга. Когда мы встретимся вновь, в моей груди будет биться сознание нашего общего Отца, и тогда ты более полно осознаешь, что я достоин твоей любви».

Божья любовь — наивысшая любовь. Нет более великой любви. Любовь, порождённая инстинктом, несовершенна, ибо она нам навязана. Вот почему я воспеваю Бога как Божественную Мать. «В этом мире, о Мать, я не любим; этот мир не ведает подлинной любви»[4]. Лишь божественная любовь великих душ рождается в мудрости. Такая любовь бесконечно прекраснее любой формы человеческой любви, в том числе родительской. Иисус отдал свою жизнь ради человечества.

Воистину заботятся о моей душе лишь Бог и мой Мастер. Именно Мастер оберегал меня от неведения, и руководствовался он при этом любовью. Питая меня мудростью, он проявлял безграничную любовь. Я и сейчас вижу эти глаза, сияющие Верховной Любовью.

Это Бог любит нас через наших родных и близких, поэтому мы всегда должны быть благодарны Ему за то, что Он дал нам прекрасных родителей и друзей, а также гуру-наставника, который желает нам наивысшего блага. Любовь матери близка к совершенной Божьей любви, ибо она прощает нам все ошибки и любит нас даже тогда, когда никто другой нас не любит. Однако наивысшим выражением Божьей любви является любовь истинного гуру. Он любит нас безусловно; воодушевлённый неземной любовью, он обучает и дисциплинирует нас, направляя нас к вечному благоденствию души. И хотя я всегда буду глубоко любить свою мать, моя любовь к Гуру ни с чем не сравнится.

Отличие истинной любви от любви эгоистической

Каждое своё действие выполняйте с любовью к Богу, пребывающему во всех. Рядовому индивидууму сложно провести грань между стремлением делать людям добро и желанием потешить

---

[4] Слова из духовного песнопения "Where Is There Love?", вошедшего в сборник Парамахансы Йогананды *Cosmic Chants* (издаётся обществом Self-Realization Fellowship). Полный текст песнопения выглядит так:
«В этом мире, о Мать, я не любим; этот мир не ведает подлинной любви. Где любовь, что всегда чиста? Где любовь, что истинна? Там душа моя желает быть».

свое самолюбие. Бывает, человек полон намерения заботиться о других, но вместо этого заботится о себе. Если в вашем сознании отсутствует желание действовать в собственных интересах и живет лишь желание служить на благо всех людей, это — мудрость. Прийти к этому сложно, но, когда эгоистическая любовь исчезнет из вашей жизни, на смену ей придет любовь божественная.

Если вы непрестанно наблюдаете развитие души, значит, вы умеете любить по-настоящему. Потакание чьим-либо материальным желаниям и плохим привычкам говорит о том, что вы не любите человека — вы просто угождаете ему, лишь бы не испортить с ним отношения. Иной раз очень неприятно указывать другу на его неправоту, но, если вы будете говорить уверенно, с любовью и от всего сердца, в будущем он проникнется к вам большим уважением — если, конечно, вы правы. И даже если вы ошиблись, он все равно поймет, что вы были искренни и руководствовались любовью. Никогда не соглашайтесь с теми, кто неправ, даже если это ваши близкие. Одобрить чей-либо проступок — значит продать свою душу, лишь бы только снискать благосклонность того, кто этот проступок совершил; рано или поздно такой подход обернется тяжелыми последствиями. Но не ругайтесь: этим вы не убедите человека в своей правоте. Воздействовать на людей можно лишь любовью. Скажите им все, что вы хотите сказать, пусть даже дважды, а затем выбросьте это из головы. Будьте смиренны и не гневайтесь. Просто скажите себе: «Подождем и увидим. Время покажет». Время всегда все проясняет, и если друзья проявляют понимание и сострадательность, никто из них потом не скажет: «Как видишь, я был прав».

Посему я молюсь о том, чтобы вы научились быть настоящими друзьями, истинно любящими душами. Применяя такой божественный подход, вы станете завоевателями сердец. Это состояние несет наивысшее удовлетворение. Вы не будете одиноки, ибо к вам притянутся истинные души. А если вы все-таки останетесь одни, вы будете наедине с Самим Господом.

Вы даже не представляете, как прекрасна такая возвышенная любовь. Она посещает вас в те моменты, когда вы очень счастливы и ощущаете единение с Богом, пребывающим в других людях; она знакома вам, если вы любите всех людей вне зависимости от степени родства с ними, потому что вы знаете, что у вас общий Отец — Бог.

Привязанность не формирует духовные узы — на это способна лишь любовь

Мы собрались здесь для того, чтобы предпринять короткое совместное путешествие. Через какое-то время нам предстоит разойтись в разные стороны; но, если в душе своей мы храним божественную любовь, мы рано или поздно воссоединимся в царстве Господа. Мы никогда не будем жить порознь, мы будем притянуты друг к другу вновь. Привязанность не формирует духовные узы — на это способна лишь любовь. Природа неустанно кружится в пляске смерти, но любовь никогда не умирает: она превыше смерти и разрушительного воздействия времени. Я равно люблю тех, кто мне дорог сегодня и был дорог в других жизнях.

Привязанность губительна, ибо она компульсивна, она ограничивает человека. Мать влюбляется в своего ребенка с самого его рождения, потому что это чувство навязано ей природой, — а иначе она бы и не стала заботиться о беспомощном младенце. Инстинктивная любовь к членам своей семьи суть первый урок любви: нам надлежит научиться дарить безусловную любовь всем людям.

Привязанность отравляет семейную любовь и все остальные формы человеческих взаимоотношений, потому что вы слепо присваиваете себе одних людей и отторгаете других. Изгоните привязанность из своего ума и научитесь дарить по-настоящему искреннюю любовь всем. Истинная любовь беспристрастна, она не стеснена никакими рамками. Когда наши глаза искрятся такой любовью, мы испытываем волшебное чувство духовного единения, мы ощущаем, что все мы — одно целое. Порой это чувство возникает у нас и в повседневной жизни, но слишком уж быстро оно притупляется фамильярностью и неучтивостью.

Мы должны научиться любить свою семью чистой любовью, любить своих друзей чистой любовью, любить свою страну чистой любовью и любить все человечество чистой любовью. Патриотизм прекрасен; но, если он ведет к агрессии, это неправильно. Плохо, когда патриотизм сопровождается самомнением. С этим страны должны быть особенно осторожны. Бог уничтожил множество высокомерных наций. Индия была одной из величайших стран мира. Ее процветание и сила были кармически подорваны иностранным господством после того, как высшие слои общества стали заявлять: «Мы — арии!» и унизили людей, введя кастовую систему[5]. Как бы то ни было, в силу своей духовности Индия однажды вернет себе свой былой статус.

Если вам удалось усовершенствовать свою любовь к семье, друзьям, другим нациям и человечеству в целом, значит, вы познали Божью любовь: вы готовы жить и умереть ради всех. Вот почему я проявляю к вам такой интерес. Когда я наслаждался Богом в Энсинитасе, Он дал мне почувствовать, что я о вас почти забыл[6]. Именно чувство духовного долга, рожденное в моей любви к Богу и ко всем вам, привело меня сюда. Я жажду лишь Бога, иных желаний у меня нет, равно как и нет иных устремлений, кроме одного: работать для Бога.

Это Бог свел нас всех вместе. Быть способным служить Господу — величайшая привилегия человека. Когда мы покинем эту землю, сюда будут приходить многие души, которые почувствуют наши вибрации. Оставляя после себя хорошие вибрации, мы делимся частичкой своей вечной жизни. Шекспир ушел, Линкольн ушел, но они оставили здесь частичку своей вечной жизни. Это же касается моих Гуру и *Парамгуру*[7]. Пока жива эта планета, живы будут и вибрации, оставленные на ней великими душами; а когда земля прекратит свое существование, эти вибрации запечатлеются в сердце Небесного Отца.

Поэтому мы должны жить так, «чтоб в песках времен остался след и нашего пути», — духовный след хороших вибраций, которые почувствуют те, кто придет после нас. Только представьте, сколь прекрасно будет наше наследие, если мы обогатим эти вибрации своей любовью к Богу и служением Ему!

Работайте сообща на благо всех людей

В организации свобода очерчена общими правилами. В сообществе — будь то монастырь, медитационный центр, семья или

---

[5] См. *каста* в глоссарии.

[6] Со времени своего возвращения из Индии в 1936 году Парамахансаджи проводил много времени в ашраме SRF в Энсинитасе, где в относительном уединении он мог посвятить себя литературной работе.

[7] См. глоссарий.

компания — людям надлежит жертвовать своими желаниями и себялюбием в угоду всеобщего блага. Живя и работая бок о бок с другими людьми, вы должны уважать принципы совместной деятельности. Не смотрите, кто делает больше, а кто меньше, смысл здесь в том, чтобы делать все сообща, помогать друг другу. Я надеюсь, что каждый из вас внесет в это свою лепту. Умение следовать общим правилам делает организацию сильной и гармоничной.

Божье воззрение начертано на пергаменте вечности, его нельзя стереть, оно непреходяще. Так что прежде всего старайтесь доставить удовольствие Богу, а не человеку. Если вы стараетесь радовать людей, Бога это тоже удовлетворяет, но только при условии, что вы руководствуетесь мудростью. Старайтесь никого не огорчать и всегда в первую очередь думайте о своей обязанности перед Богом.

До чего же прекрасно быть добродетельным и кротким! Самомнение вызывает отторжение, а вот смирение обладает притягательной силой. Кроткий человек задевает потаенные струны в сердцах окружающих. Тому, кто преисполнен смирения, несложно оказывать на людей духовное влияние. Такой человек всегда удовлетворен, потому что трудится для всех. Именно это имел в виду царь Рама, когда говорил: «Я — Рама, и трон мой — в сердцах людей». Истинный царь — это тот, кто царствует в чистых сердцах. Если в сердце своем вы приютили Бога, вам не ведомо самомнение. Чем больше вы проявляете смиренности, тем прочнее укореняетесь в Духе.

Я надеюсь, что каждый, кто следует учениям Самореализации, начнет задаваться вопросом: «Где любовь, что всегда чиста?» Сила любви ни с чем не сравнима. Никто и ничто не может над ней властвовать. Любовь покоряет все вершины. Здесь, в этом месте, вы найдете столько любви и понимания! Ни в ком я не зрел столько разумения, сколько нашел в сестре Гьянамате[8] и святом Линне. Всякий раз, когда к нам приезжают гости, сестра

---

[8] Шри Гьянамата («Матерь Мудрости») была одной из первых *санньяси* (людей, дающих пожизненный обет) монашеского ордена Self-Realization Fellowship. Парамаханса Йогананда часто превозносил ее исключительную духовность. История ее жизни, а также ее вдохновенные духовные советы вошли в книгу *God Alone: The Life and Letters of a Saint* (издается обществом Self-Realization Fellowship).

по собственной инициативе освобождает свою комнату, чтобы им было, где спать; сама же она ночует в прачечной. Если Божья любовь поселится во всех сердцах, однажды мы узрим землю, лишенную непонимания, — но только когда наши души и мысли станут кристально чистыми.

Мы пришли на землю, чтобы любить друг друга совершенной Божьей любовью, свободной от всех эгоистических помыслов. Все мы порой испытываем это чувство, но через какое-то время у нас его отбирает Сатана. Сатана есть дисгармония и непонимание. Бог есть Любовь, и Любовь есть Бог. Когда кто-то говорит о вас недобрые слова, не принимайте это близко к сердцу. Дарите в ответ лишь любовь. Если человек вас не понимает, продолжайте смотреть на него с любовью, исполненной понимания, и тогда он обязательно изменится.

«Все, что я говорю, идет из глубин моего сердца»

Я говорю не просто слова — я выражаю чувство, которое испытываю ко всем вам. Куда легче просто молчать или даже убежать от всего и жить где-нибудь под деревом наедине с Богом. Простите меня, если по неразумению своему я кого-то обидел. Моя совесть чиста. Мне нечего бояться. Все, что я говорю, идет из глубин моего сердца. Если вы прислушаетесь к моим словам, вы порадуете Бога, а если нет, это Его опечалит. Как бы то ни было, ни один ваш проступок не заставит меня рассердиться, ибо у меня нет личных желаний: я хочу лишь доставлять Богу удовольствие и служить вам ради вашего же блага.

Давайте же помолимся:

«Отец Небесный, наполни наши сердца истинной любовью ко всем, научи нас дарить эту любовь друг другу в духе искренности. Позволь нам почувствовать эту любовь и проявить ее, дабы мы могли наслаждаться вечностью вместе с освобожденными душами, ибо Ты, Господь, и есть Сама Любовь».

Пока я говорил с вами, Господь являл моему взору панораму всего мира. Он сказал: «Я люблю всех, и каждому человеку Я дал право принять Меня или же отвергнуть. Я люблю людей вне зависимости от того, следуют они Моим желаниям или идут против Меня. Несмотря на то, что Я даровал миру Свою любовь, люди продолжают бездумно уничтожать друг друга ненавистью, забрасывать друг друга смертоносными бомбами. Но Я все равно их всех люблю. Они почувствуют Мою любовь, если будут искать ее в храме своего сердца. Я люблю все страны и цивилизации, независимо от количества совершаемого ими зла; такую любовь надлежит обрести и вам, дабы вы смогли почувствовать и осмыслить Мою всеобъемлющую любовь».

Такое вот послание оставил вам Господь. Он любит каждого из нас, несмотря на все наши ошибки и неправедные деяния, и в то же время Его печалит тот факт, что мы причиняем себе столько зла. Если мы хотим стать истинно Божьими детьми, мы должны научиться любить всех людей такой же безусловной любовью, какой Он любит нас.

Вот почему нужно посвящать все свои действия Богу. Пока вы живы, вы должны сеять всюду истину и любовь. Уподобьтесь малому дитя: будьте бесстрашны, добры и простодушны. И неважно, как ведут себя другие. Когда-то я обижался на тех, кто бил меня по руке, простертой в желании помочь; но сейчас я уже не обижаюсь. Сердце мое переполнено любовью к Богу и Его безмерной любовью ко всем.

Как ускорить свое духовное продвижение

Уединенная обитель Self-Realization Fellowship, Энсинитас, Калифорния, 22 августа 1943 года

Говорят, путь к Богу подобен лезвию бритвы, иногда он столь же остр. Если человек избирает этот узкий путь по собственному побуждению, а также следует ему преданно и без оглядки, не страшась его тернистости и не падая духом, он непременно достигнет Бога. Это может показаться сложным, но я вас уверяю: сей путь легко осилит тот, кто принимает твердое решение пройти его от начала до конца, дабы заполучить Божью любовь. Любящий Господа никогда не подумает о том, чтобы все бросить и повернуть назад.

Хотя правильный настрой и облегчает задачу, это все же не значит, что на вашем пути не будет трудностей и противоречий. Впрочем, они не пугают истинного богоискателя.

Среди всех препятствий, которые могут возникнуть на духовном пути, сомнение — самое опасное. Многие люди попадают в ловушку сомнения, когда начинают размышлять о Боге и о том, реально ли Его вообще познать; и даже если они верят в такую возможность, они могут сомневаться в своих силах. Зачастую из-за таких колебаний растрачивается несколько инкарнаций.

Я вижу, как много богоискателей встают на этот путь, а затем, поддавшись заблуждению, оставляют его. Хотя меня и печалит отсутствие в них решимости, когда я смотрю на их прошлую карму, мне все становится понятно. Поэтому я никогда не переполняюсь радостными эмоциями при виде нового ученика и не падаю духом, если кто-то уходит. Я точно знаю, куда ведет человека его карма. Как бы то ни было, кармическая карта не должна определять жизнь индивидуума. Если богоискатель слушается духовного мастера, он может изменить эту карту, которую сам же и начертал.

Человек, сомневающийся в пользе своей диеты, не перестает употреблять пищу как таковую; но некоторые люди, питающие сомнения относительно поисков Бога, совсем отказываются от своей духовной пищи, полагая, что могут прожить и без нее. Поступая таким образом, они навлекают на себя страдания. Поэтому, когда вас посещают сомнения, их нужно устранить верой и волей. Держитесь за того, кто нашел Бога. Это беспроигрышный способ достичь успеха на духовной стезе.

Слепой не может вести слепого

В этом мире много тех, кто пытается духовно наставлять людей, не имея на то никакого права. Слепой не может вести слепого. К Богу вас может привести только тот, кто сам нашел Бога. Когда общество зиждется на чьей-либо харизматичности, смерть персоналии влечет за собой и гибель организации. Истинный гуру не имеет личных устремлений, он не нуждается в имени или славе, ибо желает лишь одного: помочь другим найти Бога.

Я искал истинного мастера по всей Индии. Я изучал книги, я посещал разные храмы и священные места, но повсюду меня преследовали мои сомнения. Когда же я нашел того, кто познал Бога, а именно моего гуру Свами Шри Юктешвара, и узрел Божественное в его глазах, все мои сомнения исчезли. С его благословения вся моя жизнь в корне изменилась. Вот почему я акцентирую особое внимание на том, как важно следовать истинному гуру и его учениям. Я говорил своему Мастеру, что не буду учить науке постижения Бога, если мне не удастся познать Его лично. Я нашел Бога благодаря тому, что отбросил все сомнения и беспрекословно следовал наставлениям Гуру.

Если вы стойко придерживаетесь принципов взаимоотношений между гуру и учеником, духовный путь вы осилите легко, вы не заблудитесь. Как бы мирская иллюзия ни пыталась увести вас в сторону, познавший Бога мастер увидит ваши трудности и поможет вам обрести непоколебимость на духовном пути. Гуру окажет вам такую помощь, если вы с ним сонастроены. Даже если от гуру вас отделяют тысячи миль, вы все равно получите от него помощь. Я постоянно чувствую присутствие Мастера, хотя его уже и нет на этом земном плане. Самый легкий способ продвижения на духовном пути — следование наставлениям гуру, который одаривает вас своим благословением.

Бога не нужно обретать — Он уже ваш

Бога не нужно обретать — Он уже ваш; все, что вам нужно сделать, — это познать Его. Я то и дело говорю Ему: «Господи, ну почему Ты прячешься? Ты не имеешь права этого делать, ибо мы принадлежим Тебе, а Ты — нам. Для чего же тогда эта воображаемая разлука?» Нерадивые богоискатели придумывают оправдания своей духовной вялости: «Мой ум слишком уж беспокоен», «Я погряз в чувственности» и так далее. Не сосредотачивайтесь на своих недостатках, ведь этим вы отождествляете себя с ними. Вы сами накидываете покров иллюзии на глаза своей мудрости. Вы такой, каким вы себя представляете.

Днем вы окованы памятью о своих слабостях, ночью же вы отрешаетесь от мира: во сне вы забываете обо всем, что вас ограничивает. В глубоком сне вы становитесь чистым Духом, вы соединяетесь со своим Безграничным «Я». Почему вы не осознаете этого днем? Каждую ночь Бог показывает вам, кто вы есть на самом деле, зачем же в этом сомневаться? Вы не мешок костей и плоти. Сознательно или же бессознательно вы пребываете с Богом. Истинное «Я» проявляет себя за пределами состояния сна. «Я выше полета фантазий, я формой не стеснен»[1]. Ваше сознание расширяется в вездесущем Духе. Неустанно напоминайте себе, что каждую ночь вы пребываете с Духом. Днем вы забываете о Нем лишь на время.

Сон — величайший дар Бога человеку, ибо он являет собой забвение этого привидевшегося мира, отдых от смертного сознания. Обычному человеку не ведом иной способ ухода от реальности, и все же даже самый несовершенный из людей духовно освежается во сне, входя в бессознательное *самадхи*[2]. При всем при том по сравнению с сознательным *самадхи*, сон — своего рода наркотик. Мне доводилось экспериментировать со сном. Сперва

---
[1] Строка санскритского песнопения Свами Шанкары; часть этого песнопения вошла в сборник Парамахансы Йогананды *Cosmic Chants* под названием "No Birth, No Death".

[2] См. примечание на стр. 19.

я подступал к состоянию сна, а затем старался удержаться между бодрствованием и дремотой. Бывает и так, что я погружаюсь в глубокий сон и в то же время созерцаю себя спящего. Когда я управляю этими состояниями сознания, мне приходят многообразные откровения о сущности эго и души.

Сегодня ночью, когда вы соскользнете в состояние глубокого сна, вы забудете обо всех своих слабостях, накопленных в бесчисленных инкарнациях. Вы будете заключены в объятия Духа. Учитесь делать то же самое сознательно и в дневное время: удерживайте в голове мысль о нерушимом внутреннем спокойствии, которое ощущается в глубоком сне. Тогда вы сможете познать Бога, ибо, когда вы спокойны, вы пребываете с Самой Бесконечностью. Благодаря медитации по методу *Крийя-йоги* вы сможете укорениться в таком состоянии сознания.

Возродите свою божественность

Медитация не единственное, что имеет значение. В дополнение к медитации важно думать о Боге в течение всего дня. Успех в духовном сражении наполовину зависит от медитации: сила души, которую вы пробуждаете медитацией, будет воздействовать на ваши мысли и поведение в повседневной жизни. Глубокая медитация способствует воплощению ваших духовных мыслей. Чем дольше и глубже вы медитируете, тем скорее обнаружите, что между работой и медитацией нет никакой разницы. Другими словами, работаете ли вы, медитируете ли, вы погружены в божественное сознание блаженного Духа. Вы уже не отождествляете себя со своими занятиями и телесной болью, ибо знаете: вы — чистый Дух.

Тело — рассадник иллюзий. Оно заставляет нас верить в реальность этого предельного мира. Но когда мы пребываем с Богом, эта мнимая реальность исчезает. Вот так вот все просто. В медитативном состоянии *самадхи* мы сознательно переживаем блаженный контакт с Богом как Единственной Реальностью.

Почему вы отторгаете свою божественную природу? Почему вы надеваете на себя маску плохого настроения и эмоций, которые искажают вашу истинную сущность? Неустанно практикуйте безмятежную уравновешенность. Станьте же царем, самодержавным монархом своего внутреннего царства спокойствия. Когда вы спокойны, ваш ум полностью свободен от эмоционального возбуждения. Волны неспокойного ума затмевают Бога. Поэтому никому не позволяйте вторгаться в миролюбивое царство вашего внутреннего спокойствия. И днем и ночью носите в себе радость Божьего покоя, «который превыше всякого ума»[3].

Плохое настроение — ваш злейший враг. Не потворствуйте ему, гоните его прочь, ибо это огромный камень преткновения на пути вашего развития. Неусыпно оберегайте себя от плохого настроения. Какие бы испытания ни выпадали на мою долю, я никогда не позволяю плохому настроению посещать мое сознание. Я предпочитаю не бывать в компании тех, кто легко поддается переменам настроения. Я не стану занимать свой ум чьим-то плохим настроением, потому что оно заразно. Пообщавшись какое-то время с угрюмым человеком, вы и сами начнете ощущать в себе недовольство. Общайтесь с оптимистичными, жизнерадостными людьми. Если вы проведете время в компании улыбчивого человека, вы тоже захотите улыбаться.

Никогда не сердитесь. Никогда не мстите. Кроме того, не ищите недостатков в других людях — займитесь лучше собой. Даже если весь мир обращается с вами ненадлежащим образом, это не повод вести себя неправильно и тем самым причинять себе вред.

Не признавайте никаких ограничений

Помните: все ваши трудности привиты вашему сознанию, они не принадлежат вашей душе. Зачем же тогда признавать ограничения, которые они на вас накладывают? К чему бояться и сомневаться? Почему вы говорите, что у вас плохое настроение, что вы непоседливы, что вы не можете медитировать? Такие утверждения ложны, потому что они не соответствуют истине вашего высшего «Я». Вместо этого внутренне утверждайте: «Я — дитя Господа; я с Ним, и Он со мной». Я не припомню, чтобы за все эти годы, начиная с самого детства, когда мне случалось быть беспокойным, я разлучался с Ним хотя бы на неделю, день или даже минуту: я с Ним и днем и ночью. Вот так нужно жить.

---

[3] Флп. 4:7.

Вначале — и этот период может занять многие годы — вам нужно будет непрестанно прилагать усилия; но настанет день, когда вы больше не будете в этом нуждаться, ибо окончательно укоренитесь в Боге. Будущий пианист должен практиковать, практиковать и еще раз практиковать — до тех пор, пока музыка не станет частью его сущности. Подобно тому как писатель все время думает о своем произведении, а изобретатель — о своем изобретении, так и Божий человек все время думает о Боге. Безустанно помнить о Боге — значит быть в высшей степени счастливым. Эта неземная радость не поддается описанию.

Вчера я весь день был с людьми, занимался делами. Было уже очень поздно, когда наконец выдался момент для уединения. Я отправился в свою комнату и сел медитировать. Мой ум мгновенно устремился к Богу. Я помолился: «Господи, Ты — во мне». Как только я это произнес, весь мир выскользнул из моего сознания и я вошел в духовный экстаз. Однажды и вы познаете это переживание — но только если будете прилагать усилия.

Бог уже вручил Себя вам, просто вы Его еще не приняли. Вы не прилагаете необходимые усилия к тому, чтобы познать Его, это и является главной причиной всех ваших страданий. Вы сами их создаете. «О Господь, Ты сотворил меня принцем, а я самовольно покинул свое божественное царство и сделался заблудшим сыном, выпрашивающим милостыню».

Конечно, я говорю Богу, что основная ответственность за наши трудности лежит на Нем, ведь это Он сотворил нас. Каждый день я порицаю Его: «Господи, разве Ты не накопил много плохой кармы, сотворив столь проблемный мир?» Впрочем, я знаю, что у Бога нет кармы. И если вы осознали свое единство с Ним, если вы осознали, что сотворены по Его образу и подобию, тогда у вас тоже нет кармы. Поэтому я не заостряю внимание на теории кармы. Чем крепче вы держитесь за концепцию ограниченности, тем меньше у вас свободы. Иисус сказал: «Не написано ли в законе вашем: Я сказал: вы боги?»[4] Правильное умонастроение подразумевает, что вы не зацикливаетесь на идее греха, ибо она ложна. Если принцу вдруг приснится, что он нищий, и сквозь сон он будет роптать на

---

[4] Ин. 10:34.

свою бедность и голод, вы ведь не скажете ему: «Проснись, попрошайка!» Вы скажете: «Проснись, принц!» Так что не надо называть себя или кого-то еще грешником. Забудьте это слово. Сколько бы ошибок вы ни совершили, постоянно удерживайте в голове мысль: «Господи, я сотворен по Твоему образу и подобию». У вас достаточно внутренней силы, чтобы быть хорошим!

Не желайте ничего, кроме Бога

Какой смысл оплакивать свою участь? Примите решение познать Бога уже в этой жизни. Вы должны направиться к Нему, ибо в Нем ваш дом. Пока вы держитесь от Него на расстоянии, вашим физическим, психологическим и духовным проблемам не будет конца. Вы не знаете, что уготовило вам будущее. У вас достаточно умственных способностей, чтобы постичь свое истинное «Я» и понять, что вам надлежит вернуться туда, откуда вы пришли, — к Богу.

Ваша любовь к Богу должна быть настолько глубокой, чтобы у вас вообще не осталось иных желаний. Я не могу придумать ни одного желания, о котором я хотел бы помолиться. Иногда я прошу Его помочь мне с организационной работой, и Он исполняет мою просьбу — зачастую сразу же. Но я никогда не прошу у Него чего-то для себя, я лишь говорю: «Будь всегда со мной. Какие бы трудности я ни переживал, дай мне силы встретить их с мыслью о Тебе. Но никогда, о Господь, не отлучайся от меня, не испытывай меня таким образом».

Я часто говорю Господу: «Я разгадал Твой замысел. Ты создал этот мир таким завлекательным для органов чувств, чтобы посмотреть, что мы выберем: Тебя или Твое мироздание. Я жажду лишь Тебя, мой Господь. Лишь Ты один можешь мне помочь, лишь Ты один можешь заполнить пустоту в моем сердце».

Именно так вы должны разговаривать с Богом. Он заставит вас думать, что Он не отвечает. Но если вы любите Его безусловно и доверяете Ему, Он отзовется, когда вы меньше всего этого ожидаете. Даже в те моменты, когда вы думаете, что Бог вас оставил, и продолжаете тосковать о Нем с мыслью: «Почему Он ко мне не приходит?», Он — с вами. Помните об этом. Он наблюдает за вами. Он знает каждую вашу мысль, каждое ваше чувство. Глупо пичкать свою голову всякой ерундой. Наполните свой ум мыслями о Боге. Молитесь о том, чтобы вы всегда могли о Нем помнить. Думайте о Нем перед началом всякого дела, думайте о Нем во время своих занятий и по их завершении. «Кто видит Меня везде и все видит во Мне, тот никогда не теряет Меня из виду, и Я не теряю из виду его»[5]. Он ближе всех, дороже всех.

Неустанно напоминайте себе, что Бог — самое главное, что есть в вашей жизни. Если вы придаете больше значения человеческой любви, жизни как таковой, красоте, славе, деньгам или чему-либо еще, Он к вам не придет.

Вы были посланы на землю для того, чтобы сыграть свою роль в космическом спектакле Господа, а затем вернуться домой, в Божью обитель. Однако вы внушили себе, что этот театр и есть ваш истинный дом. Я больше не считаю это место своим домом. Мирскому человеку это высказывание покажется странным. Но нет ничего чудеснее этого осознания. Чего еще можно желать, когда вы укрепились в нескончаемом счастье? Можете ли вы быть в плохом настроении, сердиться на кого-либо или чего-то жаждать, если вы переживаете всегда новую радость? У вас просто нет времени на всю эту мирскую неразбериху. Внутренне я отстранен от всего и поглощен единением с Богом. Я заинтересован лишь в тех, кто заинтересован в Боге. Желание присоединиться к религиозной организации, чтобы обрести здоровье, богатство или власть, абсурдно. Такие желания лишь уводят человека в сторону. Конечно, здоровье лучше болезни, да и успех лучше неудачи, но все же истинная цель религии — привести вас к Богу. Вы так или иначе должны будете вернуться к Нему.

Мы знаем только один способ угодить Богу: избавиться от всех желаний — даже от желания быть здоровым. Внутренне вы должны быть совершенным отшельником. Удовлетворяйте нужды тела и ума и исполняйте данные вам Богом обязанности, но без привязанности, порождающей желания. Для этого не нужно оставлять мирскую жизнь; и все же вы не должны погружаться в этот мир с головой, ибо тогда вы не сможете пребывать в состоянии внутренней непривязанности. Те, кто из-за собственной лени убегает от всех обязанностей под предлогом, что им нужно искать Бога в уединении, только умножают свои проблемы. Их всегда

---

[5] Бхагавад-Гита VI:30.

будут сопровождать их слабости, соблазны и плохое настроение. Лучший способ одержать победу над своим маленьким «я» — сочетать медитацию с выполнением своих обязанностей.

И почему Бог должен развлекать нас чудесами и сверхъестественными способностями?

Для неискушённых богоискателей характерна и другая слабость: они начинают ощущать духовный застой, если Господь не демонстрирует им разного рода феномены. И почему Бог должен развлекать нас чудесами и сверхъестественными способностями? Если вас интересуют такие вещи, это означает, что вы не хотите Бога, и вы Его не найдете. Если вы воистину жаждете Бога, вы не желаете ничего другого, в том числе сверхъестественных способностей. Умение совершать чудеса не обязательно говорит о том, что человек познал Бога. Для Божьего человека такие способности не имеют значения, он поклоняется Единственной Силе — Самому Богу. Если вы познали Бога, тогда неважно, есть у вас какие-то способности или нет, ибо вся сила Вселенной будет в вашем распоряжении в момент нужды. Бог даровал мне множество духовных сил, но я вернул их Ему все до одной; я использую их, только когда Он того пожелает.

Расскажу вам одну историю. Она о мистике по имени Мадхусудана и его встрече с Горакхнатхом, святым из Горакхпура, того самого города, в котором появилось на свет мое тело. Когда я услышал эту историю, я исцелился от всякого желания иметь сверхъестественные силы. Горакхнатх обрел все восемь способностей (*айшварий*[6]) просветленного йога. Когда пришла его пора покинуть тело, он захотел передать свои способности какой-нибудь достойной душе. Мастерам это под силу — вспомнить хотя бы повествование о том, как «милоть» (духовные способности) Илии перешла к Елисею[7]. Так вот, однажды Горакхнатху явилось видение духовно продвинутого юноши, который стоял на берегу Ганга

---

[6] *Айшварьи*, или *сиддхи*, — божественные силы, проявляющиеся в йоге по мере его продвижения к высшим стадиям духовного развития. О них, в частности, говорит Патанджали в третьем разделе «Йога-сутр», а также Свами Шри Юктешвар в четвертой главе книги *The Holy Science* (издается обществом Self-Realization Fellowship).

[7] 4Цар. 2:9–14.

в Варанаси. Имея в своем распоряжении астральную способность переноситься из одного места в другое, Горакхнатх вскоре предстал перед юношей. Подняв свою голову и увидев святого, Мадхусудана — а это был именно он — произнес:

— Будьте добры, отойдите немного в сторону. Вы загораживаете солнце.

Святой сказал:

— Разве ты не знаешь, кто я? Я — Горакхнатх!

— Я знаю, но сейчас я погружен в молитву, — ответил юноша. Спустя некоторое время он спросил: — Чем я могу быть вам полезен?

— Я владею восемью способностями, — принялся объяснять Горакхнатх, — и тот, кому я вручу этот *чинтамани* (*мистический кристалл, исполняющий все желания.* — Прим. изд.), станет обладателем этих способностей. И я хотел бы передать их именно тебе.

— Хорошо, давайте.

Взяв в руки мистический кристалл, Мадхусудана, к величайшему удивлению Горакхнатха, бросил его далеко в воды Ганга.

— Почему ты это сделал? — вопросил Горакхнатх.

— Иллюзия, еще одна иллюзия, — сказал юноша. — Вы передали мне эти способности, чтобы я мог ими распоряжаться по своему усмотрению, не правда ли? Так вот, я не вижу им иного применения. По сравнению с Тем, чем я уже обладаю, эти способности — ничто.

Великий Горакхнатх поклонился ему в ноги и сказал:

— Ты исцелил меня от последней иллюзии, отделявшей меня от Бога.

Даже великие души иногда отклоняются от Цели. Горакхнатх не мог достичь Бога по той причине, что был чрезмерно увлечен своими чудесными способностями. Когда же он перестал привязываться к тому, чем так дорожил, он достиг единения с Богом. Видите ли, иллюзия способна принимать самые разные формы, однако истинный богоискатель подобен целеустремленному Мадхусудане. Если вы любите Бога, вы не желаете ничего другого, ибо Господь — самое желанное из всех сокровищ. Истинный духовный искатель не променяет Бога ни на что. Он знает, что Бог есть все во всем, что Бог всегда рядом и что только Бог может спасти нас от страданий, присущих бытию.

Живите в Неизменной Реальности

Когда-то этот мир казался мне таким реальным. Ныне я воспринимаю его как кинофильм. Я созерцаю мою мать: она сидит за столом в Горакхпуре и чистит для меня манго. Я вижу это так отчетливо, словно это происходит здесь и сейчас, хотя моей матери, которую я горячо любил, уже нет. Вот так все сцены из детства всплывают в моем сознании. Подобным же образом канет в небытие и этот фрагмент кинофильма, повествующий о том, как вы сидите здесь со мной, и на смену ему придут новые сцены и новые актеры, запечатленные на живую кинопленку времени, которая, к слову, будет храниться в космических киноархивах вечно.

Хоть я и живу в этом мире и воспринимаю его как преходящий фильм, все же большую часть времени эта земная кинолента находится вне моего сознания. Внутренне я погружен в Неизменную Реальность. Вот так нужно искать Бога. Живите в этом вечном сознании.

В поисках Бога вы можете объездить весь мир, однако так вы Его не найдете. Интеллектуальные дискуссии тоже не приведут вас к Богу. Вы сможете найти Господа, если будете ежедневно прилагать усилия и искать Его внутри себя. Путь к Богу лежит через интуицию, а не через рассудок. Духовность человека измеряется интуитивными переживаниями, через которые он проходит, когда его душа контактирует с Богом. Этого легко добиться, если внутренне вы неустанно говорите Богу: «Господи, приди ко мне!» Почему вы возвели стену сомнения между собой и Богом? Любите Его, говорите с Ним, *будьте уверены*, что Он рядом, и это принесет вам больше результатов, чем многочасовое сидение в тишине с рассеянным умом, которое вы ошибочно принимаете за медитацию на Бога. Держите Его в своем сердце. Когда вы медитируете, глубоко погружайтесь в божественное общение.

В действительности вы полностью зависите от Бога. Вы бы и слова не смогли вымолвить, если бы Он не даровал вам соответствующую силу. Он бьется в вашем сердце. Он думает вашим мозгом. Он знает каждую вашу мысль и каждое ваше действие, прежде чем вы его совершите. Так почему же вы в Нем сомневаетесь? Обращайтесь к Нему напрямую. Говорите с Ним. Он вас точно не разочарует.

Для общения с Богом требуется безмолвие

Для общения с людьми требуется голос, а для общения с Богом — безмолвие. Люди, которые слишком много говорят, внутренне не пребывают с Богом: у них не бывает времени, чтобы о Нём подумать. Те, кто внутренне общается с Богом, внешне более молчаливы. Каким бы ни было их окружение, они, как правило, говорят меньше других. Поскольку у духовного искателя есть что сказать Богу, он мало что говорит человеку. Когда тот, кто много общается с Богом, всё же говорит с людьми, его слова исходят непосредственно от Бога, и они полны понимания и мудрости.

Если вы уже пришли к восприятию Бога, у вас нет времени на бессмысленные вещи. Вы хотите пребывать наедине с Богом. Вы больше не желаете растрачивать драгоценное время, ибо предпочитаете проводить его с Господом. Даже когда богоискатели чем-то заняты, в них ни на секунду не угасает восприятие любви к Богу.

Праздные разговоры лишают человека чувства благоговения перед Господом. Они подпитывают умственное беспокойство, которое отдаляет мысли от Бога. Вчера, когда я сидел здесь около бассейна, кругом были сплошные разговоры. Я же пребывал в Бесконечном Свете, который поглотил собою небо и всё сущее. Я был безмолвен. Такое состояние не навязывается извне: это тот внутренний покой и та безмятежность, что становятся частью вашего существа.

Старайтесь всё время думать о Боге. Будьте с Ним неотлучно. Практикуйте Его присутствие. В этом занятом мире дневное время служит дьяволу игровой площадкой. Единственный способ перехитрить дьявола — удерживать свой ум на Боге. В дополнение к этому каждую ночь вы должны отставлять в сторону весь мир, все свои заботы, и медитировать — погружаться в пьянящую любовь Господа. Время, проведённое с Богом, даёт в миллион раз больше радости и сил, чем сон.

Мы души, а не плоть

Мы души, индивидуализированный Дух, и посему нам надлежит вернуться к Богу. Мы должны воспринимать себя душой, а не плотью. Сейчас, когда я смотрю на фотографии моих родителей, я не могу поверить, что мое тело родилось от них, ибо знаю, что они тоже были сотворены Богом. Именно этот Ремесленник сотворил глину, из которой потом слепил моего отца, мою мать и меня. Как же я могу сказать, что меня породили мои родители? Мой Небесный Отец — вот кто ответственен за мое рождение. Шанкара сказал: «Рожденья, смерти нет у меня; нет касты, матери и отца. Я есть Он, я есть Он — Дух Блаженный, я есть Он!»

Моих земных родителей уже нет, но в моем сознании и в памяти моей души они живут как частичка Господа, каковой являюсь и я. Почему же я тогда должен налагать на эту память ограничения, называя их своими родителями?

Любовь к родителям по важности своей близка любви к Богу, потому что не кто иной, как ваш истинный Родитель устроил так, чтобы они заботились о вас. Однако наивысшую преданность вы должны проявлять Богу — Верховному Родителю, стоящему за вашими земными родителями. Бог есть ваш Отец и ваша Мать, Бог есть высшая Любовь. Если вы обладаете Богом, ваши отношения с родителями, детьми и другими людьми прекрасны; если же вы Им не обладаете, тогда эти отношения — не более чем переплетение законов кармы и природы в рамках одной жизни. Такие отношения не имели бы смысла, не вложи Бог Свою мысль и любовь в наши сердца.

Если бы вы узрели красоту своей души и осознали, как сильно вы исказили ее проявление своим эго, ограничив это божественное сознание неправедными деяниями, вы были бы потрясены. Большинство людей считают эту жизнь такой привлекательной, но со временем они устают от нее и, умирая, бессознательно возвращаются к душе. Поток моего сознания обращен вспять: я живу в своей душе; впрочем, это не мешает мне работать в миру. Однако я не позволяю себе формировать какие-либо привязанности, потому что я вижу бренность и несправедливость этой жизни. Я вижу жестокость: большая рыба поедает маленькую; одно животное поддерживает свое существование за счет плоти другого животного; одна жизнь противостоит другой жизни. Я вижу ужасы нищеты и болезней. Поэтому я говорю: «Господи, это Твой спектакль, да будет так. Но я не хочу быть частью его, я лишь хочу исполнять Твою волю. Я в кратчайшие сроки выполню порученную Тобою работу и уйду со сцены, но я также желаю вывести из этой иллюзорной постановки комедий и кошмаров и другие души».

Не принимайте эту жизнь слишком всерьез. Она закончится, прежде чем вы это осознаете. В детстве жизнь казалась такой прекрасной! Мы многое желали и многим наслаждались, не беря на себя почти никакой ответственности. Теперь же мы видим, какова жизнь на самом деле. Нет более той блажи. Таким же образом отправится в небытие и этот эпизод нашей жизни. А пока он еще здесь, пусть все ваши мысли вращаются вокруг Бога. Сможет ли Он устоять перед вашей любовью, если вы будете искать Его искренне? Внутренне беспрестанно говорите с Ним, и Он всегда будет рядом.

«Ты к Матери воззови душой — не разлучить Ее с тобой»[8]. Закройте глаза, подумайте о Боге и воззовите к Божественной Матери всей душой. Вы можете делать это в любое время и в любом месте. Чем бы вы ни занимались, внутренне вы всегда можете говорить Богу: «О Господь, я неустанно ищу Тебя. Мне нужен лишь Ты. Я жажду быть с Тобой неотлучно. Ты сотворил меня по Своему образу и подобию, и мой дом — в Тебе. Ты не имеешь права отдаляться от меня. Быть может, поддавшись иллюзии Твоего космического спектакля, я сделал что-то неправильно, но я знаю, что Ты — моя Мать, мой Отец, мой Друг — простишь меня и примешь меня обратно. Я хочу Домой. Я хочу к Тебе».

---

[8] Из песнопения "I Give You My Soul Call", вошедшего в сборник Парамахансы Йогананды *Cosmic Chants*.

Осознание Бога в повседневной жизни

*Храм Self-Realization Fellowship,
Голливуд, Калифорния, 4 октября 1942 года*

Если вы глубоко преданны Богу, вы можете спрашивать у Него о чем угодно. Каждый день я задаю Ему новые вопросы, и Он всегда на них отвечает. Ни один откровенный вопрос не способен Его смутить. Иногда я даже журю Его за сотворение мира: «Господи, кто будет отрабатывать карму за все злодеяния, свершенные в этой земной драме? Будучи Творцом, Ты свободен от кармы. Зачем же Ты подвергаешь нас всем этим страданиям?»[1] Думаю, Богу нас очень жалко. Ему хочется забрать нас к Себе, однако Он не сможет этого сделать, если мы Ему не посодействуем, если мы не приложим должных усилий со своей стороны.

Хотя я и корю Бога за то, что Он сотворил заблуждение, это не меняет положения дел. Ничего не изменится. Поэтому не стоит порицать Бога за то, что Он поместил нас в эту кутерьму, — лучше уж порицать *себя* за то, что мы не пытаемся из нее выбраться. Мы сами должны вызволить себя из плена заблуждения, а сделать это можно только через посредство мудрости. Чем глубже вы погружаетесь в поиски понимания, тем больше ответов вам удастся получить от Господа. Истинный богоискатель никогда не теряет своей решимости и любви к Богу, даже если он опутан всевозможными сомнениями.

Даже истинные богоискатели порой думают, что Бог не отвечает на их молитвы. В действительности Он отвечает безмолвно — используя Свои законы. Он не будет отвечать открыто и

---

[1] На фоне всех трагедий, которые принесла с собой бушевавшая в то время Вторая мировая война, это проникновенное воззвание звучало особенно актуально.

говорить с верующим до тех пор, пока окончательно не удостоверится в его преданности. Повелитель вселенных исключительно кроток: Он не желает посягать на право богоискателя принять Его или же отвергнуть, а потому предпочитает сохранять молчание. Познав Бога, вы непременно Его полюбите. Можно ли устоять перед Тем, Кто не имеет Себе равных? Но чтобы познать Господа, вы должны доказать Ему, что ваша любовь безусловна. Вы должны иметь веру. Вы должны быть *уверены*, что Он слышит ваши молитвы. Тогда Он явит вам Себя. Он не оставит ваши мольбы без внимания.

Наши отношения с Богом не должны быть такими же холодными и безликими, какими бывают отношения между начальником и подчиненным. Мы Его дети. Он *должен* внимать нам! Не скрыться нам от того факта, что мы Его дети. Мы не просто порожденные Им существа, мы частичка Его. Он сотворил нас принцами, мы же избрали участь рабов. Он хочет, чтобы мы вновь сделались принцами и возвратились в наше Царство. Впрочем, без должных усилий ни один человек не сможет вернуть себе свое божественное наследие, от которого он однажды отрекся. Мы сотворены по Его образу и подобию, но мы позабыли об этой истине. Заблуждение понуждает нас думать, что мы смертные существа, и теперь нам надлежит изрезать покров этой иллюзии кинжалом мудрости.

Принимать внешний спектакль жизни за реальность — значит не иметь истинной мудрости. И все же это Бог сделал так, что наше сознание затуманено *майей*, космической иллюзией, которая побуждает нас принимать игру света и теней за реальность, и не поддаться этой иллюзии очень трудно. Когда вы голодны, именно *майя* заставляет вас думать, что вы умрете, если не поедите. Однако многие люди голодают и по семьдесят дней. Я и сам предпринимал длительные голодания, и даже по прошествии тридцати дней я не чувствовал никакого голода. Но если ваш ум верит, что вы не сможете выжить без еды, вы без нее не выживите. Это очень распространенное заблуждение, и коренится оно в нашем сознании. Наука утверждает, что человек не способен существовать без пищи длительное время, а все потому, что исключений из этого «правила» слишком мало. И все же живут на свете люди, которые совсем ничего не едят, и в качестве примера можно привести двух святых двадцатого века: Терезу Нойман из Баварии и Гири Балу из Бенгалии[2].

Мы также думаем, что не способны жить без дыхания, но, когда мы практикуем *Крийя-йогу* и погружаемся в глубокую медитацию, мы осознаем, что это возможно. Святые Востока и Запада часто входят в бездыханное состояние *самадхи*. Смертная жизнь — это просто набор навязанных нам представлений о том, что мы должны есть, как мы должны дышать и так далее. Но когда вы медитируете и позволяете своему сознанию погружаться в его источник, бессмертную душу, то понимаете, что на вас эти стереотипы не распространяются. Вы постигаете, что огонь не может вас сжечь, вода не может вас поглотить, а болезнь и здоровье — всего-навсего сны. Желания и эмоции лишь подогревают наше ложное представление о мире. Истина воплощена в мудрости великих душ, мудрости, которая обнажает реалии этого мира. Если бы я не прошел обучение в этой школе мудрости, я бы даже не захотел оставаться в этом мире.

«Выбирайся из этого океана страданий»

По правде говоря, только глупцы привязываются к этому миру. Под глупцами я подразумеваю тех, кто живет в неведении и слепо убежден, что мир реален и иначе быть не может. Неведение подобно экземе: чем больше вы ее расчесываете в надежде избавиться от зуда, тем сильнее она зудит; чем реже вы это делаете, тем меньше она вас беспокоит. Именно поэтому в Бхагавад-Гите Кришна говорит Арджуне: «Выбирайся из этого океана страданий»[3]. Исполняйте свои обязанности в миру, но не попадайтесь в силки иллюзий, иначе вы обречете себя на рабскую жизнь.

Те, кто живет сексом, убеждены, что он им просто необходим. Те же, кто воздерживается и перенаправляет свою сексуальную энергию, о сексе не помышляют вовсе. Курение несет с собой ту же иллюзию. Те, кто никогда не курил или окончательно с этим завязал, вообще не тоскуют по табаку.

---

[2] См. «Автобиографию йога» Парамахансаджи, главы 39 и 46.

[3] Перефразированный стих XII:7.

Бог — величайшая ваша потребность

Если вы хотите обрести нескончаемое счастье, перестаньте считать себя смертным существом. Практикуйте такой подход ежедневно. Это самая настоящая битва, и вам придётся принимать в ней участие не только в этой, но и в будущих инкарнациях, так что начать лучше прямо сейчас! Не откладывайте медитацию на завтра. Такое «завтра» не настанет никогда. Был у меня период в жизни, когда я в течение целого года говорил «завтра». Но в итоге я все же твердо решил: «Я начну медитировать прямо сегодня». С тех пор ни один мой день не обходится без медитации.

Прежде всего вы должны уразуметь важность Бога. Вы должны осознать, что нуждаетесь в Нем больше всего на свете. Практикуйте Божье присутствие на ежедневной основе, делая свои медитации все глубже и глубже. Лучше медитировать недолго, но глубоко, чем долго, но рассеянно. Если вы не научитесь управлять своим умом, он будет делать все, что ему заблагорассудится, как бы долго вы ни сидели в медитации.

Следующий этап — продолжительная практика глубокой медитации. Именно она приведет вас в Его царство. Бог не явит вам Себя, пока вы не научитесь медитировать долго и глубоко. Ганди, например, еженедельно посвящал один полный день молчанию и медитации. Все познавшие Бога святые практиковали молчание. Я уделяю Ему как ночное, так и утреннее время. Конечно, в нашем занятом мире это не всегда возможно, но, если вы попытаетесь, вы будете удивлены, как много времени у вас освободится для мысли о Боге. Мы вводим себя в заблуждение и многого лишаемся, если думаем, что усердные поиски Бога могут подождать до завтра.

Заблуждение можно развеять общением с благочестивыми людьми, со святыми, а также своей преданностью Божьим посланникам. Сама по себе мысль о святом уже может помочь вам избавиться от заблуждения. Для разрушения иллюзии важно не столько общаться с Божьим посланником лично, сколько быть с ним сонастроенным. Истинный гуру вовсе не желает царствовать в сердцах людей, он хочет лишь пробудить в их сознании восприятие Бога. Именно таким был Мой Гуру [Свами Шри Юктешвар]: он никогда не демонстрировал своего величия и общался со всеми на равных. Если кто-то в ашраме жаждал признания или высокой должности, Мастер давал ему эту должность. Меня же интересовало только то, что было у него внутри, — божественное сознание; как результат, он всегда живет в моем сердце. Именно такую сонастроенность с великими душами вы хотите иметь.

Исполняйте свои обязанности с мыслью о Боге

В дополнение к регулярным медитациям вы должны день и ночь думать о Боге. «Дверцу сердца моего отворю я для Тебя… День и ночь, день и ночь я ищу Тебя, Господь»[4]. Мы должны возвысить свое сознание, чтобы даже самые незначительные из мирских обязанностей исполнялись с мыслью о Боге. Есть два типа обязанностей: те, которые вы исполняете для себя — такие обязанности вас поработают, — и те, которые вы исполняете для Бога. Обязанности, исполняемые как приношение Богу, в духовном плане столь же благотворны, как и медитация. Богу нравится такая преданность — когда любое действие, равно как и безмолвие, становится приношением Ему. Чтобы найти Бога, мало делать добрые дела — в дополнение к этому нужно дарить Ему глубочайшую любовь. Он хочет, чтобы вы вручили Ему свои сердце, ум и душу. Он хочет убедиться в том, что вы любите Его. Вы должны искать Его как в деятельности, так и в медитации. Если вы несете тяжкое бремя мирских обязанностей, но внутренне неотлучно пребываете с Богом, Он любит вас еще сильнее. Посему думайте о Нем перед началом всякого дела, во время исполнения своих обязанностей, а также по их завершении. «Кто всегда видит Меня, того вижу и Я. Он никогда не теряет из виду Меня, и Я не теряю из виду его»[5].

Медитировать нужно каждый день. Начните прямо сейчас! Не откладывайте это занятие на будущее. Начните думать о Боге в этот самый момент. Эта мысль воистину делает вас царем. Зачем быть пленником смертного умонастроения и привычек? Когда вы себя анализируете, вы понимаете, что делаете те или иные вещи против своей воли, разве не так? Воплощение в жизнь своих

---

[4] Из духовного песнопения "Door of My Heart", вошедшего в сборник Парамахансы Йогананды *Cosmic Chants*.

[5] Перефразированный стих Бхагавад-Гиты (VI:30).

решений сродни нескончаемому сражению. Это просто прекрасно, когда вы принимаете решение что-то сделать, а затем доводите дело до конца. Вы должны развить могучую, хладнокровную, нерушимую волю. Никогда не отказывайтесь от своих благих решений.

Взрастите в себе привычку думать о Боге во время выполнения всех своих дел. Чрезвычайно важно сделать это частью своей повседневной жизни. Не оставляйте эту практику по прошествии нескольких дней. Делайте это каждый день по мере своих возможностей. Даже если вы вдруг соскользнете к старым привычкам, не переставайте прилагать усилия. В должное время вы обретете духовную силу и здоровье.

Бог отзывается, когда мы прилагаем усилия

Бог отзывается, когда мы прилагаем усилия. Его отклик станет для вас свидетельством Его существования. Он больше не будет для вас мифом. Он будет играть с вами в прятки, откликаясь на ваши просьбы лишь незримо. В конечном итоге Он явит вам Себя открыто. Ваши прошлые ошибки не имеют никакого значения. Однако если вы продолжаете их совершать, вы грешите против себя самого: поступая неправильно, вы лишаете себя истинного счастья. Вы можете себя ранить или же принести себе благо — все зависит от вас. Не позвольте муравьям неведения покусать вас. Никто не сможет сделать вас счастливым, если вы сами того не захотите. И не вините в этом Бога! И наоборот: никто не сможет сделать вас несчастным, если вы изберете путь счастья. Если бы Он не дал нам свободу волеизъявления, мы бы могли обвинить в своих бедах Его; но Он дал нам такую свободу. Это мы делаем свою жизнь такой, какая она есть.

Вы можете спросить: «Если мы имеем право выбора, почему тогда все идет не так, как мы того желаем?» Дело в том, что вы ослабили свою волю, притупили осознание своих внутренних божественных сил. Но если вы укрепите свою волю практикой самоконтроля и медитации, она станет свободной; а когда ваша воля свободна, вы становитесь хозяином своей судьбы. Если же вы обнаружите, что день за днем идете против своей совести, вы никогда не станете свободным. Вы должны находить время на те занятия, которые приносят вам благо. Никто не может остановить вас, кроме вас самих. Вы сами делаете себя пленником переменчивого настроения и плохих привычек, посему вам необходимо натренировать свою волю таким образом, чтобы она стала гибкой. Управляйте своей волей, занимаясь самыми прекрасными вещами в жизни: больше думая о Боге, больше медитируя, практикуя самоконтроль и тому подобное.

«Мысленный шепот» и его динамическая сила

«Мысленный шепот», обращенный к Богу, благоприятствует вашему духовному развитию как ничто другое. Вы увидите в себе перемены, и они вам очень понравятся. Что бы вы ни делали, Бог всегда должен присутствовать в вашем сознании. Когда вы чего-то очень сильно хотите, например, сходить на концерт или купить приглянувшееся вам платье или машину, ваш ум постоянно занят мыслью о том, как бы заполучить желаемое, не правда ли? Пока вы не удовлетворите свое неотступное желание, ваш ум не успокоится: он будет неустанно работать над претворением мечты в жизнь. Именно так вы должны думать о Боге — денно и нощно. Превратите свои ничтожные желания в одно пламенное устремление — быть с Богом. Ваш ум должен постоянно нашептывать Ему: «День и ночь, день и ночь я ищу Тебя, Господь. День и ночь, день и ночь я ищу Тебя, Господь».

Мысленный шепот развивает ту динамическую силу, которая придает материи желаемую форму. Вы даже не представляете, как велика сила ума. Когда ваши ум и воля сонастроены с Божественной Волей, вам и пальцем не нужно шевелить, чтобы производить изменения на земле. Божественный закон будет работать на вас. Все значимое в моей жизни было достигнуто силой мысли, сонастроенной с Божьей волей. Стоит мне запустить божественный генератор, и любое мое желание исполняется. Когда у меня возникла идея строительства нового храма, ее подпитывала сила, которую невозможно было остановить. Я знал это. Я узрел Божественную волю в действии. Осуществилось то, о чем смертный ум не может даже и мечтать[6].

---

[6] Здесь речь идет о храме Self-Realization Fellowship в Голливуде, открывшем свои двери 30 августа 1942 года. Строительство храма велось в годы Второй мировой войны на фоне множества запретительных директив и нехватки строительных материалов.

Если вы твердо верите в возможность осуществления задуманного, ваши мысли материализуются. Иисус сказал: «Если кто скажет горе сей: поднимись и ввергнись в море, и не усомнится в сердце своем, но поверит, что сбудется по словам его, — будет ему, что ни скажет»[7].

Не обескураживайте себя мыслями о том, что вы грешник и что Бог никогда к вам не придет. Так вы парализуете свою волю. Грех — это временная иллюзия. Что было, то было. Минувшее вам уже не принадлежит. Главное, больше не повторять эту ошибку.

Не признавайте плохую карму

Не признавайте существование кармы. Многие люди неверно истолковывают этот термин и становятся фаталистами. Вы не должны принимать карму как что-то неизбежное. Допустим, я вам говорю, что сейчас за вашей спиной стоит человек, которого вы однажды ударили, и он готов вас изувечить. И если вы смиренно отвечаете: «Значит, это моя карма» и ждете удара, конечно же, он вас изувечит! Почему бы вам его не умилостивить? Умерив его гнев, вы смягчите его горечь, и он потеряет желание вас ударить.

Может ли у вас быть карма, если вы постигли, что вы Божье дитя? У Бога нет кармы. И у вас ее тоже нет, если вы *знаете*, что вы Божье дитя. Каждый день вам нужно внутренне утверждать: «Я не смертное существо, я не тело. Я — Божье дитя». Это называется практикой Божьего присутствия. Бог свободен от кармы. Вы сотворены по Его образу и подобию, а значит, вы тоже свободны от кармы.

Лучший способ избавиться от своих слабостей — не думать о них, иначе вы можете впасть в отчаяние. Просто зажгите свет, и вы увидите, что никакой тьмы нет. В этой мысли я черпаю величайшее вдохновение. В пещере тьма может царствовать тысячи лет, но внесите туда огонь, и тьма рассеется, словно ее никогда и не было. Так же и с жизнью: стоит нам возжечь в ней Божий свет, и все наши недостатки и слабости исчезнут. Мрак неведения туда больше не войдет.

Стержнем нашей жизни должен стать именно такой подход: не завтра, а сегодня — прямо сейчас! Нет оправдания тому, чтобы

---

[7] Мк. 11:23.

не думать о Боге. И днем и ночью на заднем плане вашего ума должна вращаться только одна мысль: «Боже! Боже»! Боже!» — вместо денег, секса и славы. Моете ли вы посуду, копаете ли яму, работаете ли в офисе или в саду — что бы вы ни делали, внутренне всегда говорите: «Господи, яви Себя! Ты здесь. Ты в солнце. Ты в траве. Ты в воде. Ты в этой комнате. Ты в моем сердце».

Когда великая любовь Господа посетит ваше сердце, вы больше не будете тосковать по земным вещам, с вами всегда будет глубокая удовлетворенность — вне зависимости от того, есть у вас что-то или нет. Божественная любовь преображает все материальные желания, даже жажду человеческой любви, этой земной страсти, которая так часто приносит страдания из-за своей переменчивости и бессилия перед лицом смерти. Если вы любите Бога, вы уже никогда не повернете назад и не станете искать удовлетворения в земной любви. В Нем вы найдете любовь всех сердец. В Нем вы найдете полную удовлетворенность. Все, что мир вам даст, а потом забирает, оставляя вас у разбитого корыта, вы найдете в Боге и приумноженным во сто крат. И не будет больше печали.

Ценна каждая минута

Жизнь воспринимается нами как некая осязаемая реальность, но при всем при том она эфемерна. Ценна каждая минута. Сегодня вы здесь, а завтра вас уже нет. Я напоминаю себе об этом каждый день. Один за другим мы ускользаем из этого мира. Мы уйдем, а на наше место придут другие. И все же тело лишь одеяние. В этой жизни вы переодевались много раз, но это не изменило вас самих. Так же и со смертью: вы не меняетесь, когда сбрасываете свое телесное одеяние. Вы все те же — бессмертные души, Божьи дети. Реинкарнация подразумевает лишь смену телесного одеяния, при этом ваше истинное «я» никогда не меняется. Вы должны сосредоточиться на своем истинном «Я», а не на теле, которое являет собой лишь одеяние.

Порой мне кажется, что чувственное восприятие — злейший враг человека, ибо оно заставляет нас верить, что мы есть то, чем на самом деле не являемся. Ощущение холода понуждает нас думать, что нам холодно; ощущение жары понуждает нас думать, что нам жарко. Если бы мы мысленно отвергли эти ощущения, мы бы не чувствовали ни холода, ни тепла.

Много лет назад, когда я был в Даксбери, штат Массачусетс, я решил искупаться в океане ночью, при лунном свете. Со мной были доктор Льюис и его сын Брэдфорд. Вода была очень холодная, но я напомнил себе, что все сущее соткано из электрической энергии; что та же самая энергия, которая производит холод, производит и тепло; что вода сама по себе не что иное, как проявление электрической энергии. В этот момент Брэдфорд как-то странно на меня посмотрел, затем повернулся к отцу и воскликнул: «Свамиджи[8] окружен ореолом света!» Божий свет низошел на меня, когда, вместо того чтобы признавать холод, я стал внушать себе истину, что все сущее соткано из Божественного Электричества.

Поймайте Бога в сети безусловной любви

Однако вы не должны говорить о таких переживаниях сверх меры, иначе вы их лишитесь. Бог словно малое дитя: Он бесхитростен. И если вы будете с Ним хитрить или попытаетесь Его провести, Он ускользнет от вас. Вот почему Его так трудно удержать. Поймайте Его в сети безусловной любви. Любить — значит жаждать Бога. Бог ценит любовь больше, чем религиозное рвение, ибо в последнем наличествует элемент дистанции и благоговейного страха; любви же присуще единство, слияние в одно целое.

Не отчаивайтесь, если вы еще не чувствуете безусловной любви к Богу. Обрести спасение может каждый. Впрочем, если вы откладываете свое продвижение на пути духовной эволюции, это большое упущение. Вы не можете стоять на месте: вы либо идете вперед, либо пятитесь назад. Но рано или поздно вы должны будете освободиться. Освободиться — значит сбросить со своей души покров неведения. Вы не можете разглядеть золотой самородок, если он весь покрыт грязью. Аналогично этому, вы не можете зреть свою душу, если она запачкана неведением. Вы не воспринимаете себя как душу потому, что зациклены на своем теле. Человеческое обличье — та самая «грязь», которой вы

---

[8] В 1935 году Шри Юктешвар присвоил своему любимому ученику Йогананде духовный титул Парамахансы; ранее тот был известен под именем Свами Йогананда. Окончание «-джи» прибавляют к индийскому имени, когда хотят выразить свое уважение. (См. *свами* в глоссарии.)

измазали свою душу, и именно поэтому вы не ведаете, кто вы есть на самом деле. Смойте всю грязь и забудьте о своем теле в медитации, тогда вы познаете свою истинную сущность. Будучи Божьим дитя, вы не можете быть несовершенны. Но вы должны *осознать* свою божественность.

Ни в коем случае не выставляйте свою любовь к Богу напоказ — храните ее в секрете. О Его любви вы тоже должны молчать: не говорите о том, что происходит между вами и Богом. Уподобьтесь великим душам: внутренне они постоянно думают о Красоте, что таится в цветах, о Свете, что питает солнце, о Жизни, что искрится во всех очах и бьется во всех сердцах, о Силе, что приводит в движение все ноги и руки, о Разуме, что мыслит во всех умах, о Любви, что скрывается за всеми формами любви.

Бог так велик, так прекрасен! Жить в царстве божественного сознания — значит зреть этот бренный мир, не ведающий о Боге, как кошмарный сон и быть пробужденным от его ужасов навеки.

Вы ежедневно растрачиваете немало драгоценного времени. Каждый миг, проведенный с Богом, пойдет вам на пользу, и все, чего вы достигнете с желанием порадовать Бога, запечатлеется в вечности. Бог есть свобода от всех несчастий. Бог есть богатство и здоровье, которых вы ищете. Бог есть любовь, которая так вам нужна. За всяким вашим желанием стоит жажда души по Богу. Земные желания маскируют стремление души воссоединиться с Божьим Блаженством. Только Бог может удовлетворить все желания, которые вы имели в этой и в прошлых жизнях. Я обнаружил, что так оно и есть.

Ни одно переживание не сравнится с восприятием Бога

Ищите Его и днем и ночью. Ничто не сравнится с переживаниями, которые дарует вам это занятие. Бог — ваша наиглавнейшая Цель. Вы не можете жить без Него. Все, что вы когда-либо желали, вы найдете в Нем. Он играет в прятки с каждым богоискателем, но однажды, когда эта игра закончится, Он непременно скажет: «Я так долго прятался от тебя, но вовсе не для того, чтобы тебя истязать, а чтобы сделать нашу встречу яркой и прекрасной. После многих инкарнаций поисков ты наконец пришел ко Мне, и

Я с радостью отворяю двери твоего Дома. Я долго тебя ждал. Не ты один был в поисках. Это Я принимал обличье твоих родных и друзей, чтобы искать тебя во всех жизненных переживаниях. Я наблюдал за тобой и ждал тебя с большим нетерпением, желая тебя больше, чем ты Меня. Много раз ты забывал обо Мне, но Я никогда не забывал о тебе, дитя Мое. Наконец Ты вернулся ко Мне, и сделал это по собственной воле, любовь Моя. Больше мы никогда не расстанемся».

Именно так Бог любит каждого человека. Он ждет вас. Не нужно отдавать все свое внимание миру. Выполняйте свои обязанности, но внутренне будьте с Богом. Это стоит того. Каждый миг вашей жизни должен быть наполнен мыслью о Боге. Не теряйте времени зря. Я так хочу вернуться к Богу — но не для того, чтобы наслаждаться Им в одиночку, а чтобы показать другим путь к Вечной Защищенности. Возвращаясь к Нему, я хочу взять с собой и других. Давайте же помолимся вместе:

«Вечная Тебе слава, Повелитель Вселенной и души моей! Ты любишь нас и ищешь нас, даже когда мы не любим Тебя. О Повелитель любви и мира всего, войди же в храм нашей жизни! Будь единственным Царем, восседающим на троне всех наших желаний, ибо Ты есть несравненное счастье, несравненная радость. Благослови нас, дабы мы зрели Тебя в наших мыслях ежедневно, ежеминутно. Забери у нас чашу земных иллюзий; если же нам надлежит ее испить, благослови нас, дабы мы с большей радостью и нетерпением захотели испробовать нектар Самой Вечности. *Аум*. Мир и покой. *Аум*».

Парамаханса Йогананда, йог в жизни и смерти

Парамаханса Йогананда вошел в *махасамадхи* (окончательный уход из тела, сознательно совершаемый йогом) 7 марта 1952 года в Лос-Анджелесе, Калифорния, после того как произнес речь на банкете в честь посла Индии в США Биная Р. Сена.

Великий мировой Учитель продемонстрировал ценность йоги (научной техники постижения Бога) не только своей жизнью, но и смертью. В течение нескольких недель после кончины лицо его сияло божественным светом нетленности.

Гарри Т. Роув, начальник морга в лос-анджелесском мемориальном парке Форест-Лоун, куда было временно помещено тело великого Мастера, послал в общество Self-Realization Fellowship нотариально заверенное письмо, где, в частности, говорится:

«На теле Парамахансы Йогананды не наблюдается никаких признаков разложения, и это уникальный случай в нашей практике... Никаких свидетельств физического распада не было даже через двадцать дней после смерти... Никаких видимых следов тления на коже, никаких признаков высыхания тканей. Как работник морга, по долгу службы изучавший специальные архивы подобных заведений, могу заявить, что это — совершенно беспрецедентный случай... Когда тело Йогананды было доставлено в морг, наши работники ожидали увидеть привычные признаки физического распада. Но с каждым днем наше изумление росло: никаких видимых изменений не происходило. Становилось очевидно, что мы имеем дело с феноменальным случаем: тело Йогананды не подвергалось тлению... Не исходил от тела и запах тлена... 27 марта, когда мы закрывали гроб Йогананды бронзовой крышкой, его тело выглядело точно так же, как и 7 марта — в ночь его смерти.

Итак, 27 марта у нас не было оснований говорить о том, что на теле этого человека проявились хоть какие-то признаки распада. Таким образом, повторяю, случай Парамахансы Йогананды не имеет прецедентов в нашей практике».

Коммеморативные марки и памятные монеты, выпущенные в честь Парамахансы Йогананды и Лахири Махасайи

Правительство Индии дважды выпускало коммеморативные марки, чествующие жизнь и деятельность Парамахансы Йогананды: в 1977 году, на двадцать пятую годовщину его *махасамадхи (слева)*, и в 2017 году, в честь столетия со дня основания общества Yogoda Satsanga Society of India *(справа)*.

В 2019 году, к 125-летию со дня рождения Парамахансы Йогананды, правительство Индии выпустило памятную монету номиналом 125 рупий. К монете прилагается буклет, где, помимо прочего, говорится: «Несектарные и научные йогические учения Парамахансы Йогананды одинаково привлекают представителей всех верований и профессий».

В 2020 году индийское правительство приурочило выпуск еще одной монеты достоинством 125 рупий к сто двадцать пятой годовщине махасамадхи Лахири Махасайи — первого распространителя *Крийя-йоги*.

Учение Парамахансы Йогананды о Крийя-йоге: дополнительные ресурсы

Крийя-йога и другие научные техники медитации, которым обучал Парамаханса Йогананда, а также его руководство по всем аспектам сбалансированной духовной жизни представлены в серии уроков для домашнего изучения — *Self-Realization Fellowship Lessons*. Если вы желаете запросить бесплатный ознакомительный материал по *Урокам SRF*, пожалуйста, посетите веб-сайт www.srfbooks.org.

Self-Realization Fellowship
3880 San Rafael Avenue
Los Angeles, CA 90065-3219
+1 (323) 225-2471

Уроки Self-Realization Fellowship

Личные наставления и инструкции Парамахансы Йогананды по техникам йогической медитации и принципам духовной жизни

Если вы чувствуете тягу к познанию духовных истин, описанных в книге «Божественный роман», мы предлагаем вам подписаться на *Уроки Self-Realization Fellowship (Self-Realization Fellowship Lessons)*.

Парамаханса Йогананда разработал эту серию уроков для домашнего обучения с той целью, чтобы искренние искатели имели возможность самостоятельно изучать и практиковать древние йогические техники медитации, которые он представил Западу, — включая науку *Крийя-йоги*. *Уроки SRF* содержат, помимо прочего, практическое руководство по обретению сбалансированного физического, психологического и духовного благополучия.

Уроки Self-Realization Fellowship распространяются за символическую плату, чтобы покрыть расходы по печати и отправке материалов по почте. Все обучающиеся могут рассчитывать на бесплатную консультацию по практическим аспектам уроков со стороны монахов и монахинь общества Self-Realization Fellowship.

Если вы желаете знать больше…

Пожалуйста, посетите веб-сайт www.srflessons.org, чтобы запросить брошюру с исчерпывающей информацией по *Урокам SRF*.

Цели и идеалы Self-Realization Fellowship

как их сформулировал его основатель Парамаханса Йогананда

Брат Чидананда, президент

Распространять среди народов мира знание об определенной технике обретения прямого личного контакта с Богом.

Учить, что цель жизни состоит в эволюции сознания — расширении ограниченного человеческого, смертного сознания до Божественного Сознания путем работы над собой. С этой целью создавать во всем мире храмы Self-Realization Fellowship для общения с Богом и поощрять создание личных Божьих храмов в домах и сердцах всех людей.

Раскрыть полную сочетаемость и сущностное единство изначального христианского учения, каким его принес в мир Иисус Христос, и изначального учения йоги, каким его принес в мир Бхагаван Кришна. Показать, что истины, изложенные в этих учениях, являются общей научной основой всех истинных религий.

Указать людям единую божественную дорогу, к которой в конечном счете ведут пути всех истинных религий, — дорогу ежедневной, научной и вдохновенной медитации на Бога.

Освободить людей от тройного страдания: физических болезней, дисгармонии ума и духовного неведения.

Поощрять «простую жизнь и возвышенное мышление»; распространять дух братства среди всех людей и народов, раскрывая им вечную основу их единства — их родство с Богом.

Продемонстрировать превосходство ума над телом и превосходство души над умом.

Преодолевать зло добром, печаль — радостью, жестокость — добротой, неведение — мудростью.

Воссоединить науку с религией путем осознания единства

принципов, лежащих в их основе.

Всячески способствовать культурному и духовному взаимопониманию между Востоком и Западом и поощрять взаимный обмен их наилучшими достижениями.

Служить человечеству как своему высшему «Я».

Из изданий общества Self-Realization Fellowship

Парамаханса Йогананда «Автобиография йога»

Эта знаменитая автобиография представляет собой блестящий портрет одного из величайших духовных деятелей нашего времени. Подкупая своей искренностью и неподражаемым чувством юмора, Парамаханса Йогананда ярко описывает вдохновляющие события своей жизни: неординарные переживания детства; встречи с мудрецами и святыми в пору юношества, когда он ездил по Индии в поисках просветленного учителя; десять лет духовного обучения в ашраме под руководством глубоко почитаемого мастера йоги и тридцать лет духовного наставничества в Америке. Он также запечатлел свои встречи с Махатмой Ганди, Рабиндранатом Тагором, Лютером Бербанком, католической стигматисткой Терезой Нойман и другими знаменитыми духовными личностями Востока и Запада.

«Автобиография йога» представляет собой одновременно увлекательнейший рассказ о совершенно необыкновенной жизни и основательное введение в древнюю науку йоги с ее освященной веками традицией медитации. Автор четко объясняет тонкие, но неизменно действующие законы, стоящие как за обыкновенными событиями повседневной жизни, так и за необыкновенными, которые принято называть чудесами. Захватывающее повествование об удивительной жизни перетекает в проникновенный и незабываемый экскурс в глубочайшие тайны человеческого бытия.

Впервые книга была опубликована в 1946 году, а в 1951 году Парамаханса Йогананда обогатил ее новыми материалами. «Автобиография йога», переведенная уже на пятьдесят языков, по сей день издается обществом Self-Realization Fellowship и широко используется в колледжах и университетах в качестве авторитетного справочника. Неизменный бестселлер со дня своего появления в печати, она нашла свой путь к сердцам миллионов читателей во всем мире.

«Исключительно ценная работа»
–The New York Times

«Очаровательное, снабженное исчерпывающими комментариями исследование»
– Newsweek

«Ни на английском, ни на каком-либо другом европейском языке йога еще не была представлена подобным образом»
– Columbia University Press

«Истинное откровение... рассказанное с неподражаемым остроумием и подкупающей искренностью... столь же увлекательно, как любой роман»
*– **News-Sentinel**, Fort Wayne, Indiana*

Книги Парамахансы Йогананды на русском языке

Издательство Self-Realization Fellowship

«Автобиография йога»

«Закон успеха»

«Вечный поиск»

«Как говорить с Богом»

«Почему Бог допускает зло»

«Метафизические медитации»

«Высказывания Парамахансы Йогананды»

«Научные целительные аффирмации»

«Божественный роман»

«Быть победителем в жизни»

«Жить бесстрашно»

«Религия как наука»

«Внутренний покой»

«Там, где свет»

В издательстве «София» (www.sophia.ru) можно приобрести следующие книги:

«Автобиография йога»

«Бхагавадгита: Беседы Бога с Арджуной»

Другие издания Self-Realization Fellowship на русском языке

«Только любовь»
Шри Дайя Мата

«Как найти радость внутри себя»
Шри Дайя Мата

«Отношения между гуру и учеником»
Шри Мриналини Мата

«Проявление Божественного сознания в повседневной жизни»
Шри Мриналини Мата

Книги Парамахансы Йогананды на английском языке

доступны напрямую у издателя:

Self-Realization Fellowship
3880 San Rafael Avenue • Los Angeles, California 90065-3219
Тел. +1 (323) 225-2471 • Факс +1 (323) 225-5088
www.yogananda.org

Autobiography of a Yogi

The Second Coming of Christ:
The Resurrection of the Christ Within You
Комментарий-откровение изначального учения Христа

God Talks with Arjuna;
The Bhagavad Gita
Новый перевод и комментарии

Man's Eternal Quest
Первый том избранных лекций, эссе и неформальных бесед Парамахансы Йогананды

The Divine Romance
Второй том избранных лекций, эссе и неформальных бесед Парамахансы Йогананды

Journey to Self-Realization
Третий том избранных лекций, эссе и неформальных бесед Парамахансы Йогананды

Wine of the Mystic:
The Rubaiyat of Omar Khayyam — A Spiritual Interpretation
Вдохновенный комментарий, проливающий свет на мистическую науку общения с Богом, на которую указывают таинственные образы «Рубайята»

Where There Is Light:
Insight and Inspiration for Meeting Life's Challenges

Whispers from Eternity
Собрание вдохновенных молитв Парамахансы Йогананды и его запечатленных переживаний во время общения с Богом в высших стадиях медитации

The Science of Religion

The Yoga of the Bhagavad Gita:
An Introduction to India's Universal Science of God-Realization

The Yoga of Jesus:
Understanding the Hidden Teachings of the Gospels

In the Sanctuary of the Soul:
A Guide to Effective Prayer

Inner Peace:
How to Be Calmly Active and Actively Calm

To Be Victorious in Life

Why God Permits Evil and How to Rise Above It

Living Fearlessly:
Bringing Out Your Inner Soul Strength

How You Can Talk With God

Metaphysical Meditations
Более трехсот вдохновенных медитаций и одухотворенных молитв и аффирмаций Парамахансы Йогананды

Scientific Healing Affirmations
Парамаханса Йогананда дает здесь глубокое объяснение принципу действия целительных аффирмаций

Sayings of Paramahansa Yogananda
Короткие истории, в которых запечатлены искренние, пронизанные любовью советы и наставления Парамахансы Йогананды всем тем, кто обращался к нему за духовным руководством

Songs of the Soul
Мистическая поэзия Парамахансы Йогананды

The Law of Success
В этой книге Парамаханса Йогананда объясняет динамические принципы достижения целей

Cosmic Chants
Слова и музыка к шестидесяти духовным песням на английском языке; также прилагается вводная статья о том, как духовное пение благоприятствует общению с Богом

Аудиозаписи Парамахансы Йогананды

Beholding the One in All

The Great Light of God

Songs of My Heart

To Make Heaven on Earth

Removing All Sorrow and Suffering

Follow the Path of Christ, Krishna, and the Masters

Awake in the Cosmic Dream

Be a Smile Millionaire

One Life Versus Reincarnation

In the Glory of the Spirit

Self-Realization: The Inner and the Outer Path

Другие издания Self-Realization Fellowship на английском языке

Каталог всех печатных изданий, а также аудио- и видеозаписей Self-Realization Fellowship доступен по запросу.

The Holy Science
by Swami Sri Yukteswar

Only Love:
Living the Spiritual Life in a Changing World
by Sri Daya Mata

Finding the Joy Within You:
Personal Counsel for God-Centered Living
by Sri Daya Mata

God Alone:
The Life and Letters of a Saint
by Sri Gyanamata

"Mejda":
The Family and the Early Life of Paramahansa Yogananda
by Sananda Lal Ghosh

Self-Realization
(журнал, основанный Парамахансой Йоганандой в 1925 году)

DVD (документальный фильм)

Awake: The Life of Yogananda
Фильм производства CounterPoint Films

Глоссарий

Аватар (avatar). Божественная инкарнация, или воплощение; от санскритского слова *avatara* (*ava* — «вниз», *tri* — «проходить»); тот, кто обретает единство с Духом, а затем возвращается на землю, чтобы помогать человечеству.

Авидья (avidya). Букв. «незнание, неведение»; проявление *майи* (космической иллюзии) в человеке. По сути, *авидья* есть незнание человеком своей божественной природы и единственной реальности — Духа.

Арджуна (Arjuna). Благочестивый искатель истины, которому Бхагаван Кришна передал бессмертное послание *Бхагавад-Гиты*; один из пяти принцев Пандавов — протагонистов великого древнеиндийского эпоса *Махабхарата*.

Астральное тело (astral body). Тонкое тело человека, состоящее из света и *праны* (жизнетронов); вторая из трех оболочек, или тел, в которые заключена душа (каузальное тело, астральное тело и физическое тело). Силы астрального тела наполняют физическое тело жизнью, подобно тому как электричество зажигает свет в лампочке. Астральное тело состоит из девятнадцати элементов. Ими являются: разум, эго, чувства, ум (чувственное сознание), пять инструментов познания (тонкие силы, питающие органы зрения, слуха, обоняния, вкуса и осязания), пять инструментов действия (силы, активизирующие функции деторождения, секреции, речи, а также способность двигаться и выполнять физическую работу) и пять инструментов жизненной силы, активизирующие кровообращение, метаболизм, ассимиляцию, кристаллизацию и выделение.

Астральный мир (astral world). Тонкая сфера Божьего мироздания; мир света и цвета, состоящий из вибраций энергии жизни (жизнетронов), которая по своей структуре тоньше атомной энергии (см. *прана*). Каждое существо, каждый предмет, каждая вибрация в физическом мире имеет своего астрального двойника, поскольку астральный мир («небеса») содержит в себе энергетическую копию физического мира. Когда человек умирает, его душа в астральной оболочке восходит в высшие или низшие (согласно его заслугам) астральные сферы для продолжения своего духовного развития в условиях большей свободы того неземного мира. Там душа пребывает кармически обусловленный период времени, после чего снова рождается в физическом теле.

Астральный свет (astral light). Тонкий свет, исходящий от жизнетронов (см. *прана*), структурной основы астрального мира. Благодаря всеобъемлющему интуитивному восприятию души человек, медитирующий в состоянии глубокой сосредоточенности, может видеть астральный свет, в частности, как духовное око.

Аум (Ом) (Aum, Om). Санскритское корневое слово-звук, символизирующее тот аспект Всевышнего, который творит все сущее и поддерживает в нем жизнь; основа всех звуков; Космическая Вибрация. У тибетцев ведический *Аум* стал священным словом *Хам*; у мусульман — *Амин (Аминь)*; у египтян, греков, римлян, иудеев и христиан — *Аминь*. Мировые религии утверждают, что все сотворенное рождается в космической вибрационной энергии *Аум* (Аминь, Слово, Святой Дух). «В начале было Слово, и Слово было у Бога, и Слово было Бог... Все чрез Него начало быть, и без Него ничто не начало быть, что начало быть» (Ин. 1:1, 3).

Амен на иврите означает «несомненный, достоверный». «Так говорит Аминь, свидетель верный и истинный, начало создания Божия» (Откр. 3:14). Подобно тому как вибрационный звук говорит о работе мотора, так и вездесущий звук *Аум* является достоверным свидетельством работы «Космического Мотора», который своей вибрационной энергией поддерживает всю жизнь и каждую частицу мироздания. В *Уроках SRF (Self-Realization Fellowship Lessons)* Парамаханса Йогананда обучает техникам медитации, практика которых позволяет услышать Бога как *Аум*, или Святой Дух. Это благословенное общение с невидимой Божественной Силой («Утешитель же, Дух Святый...» [Ин. 14:26]) является истинно научной основой молитвы.

Ашрам (ashram). Духовная обитель, часто — монастырь.

Бабаджи (Babaji). См. *Махаватар Бабаджи*.

Божественная Мать (Divine Mother). Аспект Бога, который активен в мироздании; *шакти* (сила) Трансцендентного Творца. Этот аспект Божественного имеет и другие имена: Природа (*Пракрити*), *Аум*, Святой Дух, Разумная Космическая Вибрация. Кроме того, это личностный аспект Бога, олицетворяющий Его любовь и сострадание. Индуистские писания учат, что Бог имманентен и в то же время трансцендентен, Он Существо и личное, и безличное. Он может восприниматься как Абсолют, или как одно из Его непреходящих качеств, таких как любовь, мудрость, блаженство, свет, или как *ишта* («божество»), или как Небесный Отец, Божественная Мать, Божественный Друг.

Брахма-Вишну-Шива (Brahma-Vishnu-Shiva). Три аспекта имманентности Бога в мироздании. Они олицетворяют триединую функцию Христова Сознания (*Тат*), которое руководит процессами творения, сохранения и разрушения, присущими Космической Природе. См. *Троица*.

Брахман, Брахма (Brahman, Brahma). Абсолютный Дух.

Бхагавад-Гита (Bhagavad Gita). «Песнь Господня»; древнее священное писание Индии, состоящее из восемнадцати глав шестой книги («Бхишмапарва») эпического сказания «Махабхарата». Представленная в форме диалога между *аватаром* Господом Кришной и его учеником Арджуной накануне исторической битвы на Курукшетре, Бхагавад-Гита является глубоким трактатом о йоге — науке единения с Богом — и вечным рецептом счастья и успеха в повседневной жизни. Гита — это одновременно аллегория, история и духовный трактат о внутреннем сражении между хорошими и дурными наклонностями человека. В разных контекстах Кришна олицетворяет гуру, душу или же Бога; Арджуна воплощает собой образ преданного богоискателя. Об этом универсальном писании Махатма Ганди сказал: «Тот, кто размышляет о Гите, всегда найдёт в ней новый смысл и новую радость. Нет такого духовного „запутанного клубка", который Гита не смогла бы распутать».

Бхагаван Кришна (Bhagavan Krishna). *Аватар*, живший в Древней Индии за много веков до рождения Иисуса Христа. В индуистских писаниях слово «Кришна» имеет несколько значений, и одно из них — «Всеведущий Дух». Поэтому «Кришна», как и «Христос», — это духовный титул, обозначающий божественное величие *аватара*, его единство с Богом. Титул «Бхагаван» означает «Господь». Действие Бхагавад-Гиты происходит во времена, когда Господь Кришна правил царством в Северной Индии. В свои ранние годы Кришна был пастухом, который очаровывал окружающих мелодиями своей флейты. В этой роли Кришна воплощает собой образ души, играющей на флейте медитации и направляющей разбредающиеся мысли обратно в загон Всеведения.

Бхакти-йога (Bhakti Yoga). Практика преданной любви к Богу как основной способ достижения единения с Ним. См. *йога*.

Веданта (Vedanta). Букв. «окончание Вед»; философия, берущая свое начало в Упанишадах, последней части Вед. Ведущим толкователем *веданты*, утверждающей, что Бог — это единственная Реальность, а сотворенный мир по сути своей иллюзия, считается Шанкара (приблизительно VIII — начало IX вв.). Согласно Веданте, человек, будучи единственным существом, способным воспринять Бога, сам по себе божественен, и поэтому его высший долг — познать свою истинную природу.

Веды (Vedas). Четыре священных текста Древней Индии: «Ригведа», «Яджурведа», «Самаведа» и «Атхарваведа». По сути это сборники песнопений, ритуалов и стихов, призванных оживить и одухотворить все аспекты человеческой жизни. В огромной сокровищнице индийских текстов Веды (от санскритского корня *vid* — «знать») являются единственными писаниями, которым не приписывается чье-либо авторство. «Ригведа» повествует о божественном происхождении ведийских гимнов и о том, что они пришли из «древних времен», облаченные в новый язык. На протяжении веков Веды передавались *риши* (провидцам) через божественное откровение, и считается, что они отмечены *нитьятвой*, «вневременной законченностью».

Гуру (guru). Духовный учитель. Зачастую так называют любого учителя или инструктора, что само по себе ошибочно. Истинный, просветленный гуру — это тот, кто обрел власть над самим собой и осознал свое тождество с вездесущим Духом. Только такой гуру обладает надлежащей духовной квалификацией для того, чтобы направлять богоискателя в его поисках Бога.

Когда верующий созревает для поисков Бога, Господь посылает ему гуру. Бог наставляет ученика через посредство мудрости, разума, Самореализации и учений такого мастера. Следуя учениям и наставлениям своего гуру, ученик утоляет душевное желание вкусить манну Божьего восприятия. Истинный гуру, избранный Господом для помощи искренним богоискателям в ответ на их глубокий душевный зов, не является обычным учителем. Бог использует его тело, речь, ум и духовность как инструмент, чтобы притянуть к Себе заблудшие души и вернуть их в Дом бессмертия. Гуру — живое воплощение духовной истины, это посредник спасения, посланный Богом в ответ на зов того верующего, который жаждет сбросить с себя оковы материи.

«Быть со своим гуру, — пишет Свами Шри Юктешвар в книге *The Holy Science*, — значит не столько физически находиться возле него (что иногда невозможно), сколько носить его в своем сердце, быть с ним единым целым в принципе, быть сонастроенным с ним». См. *мастер*.

Гурудэва (Gurudeva). «Божественный учитель»; широко распространенный санскритский термин, используемый при уважительном обращении к духовному наставнику или его упоминании. В английском языке эквивалентом этого термина иногда выступает слово «Мастер».

Гуру-наставники общества Self-Realization Fellowship/Yogoda Satsanga Society of India. Иисус Христос, Бхагаван Кришна и Великие Мастера современной эпохи: Махаватар Бабаджи, Лахири Махасайя, Свами Шри Юктешвар и Парамаханса Йогананда. Раскрытие гармонии и сущностного единства учений Иисуса Христа и йогических наставлений Господа Кришны является неотъемлемой частью учений SRF. Вышеназванные Гуру своими духовными учениями и божественным посредничеством способствуют осуществлению миссии Self-Realization Fellowship — донесению практической духовной науки постижения Бога до всего человечества.

Джи (ji). Окончание, которое прибавляют к индийскому имени или титулу, когда хотят выразить свое уважение, например: Гандиджи, Парамахансаджи, гуруджи.

Джняна-йога (Jnana Yoga). Путь единения с Богом через преобразование проницательной силы интеллекта во всеведущую мудрость души.

Дикша (diksha). Духовная инициация; от санскритского глагольного корня *diksh* — «посвятить себя». См. *ученик* и *Крийя-йога*.

Духовное око (spiritual eye). Единый глаз интуиции и вездесущего восприятия (*аджна-чакра*) в центре Христа (*Кутастха*), расположенном в межбровье. В глубокой медитации духовное око можно узреть в виде сияющего золотого кольца, обрамляющего темно-синюю сферу, внутри которой светится белая пятиконечная звезда. Микрокосмически эти формы и цвета символизируют соответственно вибрационную сущность мироздания (Космическую Природу, Святой Дух), Сына (Божий Разум в вибрационном мироздании, Христово Сознание), и Недвижный Дух за пределами мироздания (Бог Отец).

Духовное око — это врата в наивысшие состояния божественного сознания. По мере того как сознание глубоко медитирующего йога проникает в духовное око, он испытывает последовательно следующие состояния: сверхсознание, или всегда новую радость осознания души и единение с Богом как *Аум* (Святым Духом); Христово Сознание, единение со вселенским Божьим Разумом, пронизывающим все сущее; и Космическое Сознание, единение с вездесущностью Бога как внутри вибрационного мироздания, так и за его пределами. См. *сознание, сверхсознание, Христово Сознание*.

Истолковывая стихи из Книги пророка Иезекииля (43:1, 2), Парамаханса Йогананда писал: «Через божественный глаз во лбу („восток") йог направляет свое сознание в вездесущность и слышит Слово *Аум*, божественный звук „вод многих", вибрации света, которые составляют единственную реальность мироздания». Слова Иезекииля: «И привел меня к воротам, к тем воротам, которые обращены лицом к востоку. И вот, слава Бога Израилева шла от востока, и глас Его — как шум вод многих, и земля осветилась от славы Его».

Иисус также говорил о духовном оке: «Светильник тела есть око; итак, если око твое будет чисто, то и все тело твое будет светло... Итак, смотри: свет, который в тебе, не есть ли тьма?» (Лк. 11:34, 35).

Душа (soul). Индивидуализированный Дух. Душа есть истинная и бессмертная сущность человека и других форм жизни; она лишь временно скрыта за одеждами каузального, астрального и физического тел. Душа является частицей Духа — вечно сущей, вечно сознательной, всегда новой Радости.

Дхарма (dharma). Вечные законы праведности, подпирающие мироздание; естественная обязанность человека — жить в гармонии с этими законами. См. также *Санатана Дхарма*.

Дыхание (breath). «Дыхание связывает человека с мирозданием, — писал Парамаханса Йогананда. — Через дыхание бесчисленные космические токи наводняют человека и вызывают в его уме беспокойство. Для того чтобы избавиться от печалей, связанных с преходящестью всех вещей, и войти в блаженную сферу Реальности, йог учится успокаивать свое дыхание путем научной медитации».

Жизненная энергия (life force). См. *прана*.

Жизнетроны (lifetrons). См. *прана*.

Журнал Self-Realization (Self-Realization Magazine). Журнал, издаваемый Self-Realization Fellowship, в котором публикуются лекции и эссе Парамахансы Йогананды, а также актуальные статьи духовного, практического и информационного характера, имеющие непреходящую ценность.

Зло (evil). Сатаническая сила, затмевающая вездесущность Бога; проявляется в человеке и в природе как дисгармония. В более широком смысле этот термин обозначает нарушение божественного закона (см. *дхарма*), ведущее к утрате осознания своего единства с Богом и препятствующее богопознанию.

Интуиция (intuition). Всеведение души, дающее человеку способность воспринимать истину прямо и непосредственно, без посредничества органов чувств.

Йог (yogi). Тот, кто практикует йогу. Любой человек, практикующий научную медитативную технику постижения Бога, является йогом. Он может быть как женатым, так и холостым, жить как в миру, так и в монастыре.

Йога (yoga). От санскритского слова *yuj* — «единение». Йога означает единение индивидуальной души с Духом, а также методы, с помощью которых достигается это единение. Йога, наряду с *ведантой, мимансой, санкхьей, вайшешикой и ньяйей*, является одной из шести ортодоксальных систем индийской философии. Существуют различные методы йоги: *Хатха-йога, Мантра-йога, Лайя-йога, Карма-йога, Джняна-йога, Бхакти-йога и Раджа-йога. Раджа-йога* — «царственная», или совершенная, йога; это метод, которому обучает общество Self-Realization Fellowship и который восхваляет Господь Кришна в своих наставлениях принцу Арджуне: «Считается, что йог более велик, чем аскеты, занятые обузданием плоти, и даже более велик, чем последователи пути мудрости или пути действия. Будь же, о Арджуна, йогом!» (Бхагавад-Гита VI:46). Мудрец Патанджали, выдающийся толкователь йоги, выделил восемь ступеней, ведущих практикующего *Раджа-йогу* к *самадхи* (единению с Богом), а именно: (1) *яма*, нравственное поведение; (2) *нияма*, соблюдение религиозных предписаний; (3) *асана*, правильная поза для достижения неподвижности тела; (4) *пранаяма*, контроль над *праной*, тонкими жизненными токами; (5) *пратьяхара*, самоуглубление; (6) *дхарана*, концентрация; (7) *дхьяна*, медитация; (8) *самадхи*, состояние сверхсознания.

Йогода Сатсанга (Yogoda Satsanga). См. *Yogoda Satsanga Society of India*.

Карма (karma). Последствия действий в этой или прошлых жизнях; от санскритского *kri* — «делать». Уравновешивающий закон кармы, изложенный в индуистских священных писаниях, — это закон действия и противодействия, причины и следствия, сеяния и пожинания. В рамках закона естественной праведности каждый человек формирует свою судьбу своими мыслями и действиями. Та энергия, которую он сам — благоразумно или же по собственному невежеству — приводит в действие, должна вернуться к нему как к своей исходной точке, подобно тому как круг неизбежно замыкает самого себя. Понимание кармы как закона справедливости помогает освободить человеческий разум от обид на Бога и человека. Карма неотделима от человека и следует за ним от инкарнации к инкарнации — до тех пор, пока она не будет отработана или преодолена духовно. (См. *реинкарнация*.)

Совокупные действия людей внутри сообществ, наций или мира в целом порождают коллективную карму, которая, согласно значимости и уровню совершенного добра или зла, формирует события местного или глобального значения. Таким образом, мысли и действия каждого человека вносят свой вклад в совокупное благополучие или неблагополучие мира и всех людей в нем.

Карма-йога (Karma Yoga). Путь к Богу через бескорыстное служение и непривязанность к плодам своей деятельности. Бескорыстно служа Богу, вручая Ему плоды своего труда и видя в Нем единственного Делателя, йог освобождается от эго и познает Бога. См. *йога*.

Каста (caste). Изначальная концепция касты в Индии не предполагала передачу социального статуса по наследству, она классифицировала людей согласно их врожденным склонностям. Древние индуистские мудрецы выявили, что человек проходит через четыре стадии эволюционного развития: *шудра, вайшья, кшатрий и брамин*. *Шудра* заинтересован в первую очередь в удовлетворении своих телесных потребностей и желаний; род занятий, который отвечает уровню его развития, — физический труд. *Вайшья* имеет мирские амбиции и склонен к чувственным удовольствиям; его творческие способности развиты лучше, чем таковые у *шудры*, и он ищет себе такой род занятий, где бы он мог применить свою умственную энергию: ведение хозяйства, бизнес, искусство и т. п. *Кшатрий*, удовлетворивший за множество прожитых жизней все желания стадий *шудры* и *вайшьи*, начинает искать смысл жизни; он старается бороться со своими плохими привычками, контролировать свои чувства и совершать правильные поступки. По роду деятельности *кшатрии* — благородные правители, государственные деятели, воины. *Брамин* окончательно преодолел свою низшую природу и имеет врожденную склонность к духовным устремлениям. Познав Бога, он способен духовно наставлять других и помочь им обрести свободу.

Каузальное тело (causal body). Человек как душа по сути своей каузальное существо. Его каузальное тело является мыслематрицей астрального и физического тел. Каузальное тело состоит из тридцати пяти мыслеэлементов, соответствующих девятнадцати элементам астрального тела и шестнадцати основным элементам физического тела.

Каузальный мир (causal world). За физическим миром материи (атомами, протонами, электронами) и тонким астральным миром лучистой энергии жизни (жизнетронами) находится каузальный, или мыслительно-идеальный (состоящий из мыслетронов), мир. После того как человек в своей духовной эволюции достигает уровня, когда он способен выйти за пределы физического и астрального миров, он поселяется в каузальном мире. В сознании каузальных существ физический и астральный миры существуют лишь как идеи. То, что физический человек делает в своем воображении, каузальный человек воплощает наяву — единственным ограничением для него является мысль как таковая. В конечном счете человек сбрасывает и эту оболочку души (т. е. свое каузальное тело), чтобы слиться с вездесущим Духом за пределами всех вибрационных сфер.

Космическая иллюзия (cosmic delusion). См. *майя*.

Космическая энергия (cosmic energy). См. *прана*.

Космический Звук (Cosmic Sound). См. *Аум*.

Космическое Сознание (Cosmic Consciousness). Абсолют; Дух за пределами мироздания. Этот термин также обозначает достигаемое в медитации состояние *самадхи* — единение с Богом как внутри вибрационного мироздания, так и за его пределами. См. *Троица*.

Крийя-йога (Kriya Yoga). Священная духовная наука, зародившаяся в Индии несколько тысячелетий назад. Она включает в себя определенные техники медитации, регулярная практика которых приводит к постижению Бога. Парамаханса Йогананда объяснил, что корень санскритского слова *kriya*, *kri* («делать», «действовать», «противодействовать»), также является составной частью слова «карма» (естественный закон причины и следствия). Таким образом, *Крийя-йога* — это «единение (*йога*) с Бесконечным посредством определенного действия, или ритуала (*крийя*)». *Крийя-йога* — одна из форм *Раджа-йоги* («царственной», или совершенной, йоги), которую превозносят Господь Кришна в Бхагавад-Гите и мудрец Патанджали в «Йога-сутрах». Возрожденная в современной эпохе Махаватаром Бабаджи, *Крийя-йога* стала *дикшей*, духовным посвящением, от Великих Гуру-наставников общества Self-Realization Fellowship/Yogoda Satsanga Society of India. После *махасамадхи* Парамахансы Йогананды *дикша* дается назначенным им духовным представителем — президентом Self-Realization Fellowship/Yogoda Satsanga Society of India (или представителем, назначенным, в свою очередь, президентом SRF). Для получения *дикши* члены SRF/YSS должны пройти предварительное духовное обучение. Того, кто принял *дикшу*, называют *крийя-йогом* или *крийябаном*. См. *гуру* и *ученик*.

Кришна (Krishna). См. *Бхагаван Кришна*.

Лайя-йога (Laya Yoga). Эта йогическая система учит погружать ум в восприятие определенных астральных звуков, которое ведет к единению с Богом, воплощенном в космическом звуке *Аум*. См. *Аум* и *йога*.

Лахири Махасайя (Lahiri Mahasaya). Шьяма Чаран Лахири (1828–1895). *Лахири* — семейное имя, санскритское слово *Махасайя* — духовный титул, означающий «обладающий широким познанием». Лахири Махасайя был учеником Махаватара Бабаджи и гуру-наставником Свами Шри Юктешвара, который, в свою очередь, стал гуру Парамахансы Йогананды. Лахири Махасайя был христоподобным Учителем, наделенным чудотворными способностями, но при этом он имел профессиональные обязанности и был семейным человеком. Его миссия заключалась в распространении йоги, адаптированной для современного человека, то есть йоги, в которой медитация уравновешивается добросовестным исполнением мирских обязанностей. Лахири Махасайю называли *Йогаватаром* («Воплощение Йоги»). Именно ему Бабаджи открыл древнюю и практически утерянную науку *Крийя-йоги*, наказав ему посвящать в нее искренних богоискателей. Жизнь Лахири Махасайи описана в «Автобиографии йога».

Линн, Джеймс (Lynn, James). См. *Раджарси Джанакананда*.

Майя (maya). Заложенная в структуре мироздания космическая иллюзия, из-за которой Единое Целое представляется множеством. *Майя* — это принцип относительности, контрастности, двойственности, противоположности; это Сатана (ивр. — «противник») в Ветхом Завете и дьявол, которого Иисус образно назвал «убийцей» и «лжецом», «ибо нет в нем истины» (Ин. 8:44). Шри Йогананда писал:

«На санскрите слово *майя* буквально означает „измеритель". *Майя* — это магическая сила в мироздании, из-за которой в Неизмеримом и Нераздельном возникает видимость ограничений и деления. *Майя* — это сама Природа: феноменальные миры, непрерывно изменяющиеся в противоположность Божественной Неизменности.

Единственная функция Сатаны (то есть *майи*) в божественном замысле-игре (*лиле*) состоит в том, чтобы отвлекать человека от Духа к материи, от Реальности к ирреальному. „Сначала диавол согрешил. Для сего-то и явился Сын Божий, чтобы разрушить дела диавола" (1Ин. 3:8). Это значит, что проявление Христова Сознания в человеке легко разрушает все иллюзии, или „дела диавола".

Майя — это покров преходящих состояний в Природе, бесконечного рождения новых форм; это покров, который каждый человек должен отбросить, чтобы увидеть за ним Творца, неизменяемое Неизменное, вечную Реальность».

Мантра-йога (Mantra Yoga). Путь к единению с Богом посредством сосредоточенного, вдохновенного повторения слов-звуков, обладающих духовно благотворной вибрационной силой. См. *йога*.

Мастер (Master). Тот, кто достиг полного самообладания. Парамаханса Йогананда подчеркивал, что «мастер отличается от других не физическими, но духовными качествами... Верным доказательством того, что человек является мастером, может служить его способность произвольно входить в состояние бездыханности (*савикальпа-самадхи*), а также достижение им непреложного блаженства (*нирвикальпа-самадхи*)». (См. *самадхи*.)

Далее Парамахансаджи объясняет: «Все писания утверждают, что Господь сотворил человека по Своему всемогущему образу. Власть над силами природы представляется нам чем-то сверхъестественным, но на самом деле это совершенно естественная вещь для любого человека, „вспомнившего" о своем божественном происхождении. Познавшие Бога люди свободны от эго-принципа (*ахамкары*) и от возбуждаемых им личных страстей. Все действия истинных мастеров непосредственно сочетаются с *ритой*, или естественной праведностью. Как говорил Эмерсон, великие люди становятся „не добродетельными, но самой Добродетелью. Они полностью отвечают задачам мироздания, и Бог ими доволен"».

Маунт-Вашингтон (Mount Washington Center). См. *Центр «Маунт-Вашингтон»*.

Махаватар Бабаджи (Mahavatar Babaji). Бессмертный *махаватар* («великий аватар»), который в 1861 году посвятил в *Крийя-йогу* своего ученика Лахири Махасайю и тем самым возродил в мире древний метод духовного спасения. Вечно молодой мастер уже на протяжении многих столетий скрытно живет в Гималаях, неустанно одаривая мир своим благословением. Его миссия — помогать пророкам в исполнении их предназначения на Земле. Ему было даровано множество духовных титулов, но *махаватар* в основном предпочитает простое имя Бабаджи (*баба* — «отец» и *джи* — окончание, которое прибавляют к индийскому имени или титулу, когда хотят выразить свое уважение). Более подробную информацию о его христоподобной жизни и духовной миссии можно найти в «Автобиографии йога». См. *аватар*.

Махасамадхи (mahasamadhi). «Великое *самадхи*» (от санскр. *maha* — «великий»); последняя медитация, или сознательное общение с Богом, во время которого достигший совершенства мастер покидает свое физическое тело и сливается с космическим звуком *Аум*. Настоящий мастер всегда знает наперед, когда он покинет свою телесную обитель. См. *самадхи*.

Медитация (meditation). Концентрация на Боге. В широком смысле слова этот термин обозначает выполнение любой техники для углубления внимания и фокусирования его на каком-либо аспекте Бога. В узком смысле слова медитация — конечный результат успешного выполнения таких техник, а именно прямое восприятие Бога посредством интуиции. Медитация — седьмая ступень (*дхьяна*) восьмиступенчатого пути йогической системы Патанджали; йог достигает этой ступени путем такой внутренней концентрации, при которой он полностью отстраняется от внешних отвлечений. В глубочайшей медитации йог достигает *самадхи* (последняя ступень восьмиступенчатого пути йоги). См. *йога*.

Парамаханса (Paramahansa). Титул духовного мастера. Только истинный гуру может присвоить этот титул своему достойному ученику. Буквально *Парамаханса* означает «верховный лебедь». В индуистских священных писаниях *ханса* («лебедь») является символом духовной проницательности. Свами Шри Юктешвар присвоил этот титул своему возлюбленному ученику Йогананде в 1935 году.

Парамгуру (Paramguru). Букв. «предшествующий гуру»; гуру чьего-либо гуру. *Парамгуру* учеников SRF/YSS (учеников Парамахансы Йогананды) — Свами Шри Юктешвар; *парамгуру* Парамахансаджи — Лахири Махасайя. Махаватар Бабаджи приходится Парамахансе Йогананде *парам-парамгуру*.

Патанджали (Patanjali). Древний толкователь йоги. «Йога-сутры» Патанджали подразделяют йогический путь на восемь ступеней: (1) *яма*, нравственное поведение; (2) *нияма*, соблюдение религиозных предписаний; (3) *асана*, правильная поза для достижения неподвижности тела; (4) *пранаяма*, контроль над *праной*, тонкими жизненными токами; (5) *пратьяхара*, самоуглубление; (6) *дхарана*, концентрация; (7) *дхьяна*, медитация; (8) *самадхи*, состояние сверхсознания.

Прана (prana). Искры разумной энергии, более тонкой, нежели атомная энергия. В древних трактатах их называют общим термином *прана*; Парамаханса Йогананда называет их *жизнетронами*. В сущности, *прана* — это сконденсированные мысли Бога, субстанция астрального мира и жизненная основа физического космоса. В физическом мире существует два вида *праны*: (1) вездесущая космическая вибрационная энергия, образующая структуру всех физических объектов и поддерживающая их существование; (2) специфическая *прана*, или энергия, пронизывающая каждое человеческое тело и поддерживающая в нем жизнь посредством пяти потоков, или функций. Поток *прана* выполняет функцию кристаллизации, поток *вьяна* — функцию кровообращения, поток *самана* — функцию усвоения, поток *удана* — функцию метаболизма, поток *апана* — функцию выведения отходов.

Пранам (pranam). Индийская форма приветствия: сложенные ладони на уровне сердца и склоненная голова (кончики пальцев касаются лба). Этот жест — видоизмененный *пранам* (букв. «полное приветствие»; от санскр. *пат* — «приветствовать», «поклониться» и *pra* — «полностью»). *Пранам* — привычная форма приветствия в Индии. При встрече с монахами и другими духовными лицами этот жест можно сопровождать произнесением слова «пранам».

Пранаяма (pranayama). Сознательное управление *праной* (созидательной вибрацией, или энергией, активизирующей тело и поддерживающей в нем жизнь). Йогическая наука *пранаямы* — это прямой метод сознательного отключения ума от всех жизненных функций тела и чувственного восприятия, которые держат человека в плену у телесного сознания. *Пранаяма*, таким образом, освобождает сознание человека, позволяя ему общаться с Богом. Все научные техники, в конечном счете ведущие к единению души с Духом, классифицируются как йогические, однако *пранаяма* является самой эффективной из них.

Продолговатый мозг (medulla oblongata). Главные «врата», через которые жизненная энергия (*прана*) поступает в тело; шестой спинномозговой центр, функция которого — принимать и направлять поступающий поток космической энергии. Жизненная энергия хранится в седьмом центре (*сахасрара*), расположенном в верхней части головного мозга. Из этого резервуара энергия распределяется по всему телу. Тонкий центр в продолговатом мозге является главным рычагом, регулирующим поступление жизненной энергии, ее хранение и распределение.

Раджа-йога (Raja Yoga). «Царственный», или высший, путь к единению с Богом. *Раджа-йога* включает в себя научную медитацию как наивысшее средство постижения Бога, а также все самое лучшее из остальных видов йоги. Учение *Раджа-йоги* общества Self-Realization

Fellowship делает упор на тот образ жизни, который ведет к совершенному развитию тела, ума и души и в центре которого лежит практика *Крийя-йоги*. См. *йога*.

Раджарси Джанакананда (Rajarsi Janakananda). Ближайший ученик Парамахансы Йогананды и первый его преемник на посту президента и духовного главы Self-Realization Fellowship/Yogoda Satsanga Society of India, который он занимал вплоть до своей кончины в 1955 году. Мистер Линн получил посвящение в *Крийя-йогу* от Парамахансы Йогананды в 1932 году. Его духовное продвижение было настолько стремительным, что Гуру с любовью называл его «святым Линном», а позднее, в 1951 году, посвятил его в монахи и даровал монашеское имя Раджарси Джанакананда.

Реинкарнация (reincarnation). Учение, согласно которому, закон эволюции понуждает человека рождаться на Земле снова и снова, во все более совершенных жизнях, пока он не достигнет единения с Богом и осознания своего истинного «Я». Эволюция человека либо замедляется под воздействием неправедных деяний и желаний, либо ускоряется благодаря духовным усилиям. Преодолев в конечном счете ограничения и несовершенства смертного сознания, душа навсегда освобождается от вынужденной необходимости рождаться снова. «Побеждающего сделаю столпом в храме Бога Моего, и он уже не выйдет вон» (Откр. 3:12).

Концепция реинкарнации существует не только в восточной философии; во многих древних цивилизациях она являлась основополагающей жизненной истиной. Ранняя христианская церковь признавала закон реинкарнации, о котором толковали гностики и многочисленные отцы церкви, включая Климента Александрийского, Оригена и святого Иеронима. Однако в 553 году Вторым Константинопольским Собором теория реинкарнации была официально изъята из церковных учений. В наше время многие западные мыслители начинают принимать теории кармы и реинкарнации, видя в них законы справедливости, лежащие в основе кажущегося неравенства в жизни. См. *карма*.

Риши (rishi). Провидцы; возвышенные души, воплотившие в себе божественную мудрость; просветленные мудрецы Древней Индии, которым через Божественное откровение передавались священные Веды.

Садхана (sadhana). Путь духовной дисциплины; медитация и определенные предписания гуру-наставника, следование которым в конечном счете приводит ученика к познанию Бога.

Самадхи (samadhi). Высшая ступень в восьмиступенчатом пути йогической системы Патанджали. Состояние *самадхи* достигается, когда медитирующий йог, процесс медитации (самоуглубление, во время которого ум отстраняется от всех ощущений) и объект медитации (Бог) становятся Единым Целым. Парамаханса Йогананда объяснял, что «в начальных стадиях единения с Богом (*савикальпа-самадхи*) сознание йога сливается с Космическим Духом; его жизненная энергия покидает тело, которое кажется „мертвым" — оно застывает в неподвижности; при этом йог полностью сознает, что в его теле произошла приостановка жизнедеятельности. По мере того как йог прогрессирует, он достигает наивысшего духовного состояния (*нирвикальпа-самадхи*), в котором может общаться с Богом без приостановки деятельности тела, в бодрствующем сознании и даже во время выполнения привычных мирских дел». Обе стадии *самадхи* отмечены единством со всегда новым блаженством Духа, однако *нирвикальпа-самадхи* достигается только наиболее продвинутыми йогами.

Самореализация (Self-realization). Парамаханса Йогананда дал следующее определение Самореализации как осознания своего истинного «Я»: «Самореализация — это знание телом, умом и душой, что мы едины с вездесущностью Бога и нам не нужно молиться о ней; что она не просто рядом с нами в каждый миг нашей жизни, но что вездесущность Бога — это наша собственная вездесущность и мы сейчас — такая же часть Бога, какой будем всегда. Нам нужно лишь усовершенствовать это знание».

Санатана-Дхарма (Sanatana Dharma). Букв. «вечная религия»; корпус ведических учений, который получил название «индуизм», после того как древние греки стали называть народы, жившие по берегам реки Инд, индийцами. См. *дхарма*.

Сатана (Satan). Буквально на иврите означает «противник». Сатана — это сознательная и независимая вселенская сила, удерживающая всех и вся в заблуждении, в материалистическом сознании предельности и отделенности от Бога. Для этого Сатана использует особое оружие — *майю* (космическую иллюзию) и *авидью* (индивидуальное заблуждение, духовное неведение). См. *майя*.

Сат-Тат-Аум (Sat-Tat-Aum). *Сат* — Истина, Абсолют, Блаженство; *Тат* — вездесущий разум, или сознание; *Аум* — разумная космическая вибрация, слово-символ Бога. См. *Троица*.

Свами (Swami). Монах древнейшего индийского одноименного ордена, реформированного приблизительно на рубеже VIII и IX веков Свами Шанкарой. *Свами* дает обет безбрачия и отречения от мирских привязанностей и устремлений; он посвящает себя медитации и другим духовным дисциплинам, а также служению человечеству. Орден Свами состоит из десяти ветвей: *Гири, Пури, Бхарати, Тиртха, Сарасвати,* и др. Свами Шри Юктешвар и Парамаханса Йогананда принадлежали к ветви *Гири* («гора»).

Санскритское *свами* означает «тот, кто един со своим высшим „Я" (*Сва*)».

Сверхсознание (superconsciousness). Чистое, интуитивное, всевидящее, вечно блаженное сознание души. Иногда это слово употребляется как общий термин по отношению ко всем стадиям *самадхи*, переживаемым в медитации, но в узком смысле относится к первой стадии, когда йог выходит в своем сознании за пределы эго и осознает себя как душу, сотворенную по образу Божьему. Далее следуют высшие стадии осознания Бога: Христово Сознание и Космическое Сознание.

Сверхсознательный ум (superconscious mind). Всеведущая способность души воспринимать истину прямо и непосредственно; интуиция.

Святой Дух (Holy Ghost). См. *Аум* и *Троица*.

Святой Линн (St. Lynn). См. *Раджарси Джанакананда*.

Сиддха (siddha). Букв. «тот, кто добился успеха». Тот, кто достиг Самореализации (осознания своего истинного «Я»).

Сознание Кришны (Krishna Consciousness). Христово Сознание; *Кутастха Чайтанья*. См. *Христово Сознание*.

Сознание, его состояния (consciousness, states of). В обычном (смертном) сознании человек осознает три состояния: когда он бодрствует, когда спит и когда видит сны. Но он не осознает свою душу (сверхсознание) и не осознает Бога. Эти два состояния осознает человек Христова Сознания. Подобно тому как смертный человек осознает свое тело, человек Христова Сознания осознает всю Вселенную, он ощущает ее как свое собственное тело. За Христовым Сознанием следует Космическое Сознание — переживание единства как с Богом в Его Абсолютном сознании за пределами вибрационного мироздания, так и с Его вездесущностью, проявленной в феноменальных мирах.

Техника концентрации (Concentration Technique). Техника *Хон-Со* (*Hong-Sau*), которая дается в Уроках SRF (*Self-Realization Fellowship Lessons*). Она представляет собой научный метод освобождения внимания от отвлекающих факторов и фокусирования его на одном объекте мысли. Она чрезвычайно важна для медитации

— концентрации на Боге. Техника *Хон-Со* является неотъемлемой частью науки *Крийя-йоги*.

Троица (Trinity). Когда Дух сотворяет, Он становится Троицей: Отцом, Сыном и Святым Духом, или *Сат, Тат и Аум*. Бог Отец (*Сат*) — Бог как Творец, пребывающий за пределами мироздания; Бог Сын (*Тат*) — вездесущий Разум Бога, пронизывающий вибрационное мироздание; Бог как Святой Дух (*Аум*) — Божественная вибрация, которая материализует мироздание.

Множество космических циклов сотворения и распада уже канули в Вечность (см. *юга*). Во время космического распада Троица и все относительные вещи мироздания растворяются в Абсолютном Духе.

Уроки SRF (Self-Realization Fellowship Lessons). Учения Парамахансы Йогананды, собранные во всеохватывающую серию уроков для домашнего изучения и доступные богоискателям всех стран мира. Эти Уроки включают в себя техники йогической медитации, которым обучал Парамаханса Йогананда. В их числе и *Крийя-йога*, которая дается тем, кто прошел начальный курс духовного обучения. Информацию об *Уроках SRF* можно получить в Главном международном центре SRF. (См. также стр. *450*.)

Ученик (disciple). Духовный искатель, который приходит к гуру с тем, чтобы тот указал ему дорогу к Богу, и для достижения этой цели устанавливает с гуру неразрывную духовную связь. В обществе Self-Realization Fellowship связь между гуру и учеником устанавливается посредством *дикши*, посвящения в *Крийя-йогу*. См. *гуру* и *Крийя-йога*.

Хатха-йога (Hatha Yoga). Система физических упражнений, состоящая из определенных техник и *асан* (поз), благоприятствующих физическому и психическому здоровью.

Христово Сознание (Christ Consciousness). «Христос», или «Христово Сознание», суть спроецированное сознание Бога, присущее вибрационному мирозданию. Оно же — Единородный Сын в Библии, единственно чистое отражение Бога Отца во всем сущем. В индуистских священных писаниях оно называется *Кутастха Чайтанья*, а также *Тат* (космический разум Духа, пронизывающий все мироздание). Это то универсальное, единое с Богом Сознание, которое было проявлено в Иисусе, Кришне и других *аватарах*. Святые и йоги знают его как состояние *самадхи*, в котором сознание отождествляется с разумом каждой частицы мироздания; они ощущают Вселенную как свое собственное тело. См. *Троица*.

Центр «Маунт-Вашингтон» (Mount Washington Center). Главный международный центр общества Self-Realization Fellowship/Yogoda Satsanga Society of India, расположенный в Лос-Анджелесе. Офис находится в бывшем имении, которое было приобретено Парамахансой Йоганандой в 1925 году. Парамахансаджи превратил его в центр духовного обучения монахов ордена Self-Realization Fellowship, а также в административный центр SRF (*Mother Center*), который отвечает за всемирное распространение древней науки *Крийя-йоги*.

Центр Христа (Christ center). *Кутастха*, или *аджна-чакра*, в межбровье; полярно соединен с *продолговатым мозгом*; центр воли, концентрации и Христова Сознания; место расположения духовного ока.

Чакры (chakras). Согласно философии йоги, семь оккультных спинномозговых центров сознания и энергии, наполняющих жизнью физическое и астральное тела человека. Эти центры называются *чакрами* (букв. «колеса»), потому что сконцентрированная в них энергия подобна ступице колеса, из которой исходят животворящие лучи света и энергии. *Чакры* располагаются в следующем порядке: 1) копчиковая (*муладхара*, в основании позвоночника); 2) крестцовая (*свадхистхана*, удалена от муладхары примерно на 5 см); 3) поясничная (*манипура*, на уровне пупка); 4) грудная (*анахата*, на уровне сердца); 5) шейная (*вишуддха*, в основании шеи); 6) *аджна* (обычно располагается в точке между бровями; она полярно соединена с продолговатым мозгом [см. также *продолговатый мозг* и *духовное око*]); 7) *сахасрара* (в верхней части головного мозга).

Эти семь центров — предусмотренные Богом «потайные двери», через которые душа вошла в тело и через которые она должна вновь вознестись посредством медитации, чтобы обрести свободу в Космическом Сознании. Сознательное продвижение души вверх по семи открытым, или пробужденным, спинномозговым центрам становится той скоростной дорогой к Бесконечному, которая приводит ее (душу) обратно Домой, к Отцу.

В трактатах йоги *чакрами* обычно называются шесть центров, лежащих ниже *сахасрары*, а сама *сахасрара* как седьмой центр упоминается отдельно. Как бы то ни было, каждый из семи центров часто сравнивают с открытым лотосом, символом духовного пробуждения, которое сопровождается вознесением сознания и энергии по позвоночнику.

Читта (chitta). Интуитивное чувство, часть человеческого сознания. Другими частями сознания человека являются: *ахамкара* (эго), *буддхи* (разум, интеллект) и *манас* (низший ум, или сознание, ограниченное чувствами и ощущениями).

Шанкара, Свами (Shankara, Swami). Видный индийский философ, известный также как *Ади* («первый») *Шанкарачарья* (*ачарья* — «учитель»). Годы его жизни неизвестны; многие ученые полагают, что он жил приблизительно в VIII — начале IX вв. Он описывал Бога не как негативную абстракцию, а как позитивное, вечное, вездесущее, всегда новое Блаженство. Шанкара реорганизовал древний орден Свами и основал четыре монашеских центра для духовного обучения (*Мат*), лидерам которых последовательно передается апостольский титул *Джагадгуру Шри Шанкарачарья*. *Джагадгуру* означает «мировой учитель».

Школа в Ранчи (Ranchi school). *Yogoda Satsanga Vidyalaya*, основанная Парамахансой Йоганандой в 1918 году, когда махараджа Кашимбазара передал в пользование школы свой летний дворец и двадцать пять акров земли в Ранчи, штат Джаркханд. Эта собственность перешла в постоянное владение YSS/SRF в 1935–36 гг., когда Парамахансаджи находился в Индии с визитом. Сегодня в учебных заведениях *Yogoda Satsanga* в Ранчи — от начальной школы до колледжа — учится более двух тысяч детей. См. *Yogoda Satsanga Society of India*.

Шри (Sri). Индийский титул, свидетельствующий об уважении; в качестве составной части имени духовного деятеля означает «святой», «преподобный».

Шри Юктешвар, Свами (Sri Yukteswar, Swami). Свами Шри Юктешвар Гири (1855–1936) — индийский *Джнянаватар* («Воплощение Мудрости»); гуру Парамахансы Йогананды и *парамгуру крийя-йогов* общества Self-Realization Fellowship. Шри Юктешвар был учеником Лахири Махасайи. По поручению своего *парамгуру* Махаватара Бабаджи он написал книгу-трактат об основополагающем единстве христианского и индуистских священных писаний, *The Holy Science* (рус. «Святая наука»), и подготовил Парамахансу Йогананду к его духовной миссии в мире — распространению *Крийя-йоги*. Парамахансаджи с любовью описал жизнь Шри Юктешвара в своей «Автобиографии йога».

Эгоизм (egoism). Эго-принцип, или *ахамкара* (букв. «я делаю») есть корень дуализма, кажущегося разделения между человеком и его Творцом. *Ахамкара* уводит человеческий род в западню *майи* (космической иллюзии), в результате чего субъект (эго) ложно предстает как объект и сотворенные существа воображают себя творцами. Избавляясь от своего эго-сознания, человек пробуждается к осознанию своей истинной природы и своей нераздельности с Единственной

Жизнью — Богом.

Элементы (стихии) (elements). Космическая вибрация, или *Аум*, сотворила физический мир, включая физическое тело человека, путем проявления пяти природных элементов, или стихий (*таттв*): *земли, воды, огня, воздуха* и *эфира*. Эти структурные вибрационные силы разумны по своей природе. Без элемента *земли* не было бы твердого состояния вещества, без элемента *воды* не было бы жидкого состояния, без элемента *воздуха* — газообразного состояния; без элемента *огня* не было бы тепла, а без элемента *эфира* — «фона» для показа космического кинофильма. В теле человека *прана* (космическая вибрационная энергия) поступает в *продолговатый мозг*, а затем разделяется на пять стихийных потоков, соответствующих функциям пяти нижних *чакр*, или жизненных центров: копчиковый (земля), крестцовый (вода), поясничный (огонь), грудной (воздух) и шейный (эфир). На санскрите эти элементы называются соответственно *притхиви, ап, тедж, прана* и *акаша*.

Энергизирующие упражнения (Energization Exercises). Подобно тому как рыба окружена водой, так и человек окружен космической энергией. Энергизирующие упражнения, разработанные Парамахансой Йоганандой и включенные в *Уроки SRF* (*Self-Realization Fellowship Lessons*), позволяют человеку постоянно заряжать свое тело космической энергией, или *праной*.

Эфир (ether). (Санскр. *akasha*). Современная научная теория о природе материального мира не включает в себя понятие эфира, но индийские мудрецы говорили о нем на протяжении тысячелетий. Парамаханса Йогананда говорил об эфире как о «фоне», на который Бог проецирует космический кинофильм мироздания. Пространство придает предметам измерение; эфир отделяет образы друг от друга. Без этого «фона» — созидательной силы, координирующей все вибрации в пространстве — невозможно функционирование тонких сил (мыслей и энергии жизни [*праны*]) и их взаимоотношение с природой космоса, а также происхождение материальных сил и материи как таковой. См. *Элементы*.

Юга (yuga). Цикл, или эпоха, упоминаемая в древних индуистских писаниях. В книге *The Holy Science* (рус. «Святая наука») Шри Юктешвар описывает 24000-летний цикл движения небесного экватора и присущие ему стадии развития человечества. Эпоха зарождается внутри намного более продолжительного вселенского цикла творения, вычисленного древними *риши* и упомянутого в 16-ой главе «Автобиографии йога»:

«В писаниях сказано, что вселенский цикл длится 4 300 560 000 лет и представляет собой один День Творения. Эта внушительная цифра выведена из продолжительности солнечного года и числа *пи* (3,1416 — отношение длины окружности к ее диаметру).

Жизненный цикл Вселенной, по утверждениям древних провидцев, составляет 314 159 000 000 000 солнечных лет — так называемый „Век Брахмы"».

Я (Self). С заглавной буквы означает *атман* (душа, божественная суть человека, высшее «Я»); с маленькой буквы — малое «я», то есть человеческая личность, эго. Высшее «Я» есть индивидуализированный Дух, чья истинная природа — вечно сущее, вечно сознательное, всегда новое Блаженство. Высшее «Я», то есть душа, является внутренним источником мира и покоя, любви, мудрости, сострадания, мужества и других божественных качеств в человеке.

Ядава Кришна (Jadava Krishna). Ядавы — династия, к которой принадлежал Господь Кришна; кроме того, это одно из многих имен, под которыми он известен. См. *Бхагаван Кришна*.

Названия на английском языке

Self-Realization Fellowship (SRF). Общество, основанное Парамахансой Йоганандой в США в 1920 году — через три года после начала деятельности в Индии, где оно известно под названием Yogoda Satsanga Society of India. Это общество призвано распространять по всему миру и во благо всему человечеству духовные принципы и техники медитации *Крийя-йоги*. Главный международный центр общества расположен в Лос-Анджелесе, штат Калифорния. Парамаханса Йогананда объяснил, что название общества подразумевает «союз с Богом через Самореализацию (осознание своего истинного „Я") и дружбу со всеми искателями Истины».

Self-Realization Fellowship Lessons. См. *Уроки SRF*.

Self-Realization Magazine. См. *журнал Self-Realization*.

Yogoda Satsanga Society of India. Индийское название общества, основанного Парамахансой Йоганандой в 1917 году. Главный его центр, Йогода-Мат, расположен на берегу Ганга в Дакшинешваре, неподалеку от Калькутты; филиал располагается в Ранчи, штат Джаркханд. В ведении YSS находятся не только центры медитации во всех частях Индии, но и семнадцать образовательных учреждений от начальной школы до колледжа. Термин «Йогода», придуманный самим Парамахансой Йоганандой, происходит от слов «йога» («единение», «гармония», «равновесие») и «да» (который дает). «Сатсанга» означает «божественный союз», или «союз с Истиной». Для Запада Парамахансаджи перевел индийское название своего общества как "Self-Realization Fellowship".

www.ingramcontent.com/pod-product-compliance
Lightning Source LLC
Chambersburg PA
CBHW071308150426
43191CB00007B/550